九色鹿

言泉命兵
流言云命此兵
可君迎之曰如斯
曰已失為兵所獲
及吳氏泣訴郡公
忠義於人門戶一朝
掃地盡笑弄
以陳謙兔以吳瀾
瀨江一月

宋宣撫道�│僚知江
曰賞違元遂歸

松﹝興元遂歸

遣使宣言金
追向海浚乃金寶
遺使以攻匝劫致
西向海浚乃金寶
金郡於宣言金使者
兵於松潘州劫殺
欲言得階成和鳳
抄合攻鳳
至重慶猶遺書乞糴
松望見匝禮疑程為劍
護而熙顯突出
也大恐禮于劍突

位于宕河
泉初三天子孫長
﹝蘭家居此漠晨
蕃舒完世奉
日孝宗之九世孫也
有光閃照其腹一
曰李合撒赤手

○蒙古太祖皇帝即

曹金成 著

史事与史源

《通鉴续编》中的蒙元王朝

社会科学文献出版社
SOCIAL SCIENCES ACADEMIC PRESS (CHINA)

序

疫情加重了我的拖延症。早就答应金成给他的第一本著作写序，却迟迟难以交差。直到金成发来书末所附"致谢"，其中说"博导张帆先生亦作序推荐"，明白实在不能再拖了，才痛下决心，忙乱成文。

这部书是金成在中国历史研究院古代史研究所博士后流动站完成的出站报告。半年多以前写出初稿，又修改了几次，结构一再调整，具体内容也颇有增删。德高望重的周清澍、陈高华两位前辈学者为本书出版写了推荐意见，大约已经能够说明其学术价值。在这里只能补充一点随感式的想法。

陈桱《通鉴续编》（简称《续编》）一书，除去追溯上古历史的少量内容以外，绝大部分篇幅是用纲目体记述两宋史事，兼及辽金，元朝本不是它的直接记载对象。然而蒙元之兴与金、宋之亡时间相叠，互为表里，《续编》不可能不予反映。其叙事下限截止于1279年厓山海战，上距1206年成吉思汗建立大蒙古国接近四分之三世纪，距离1260年忽必烈建立元王朝也几乎20年。这几十年叙事，涉及蒙元历史的篇幅不算很大，却是《续编》里最值得重视的内容。特别是其中正面记述蒙元政权史事的段落，成文于明修《元史》之前，可以视为元朝人编写的本朝史，吉光片羽，尤足珍视。

很长时间里面，《续编》在蒙元史史料学当中居于比较边缘的地位。已故黄时鉴先生于30年前首次撰文揭示《续编》蒙元历史叙事的史料价值，后来学者亦间有论述。金成此书，则在这方面进行了全面、细致的总结性研究，贡献主要表现在两方面。一方面，是对《续编》蒙元历史叙事进行具体史源考辨，推断其中各条叙事取材于哪部书的记载，或是糅合了哪几部书的记载。另一方面，将《续编》蒙元历史叙事中一些具有独立史料价值的部分，与现存其他蒙元史籍的相关记载结合起来深入分析，从而对大蒙古国和元朝初期的若干历史问题做出进一步的考察和解释。这两方面工作，自然还很难做到十分完美，但创新之处颇不乏见，相信会引起蒙元史学界的重视。

即以史源考辨而论，看上去仅仅是简单的材料对比，真正做起来却有相当难度。如果史源所在著作今已不存，无法取阅对照，做出取材判断就更非易事。本书在这方面较之前人有明显推进。例如推断《续编》某些记载取自已经亡佚的《东平王世家》，虽然缺少直接证据，但我认为是充分成立的。即使史源所在著作今尚得见，由于《续编》并非抄辑材料的类书，通常会对材料进行融汇和整合，而且不能排除一条材料在不同著作中以相同面目出现，因此做出一对一的史源追溯，仍然具有一定的风险。以我的浅见，本书在这方面略有拘泥之病，希望将史源一一坐实，有时不如说得模糊一些更为稳妥。当然，这主要是下笔分寸问题，见仁见智，读者可以自行判断。

金成在北京大学读博士四年，表现比较出色，博士后工作期间更有进步。他秉性质朴，沉默寡言，不能于稠人广众之中高谈阔论，但却是个"讷于言而敏于行"的人，潜心向学，已发表多篇论文，外语和民族语言的掌握也日渐精熟。他在"致谢"中感慨自己出书之早，实际上年过而立，出书固不可谓晚，也不能说是很早了。况且当今学术繁荣，人才喷涌，争相撰著，蔚为潮流，则早日出书，诚亦有不得已者。相信这部书仅仅是金成学术生涯初期的一个总结，厚积薄发，更在来日。

受金成此书的启示，最后顺便再提一下《续编》可能受到忽略的一个价值。一般认为，除去蒙元历史叙事以外，《续编》其他内容基本源于写作时成书未久的辽宋金三史，从史料角度无足观览。这种认识固然不错，但三史史文经过《续编》援用，有时仍然对三史原书存在校勘价值。例如《金史》卷一一二《移剌蒲阿传》记载三峰山战役始末，正大九年（1232）正月号称十五万人的金军主力自邓州北退，蒙古军三千人尾随其后。金军指挥部认为"彼止骑三千，而我示以弱，将为所轻，当与之战"，于是"伏骑五十于邓州道"。《通鉴续编》于该年正月纪事，所述内容大致相同，唯"骑五十"作"骑五千"。金成在追溯本条记载史源时注意到这一异同，认为"根据金人十五万的兵力来看，似乎《续编》更可信"，其说甚是。以情理言之，己方号称十五万人，却只派出五十人去伏击敌方的三千人，岂非儿戏。或许《续编》所参考《金史》即作"骑五千"，这种可能性是不能忽视的。中华书局点校本《金史》，包括新问世的点校修订本，于此均未出校，似有缺憾。

张　帆

2020 年 5 月

· 目 录 ·

前　言

一　学术史的回顾与检讨

　　早在先秦时期，中国古代成熟的编年体史书就已出现，迄至北宋司马光修《资治通鉴》，遂成为编年体史书撰修史上的一大高峰。然《资治通鉴》记一事或隔数卷，首尾难稽，故有袁枢《通鉴纪事本末》之撰，后人效仿而作宋、元等史纪事本末；又，《资治通鉴》本身内容驳杂，不便省览，故有朱熹《通鉴纲目》之作，并寓劝惩之旨，后世仿此体例而修史者颇多，元末陈桱的《通鉴续编》即是接续《通鉴纲目》而编撰的第一部史书。[1]

1　金毓黻：《中国史学史》，商务印书馆，1999，第 256 ~ 261 页。

　　陈桱祖父陈著曾本于朱熹《通鉴纲目》撰《历代纪统》一书，后经陈泌与陈桱父子续补，成为一部起自盘古、迄于宋代的皇皇二百卷巨著。此书虽未流传下来，但为陈桱《通鉴续编》的撰写提供了雄厚的史料素材和坚定的治史理念。因此，虽然《通鉴续编》的书法受到元末正统之辨的直接影响，[1]但其以宋为正统的理路有着更为深远的学术渊源。

　　自元末以来，《通鉴续编》就引发了学者不同程度的讨论。相关研究论文对此多有考察，但既不全面，个别地方也缺乏深度，以下即做进一步的深翻与检讨。

　　作为陈桱的好友，陈基和戴良大概是最早评阅《通鉴续编》之人，他们对此书深得朱子之旨归、"考核之精"、"取舍之审"等多有推崇褒誉。[2]然宋代著名学者王应麟之孙王厚孙（1301～1376），对《通鉴续编》的"前后之失"则有过一番"极论"，[3]惜今已失传。明初胡广亦批评陈桱的春秋笔法有"不可凭要处"。[4]后来，明人杨慎亦就《通鉴续编》在具体史事编撰上的不足之处有所指摘：

　　　　陈桱《续宋元纲目》书：王庭珪送胡铨诗，逢秦桧之怒。分注云：贬辰州以死。按《鹤林玉露》云：王庭珪自桧死后还家，年八十九岁。孝宗召见，年老足弱，令一孙扶上殿。孝宗慰谕再三，特官其孙。以此考之，庭珪未尝死于辰州也。后世

1　钱茂伟：《元末浙东学人陈桱史学述略》，《宁波大学学报》1992年第2期，第28页。
2　黄时鉴：《〈通鉴续编〉蒙古史料考索》，《文史》第33辑，中华书局，1990，后收入《黄时鉴文集》I《大漠孤烟——蒙古史　元史》，中西书局，2011，第135页，本书所引即据此书；钱茂伟：《元末浙东学人陈桱史学述略》，《宁波大学学报》1992年第2期，第29页。
3　贝琼：《故福建儒学副提举王公墓志铭》，《清江贝先生文集》卷三〇，李鸣校点，吉林文史出版社，2010，第182页。参看郑真《遂初老人传》《故四明遂初老人王先生诔辞》，《荥阳外史集》卷四六、卷五五，《景印文渊阁四库全书》，台北，台湾商务印书馆，1983，第1234册，第283～287、377～379页。
4　胡广：《记徐元、张旺、史整》，《胡文穆公文集》卷一九，乾隆十五年刻本。

多以正史证小说之误，小说信多讹讹。然拜官召见，昭昭在当
时耳目，必不敢谬书如此。是小说亦可证正史之误也。缘定宇
一时信笔，"辰州"下多增"以死"二字尔。[1]

按，《续宋元纲目》即《通鉴续编》。王庭珪被贬事，见《宋史》卷
三〇《高宗纪》绍兴十九年（1149）六月丁巳条："茶陵县丞王庭珪
作诗送胡铨，坐谤讪，停官辰州编管。"[2] 然未言是否即去世。关于
庭珪卒年（1172），周必大为其所作行状和胡铨所撰墓志铭，皆有
记载，[3] 应未被陈桱寓目。杨慎在未看到行状和墓志铭的前提下，据
南宋罗大经《鹤林玉露》，推测"以死"二字系陈桱"信笔"所增，
颇具识断，说明《通鉴续编》在对史料的处理上有一些并不可取的
主观推衍。

至清乾隆朝修《四库全书》时，四库馆臣对《通鉴续编》进行
了更为全面的评述：

桱以司马氏《通鉴》、朱子《纲目》并终于五代，其周威
烈王以上，虽有金履祥《前编》，而亦断自陶唐，因著此书。
首述盘古至高辛氏，以补金氏所未备，为第一卷。次摭契丹在
唐及五代时事，以志其得国之故，为第二卷。其二十二卷，皆
宋事，始自太祖，终于二王，以继《通鉴》之后，故以《通鉴
续编》为名，然大书分注，全仿《纲目》之例，当名之曰《续
纲目》，仍袭《通鉴》之名，非其实也。

沈周《客座新闻》载：桱著此书时，书宋太祖云"匡允自
立而还"，未辍笔，忽迅雷击其案。桱端坐不慑，曰："霆虽击

1　杨慎：《王庭珪》，《升庵集》卷四七，《景印文渊阁四库全书》第 1270 册，第 383 页。
2　《宋史》卷三〇《高宗纪》，中华书局，1977，第 570 页。
3　李善强：《关于王庭珪生卒年、别号及其子是否授官的几点考证》，《开封教育学院学报》2014
年第 3 期，第 249 页。

吾手，终不为之改易也。"云云。此虽小说附会之谈，亦足见
樛以褒贬自任，乃造作此说。今观其义例，于宋自太平兴国四
年平北汉后，始为大书系统。郑瑗《井观琐言》称其本晦翁语
录，持论已偏。至于金承麟称末帝，为之纪年，西辽自德宗以
下诸主、年号亦详为分注，虽各本史文，然承麟立仅一日，未
成为君，西辽并无事迹可纪，而必缕列其间，亦不免循名失
实；盖委曲以存昺、昺二王，使承宋统，故辗转相牵，生是义
例，非千古公评。《明史·何乔新传》载：乔新年十一时，侍
父京邸。修撰周旋过之，乔新方读《通鉴续编》，旋问："书法
何如？"对曰："吕文焕降元，不书叛；张世杰溺海，不书死节；
曹彬、包拯之卒，不书其官；而纪义、轩多采怪妄，似未有
当。"云云，亦未始不中其失也。

　　他如取宋太祖烛影斧声之讹，载文天祥黄冠故乡之语，
皆漫无考正，轻信传述。陈耀文《学林就正》又谓：樛误以
范仲淹《赴桐庐郡至淮遇风诗》为唐介作，又改诗"强楚"
为"狂楚"，"尽室"为"今日"，"蛟鼋"为"鱼龙"，则引据
未免疏舛。黄溥《简籍遗闻》又谓：樛纪其先户部尚书显、
吏部尚书伸、工部尚书德纲诸事，为宋史所不载。成化间
《续纲目》者亦皆削去，疑其或出于妄托，则挟私滥载，尤不
协至公。

　　然自《通鉴纲目》以后，继而作者，实始于樛。其后王宗
沐、薛应旂等，虽递有增修，而才识辛亦无以相胜，姑存以备
参考，亦未为不可也。[1]

以上四库馆臣对《通鉴续编》的评论，主要涉及三方面内容。
一是书名名不副实。关于《通鉴续编》的书名，四库馆臣认

1　永瑢等编《四库全书总目》卷四七，《史部》编年类，中华书局，1965，第428～429页。

为根据内容，当名《续纲目》，这是极中肯綮之言。前引元末人郑
驹所述"陈桱著《续通鉴》"，透漏的就是陈桱著有《续通鉴纲目》
一书。明人黄瑜和杨慎在提及《通鉴续编》时，分别将其称作
《宋鉴纲目》《续宋元纲目》。[1]前者主要就《通鉴续编》以编年、纲
目之体裁记两宋之事而言，后者既体现出《通鉴续编》为续《通
鉴纲目》而来，又兼顾了其主体内容为宋元史事这一编撰特点。
相较《通鉴续编》一名，这些书名则与实际内容更为契合。其实，
陈桱之所以取名《通鉴续编》，在其好友张绅为是书所撰叙中，已
经有过一番交代："其纪年，司马氏之补遗也，而不敢自谓之补遗；
书法，紫阳先生之纲目也，而不敢自拟于纲目，故题之曰《通鉴
续编》。"

　　二是义例、书法问题。首引沈周《客座新闻》，以说明陈桱撰
《通鉴续编》"以褒贬自任"的风格与态度。陈桱虽雷霆击臂而终不
改易之事，在明代文献《都公谭纂》《七修类稿》《古今谭概》《皇
明世说新语》中皆有记载，可见当时流传之广。[2]

　　次引郑瑗《井观琐言》对《通鉴续编》义例的点评，认为
"持论已偏"，并进一步展开发挥，指出《通鉴续编》之义例"非
千古公评"。按，陈桱以太平兴国四年（979）为宋朝正统之始，
其理据为："是岁，宋灭北汉，混一中原。"[3]对此，明人早有批评，
认为非"至当之论"。[4]郑瑗之言，不见于《井观琐言》的文渊阁
四库全书本，而为宝颜堂秘笈本（见《丛书集成初编》0330）卷

1　黄瑜:《宋元通鉴》,《双槐岁钞》卷一, 魏连科点校, 中华书局, 1999, 第 7 页; 杨慎:《王庭
　　珪》,《升庵集》卷四七,《景印文渊阁四库全书》第 1270 册, 第 383 页。
2　都穆:《都公谭纂》卷上,《丛书集成初编》, 排印砚云甲乙编本; 郎瑛:《陈子桱》,《七修类稿》
　　卷一五, 上海书店出版社, 2009, 第 150 页; 冯梦龙:《不畏雷》, 张万钧主编《古今谭概》
　　卷一〇, 天津古籍出版社, 1995, 第 339 页; 李绍文:《任诞》,《皇明世说新语》卷六, 明万
　　历刻本。
3　见《通鉴续编》卷四,"宋太宗皇帝太平兴国四年"小字夹注。
4　钱茂伟:《元末浙东学人陈桱史学述略》,《宁波大学学报》1992 年第 2 期, 第 29 页。

一所收。其中"本晦翁语录"之说，最初系姜渐在为《通鉴续编》所作序中首次指出。[1]我们知道，北宋建国于建隆元年（960），若正统始于太平兴国四年，则其间近二十年的统治时期（包括宋太祖赵匡胤一朝与宋太宗统治前三年）又该如何定位，这是很难令人理解并予以接受的，故四库馆臣有"持论已偏"之论。下文四库馆臣进而说《通鉴续编》为了保存南宋昰、昺二王以承宋正统，从而辗转相牵出承麟为金朝末帝、西辽诸主与年号，故"非千古公评"。上引元末郑驹之言，即对陈桱使用"景炎""祥兴"的年号颇有微词，但这是《通鉴续编》以宋为正统之义例的一大体现。另外，承麟受玺即位，受百官称贺，备载于《金史》，虽"立仅一日"但并非"未成为君"；而分注西辽诸主与年号，亦据《辽史》而书，岂能是"循名失实"呢！[2]

最后引何乔新言，以明《通鉴续编》书法之失。何氏所提书法问题，在《通鉴续编》中还有一些，如既尊宋统，却屡称"大元"，就比较突出。至于"纪羲、轩多采怪妄"，是说卷一记载羲皇、轩辕之事，多取自怪诞虚妄之文，难以令人信服，这实际上涉及《通鉴续编》在史源剪裁上的问题。对于《通鉴续编》卷一史料的采择，清人周中孚认为"其中多不经之谈"。[3]王鸣盛曾痛斥《通鉴续编》："陈腐迂谬，浅陋空庸，不但不可取，亦且何足辨。"连鹤寿为此所作按语中，对《通鉴续编》卷一有更为详细的指摘："起首一卷纪盘古氏至高辛氏，盖本于胡宏《皇王大纪》，此则开卷已大谬矣。司马光《稽古录》、刘恕《通鉴外纪》、苏辙《古史》，皆起自伏羲，而《皇王大纪》则起自盘古，此乃小说家言，岂可以登诸史传！"又云："若胡宏《皇王大纪》以盘古氏为始，陈桱《通鉴续编》因

1　按，朱熹原话作："本朝至太宗并了太原，方是得正统。"见黎靖德编《朱子语类》卷一〇五，王星贤点校，中华书局，1986，第2636页。

2　张伟：《陈桱史学再探》，《史学史研究》2000年第3期，第55页。

3　周中孚：《通鉴纲目前编二十五卷》，《郑堂读书记》卷一六，《吴兴丛书》本。

之，更俚鄙不堪矣！"[1]

三是对史料的处理。首先，四库馆臣抨击《通鉴续编》"宋太祖烛影斧声"与"文天祥黄冠故乡"之文，皆"漫无考正，轻信传述"。关于《通鉴续编》中的烛影斧声之文，实为千古之疑，明人程敏政最早指出是"附会《涑水记闻》而成之，不深考者以为实然尔"。[2]大约与程氏同时的尹直亦从文献流传的角度，对其中谬误有所揭橥。[3]现在看来，此事的篡逆性质当无可置疑，但具体细节已无法考知。[4]至于"文天祥黄冠故乡"，是其本人所持宋朝遗民观念的一大彰显，在当时有类似遗民心理者，亦不乏其人。[5]陈桱与文天祥之时相距并不太远，恐怕并非"漫无考正，轻信传述"。

其次，借陈耀文《学林就正》，批评陈桱将范仲淹诗张冠李戴，"引据未免疏舛"。按，陈耀文的记载，见于《学林就正》卷四《宋元通鉴节要》条。[6]范仲淹诗全文作："圣宋非强楚，清淮异汨罗。平生仗忠信，尽室任风波。舟楫颠危甚，蛟鼋出没多。斜阳幸无事，沽酒听渔歌。"大概到北宋末年李献民的《云斋广录》，始著为唐介所作，并改"强楚"为"狂楚"、"尽室"为"今日"、"蛟鼋"为"鼋鼍"；[7]至元朝陈世隆编刊《宋诗拾遗》，流传更广，唯"鼋鼍"又被改为"鱼龙"。[8]陈桱之误改殆据此而来。

1　王鸣盛：《蛾术编》卷一一、五一，商务印书馆，1958，第182、759页。
2　程敏政：《宋太祖太宗授受辨》，《篁墩文集》卷一一，《景印文渊阁四库全书》第1252册，第194页。
3　尹直：《謇斋琐缀录》，《历代小史》本，叶11下。
4　邓广铭：《试破宋太祖即位大赦诏书之谜》，《邓广铭治史丛稿》，北京大学出版社，2010，第402页。
5　姚大力：《传统中国的族群和国家观念》，《追寻"我们"的根源：中国历史上的民族与国家意识》，生活·读书·新知三联书店，2018，第45～46页。
6　陈耀文：《学林就正》，《四库全书存目丛书》子部第96册，齐鲁书社，1997，第820页。
7　李献民：《唐御史》，《云斋广录》卷二，中华书局，1997，第9～10页。
8　陈世隆：《唐介〈渡淮〉》，《宋诗拾遗》卷一三，清抄本。

最后，据《简籍遗闻》与《续纲目》，认为陈桱四世祖至六世祖事迹"出于妄托"，系"挟私滥载"。在这方面，明、清学人多已质疑辩驳，其中尤以钱大昕的论证最为详尽，[1]就不赘述了。

上引四库馆臣的述评，代表了古代学者对《通鉴续编》的系统性认识，而以《通鉴续编》为中心全面审视陈桱的史学成就，则是20世纪末的事了。钱茂伟先生于1992年发布文章，立足于陈桱的学术承袭，对《通鉴续编》的成书及其社会反响和历史地位进行了一定评述。[2]后来，张伟先生也写有一文，进一步探讨了陈桱的史学渊源和史学成就；[3]正如评价者所说，此文的主要贡献是发现了陈桱的《宋史辨》，并对其学术价值加以介绍。[4]

四库馆臣点出《通鉴续编》的记事时限"终于二王"，即全书结束于元灭宋的崖山之战（1279），故其中所记蒙元历史亦止于是年。回顾元史撰述的历史，清康熙朝进士邵远平，大概是最早意识到《通鉴续编》蒙古史料价值之人，他在所撰的《元史类编》中，即因袭了《通鉴续编》所记成吉思汗置宣平行尚书省一事。[5]乾隆考据大家钱大昕，亦据《通鉴续编》考辨蒙古统治家族姓名的不同汉译及其相关史事。[6]与钱氏同时的汪辉祖撰有《元史本证》一书，其中据《通鉴续编》考证出窝阔台后脱列哥那与"秃里吉纳"，为同名异译。[7]迨至清末，随着西北舆地学的兴起，研究边疆史地愈发成为一时之显学。此时，治元史之人对《通鉴续编》亦愈发留意。魏

1　钱大昕：《陈著》，《潜研堂文集》卷一九，陈文和点校，《嘉定钱大昕全集》（玖），江苏古籍出版社，1997，第306～307页。

2　钱茂伟：《元末浙东学人陈桱史学述略》，《宁波大学学报》1992年第2期，第27～31页。

3　张伟：《陈桱史学再探》，《史学史研究》2000年第3期，第52～59页。

4　钱茂伟：《浙东史学研究述评》，海洋出版社，2009，第180页。

5　邵远平：《元史类编》卷一，太祖九年十月条，文海出版社，影印扫叶山房刊本。

6　钱大昕：《廿二史考异》卷八六《元史一》、卷九一《元史六》，方诗铭、周殿杰校点，上海古籍出版社，2004，第1200、1204、1205、1210、1263、1264页。

7　汪辉祖：《元史本证》卷四一，中华书局，1984，第459页。

源、李文田、洪钧等元史研究者，都比较重视《通鉴续编》的蒙古
史事。叶昌炽曾在其日记中提及，他于光绪十八年（壬辰，1892）
十一月初六日拜访文廷式，后者时方治元史，即托他觅求陈桱《通
鉴续编》一书，[1] 于此不难想见当时元史学者对《通鉴续编》重视之
程度。此流风余韵一直波及民初柯劭忞的《新元史》与屠寄的《蒙
兀儿史记》。其后，《通鉴续编》一书则逐渐淡出了元史研究者的
视线。

半个多世纪后的 1990 年，黄时鉴先生发表了《〈通鉴续编〉蒙
古史料考索》一文。如果说此前学者对《通鉴续编》蒙古史料的关
注，仅仅限于个别征引与部分参考的话，黄先生此文则首次对其中
独具价值的蒙古史料做了比较详细的梳理与考释，[2] 可谓学界系统研
究《通鉴续编》及其史事的第一篇大作。近来，刘迎胜先生与张晓
慧博士亦分别撰文，对《通鉴续编》的蒙元史料做了重点研究。[3] 他
们基本沿袭了黄时鉴的研究取径，重在从史料学的角度，挖掘、探
讨其中的新材料及其来源，甚至尝试构建其史料来源所涉文献的
谱系。

不过，这一研究取向仍有进一步深入的必要。《通鉴续编》所
记蒙古史料，虽经黄时鉴先生全面梳理，并重点对其中独具价值
者详细疏证，但仍有误读、未尽之处，值得补充与考辨。如将窝
阔台汗时期潞州之战的赤老温比定为成吉思汗"四杰"中的同名
者，其实应为木华黎之孙。[4] 又如蒙哥汗七年（1257）十月："蒙古
宪宗皇帝命皇弟阿里不哥守国，自将侵蜀。十二月，次于六盘。"
夹注：

---

1 叶昌炽：《缘督庐日记钞》卷六，王季烈辑，北京图书馆出版社，2007。
2 黄时鉴：《〈通鉴续编〉蒙古史料考索》，《黄时鉴文集》I《大漠孤烟——蒙古史 元史》，第
  133～156 页。
3 刘迎胜：《陈桱〈通鉴续编〉引文与早期蒙古史料系谱》，《清华元史》第 4 辑，商务印书馆，
  2018；张晓慧：《〈通鉴续编〉蒙元纪事史源新探——兼论〈圣武亲征录〉的成书》（待刊）。
4 详见本书第二章第一节"蒙金战争"第五小节。

> 宪宗皇帝用也速儿驸马、亦孙哥大王之言，大会师，数
> 宋据殽函、绝河津、囚行人之罪，自将南伐。至东胜河，时
> 河冰，以土覆之，如履平地，遂济。进次六盘。军凡四万，号
> 十万，分三道而入。宪宗皇帝由陇州趋散关，莫哥大王由洋州
> 趋米仓，李里（义）〔叉〕万户由渔关趋沔州。

这一史料价值极高的记载，亦未得到黄时鉴先生的留意。类似的独家材料零零散散，不一而足。总之，陈桱《通鉴续编》中的蒙元历史仍有诸多地方值得我们进一步重视与考察。本书即在前人研究的基础上，全面探索《通鉴续编》蒙元历史叙事的史源，进而深入研究其中的重要史事，希望能够引起更多学者对《通鉴续编》及其所记史事的关注。

二　作者与版本

为了深入了解陈桱及其《通鉴续编》一书，对陈桱本人及《通鉴续编》的内容略作评介，还是很有必要的。本节先基于前人研究，对陈桱的事迹做一补充性考察，继而探讨《通鉴续编》的版本问题。

陈桱，字子经，浙江奉化人。祖父陈著，字子微，号本堂，宝祐四年（1256）进士，曾以秘书少监知台州；在学术上私淑浙东学派的大家黄震。父陈泌，字汝泉，元末曾任西湖书院山长、饶州路儒学教授，传承家学亦有开拓。

关于陈桱本人，过往的研究中仅提到他的字，其号则罕为人知。明人杨慎曾否定《通鉴续编》所记王庭珪"贬辰州以死"之事，推其原因："缘定宇一时信笔，'辰州'下多增'以死'二字

尔。"¹是知陈樫可能又号"定宇"。²

　　陈樫在元末曾与其兄寓居长洲，入明后为官，然《明史》无传。文献中有关陈樫的传记，在其生平履历的记载上皆较简略。如黄瑜《双槐岁钞》："四明陈樫，尝事张士诚为编修，国初征为修撰，进直学士。"³又如雷礼《国朝列卿纪》卷一九："陈樫，浙江奉化人。国初，举明经。洪武二年，任直学士，本年致仕。"再如《宋元学案》"学士陈先生樫"条："陈樫，字子经，本堂先生著之孙也。……先生明初侨居白下。为翰林学士，以非罪死。"⁴据此，我们可以大致勾勒出陈樫的仕宦轨迹：在元末，服务于割据江淮一带的张士诚政权；明初，举明经，后入翰林院就职。《宋元学案》说陈樫"为翰林学士"，并不确切，明代文献皆未提及他曾任此职，"翰林学士"应为"翰林直学士"之省误。

　　"直学士，正五品"，⁵为陈樫在翰林院的最高官职。此前，他曾由编修升为待制。《明太祖实录》洪武三年（1370）七月丙辰条，在提及杨宪伏诛时，附带了他的一篇传记。其中，对杨宪担任中书宰臣期间与陈樫的关系，有如下记载：

　　　　（杨宪）欲尽变易省中事，凡旧吏一切罢去，更用己所亲信，阴欲持权，乃创为"一统山河"花押示僚吏，以观其从违。附己者即不次超擢，否者去之，人莫解其意。一日，翰林编修陈樫入谒，宪以押字示之。樫即贺曰："押字大贵。所谓只

1　杨慎：《王庭珪》，《升庵集》卷四七，《景印文渊阁四库全书》第1270册，第383页。
2　按，元代又有陈栎（1252～1334），安徽休宁人，字寿翁，号定宇，文集即名《定宇集》，但此处与《通鉴续编》相关的"定宇"，显非陈栎。
3　黄瑜：《宋元通鉴》，《双槐岁钞》卷一，第7页。
4　黄宗羲著，全祖望补修《宋元学案》卷八六，陈金生、梁运华点校，中华书局，1986，第2905页。
5　黄佐：《官制因革》，《翰林记》卷一，《景印文渊阁四库全书》第596册，第860页。以下所提翰林职官的品位，皆据此书，故不再注。

有天在上，更无山与齐者也。"宪大喜。后数日，即奏除樫为翰林待制。[1]

　　然而，其他一些文献在叙述此事时，对陈樫的前后官职则有不同的描述。顾起元《客座赘语》："杨公宪……创为'一统山河'花押以示人，使人尊己以招权。待诏陈樫知其意，谓公曰：'此押非常，所谓只有天在上，更无山与齐也。'公大喜，即擢樫为编修。"[2]李绍文《皇明世说新语》卷八"溺惑"条："国初，杨宪欲擅权，乃创为'一统山河'花押示僚吏，观其从违，凡附己者不次超擢，否者斥之。陈樫入谒，宪以押示之。樫即贺曰：'押字大贵，所谓只有天在上，更无山与齐者。'宪大喜，奏樫为翰林侍书。"明末清初傅维麟撰《明书》，亦记此事："（杨宪）在中书，尽变易省事，凡旧吏一切罢之，更任所亲信，阴入持权，乃创为'一统山河'花押，示僚吏以观其从违，凡附己者即不次超擢，否者斥之。人莫解其意。一日，翰林编修陈樫入谒，宪以押字示之。樫即贺曰：'押字大贵，所谓只有天在上，更无山与齐者。'宪大喜。后数日，奏除经为翰林侍书。"[3]

　　细绎上文可知，《明太祖实录》所记陈樫因谄媚杨宪而升官一事，为后来诸书所承袭。但所言陈樫升迁前后所担任的翰林执事，皆与《明太祖实录》有异。个中原因，可能是对明初翰林院职官的设置比较陌生。《客座赘语》、《皇明世说新语》与《明书》中所见"待诏""翰林侍书"之称，或为后来随意改写所致。另据洪武十八年（1385）所定品秩，翰林编修正七品，侍书正九品，愈发可知《明书》所述官职之谬。总之，关于陈樫在翰林院内最初的升迁，

1　《明太祖实录》卷五四，台北，中研院历史语言研究所校印本，1962，第1070～1071页。

2　顾起元：《中书左丞一人》，《客座赘语》卷一〇，谭棣华、陈稼禾点校，中华书局，1987，第344页。

3　傅维麟：《杨宪传》，《明书》卷一五七，《畿辅丛书》本。

当以《明太祖实录》所述为确，即从正八品的编修"不次超擢"为从五品的待制。[1]

此后不久，最迟至洪武二年（1369）十一月，陈樵又被擢升为正五品的翰林直学士。[2]至此，其仕途似乎就画上了句号。上引《国朝列卿纪》说他在任直学士的当年就致仕；《宋元学案》则说他最终"以非罪死"；钱茂伟先生据戴良为陈樵所作《剡源记》之言："然则子经之未出也，则乐于处以自遂；其既出也，则志乎退以自休。"推测他的确致仕并回到了奉化。[3]其实，致仕说并不可靠。《剡源记》前文详细抄录了陈樵致戴良之书，其中提到托后者作记之因："吾少而安焉，及壮而从事四方。今又出应方面之聘，当事物之纷沮，世故之艰难，则未尝不思退于此以自休也。子幸为我记之。"即此时陈樵仍任职翰院，尚未致仕，只不过存有退居之心罢了，戴良笔下的"志乎退以自休"即就此而发，这完全不能成为陈樵后来的确致仕退隐的根据，而反倒是"以非罪死"更符合实情。除了《宋元学案》外，都穆《都公谭纂》认为陈樵是被明太祖朱元璋"所戮"，查继佐《罪惟录》亦说系"坐法死"。[4]钱茂伟先生后来亦赞此说，推测陈樵很可能受到洪武三年（1370）杨宪之案的株连而遇害。[5]笔者注意到，谈迁在其《国榷》一书中，对此有一详细记载：

> （杨宪）怙权更制，创"一统山河"之押，觇僚吏背附，编修陈樵贺其大贵，奏除待制。嗾侍御史刘炳劾罢汪广洋，又劾刑部侍郎左安善，上觉其枉，下炳狱。太史令刘基并发宪奸

1　关于上引《双槐岁钞》所记正七品的"修撰"，很可能是"编修"之误。
2　黄佐：《燕饮赓和》，《翰林记》卷六，《景印文渊阁四库全书》第596册，第921页。
3　钱茂伟：《元末浙东学人陈樵史学述略》，《宁波大学学报》1992年第2期，第31页。
4　都穆：《都公谭纂》卷上；查继佐《罪惟录》列传卷一八《陈樵传》：洪武中，为起居注，坐法死。
5　钱茂伟：《浙东史学研究述评》，第179页。

状，引伏，于是刘炳、陈樫、按察使凌总等俱弃市。[1]

这段材料的最初史源，亦为《明太祖实录》。《明太祖实录》最后一句作："太史令刘基并发其奸及诸阴事，上大怒，令群臣按问，宪辞伏，遂与炳等皆伏诛。""炳"即刘炳，"等"应包括上文所提杨宪的其他党羽。细查《实录》前文，除了刘炳、郑某外，只记有陈樫一人依附杨宪。谈迁认为陈樫被"弃市"，殆源于此。然"按察使凌总"，则不见于《实录》，当别有所本。

有记载说陈樫被葬于苏州。正德《姑苏志》："国朝起居注陈樫墓，在阳山东之瓜山。"[2]将陈樫的官职记作"起居注"，可能是对其曾供职翰林院的一种误解。以非罪而死的陈樫，其尸身最后是否得到了妥善安葬呢？我们知道，在元末，陈樫就与其兄徙居至苏州阳山。也许他明初入职翰林院而在当地颇有文名，故后来在民间被误传为官居起居注，并立冢以兹纪念。

接下来，再看《通鉴续编》的版本问题。《通鉴续编》成书于元末的至正十年（1350），丁仁《八千卷楼书目》卷四、瞿镛《铁琴铜剑楼藏书目录》卷九，皆将其版本记作"元刊本"，陆心源《皕宋楼藏书志》卷二二亦作"元刊元印本"。相较于此三书，丁丙《善本书室藏书志》的记载则更为翔实：

> 《通鉴续编》二十四卷元至正刊本。……书既成，行中书省宾佐马玉麟国瑞资诸生编录之，松江贰守昭阳顾逖思邈甫锓梓以传。黑口，版每叶十八行，行二十一字。[3]

其中，所提马玉麟的官职，并不确切。周伯琦在为《通鉴续编》所

1　谈迁:《国榷》卷四，中华书局，1958，第 424 页。
2　王鏊等纂修《(正德) 姑苏志》卷三四，《天一阁藏明代方志选刊续编》，影印正德刻本。
3　丁丙:《善本书室藏书志》卷七，清抄本。

作序中，对马玉麟组织刊刻《通鉴续编》一事，有一详细追述："今行中书省宾佐海陵马君玉麟国瑞甫，好古君子也，令长洲时，访子经，得其藁，以禄米致笔札饮食之资，聚诸生之能书者编录之，始成全书焉。松江贰守昭阳顾君逊思邈甫，将镂梓以广其传。"又，嘉靖《惟扬志》卷一九载："马玉麟，字国瑞，海陵人。至正间为长洲令，重建用里先生祠，又刊陈桱《通鉴续编》以惠学者，后迁江浙行中书省宾佐官，终浙藩参政。"故而可以肯定，丁丙之说是对周伯琦序言的断章取义，而马玉麟当时的官职实为长洲令。

不过，丁丙所记还是非常重要的，不但告诉我们《通鉴续编》的刊刻受到马玉麟（字国瑞）与顾逊（字思邈）二人之助，而且还留下了《通鉴续编》至正刻本的版本信息："黑口，版每叶十八行，行二十一字。"对此，陆心源《皕宋楼藏书志》卷二二关于《通鉴续编》的按语中，亦有提及："案元印本，每页十八行，每行二十二字，小字双行，版心有刻工姓名……"孙星衍《平津馆鉴藏记书籍》则有着更加详细的说明：

> 前有至正廿一年周伯琦序，末有"太史氏""行中书""周氏伯温"三木印。至正十八年陈基序，末有"陈基私印""陈氏敬初"二木印。至正廿二年张绅序，末有"云门山樵""山东张绅士行"二木印。至正十年陈桱自序，末有"陈桱私印""陈氏子经""隆国世家"三木印。……黑口，版每叶十八行，行廿一字。[1]

按，《通鉴续编》每行一般有二十二字，亦有二十一字者，故丁、孙二人有二十一字之说，但根据他们提供的信息还是难以判断其所见至正版刊刻的具体时间。

---

[1] 孙星衍：《平津馆鉴藏记书籍》卷一，焦桂美、沙莎标点，上海古籍出版社，2008，第37页。

另据莫友芝知见，"平津馆藏书记有元至正二十一年刊本"，后来还有"明刊本""嘉靖壬戌（1562）新贤书堂刊"本。傅增湘对此订补云："元至正二十一年顾逊刊本，九行二十二字，注双行同，黑口，左右双阑。每年记干支于眉阑上。"[1] 朱学勤亦提到吴成佐乐意轩有"明初刊"本。[2] 遗憾的是，笔者目前并未查到明刊本《通鉴续编》。其实，莫友芝所提"至正二十一年刊本"并非孙星衍所说，尤其需要强调的是，《通鉴续编》并没有所谓的"至正二十一年刊本"，傅增湘的增补亦沿袭了莫友芝之误。"台湾中央图书馆"藏《通鉴续编》卷二四末所附说明性按语云：

> 是编誊写多讹舛，越四年，始克取元藁校正。至正二十五年夏五月甲子学生杨俦、范熙谨书。

杨、范二人的按语书于"至正二十五年"，故他们所据《通鉴续编》当是"四年"前刻印之本。按，《通鉴续编》正文前的序文，最晚者为至正二十二年张绅所作，而古人一般用虚岁计算年数。因此，据"越四年"逆推，《通鉴续编》初版应刊于至正二十二年。后来，在至正二十五年又出了校正本。莫友芝笔下的"至正二十一年刊本"，应是据"越四年"误推所致。国内一些图书馆和大学所藏《通鉴续编》，多著录为"至正二十一年本"，并不可信。

至正二十五年的校正本在国内比较常见，亦被《四库提要著录丛书》（史部075）与《原国立北平图书馆甲库善本丛书》（第148册）所收。

需要说明的是，《四库提要著录丛书》与《原国立北平图书馆甲库善本丛书》中的《通鉴续编》，较"台湾中央图书馆"藏《通

1　莫友芝撰，傅增湘订补《藏园订补郘亭知见传本书目》，傅熹年整理，中华书局，2009，第247页。

2　朱学勤：《朱伯修批本四库简明目录》，北京图书馆出版社，2001，第209页。

鉴续编》有一明显差异，即陈樫序文的版面在版本特征上与上下序同，皆为单鱼尾，序文后盖有"陈樫私印""陈氏子经""隆国世家"三印。"台湾中央图书馆"藏本不但没有鱼尾，而且也缺失了陈樫的三个印鉴，可知上述孙星衍所寓目者，显非此版。

　　另外，"台湾中央图书馆"藏《通鉴续编》卷末的按语，亦见于《四库提要著录丛书》所收《通鉴续编》，但在《原国立北平图书馆甲库善本丛书》所收《通鉴续编》中则仅剩一个"正"字。此外，日本内阁文库亦藏有一部《通鉴续编》，其中卷末的按语则毫无踪迹可寻。

　　在"台湾中央图书馆"藏《通鉴续编》至正二十二年版中，还不难发现杨、范二人校正的史文，如窝阔台汗五年（1233）正月："蒙古忒不觧围州"。在"州"前补入"金亳"二字。再如是年三月："金蒲察官奴作乱，杀左丞李蹊、参政石盏欢。"在"欢"前补入"女鲁"二字。这些问题在《四库提要著录丛书》、《原国立北平图书馆甲库善本丛书》与内阁文库本《通鉴续编》的刊刻中都得到订正。

　　在明清两代，《通鉴续编》颇受官方史家重视。明成祖朝修《永乐大典》时，在卷一二九六六至一二九六八中几乎抄录了《通鉴续编》宋宁宗庆元元年（1195）至嘉定十七年（1224）之间的全部史文，基本涵盖了成吉思汗一朝史事。现在已很难判定其版本之所据，但根据专有名词的比对，如所记克烈"王可汗之子亦剌哈"一句，只有内阁文库本作"王可汗之子亦剌合"，故可以肯定《永乐大典》摘抄时参考的不是内阁文库本。清乾隆朝纂修《四库全书》时，亦将《通鉴续编》收入其中。四库本的最大变化是对辽金元译语做了大幅度改译，不过，在其他文字的修改上，则有个别说明，如张致改元"兴隆"，即据《元史》改作"兴龙"，这种考辨数目较少，已被辑入《四库全书考证》；还有大量的原文遭到径改，如乃蛮遣使告于汪古部主，有言"近闻东西有称王者"，"东西"即被改作"东方"，从而与《元朝秘史》等相关文献的记载相吻合；又如至元十二年（1275）二月："大元徇饶州，知州唐震、故相江万里死之，通判万道同以城降。"夹注有"唐震度兵力不能支，死于州治之王芝堂"，在其史源《宋史》卷四五〇《康震传》中，"王芝堂"作"玉芝堂"，[1]四库本即径改。可见，四库本《通鉴续编》亦有一定的参考价值。

综上所述，《通鉴续编》初刻于至正二十二年，无陈桱序末三印，"台湾中央图书馆"藏本即是在至正二十五年对此本进行的校正，校正时在正文有修改涂抹的痕迹，书末亦增加了按语说明校正缘由。至正二十五年的校正本，主要有：（1）《四库提要著录丛书》本，有书末按语，有陈桱序末三印；（2）《原国立北平图书馆甲库善本丛书》本，书末按语仅剩"正"字，有陈桱序末三印；（3）日本内阁文库藏本，无书末按语，有陈桱序末三印。本书所引《通鉴续编》，若无特别说明，皆来自字迹较为清晰的内阁文库本。还需补充的是，海外除了日本外，韩国亦藏有一部《通鉴续编》，被定为第283号国宝。据报道称：此《通鉴续编》"为1423年版本"，"序和目录使用了当时朝鲜朝的癸未印刷字体，跋和正文使用了朝鲜朝的庚壬印刷字体。因此，这是一部足以显示15世纪上半叶朝鲜印刷技术兴旺发达可资考证的史料"。[2]这一李朝1423年本，值得进一步撰文研究，希望能得到更多学者的关注。

最后，附带说一下《通鉴续编》的卷数问题。《通鉴续编》于元末刊刻后，在明清两朝流传甚广，当时的官私藏书目录，如《文渊阁书目》《秘阁书目》《百川书志》《内阁藏书目录》《笠泽堂书目》《千顷堂书目》《绛云楼书目》《述古堂藏书目》《也是园藏书目》《季沧苇藏书目》《传是楼书目》等，皆予以著录。需要指出的

1　《宋史》卷四五〇《康震传》，第13261页。
2　白晓煌：《韩国古籍两部国宝加冕》，《出版参考》1995年第18期（引用时个别讹字有改动）。

是，只有高儒《百川书志》记作"三十卷"。[1] 又，同治《苏州府志》卷一三九则说："陈桱《通鉴续编》六十卷。"皆与一般藏书目录著录的二十四卷不符。然乾隆《鄞县志》卷二一引《百川书志》："陈桱《通鉴续编》二十四卷。"可知，"三十卷"系《百川书志》版本流传中的笔误。同样，"六十卷"很可能也是参考旧志时误书所致。总之，《通鉴续编》一共二十四卷，这是毋庸置疑的。

三　本书思路与要点

《通鉴续编》在多方采择史料的基础上，以编年式的纲目体裁，详细记载了蒙元时期的诸多历史事件，首先叙述了成吉思汗统一漠北草原的历史，其次是蒙古人的四出征伐，这一部分占了最大的篇幅，同时，还有部分内容涉及蒙元内政。

本书前三章是对《通鉴续编》蒙元史事的综合研究。

第一章探讨了成吉思汗混一漠北史，即"蒙古太祖皇帝即位于斡难河"夹注的史文。这一夹注在时段上可以泰和二年（1202）为限，分为前后两大部分。后一部分的史事有着明确的系年，前一部分则恰恰相反，故对某些历史事件的系年难免存在讹误。本章首先详细疏解了夹注史文的叙事脉络。其次，对夹注所提阿阑豁阿诸子事迹、十三翼之战、班朮河盟誓与太祖朝贡金朝等内容，进行了详细考辨。最后，辨明了《通鉴续编》"蒙古太祖皇帝即位于斡难河"夹注在成吉思汗混一漠北史的叙事模式中的地位，认为这段史文最早脱胎于《元朝秘史》的叙事模式，与《圣武亲征录》、《元史》卷一《太祖纪》等文本，皆是成吉思汗混一漠北史的汉文文献体系中的重要组成部分，相互之间具有千丝万缕的联系，进而不难想见，《圣武亲征录》的史源文献很可能也记载了关于成吉思汗十世祖的

1　高儒：《百川书志》卷四，古典文学出版社，1957，第 48 页。

基本信息。

第二章聚焦于《通鉴续编》所记蒙古四出征伐与国家内政的史文，力求撷取其中的新材料，进行综合考释。

第一，蒙金战争。主要考察了：（1）1211年前成吉思汗对金朝的军事活动；（2）成吉思汗首次征金北返史事；（3）蒙金战争中的会河堡、野狐岭之战，成吉思汗围、克中都，倒回谷之战以及三峰山之战；（4）蒙金战争中蒙古取岢岚与绛州、金侯小叔收复河中的时间问题；（5）蒙金战争中武仙、杨贞、多胡鲁忽、赤老温等几大将领的事迹；（6）木华黎统率的蕃军。

第二，蒙宋战争。主要探讨了：（1）成吉思汗、窝阔台汗时期的蒙宋遣使；（2）窝阔台汗时期蒙古在四川的军事活动；（3）窝阔台汗、贵由汗时期蒙古在京湖、江淮一带的侵伐；（4）窝阔台汗伐宋中的拔都儿硬军；（5）蒙哥汗时期蒙古在四川的军事活动；（6）蒙宋战争中丘岳与吕文焕家族的事迹；（7）临安投降后蒙古在杭州、婺州的镇戍问题。

第三，蒙古灭夏与蒙丽、蒙印关系。主要对《通鉴续编》独家记载的蒙古攻灭西夏，以及蒙古与高丽、印度的关系，进行详细考释。

第四，蒙元内政。主要研究了：（1）成吉思汗与窝阔台汗的去世；（2）贵由汗与蒙哥汗的即位；（3）史天泽家族的属民身份问题；（4）成吉思汗在中原设省事宜；（5）忽必烈设十道宣抚使与立尚书省。

第三章在以上研究的基础上，进一步综合平议《通鉴续编》的蒙元历史叙事。首先，对《通鉴续编》征引《五朝实录》进行详细举证，并指出《通鉴续编》其实并未参考过《五朝实录》中的《定宗实录》。其次，全面考索《通鉴续编》所征引的宋元史料，进一步掘发出隐藏在其中的今已难见的一些文献的片麟鸿爪，如《东平王世家》等。最后，基于《通鉴续编》史文的内在脉络，从史料学与史学史的角度,对其中的蒙元历史叙事进行客观评价。一方面,认为《通鉴续编》虽然尊宋为正统,其中蒙元史事的局部细节也存在诸多问题,但由于陈桱比较全面地参考了当时关于蒙元历史的一些主要文献,故《通鉴续编》中的蒙元历史叙事具有重要的史料参考价值。另一方面,《通鉴续编》是续《通鉴纲目》的产物,虽是私修的史书,但在明代前期却流传甚广。迄至明代中期,随着官修《续资治通鉴纲目》的问世,《通鉴续编》在朝野上下的影响已大不如前。不过,其中包括蒙元历史的主要内容,却为《续资治通鉴纲目》所吸收,并在官修史书中得到了进一步延续,其在中国古代纲目体史书传承中的地位以及在中国古代史学史上的影响,亦于此得以彰显。

第四章到第六章专门考索《通鉴续编》蒙元历史叙事的史源。《通鉴续编》的蒙元历史叙事,重在蒙古人的对外征讨,其中蒙金战争与蒙宋战争所占篇幅最大,故首先勾考这两大部分的史料来源,次即蒙古西征、蒙古灭夏、蒙丽关系、蒙日关系、蒙古与安南关系、蒙古与缅甸关系之史源探索,最后对《通鉴续编》所述蒙元内政的史源加以考辨。

具体而言,第四章考索《通鉴续编》所载蒙金战争之史源。陈桱在叙述蒙金战争时,《金史》是其最频繁征引的原始文献,其次是《元朝名臣事略》,整合《金史》与《元朝名臣事略》处亦比较常见。此外,陈桱还参考了《东平王世家》《开府仪同三司中书左丞相忠武史公家传》《宋史》《大金国志》等文献,个别史文可能也参考了《五朝实录》。

第五章考索《通鉴续编》所载蒙宋战争之史源。《通鉴续编》所记蒙宋战争,来自《宋史》者最多,《宋季三朝政要》与《平宋录》居其次。此外,《宋史全文》、《钱塘遗事》、《元朝名臣事略》、《元文类》所录《经世大典》(可能是《经世大典》部分内容的抄本)、《东平王世家》、《大元光禄大夫平章政事兀良氏先庙碑铭》、《开府仪同三司中书左丞相忠武史公家传》、文天祥诗注、元代诏赦等文献，也为陈桱所参考。

　　第六章考索蒙元其他征伐以及蒙元内政之史源。蒙金战争与蒙宋战争是《通鉴续编》蒙元征伐叙事中最重要的的两大主线，此外，陈桱还略带提及蒙古西征、灭夏，蒙古与高丽、日本、安南、缅甸的关系。在后一部分的叙事中，《元朝名臣事略》与《元文类》所录《经世大典》（可能是《经世大典》部分内容的抄本）是陈桱征引最多的两部文献。在个别地方，《通鉴续编》还参考了《大元光禄大夫平章政事兀良氏先庙碑铭》《五朝实录》《金史》《宋史》的相关记载。

　　关于《通鉴续编》蒙元内政的史源。《通鉴续编》所记前四汗时期的蒙元内政，绝大部分的材料来自《元朝名臣事略》，在其后蒙元内政的叙事中，亦以《元朝名臣事略》为主要参考文献，旁及《五朝实录》、元代诏赦、《东平王世家》、《开府仪同三司中书左丞相忠武史公家传》、《大元至元辨伪录随函序》、《圣旨焚毁诸路伪道藏经之碑》、《帝师发思八行状》、《宋史》等材料。

　　以上三章主要就《通鉴续编》蒙元历史叙事中史源明晰者进行考索，需要说明的是：（1）有些内容如拖雷监国时期的蒙金战争，延续了成吉思汗时期蒙金战争的基本态势，实为成吉思汗时期蒙金战争之余绪，故置于成吉思汗时期考察史源；（2）蒙金战争期间蒙宋在山东一带的军事摩擦，以及蒙宋联合灭金史事，在蒙金战争部分已考察史源，故不在蒙宋战争部分作重复辨析；（3）蒙古对西南夷一带的征伐，旨在为灭宋扫清外围障碍，故放在蒙宋战争一章勾考史源。

　　通过以上三章的史源考索，不难发现：（1）在尊宋为正统的史学理念下，宋人立场的《宋史》《宋季三朝政要》等史书，是陈桱叙述蒙宋战争时的首选，也是利用最多的文献，从而导致《通鉴续编》中的蒙宋战争带有浓厚的宋朝中心观的色彩。对史料的类似处理，亦见于蒙金战争部分，在采择史料时，陈桱最青睐的是《金史》，而非立足于元人视角的《元朝名臣事略》等书。（2）在蒙古其他征伐与蒙元内政的叙事中，陈桱最经常参考的是《元朝名臣事略》与《元文类》所录《经世大典》（可能是《经世大典》部分内容的抄本）等书，这些文献迄今仍是研究元史的基本史料，它们与《宋史》《宋季三朝政要》《金史》等书，在陈桱撰修《通鉴续编》的元末皆流传较广，可以说，利用最为重要且容易得见的史书是《通鉴续编》在收集材料时的一个基本原则。

第一章　成吉思汗混一漠北史

——"蒙古太祖皇帝即位于斡难河"夹注辨析

　　《通鉴续编》卷一九在丙寅年（1206）末有"蒙古太祖皇帝即位于斡难河"之言，后小字夹注详细记载了成吉思汗的祖先及其混一漠北草原的历程。

　　早在清代乾隆时期，考据大家钱大昕在对《元史》卷一《太祖纪》的考异中，就注意到《通鉴续编》这一夹注的史料价值，并将其中阿阑豁阿"一乳三子"的内容与《元朝秘史》的记载加以参证，从而质疑《太祖纪》阿阑豁阿只生有孛端察儿一子的说法，认为："帝王之兴，必有殊异，一乳三子之说，宜若可信。"[1]清末李文田著《元秘史注》、洪钧著《元史译文证补》，亦秉持这

1　钱大昕：《廿二史考异》卷八六《元史一》，第1200页。

一观点。[1] 二十世纪九十年代前后，黄时鉴先生比较全面地考察了《通鉴续编》的蒙古史料，在其大作中，曾结合《太祖纪》、《元朝秘史》、拉施特《史集》、《圣武亲征录》等书，对《通鉴续编》以阿阑豁阿三子为中心的成吉思汗先祖事迹，作了进一步阐释。[2] 近来，刘迎胜先生亦撰文，围绕《通鉴续编》这一夹注内容与其他相关记载，对早期蒙古史料的系谱作了一定的推测。[3] 张晓慧博士在其关于《通鉴续编》蒙元史料的专文中，主要从史源学的角度研究了这一夹注的内容。[4]

不难看出，清代学者重在发掘阿阑豁阿"一乳三子"这一局部内容的史料价值，现代学者则更倾向于从史料系谱或史源学的角度予以辨析。总体而言，这些成果对《通鉴续编》"蒙古太祖皇帝即位于斡难河"夹注的研究并不充分。本章拟在此基础上，对《通鉴续编》的这一夹注进行全面研究，首先分析夹注本身的叙事脉络，同时校正个别记载的讹误并指出相关史文的史料价值，进而考辨其中所记几件重大史事，最后梳理不同文献中关于成吉思汗先祖及其本人混一漠北史的叙事模式，厘清夹注史文在其中的流传线索与所居地位。

一　叙事脉络

"蒙古太祖皇帝即位于斡难河"后面的夹注史文，系对此句的补充疏解，比较全面地记载了蒙古太祖成吉思汗即位前统一漠北的诸多事件。这是陈桱在《通鉴续编》中首次专门详细叙述蒙古之

1　李文田：《元秘史注》卷一，《续修四库全书》第 312 册，上海古籍出版社，2002，第 319 页；洪钧：《元史译文证补》卷一上，田虎校注本，河北人民出版社，1990，第 7 页。

2　黄时鉴：《〈通鉴续编〉蒙古史料考索》，《黄时鉴文集》I《大漠孤烟——蒙古史　元史》，第 139 ~ 140 页。

3　刘迎胜：《陈桱〈通鉴续编〉引文与早期蒙古史料系谱》，《清华元史》第 4 辑，第 3 ~ 15 页。

4　张晓慧：《〈通鉴续编〉蒙元纪事史源新探——兼论〈圣武亲征录〉的成书》（待刊）。

事。在记载成吉思汗事迹前，夹注首先以追述的口吻，提及蒙古人的祖先始于成吉思汗十世祖孛敦察儿之母阿阑豁阿：

> 初，天后阿兰寡居北漠，屡有光明照其腹，一乳三子。长曰孛完合荅吉，次曰孛合撒赤，季曰孛敦察儿。其后子孙蕃衍，不相统摄，各自为部，曰合荅吉，曰散肘，曰吉押，又谓之扎即剌氏。居于乌桓之北，与畏罗、乃蛮、九姓回鹘故城和林接壤，世奉贡于辽、金，而总隶于达旦。

以阿阑豁阿（"天后阿兰"）感光生子开启家族历史，无疑是为了强调成吉思汗家族有生以来的神圣与无上出身。"一乳三子"，遂繁衍出合荅吉、散肘与吉押（扎即剌氏）三部，他们"居于乌桓之北"，与蒙古人的祖先唐代蒙兀室韦的居地"望建河"一带大体吻合。故《通鉴续编》虽未明确指出合荅吉、散肘与吉押三部出自蒙古，但字里行间实已隐然可见。

上引文中，《通鉴续编》并未交代"蒙古太祖"出自孛敦察儿一支，下文对孛敦察儿至太祖之间蒙古统治家族的传承世系，几乎亦付诸阙如，而是直接转到了成吉思汗的父亲：

> 烈祖讳叶速垓，孛敦察儿之九世孙也。攻塔塔儿部，获其部长帖木真，还次于跌里温盘陀山而生子。烈祖因以帖木真讳之，是为太祖皇帝。

至此，我们才得知"蒙古太祖"源于孛敦察儿，但太祖之父的事迹亦仅此而已，其后的所有史文构成了夹注的主要内容，可谓太祖混一漠北草原的一部高度浓缩的简史。首先，提到了太祖与泰赤乌部的结怨与战争：

> 烈祖卒，太祖皇帝年幼。其部众多归于族人泰赤乌部。泰
> 赤乌合七部人，凡三万，攻之。太祖皇帝与其母月伦太后率部
> 人为十三翼，大战于荅阑班朱思之野。泰赤乌等败去，太祖皇
> 帝因得少安。时泰赤乌部地广民众而无纪律，其下谋曰："帖
> 木真衣人以己衣，乘人以己马，真吾主也。"因悉归太祖皇帝，
> 泰赤乌部遂微。既而，太祖皇帝为塔儿忽台所执，其部人梭鲁
> 罕失剌密释太祖皇帝，且命子赤老温委质焉。

这段叙事存在两点可疑之处。其一，太祖"部众多归于族人泰赤乌部"，自然就会在十三翼之战中对阵人马众多、实力强劲的泰赤乌时明显处于劣势，故在情理上很难造成"泰赤乌等败去"之战局。其实，此战太祖遭到惨败，基本已得到绝大多数学者的赞同。其二，"太祖皇帝为塔儿忽台所执"云云，未指出塔儿忽台的族属，其实他正是泰赤乌部首领，这一点《通鉴续编》未交代清楚，然前一句既然已说泰赤乌部由于部众"悉归太祖皇帝"，"遂微"，那么"既而"太祖又为其首领"所执"，就很难符合常情了。稽诸《元朝秘史》可知，太祖被泰赤乌部所执，系其幼年时"部众多归于族人泰赤乌部"之后的事，《通鉴续编》恰恰以"既而"的承接性语词颠倒了事件的发生时序。[1]

接下来，《通鉴续编》夹注又记载了太祖与塔塔儿和月儿斤的战争：

> 未几，塔塔儿部叛金，太祖皇帝自斡难河帅众，会金师同
> 灭之，以功授太祖皇帝为察兀秃鲁，犹中国之招讨使也。
> 太祖皇帝以克烈、乃蛮二部强盛，事之甚谨，乃蛮反侵掠
> 之。太祖皇帝求援于月儿斤部，月儿斤杀其使。太祖皇帝怒，

1　前揭张晓慧《〈通鉴续编〉蒙元纪事史源新探——兼论〈圣武亲征录〉的成书》一文已注意到
　这一时序错舛的问题。

与战于朵（蛮）〔栾〕盘陀山，月儿斤大败。太祖皇帝还，居
于塔剌速之野，诸部为克烈所败者多归焉。

太祖助金大败塔塔儿，《通鉴续编》并未给出明确的纪年，据汉文
史料可知是承安元年（1196）之事。[1] 太祖依附于克烈，有《元朝秘
史》《史集》等文献为证，然对乃蛮"事之甚谨"，则仅见于《通鉴
续编》。《元朝秘史》最早记载了成吉思汗时期漠北诸部的关系，第
160节叙述札木合挑拨太祖与王汗的关系，有言："帖木真安荅在前
曾教使臣于乃蛮行往来有来。"王汗对此之反应是主动拔营弃太祖
而去，说明对札木合之言颇为介意。此事亦见于《圣武亲征录》、
《元史》卷一《太祖纪》与《史集》。当然，札木合所说的真伪有待
进一步考证，但此言本身难免不让人怀疑太祖在依附于克烈部的同
时，一度向强大的乃蛮部投诚示好，《通鉴续编》的说法殆渊源于
此。对于兵强马壮的乃蛮，太祖无力单独应对，但复仇月儿斤则绰
绰有余，大败月儿斤后，"诸部为克烈所败者多归焉"，个中原因，
除了当时太祖本身的实力和威望外，还不容忽视的是以太祖为首的
蒙古百姓虽然依附于克烈，但仍保持相当大的独立性，故在很大程
度上可自由抉择归附的对象。

　　紧接于此，《通鉴续编》将叙事的重点转向太祖与克烈的关
系上：

已而，克烈王可汗暴戮其族，王可汗之弟也力可哈剌不能
堪，叛归乃蛮部，共立亦难赤为可汗，以兵败王可汗，尽取其
众。王可汗出走，太祖皇帝以其与烈祖垓有好，自怯绿连河迎
之。会于土兀（速）〔剌〕河，结为父子，因攻灭里乞、兀都
夷二部，掠其赀财以给王可汗。

1　宝音德力根：《成吉思汗建国前的金与蒙古诸部》，《内蒙古社会科学》1990年第4期，第60页。

王可汗部众亦稍有归者，太祖皇帝遂与共攻乃蛮部盍禄可汗，战于黑辛八石，尽取其众。

王可汗渐强，因害太祖皇帝之得人，欲图太祖皇帝。太祖皇帝辞去，次于撒里川。而王可汗移居于土兀剌河，王可汗之子亦剌合等率众至，为乃蛮部所掠。王可汗复遣人告太祖皇帝攻乃蛮以报之。太祖皇帝即遣博儿（木）〔术〕、博儿忽、木华黎、赤老温四人将兵赴之，遂尽夺其所掠归于王可汗。太祖皇帝复与母弟欒只合撒儿攻乃蛮，大败其众而还，乃蛮部因是衰弱。

太祖皇帝乃会王可汗于萨里川不鲁吉崖，复帅众攻泰赤乌部，大战于斡难河，泰赤乌部长亢（思）〔忽〕败走。

于是，弘吉剌等五部会盟，将攻太祖皇帝及王可汗。太祖皇帝迎战于盍亦剌川，大败之。而王可汗之弟扎阿绀孛等怨王可汗残忍，逃降乃蛮。

王可汗以众居于忽八海牙山，太祖皇帝居于彻彻儿山。

塔塔儿部与弘吉剌等七部亦怨欒只合撒儿侵掠，会于犍河，共立扎木（台）〔合〕部长为菊儿可汗，将攻太祖皇帝。太祖皇帝帅众与诸部战于海剌儿帖尼火鲁罕之野，败之，菊儿可汗遁去，弘吉剌部遂降于太祖皇帝。

自王汗为下所逐，太祖皇帝奉之五年而益勤。

上述引文中，《通鉴续编》以太祖与克烈的联盟为主线，先后述及二者合兵战败灭里乞、乃蛮、泰赤乌、弘吉剌等五部联盟、菊儿可汗联军等事，旁涉克烈内部兄弟阋墙、外部与太祖渐生嫌隙之事，最后做出总结："自王汗为下所逐，太祖皇帝奉之五年而益勤。"从而使太祖对王汗的忠诚不渝、以德报怨溢于言表。在此，需要的指出的是：其一，兀都夷为篾儿乞的一大分支，[1]故《通鉴续编》"灭里乞、

1　《元朝秘史》第 102 节，乌兰校勘本，中华书局，2012，第 65 页。

兀都夷二部"之说有误；其二，乃蛮的亦难赤可汗为盂禄可汗之父，至于克烈王汗为乃蛮所掠，太祖遣四杰救援，所与交锋的则是亦难赤另一子乃蛮的太阳可汗，[1]对此《通鉴续编》失载，很容易让人将其与乃蛮的其他两位可汗混淆在一起；其三，太祖大败菊儿可汗联军，是其与王汗并肩作战所取得的胜利，《通鉴续编》只字未提王汗，意在独尊太祖，但从最后一句"自王汗为下所逐，太祖皇帝奉之五年而益勤"，可推知当时王汗亦参与其中。

从以下泰和二年（1202）的阙亦坛之战起，《通鉴续编》关于太祖混一漠北的事迹开始有了明确的系年：

> 金泰和二年秋，乃蛮盂禄可汗率六部之众攻太祖皇帝及王可汗。太祖皇帝与战于（门）〔（阙）或〔阔〕〕亦坛之野，会大雪，乃蛮军溃而去。
>
> 冬，太祖皇帝居于阿不扎阙忒哥儿山，王可汗居于别里怯沙陀中。太祖皇帝求婚于王可汗，王可汗不许，由是太祖皇帝疏之。菊儿可汗闻之，往说王可汗之子亦剌哈，言："太祖皇帝将行不利于王可汗。"亦剌哈信之，遂以兵焚太祖皇帝牧地。

如果说此前太祖对克烈王汗"奉之益勤"的话，那么泰和二年则是双方关系恶化的转折之年。是年，太祖与王汗虽大败乃蛮等联军，但随后太祖求婚王汗被拒一事，成为二者兵戎相见的导火索。《通鉴续编》在下文泰和三年的记事中，首先对此事的走向作了详细叙述：

> 泰和三年，王可汗与亦剌哈谋，遣使诈以定婚召太祖皇帝。太祖皇帝以为诚然而往，王可汗之牧马人乞失力与弟拔歹知其谋，以告太祖皇帝。太祖皇帝乃止，而帅众与王可汗战于

---

1 〔波斯〕拉施特主编《史集》第1卷第1分册，余大钧、周建奇译，商务印书馆，1983，第228页。

合兰只之野。王可汗屡败，矢中亦剌哈之颊，乃敛兵。

太祖皇帝次于斡儿弩兀，有骑四千六百，因循哈勒合河而进。至董哥泽，遣阿儿海致言于王可汗，曰："昔汝菊律可汗谓汝夺其兄忽儿扎忽思盂禄可汗之位，而肆杀戮于昆弟，故逼汝于哈剌温之隘。汝穷迫无计，以百骑来依我先人。我先人偕汝以雪耻，备历险阻，以破其国，菊律可汗仅以身免，走死河西。我先人尽以其土地人民归汝，结为按答，故我事汝如父。嗣尔，汝有穷厄，我尽心以救恤，使汝得至于今。我何负于汝而欲加害于我哉！"

王可汗大惭，欲止。亦（哈剌）〔剌哈〕不肯，曰："彼能胜我，听取我国。若我胜彼，当亦取其国耳。"因进兵。

太祖皇帝与木华黎、博儿术、博儿忽、赤老温饮水于班术河，誓必报其仇。遂大会属部于斡难河源，而进击王可汗于彻彻儿运都山，大败之。王可汗与亦剌哈以数骑逸至捏群兀孙河。乃蛮部人执王可汗，杀之。亦剌哈奔西夏，亦为人所杀。克烈遂亡。

太祖皇帝以乞失力、拔歹有功，命为千户，赐号"答剌罕"。因大猎于帖麦垓川，宣布号令而还。

太祖经过与王汗战争、遣使、再战这三大阶段，最终灭掉了在草原上称雄一时的克烈。其中，太祖的"四杰"木华黎、博儿术、博儿忽、赤老温，亦参与了著名的班术河盟誓，但仅见于《通鉴续编》。《通鉴续编》中太祖"以乞失力、拔歹有功，命为千户"的说法，可为《元朝秘史》中一带而过的蒙古在"癸亥（1203）、甲子（1204）年间的千户百户建制"，[1]提供另一直接力证。至于赐乞失力、

1　姚大力：《草原蒙古国的千户百户制度》，《蒙元制度与政治文化》，北京大学出版社，2011，第5页。

拔歹"苔剌罕"之号，则并非泰和三年之事，而是泰和六年（1206）
太祖建立统一的漠北政权后大封功臣时所为。[1]

克烈王汗既已灭亡，漠北草原唯一与太祖争雄的就只剩下乃蛮
了。《通鉴续编》下文云：

> 乃蛮太阳可汗遣月忽难，告于王孤部长阿剌忽思曰："近闻
> 东西有称王者，日月在天，了然可知，世岂有二主哉！君能益
> 吾右翼，夺其弧矢乎？"阿剌忽思遣人，以其言告于太祖皇帝，
> 具以所部附之。
>
> 泰和四年春，太祖皇帝大会属部于帖木垓川，谋攻乃蛮，
> 以虎别来、哲别二人为前锋，与乃蛮太阳可汗、灭儿乞部长脱
> 脱、克烈部长扎阿绀孛、斡亦剌部长忽都花别吉并扎木合、朵
> 儿班、塔塔儿、哈塔斤、散只兀（立）〔五？〕部战于按台。太
> 阳可汗败死，诸部悉溃，太祖皇帝益以盛强。

乃蛮太阳汗称雄于蒙古草原西部，他在政治上并未统一草原，而
是安于东部以克烈为首的诸部并立的现状。太祖灭克烈王汗后统
一蒙古草原东部，从而在漠北地区形成了东西"二主"对峙的军
政格局。乃蛮权贵一直视蒙古人为"歹气息，衣服黑暗"的百姓，[2]
因此无法容忍成吉思汗的骤然崛兴，故太阳汗有了上述之言。《通
鉴续编》所记按台山之战中的"散只兀立"部，即撒勒只兀惕，
又有珊竹、散竹歹台、散只兀、珊竹带、散术台等不同异写。[3] 然
"散只兀立"最后一个音节的"立"与撒勒只兀惕（Salji'ud）无法
勘同，故颇疑"立"为"五"之形讹，"散只兀"与其前的"扎木

---

1 韩儒林：《苔剌罕考》，《穹庐集——元史及西北民族史研究》，上海人民出版社，1982，第26
　　页。
2 《元朝秘史》第189节，乌兰校勘本，第223页。
3 周良霄：《元史北方部族表》，《中华文史论丛》2010年第1期，第68页。

合、朵儿班、塔塔儿、哈塔斤"恰为五部。此战太阳汗不但纠集了东部败于太祖的草原诸部，而且还联合了叶尼塞河上游一带的林木中百姓斡亦剌，不难想见他本人在漠北地区所享有的权威与影响。

以乃蛮为首的漠北诸部联盟兵败按台山，直接导致太阳汗之死，基本也宣告太祖对漠北草原的统一初步完成，故《通鉴续编》下文首先将叙事的内容转向草原之外的"攻西夏"，但又马上回归漠北着重记载了太祖建国之事：

> 泰和五年，遂攻西夏，破力吉里寨及落思城，大掠而还。至是，大会诸部长于斡难河之源，建九斿白旗，自号为"成吉思可汗"。

按照《通鉴续编》的叙事语境，"至是"即"泰和五年"，不确。太祖大会诸部建国，实际上在泰和六年（1206），颇疑"至是"前有阙文。至于"成吉思可汗"之称，亦非太祖自号，而是他称。[1]

最后，《通鉴续编》夹注对蒙金关系略加追溯：

> 先是，金主遣卫王允济往靖州，受太祖皇帝之贡。允济奇太祖皇帝状貌，归言于金主，请以事除之，金主不许。太祖皇帝闻而憾之。

指出蒙金关系的恶化实出有因，从而为下文以蒙金关系作为蒙古史事的一大叙述主线埋下了伏笔。

综上所述，《通鉴续编》"蒙古太祖皇帝即位于斡难河"后的夹

---

[1] 对此称号的相关研究与最新诠释，详见白玉冬《成吉思汗称号的释音释义》，《历史研究》2019 年第 6 期。

注史文，根据叙事的时间节点，主要以"泰和二年"为限，分为前后两大部分。前半部分叙事始于太祖十世祖孛敦察儿之母阿阑豁阿，迄至帖尼火鲁罕之战。纪事并无明确系年，用"既而""未几""已而""于是"等宽泛的承接性语词，对事件发生的时间予以定位。当然，个别时间像太祖助金征伐塔塔儿，仍可据其他史料判断其发生的具体年代。不过，这一部分总体上纪年的模糊性不可避免地导致个别事件被置于错误的时间序列中，如太祖为塔儿忽台所执之事；此外，对一些人物和部族的交代、认识，也存在模糊与谬误之处，如并未明确记载塔儿忽台为泰赤乌部首领，误灭里乞、兀都夷为二部。后半部分始于泰和二年阙亦坛之战，终于泰和六年太祖称"成吉思可汗"，但最后对蒙金交恶之事的系年并没有予以交代。如果《通鉴续编》前一部分重在叙述太祖与泰赤乌等蒙古诸部的纷争，那么后一部分则主要记载太祖与克烈和乃蛮的关系。总体来看，《通鉴续编》在纪事上虽有个别瑕疵，但却无法掩盖其中的史料价值以及由此产生的问题意识。对此，下节即予以重点考察。

二　几大关键史事考辨

"蒙古太祖皇帝即位于斡难河"的夹注内容具有重要的史料价值，上节已对其中部分独家记载略有提及。通过比勘《元朝秘史》、《圣武亲征录》、《太祖纪》和《史集》所记早期蒙古史事，不难发现，《通鉴续编》夹注还有一些比较重要而又独具特色之处，值得进一步深入研究。本节即重点考察以下四个方面：开篇的阿阑豁阿诸子事迹、十三翼之战、班朮河盟誓与太祖朝贡金主事。

先看阿阑豁阿诸子事迹："长曰孛完合苔吉，次曰孛合撒赤，季曰孛敦察儿。其后子孙蕃衍，不相统摄，各自为部，曰合苔吉，曰散肘，曰吉押，又谓之扎即剌氏。"黄时鉴先生认为，"吉押即乞颜"。[1] 在对音上完全可以勘同。但《通鉴续编》本身的叙述逻辑却是：合答吉来自孛完合荅吉，散肘来自孛合撒赤，"吉押，又谓之扎即剌氏"来自孛敦察儿。当然，我们不排除"又谓之扎即剌氏"前有阙文。但"吉押，又谓之扎即剌氏"本身，则表明乞颜（吉押）与札答阑（札即剌）直接出自孛敦察儿，这与我们熟知的孛敦察儿的后代形成孛儿只斤氏的说法迥然不同。

从《通鉴续编》夹注的后文来看，这里对孛敦察儿后裔为扎即剌氏的书写方式可能是有意为之。扎即剌就是以成吉思汗安答札木合为首的著名的札答阑，《通鉴续编》后文共两次提到此部，皆作"扎木合部"。一处是："塔塔儿部与弘吉剌等七部亦怨槊只合撒儿侵掠，会于犍河，共立扎木（台）〔合〕部长为菊儿可汗。"另一处是灭乃蛮之役中，太祖军"并扎木合、朵儿班、塔塔儿、哈塔斤、散只兀（立）〔五?〕部战于按台"。其中，皆将扎木合视作部名。而在其他地方提及扎木合时，《通鉴续编》则以"菊儿可汗"称之。显然，《通鉴续编》在记载孛敦察儿后裔形成了扎即剌氏后，或许意识到此部在读音上与札答阑相同，为了避免误解，故在后文的叙事中将"札答阑部"径书作"扎木合"。

将扎即剌与吉押等同，并记成是孛敦察儿"子孙蕃衍"之部，显系对此部来源的一大误解。扎即剌的由来，在蒙元官方文献的记载中是非常清楚的。早期蒙古汗廷草原史家所编《元朝秘史》第 40 节说，此部来自孛敦察儿所掳怀有身孕的兀良哈妇人，与孛敦察儿没有任何血缘关系。《元史》卷一〇七《宗室世系表》最后记载："按《十祖世系录》云：始祖孛端叉儿收统急里忽鲁人氏民户时，尝得一怀妊妇人曰插只来，纳之，其所生遗腹儿，因其母名曰插只来，自后别为一种，亦号达靼。"[2]"插只来"即扎即剌。

1　黄时鉴：《〈通鉴续编〉蒙古史料考索》，《黄时鉴文集》I《大漠孤烟——蒙古史　元史》，第140页。
2　《元史》卷一〇七《宗室世系表》，中华书局，1976，第2729页。

《十祖世系录》与《元朝秘史》所记殆有相同史源,二者皆指明扎即刺人非蒙元宗室。另一方面,尽管《通鉴续编》对扎即刺的起源认识有误,但似乎已经敏锐地窥探到早期蒙古部族的命名方式,即部族名来自始祖名。由于当时的草原诸部中,"扎即刺"与孛敦察儿中的"察儿"在读音上比较接近,故将其视作以孛端察儿为始祖的部族。不过,这种处理方式简单拙劣,与蒙元汗廷的主流说法格格不入。更值得注意的是,在十四世纪初伊利汗国宰相拉施特所编《史集》中,将吉押(乞颜)的起源追溯到孛敦察儿的后代合不勒汗或蒙格秃 - 乞颜,亦皆与《通鉴续编》不同。[1]《元史》卷一《太祖纪》:成吉思汗"姓奇渥温氏,蒙古部人",奇渥温即乞颜,[2]亦即吉押。紧接于此,《太祖纪》又有"其十世祖孛端叉儿"云云,可以推知"孛端叉儿"即奇渥温(乞颜/吉押)氏,《通鉴续编》的书写正与此相符。综合以上分析,可以肯定的是,《通鉴续编》的作者陈桱,并未直接接触到元代宫廷档案中关于孛敦察儿后代所出部族的记载,即使对这方面的相关信息有所耳闻甚至寓目,最终也没有予以全部采纳,所以在其笔下出现了孛敦察儿子孙蕃衍形成"吉押,又谓之扎即刺氏"这种半是半非的说法。

　　《通鉴续编》还说合苔吉、散肘与吉押"世奉贡于辽、金,而总隶于达旦"。"达旦"即鞑靼,但这一写法颇为罕见,主要集中于《辽史》,如卷一《太祖纪上》神册三年(918)二月,有"达旦国来聘";又如卷一四《圣宗纪五》统和二十三年(1005)六月己亥:"达旦国九部遣使来聘";再如卷一五《圣宗纪六》开泰二年(1013)二月:"达旦国兵围镇州。"王国维认为,元朝史官讳言

---

[1]　拉施特还将乞颜与孛儿只斤并提,作乞牙惕 - 孛儿只斤(Qiyāt Būrjiqīn),见 M. Roushan and M. Mūsavī, *Jāmi ʻal-Tavārīkh*, Tehran: Nashr-i Alburz, 1994, p.270。

[2]　陈得芝:《〈元史·太祖本纪〉(部分)订补》,《元史及民族与边疆研究集刊》第 22 辑,上海古籍出版社,2010,第 1 页。

鞑靼，故将《辽史》之鞑靼改作"阻卜"，上述三处"达旦"，"盖史臣所未及改"。[1]现在看来，避讳说基本已成学界定论。[2]其实，《通鉴续编》本身的记载中也出现了几次"达旦"，除了因袭上引《辽史》的前两处外，在卷二〇辛未年（1211）十一月"金以徒单镒为右丞相"夹注中，亦提到"达旦"：镒为上京留守，闻蒙古兵日攻西北，向金主上言，其中有"自国家与达旦交兵以来，彼聚而行，我散而守，以聚攻散，其败必然"云云。这实际上是抄自《金史》卷九九《徒单镒传》，然后书并未出现"达旦"二字，应系《通鉴续编》所加，显然，陈桱在此是将"达旦"与蒙古等同的。

据蔡美彪先生研究，元代汉人习称蒙古为达达，然"元代文献所见达达，均不作鞑靼，而别译达达"。[3]根据《通鉴续编》的记载，可知元代蒙古还有"达旦"之译。当然，勾稽文献，不难发现元代其实也有将蒙古译作"鞑靼"之例。《南村辍耕录》卷九《谣言》条："后至元丁丑（1337）夏六月，民间谣言：朝廷将采童男女，以授鞑靼为奴婢，且俾父母护送，抵直北交割。故自中原至于江之南，府县村落，凡品官庶人家，但有男女年十二三以上，便为婚嫁，六礼既无，片言即合。至于巨室，有不待车舆亲迎，辄徒步以往者，盖惴惴焉。惟恐使命戾止，不可逃也。虽守土官吏，与夫鞑靼、色目之人，亦如之，竟莫能晓。经十余日才息。"[4]又如《至正直记》卷四《敬仁祭酒》条："许敬仁祭酒，鲁斋子也，学行皆不逮于父，以门第自高。……四明袁伯长亦以讥谑为习，常嘲敬仁，敬仁大薄之。伯长嘲之曰：'祭酒许敬仁，入门鞑靼唤，出门传圣旨，

1　王国维：《鞑靼考》，贾敬颜订补，史卫民编《辽金时期蒙古考》，内蒙古自治区文史研究馆，1984，第5页。

2　刘浦江：《再论阻卜与鞑靼》，《松漠之间——辽金契丹女真史研究》，中华书局，2008，第344～345页。

3　蔡美彪：《元代文献中的达达》，《辽金元史考索》，中华书局，2012，第213～214页。

4　陶宗仪：《南村辍耕录》，中华书局，1959，第112～113页。

口口称先人。'盖敬仁颇尚朔气，习国语，乘怒必先以阿剌花剌等句叱人，人咸以为诮也。"[1]但将蒙古译写为"鞑靼"，则远不如译作"达达"频繁多见。

　　正如蔡先生所说，称蒙古为达达是沿袭了宋金以来的传统。[2]然而，值得注意的是，宋人最初是将蒙古与鞑靼区别对待的。最为明显的例证是李心传《建炎以来朝野杂记》的"鞑靼款塞"条，此条叙事主线为鞑靼，其中包括以铁木真为首的黑鞑靼，但文中同时以"又有蒙国者"为开端，插入了关于蒙古的部分纪事。在回归叙事的主线鞑靼时说："至是鞑靼乃自号大蒙古国，边吏因以蒙鞑称之。"但又掩盖不住自己的困惑："然二国居东西两方，相望凡数千里，不知何以合为一名也。"[3]近来，张晓慧博士通过梳理、辨析宋、金文献中的记载，基本肯定在成吉思汗崛起前的草原东部，曾经存在一个蒙古国。[4]对此，还可补充一则史料。据出使大蒙古国的南宋使臣赵珙说，他曾向对方讨究过之前的蒙国之事，得到的回复是"蒙已残灭久矣"，[5]亦足以说明蒙国与其后以成吉思汗为首的蒙鞑，当系时代前后不同的草原游牧政权。因此，"鞑靼款塞"条又说："盖金国盛时，置东北招讨司以捍御蒙兀、高丽，西南招讨司以统隶鞑靼、西夏。"[6]

　　自八四〇年回鹘汗国灭亡至十二世纪下半叶，在漠北草原最为活跃的族群无疑当属鞑靼。据学者研究，其间漠北草原一度出现过

1　孔克齐：《至正直记》，庄葳、郭群一校点，上海古籍出版社，2012，第142页。按，《至正直记》今仅存清末《粤雅堂丛书》本，其中元代译名并未遭到篡改。

2　蔡美彪：《元代文献中的达达》，《辽金元史考索》第213页。

3　对此之详细分析，见笔者《"大蒙古国"国号创建时间再检讨》，《文史》2020年第2辑。

4　张晓慧：《元代蒙古人族群记忆的建构与书写》第一章"传说与现实：前成吉思汗时代蒙古之名实"，博士学位论文，北京大学历史学系，2018。

5　赵珙撰，王国维笺证《蒙鞑备录笺证》，《王国维全集》第11卷，浙江教育出版社，2009，第338页。

6　李心传：《建炎以来朝野杂记》，徐规点校，中华书局，2000，第849页。

"九姓鞑靼王国"。[1] 十四世纪初伊利汗廷的官方史家拉施特说："由于［他们］极其伟大和受尊敬的地位，其他突厥部落，尽管种类和名称各不相同，也逐渐以他们的名字著称，全都被称为塔塔儿［鞑靼］。"[2] 故而不难想见，作为成吉思汗所在的蒙古部，曾经亦有主动攀附并自称鞑靼的情形。[3] 这恰与宋、金人称他们为鞑靼互为表里、相辅相成，从而成为元代蒙古被译作"达达"而为官方所接受的一大历史渊源。

再看《通鉴续编》夹注所记十三翼之战。上节已从本证的角度对《通鉴续编》所记不合情理之处做了分析，校以他书，还可得知：关于十三翼之战，只有《通鉴续编》认为太祖的敌方一共纠集了"七部人"。细加分析，其实这一记载并不确切。

关于十三翼之战，蒙元官方文献有着比较详细的记载。最早提及此战的是《元朝秘史》，但只是笼统地说成吉思汗敌方以札木合为首，共组织了十三个"中哈舌邻"（qarin，部）。来自《太祖实录》的《元史》卷一《太祖纪》，记载也比较简略："札木合以为怨，遂与泰赤乌诸部合谋，以众三万来战。"相较之下，《圣武亲征录》的史文则更为翔实："札木合以是为隙，遂与泰赤乌、亦乞剌思、兀鲁吾、那也勤、八鲁剌思、霸邻诸部合谋，以众三万来战。"《史集》的记载，可与《圣武亲征录》互相补充："札木合薛禅和成吉思汗结了怨。他开始作乱，带着自己的部落和军队投奔到了泰亦赤兀惕诸部处。［当时］除他而外，其他部落和支系也都同泰亦赤兀惕人结成了联盟，其中有弘吉剌惕［部］的分支亦乞剌思部，还有属于蒙古－迭儿列勤的豁罗剌思部以及属于尼伦的兀鲁惕和那牙勤［部］。

1　白玉冬：《九姓达靼游牧王国史研究（8—11 世纪）》，中国社会科学出版社，2017。

2　〔波斯〕拉施特主编《史集》第 1 卷第 1 分册，第 166 页。

3　按，这种现象在漠北草原由来已久，北匈奴在东汉和帝的北伐中被击溃，留在漠北的"尚有十余万落"，在鲜卑人入主漠北后，"皆自号鲜卑"。见范晔《后汉书》卷九〇《乌桓传》，中华书局，1965，第 2986 页。

各部互相支援，一致反对成吉思汗，长期与他为敌，同他发生了纷争。"[1] 故而可以肯定，十三翼之战中，太祖的敌方至少有札答阑、泰赤乌、亦乞列思、兀鲁吾、那也勤、八鲁刺思、霸邻、豁罗刺思八部。[2] 此外，据下节研究可知《通鉴续编》"蒙古太祖皇帝即位于斡难河"夹注的内容与《圣武亲征录》非常接近，也就是说二者具有相同的史源，而此处所引《圣武亲征录》恰好共七部，说明其史源亦有类似记载，《通鉴续编》中的"七部"殆由此而来。然根据《圣武亲征录》中的"诸部"二字又可得知，札木合所率并不仅仅限于七部，此点并未被《通鉴续编》予以留意，应是夹注断章取义从而误解成"七部"的根本原因。还需一提的是，《元朝秘史》、《圣武亲征录》和《太祖纪》，皆记札答阑部札木合为十三翼之战的发起人，《通鉴续编》则认为泰赤乌为肇事者，可能是所接触的史源着重强调了泰赤乌在太祖敌对集团中的地位，毕竟上引《史集》亦有此战中泰赤乌部是太祖敌方盟主的说法。

接下来，再对《通鉴续编》所记著名的班朮河盟誓略加考辨。关于班朮河盟誓，前贤研究颇多，但皆致力于考证、梳理参加盟誓的十九人及其事迹。[3] 然而，《通鉴续编》的记载却并未引起足够重视。《通鉴续编》说："太祖皇帝与木华黎、博儿朮、博儿忽、赤老温饮水于班朮河。"其中，四杰几乎皆不在前人所考十九人之列。[4]

1　〔波斯〕拉施特主编《史集》第1卷第2分册，余大钧、周建奇译，商务印书馆，1983，第110～111页。

2　经过对相关文献的梳理研究，笔者推测还有五部：忙兀、晃豁坛、合塔斤、撒勒只兀惕和朵儿边。详见《札木合十三部考》，《欧亚学刊》新5辑，商务印书馆，2016。

3　Cleaves, "The Historicity of the Baljuna Covenant", *Harvard Journal of Asiatic Studies*, Vol.18, 1955; 杨志玖：《蒙古初期饮浑水功臣十九人考》，《陋室存稿》，中华书局，2015，第337～347页。经过杨志玖先生的考证，可以明确肯定者已有十六人。

4　魏源在《元史新编》卷二三《誓浑河功臣列传》中，认为博儿忽为十九功臣之一，并说其所据为《元史》卷一一九《博儿忽传》，但此传对此毫无记载，杨志玖先生已辨。另外，魏源曾考出参加盟誓的十五人，并推测"尚缺四人，殆四杰、四先锋之徒欤？"可见，此前已有学者怀疑四杰可能位列班朮河十九功臣之列。

根据最早记载此事的《元朝秘史》说，班朮河盟誓前博儿忽曾救助窝阔台并与成吉思汗会合，故而可以肯定他参加了这一盟誓。[1] 由此看来，《通鉴续编》所记并非毫无根据，若再加上已经明确可以考认的十六人，以及杨志玖先生存疑的玉速阿剌，则已超出十九人之数，这就启发我们：参加班朮河盟誓者可能并不只有十九人。其实，此前已有学者指出班朮河盟誓不见于《元朝秘史》，故具有一定的传说性质。[2] 稽诸史籍，不难发现十九功臣说，在蒙元汗廷内部似乎并不流行。《元史》卷一《太祖纪》："至班朱尼河，河水方浑，帝饮之以誓众。……凡与饮河水者，谓之饮浑水，言其曾同艰难也。"《太祖纪》来自《太祖实录》，可以说，这是蒙元汗廷对班朮河盟誓最有代表性的官方定位，但并未明确记载与盟者为十九人，很大程度上反映出蒙元汗廷更重视的是"班朮河"一词本身所被赋予的"同渡艰难"的象征性内涵。

班朮河盟誓十九功臣说，最早见于世祖即位初汉族文臣王恽所撰《中堂事记》，在中统二年（1261）秋七月廿一日辛巳条下，提到"有旨：世臣买住孩儿"云云，下有小字夹注：

> 秃花太傅，姓耶律氏，在前金时戍桓州，官爱里德，汉语守戍长也。其后与一十八人从太祖神元皇帝同饮于黑河子，于佐命元勋，公其一也。[3]

"太祖神元皇帝"即成吉思汗。我们知道，成吉思汗父也速该在至元三年（1266）被追谥为"烈祖神元皇帝"，文臣王恽笔下的"太祖神元皇帝"，应是蒙元官方未定谥号时，其本人对成吉思汗的称

1　《元朝秘史》第 173 节，乌兰校勘本，第 192 页。
2　伯希和：《荨麻林》，《西域南海史地考证译丛三编》，冯承钧译，商务印书馆，1962，第 64 页，注释 4。
3　《王恽全集汇校》，杨亮、钟彦飞点校，中华书局，2013，第 3413 页。按，此点校本将"太祖神元皇帝"误刊作"太极神元皇帝"，"元勋"误刊为"元酌"。

谓。[1]"黑河子"即班朮河。

王恽的记载很可能是参与盟誓的耶律秃花之后人买住所传。至元代中后期，班朮河十九功臣的说法，愈发流行。除了前人已经提及的《元史》卷一二〇《札八儿火者传》外，还有一条记载值得重视，即虞集在顺帝朝为十里牙秃思所撰神道碑：

> 太祖皇帝龙兴初，一旅之众，尝遇侵暴，夜与从者七人，至于大石之崖，解束带加诸领以为礼，而祷曰：天生我而受之命，必有来助之兆焉。俄游十九人者，鼓行以前请自效，是为捏古台氏。捏古台之人其族四：曰播而祝吾，曰厄知吾，曰脱和剌吾，曰撒哈儿秃。[2]

以上故事将班朮河十九功臣与捏古台氏的起源糅合在一起。类似的事例，还见于此前世祖朝文臣胡祗遹为纳琳居准所撰神道碑：纳琳居准祖先秃鲁合札儿与太祖在班朮河共患难，故蒙赐氏燕只吉歹。其实，捏古台氏与燕只吉歹氏的形成远在太祖以前，如此记载，说明他们的后人在元朝的蒙古认同日趋深化，故在叙述本族起源时出现了不惜攀附与成吉思汗关系的情况。[3]另一方面，根据前人的考证，太祖十九功臣中并无捏古台氏，虞集所记显然不

1　按，类似的情况亦出现在成吉思汗子、忽必烈父拖雷身上。郝经《复与宋国丞相论本朝兵乱书》："本朝烈祖脱鸢皇帝自金、房穿出，贵朝襄阳守臣以为'是将图金，何与于我'，不为之拒，四川、荆、襄随以陷没。"(《郝文忠公陵川文集》，秦雪清整理，山西人民出版社，2006，第528页）郝经在中统元年（1260）出使南宋即被囚禁，直到至元十二年（1275）才被释还，故无法得知也速该被追谥之事。其间，他在上南宋丞相书中，将"烈祖"冠在拖雷前，是当时将拖雷称为烈祖的一大例证。这和王恽称成吉思汗为"太祖神元皇帝"，皆难以与后来蒙元官方追谥也速该为"烈祖神元皇帝"相契合，但足以说明在官方定位前，北方汉族文臣已经对忽必烈父、祖的谥号或庙号有着自己私人化的认识了。

2　虞集：《靖州路总管捏古台公墓志铭》，《虞集全集》，王颋点校，天津古籍出版社，2007，第894页。

3　曹金成：《政治体视角下的元代蒙古认同》，博士学位论文，北京大学历史学系，2018，第113~114页。

对，[1] 但其中太祖在患难中为十九功臣所助的叙事理路则与王恽所记一脉相承，说明"十九功臣"至此早已被赋予了相当的象征意义，俨然已成为太祖创业艰危之际雪中送炭者的代名词。

最后，再看一下太祖朝贡金主事。此事以追述的口吻附于夹注之末："先是，金主遣卫王允济往靖州，受太祖皇帝之贡。允济奇太祖皇帝状貌，归言于金主，请以事除之，金主不许。太祖皇帝闻而憾之。"对此，《通鉴续编》没有清晰的系年。《续编两朝纲目备要》亦有类似记载："璟之在位也，允济被命往靖州受黑鞑鞑进奉，见其王甚没真桀骜不逊，恐为边患，欲归白璟除之，会璟病卒。"[2] "璟"即金章宗完颜璟。海老泽哲雄据以大致推测，此事可能发生在章宗统治后期的 1207 年或 1208 年。[3] 此外，《元史》卷一《太祖纪》在五年（1210）条下也追溯了此事："初，帝贡岁币于金，金主使卫王允济受贡于（静）〔净〕州。帝见允济不为礼。允济归，欲请兵攻之。会金主璟殂……"这与《续编两朝纲目备要》更为接近。相较之下，《通鉴续编》"奇太祖皇帝状貌"云云，更像是站在蒙古一方维护太祖的说辞。《金史》卷一三《卫绍王纪》："八年（1208）十一月，自武定军入朝。是时，章宗已感嗽疾，卫王且辞行，而章宗意留之。"由此看来，铁木真朝贡发生在泰和八年（1208）的可能性更大。《建炎以来朝野杂记》曾有铁木真"春"季朝贡金朝的说法。[4] 若时任武定军节度使的卫绍王在泰和八年春于净州受贡，后回至武定军（今张家口涿鹿县一带），又返朝觐见，在时间上与章宗崩于是年十一月更能合理地衔接在一起。又，《通鉴续编》所说"金主不

1　可能是十里牙秃思后人的有意攀附；也可能当时有部分捏古台氏百姓也在盟誓之中，故其后代在追忆时将此夸大并以先祖为主要功臣。

2　《续编两朝纲目备要》卷一三，汝企和点校，中华书局，1995，第 244 页。

3　海老泽哲雄「モンゴルの对金朝外交」『驹泽史学』（52）、1998、198 页。按，海老泽哲雄此处参考的《续编两朝纲目备要》所记成吉思汗贡金朝事，实际上，其史源可追溯到《建炎以来朝野杂记》卷一九《女真南徙》。

4　李心传：《建炎以来朝野杂记》，徐规点校，第 850 页。

许""太祖闻而憾之"，为其独家记载。《卫绍王纪》虽未明确记载卫绍王向章宗汇报的内容，但可以肯定会涉及他在武定军节度使任上诸事，其中就包括铁木真朝贡时的桀骜之状，章宗也必然会对此做出反应。考虑到章宗当时的身体状况每况愈下，并已有传位于卫绍王之心，显然中央最高权力的平稳转移应是他当时考虑的重中之重，故《通鉴续编》所记"金主不许"除掉铁木真殆属实情。总体来看，太祖朝贡金主事，既见于宋人笔下的《续编两朝纲目备要》，又备载于元代官方的《太祖实录》，后来又被陈桱编入《通鉴续编》一书，说明在当时曾一度流传于南北，迄至元末仍为史家所瞩目。

三　蒙元时期成吉思汗混一漠北史的叙事模式

根据本章第一节的研究，《通鉴续编》"蒙古太祖皇帝即位于斡难河"夹注所记成吉思汗的混一漠北史，可以泰和二年为限，大体分为前后两部分。细而化之，前一部分的开端还包括成吉思汗的先祖事迹。就纪事的时间来说，后一部分几乎皆有明确系年。在前一部分中，虽有个别纪事可据其他史料判断发生的年代，其他叙事时间皆已失载。

关于成吉思汗混一漠北史的这种叙事模式，并非《通鉴续编》"蒙古太祖皇帝即位于斡难河"夹注首创，其文献来源最早可追溯至蒙古汗廷官修的蒙古文史书《元朝秘史》，基本为汉文的《圣武亲征录》、《太祖纪》与波斯文的《史集》等书所沿袭。过往的研究多重在对诸书所记史事的校对与考察，力求厘清其中某些具体细节的历史真相，极大地促进了我们对相关史事的深入了解。[1]另一方面，考虑到《通鉴续编》"蒙古太祖皇帝即位于斡难河"夹注的叙事，

1　比较有代表性者如宇野伸浩「チンギス・カン前半生研究のための『元朝秘史』と『集史』の比較考察」『人間環境学研究』7(通号11)、2009。

与《元朝秘史》等蒙、汉、波斯文史书的高度雷同，若从最早的文献《元朝秘史》出发，重新反思关于成吉思汗混一漠北史的叙事模式，辨析《通鉴续编》在其文本流传脉络中所占有的地位，无疑也会对这一段历史及其相关的文献系统有着更为全面的认识。

首先，《元朝秘史》详述了成吉思汗的二十一代先祖世系，始于蒙古人的始祖孛儿帖赤那，迄至成吉思汗之父也速该。其中，孛儿帖赤那降至朵奔篾儿干为蒙古首领的世系，孛敦察儿下至也速该为成吉思汗的家族世系，二者之间并无直接的父系血缘关系，《元朝秘史》的作者其实是将这两部分世系拼接在一起，塑造出成吉思汗家族自始至终就是蒙古部天生首领的历史叙事模式。[1]不过，在《通鉴续编》以及其他关于成吉思汗混一漠北史的汉文材料中，蒙古统治家族的世系这一部分皆被弃而不取，恰恰说明这一段世系与其后的一段成吉思汗家族的世系，最初正是基于不同叙述主体而又互相平行的两大叙事单元。至于《元朝秘史》所记也速该的抢婚生子、送长子铁木真在婚前入赘亲家、归途受塔塔儿毒害而死诸事，亦不见于《通鉴续编》以及与其具有共同史源的《圣武亲征录》、《太祖纪》等汉文文献。

其次，《元朝秘史》关于成吉思汗混一漠北史的部分典型事例，有的在《通鉴续编》等汉文材料中被稍作改塑，有的则并未得到应有的体现，甚至只字未提，可见在纂修时经过了一个存留去取的复杂过程。这方面的问题较多，以下即作详细申述。

《元朝秘史》第74节记成吉思汗父亲死后，泰赤乌部撇弃其家而去。寡妻诃额仑"好生能事，拾着果子，撅着草根，将儿子每养活了"。其间，幼年的铁木真曾因基本生活物资所有权的纠纷，杀死了异母弟别克帖儿；其家马匹也一度被盗；铁木真虽娶妻，但婚

---

1 《南村辍耕录》卷一"大元宗室世系"将蒙元统治者的世系追溯至朵奔篾儿干，就是受这种叙事模式影响的结果。众所周知，朵奔篾儿干与其后一代孛敦察儿其实毫无血缘关系。

后不久妻子又被篾儿乞所掠，最终借助克烈部王罕与札答阑部札木合之助夺回妻子并复仇篾儿乞。如此诸事，皆不见于《通鉴续编》等汉文史料。在汉文材料与波斯文《史集》中，这一时期的叙述主线被简化为成吉思汗家族与泰赤乌部的关系，并在赤老温归附时顺带提及成吉思汗曾被泰赤乌所擒之事，在记载随后的十三翼之战时，自然就将铁木真的对手视作以泰赤乌为首的联军，而与《元朝秘史》所记札答阑部札木合在敌对阵营中的领军地位显然不同。如此处理，不但贬低了札木合的真实形象，而且弱化了其本来的历史影响，这一点应是汉文与波斯文材料有意为之。还需提及的是，《通鉴续编》在十三翼之战后说："时泰赤乌部地广民众而无纪律，其下谋曰：'帖木真衣人以己衣，乘人以己马，真吾主也。'因悉归太祖皇帝，泰赤乌部遂微。"此事不见于《元朝秘史》，而为汉文和波斯文文献所共有，其中《太祖纪》将泰赤乌属民评价铁木真之言浓缩为"有人君之度者"，与《通鉴续编》《圣武亲征录》与《史集》略异。据汉文和波斯文文献可知，这是成吉思汗对依附于泰赤乌部的照烈百姓的招降。按，照烈在《太祖纪》中被称为泰赤乌之"族"，《圣武亲征录》则作"泰赤乌部众"。然泰赤乌源于孛敦察儿后代俺巴孩，照烈则出自孛敦察儿正妻的从嫁妇人所生之子，早在孛敦察儿去世后就已被逐出。[1] 在文献记载中，我们并未见到照烈此后又归附蒙古的明确记载。值得注意的是，《元朝秘史》在十三翼之战后，详细罗列了从札木合处分离而主动投奔铁木真的诸多部众。拉施特《史集》说照烈部的首领是札木合，在另外一处，还说照烈又被称为札答阑，[2] 正与《元朝秘史》所记吻合，也就是说，汉文与波斯文材料中作为泰赤乌部众的照烈百姓投降铁木真，乃是对蒙古文《元朝秘史》中十三翼之战后大量札木合属民投降铁木真一事的整合、

1　《元朝秘史》第 44 节，乌兰校勘本，第 13 页。

2　〔波斯〕拉施特主编《史集》第 1 卷第 1 分册，第 311 页；〔波斯〕拉施特主编《史集》第 1 卷第 2 分册，第 116 页。

浓缩与再造。当然，汉文和波斯文材料还留下了照烈部首领确凿的名字玉律拔都，说明当时的确也有附于札木合的照烈百姓前来投奔铁木真。正是基于这一原因，所以出现了拉施特将札木合记作照烈部首领，甚至将照烈与札答阑勘同的情况。总之，关于照烈部降附一事，汉文与波斯文史料体现的主角仍是泰赤乌，这虽与其最初设定的叙事主体一脉相承，却与《元朝秘史》最早的叙事母题渐行渐远，而札木合在当时草原历史中的真实形象与实际影响也随之愈益黯淡难彰了。

《元朝秘史》在札木合所属大量百姓归附铁木真后，又提到铁木真与主儿乞宴会以及铁木真随克烈部主脱斡邻助金征塔塔儿二事。大败塔塔儿后，金朝册封铁木真为札兀惕忽里，并赐给脱斡邻"王"的名号，汉文文献与波斯文的《史集》对此亦有记载，但王罕在其中的作用则被有意弱化甚至毫无踪迹:《圣武亲征录》和《史集》只是在金朝论功行赏的最后才以寥寥数字提及王罕及其封"王"一事，至于《太祖纪》与《通鉴续编》，则在此役中对王罕只字未提，等于说王罕领导铁木真助金大败塔塔儿的历史功绩在这二书中被彻底抹杀了。

大败塔塔儿后不久，铁木真即发兵消灭了主儿乞。关于此事的起因，《元朝秘史》第 136 节说是"太祖落后下的老小营在哈澧沵海子边，被主儿勤将五十人剥了衣服，十人杀了"，故而复仇。然汉文文献记载则与此有异,《圣武亲征录》、《太祖纪》与《通鉴续编》皆认为，最初是铁木真在哈连徒泽（即哈澧勒海子）的部众为乃蛮所掠，故向主儿乞寻求援助，不料所派使臣遭到对方羞辱，五十人被剥掉衣服，十人被杀，因此发兵攻灭主儿乞。按，哈澧勒海子大致在克鲁伦河上游南流向东折的河湾之西南一带，[1] 位于克烈部王罕著名的黑林行宫（在土兀剌河上游）东南。然据学者研究，乃蛮强

---

1 《蒙古秘史》，余大钧译注，河北人民出版社，2007，第 174 页。

盛时其活动范围最东至哈剌和林与杭爱山，[1] 东距哈澧勒海子相去甚远，派兵长途跋涉劫掠铁木真的老小营，实际上得不偿失。即使乃蛮果真如此行事，但铁木真与王罕刚刚联军大败塔塔儿，正可乘此大捷之余热，再次与克烈部王罕结盟，复仇乃蛮，而没有必要向实力无法与克烈部相提并论的主儿乞求援，因此，从当时的客观情形分析，汉文史料所记此事缘起的真实性是令人怀疑的。此外，波斯文《史集》的《成吉思汗纪》虽与《圣武亲征录》、《太祖纪》具有共同史源，但在此事起因中并没有提及乃蛮，而是说成吉思汗战胜塔塔儿凯旋后，将一部分战利品分给主儿乞，反而遭到对方的恩将仇报，所派六十人中有十人被杀，五十人被剥掉衣服。[2] 这里关于铁木真不计前嫌、宽宏大量、仁爱无私的道德品质，难免有夸大不实之处，但相较汉文文献，《史集》对事件起因的描述则与《元朝秘史》更为接近，也更符合实情。

　　《元朝秘史》首次出现的纪年是"鸡儿年"，也就是金泰和元年（1201），是年，札木合被推举为古儿汗，率札答阑、合答斤、撒勒只兀惕、朵儿边、塔塔儿、亦乞列思、弘吉剌、豁罗剌思、乃蛮、篾儿乞、斡亦剌、泰赤乌等十二部联军与铁木真、王罕联军在阔亦田交战。对此，汉文与波斯文史料则记作两次战争：泰和元年的帖尼火鲁罕之战与泰和二年的阔亦田之战。《元朝秘史》说由于豁鲁剌思人豁里歹及时前来相告札木合称汗并发兵攻打的消息，故铁木真与王罕联军迎敌，交战于阔亦田。实际上，铁木真获取敌方消息的过程极其复杂艰难，并非《元朝秘史》寥寥数语所能形容。汉文与波斯文史料记载更为丰富，其中又以《圣武亲征录》最为翔实：

　　　　有塔海哈者，时在众中，上麾下昭烈氏抄兀儿与之亲，往视

1　巴哈提·依加汉：《蒙古兴起前的乃蛮王国》，《内蒙古社会科学》1991年第5期，第69～70页。

2　〔波斯〕拉施特主编《史集》第1卷第2分册，第122～123页。

之，偶并驱，实不知有是谋。塔海哈以马鞭筑其肋，抄兀儿顾，见塔海哈目之，抄兀儿悟，下马佯旋。塔海哈因告以河上之盟，曰："事急矣，汝何往？"抄兀儿惊，即还，过火鲁剌氏也速该，言其事，将赴上告之。也速该曰："我长妇之子，与忽郎不花往来无旦夕，我左右只有幼子及家人火力台耳。"因命与火力台誓而往，乘以苍羸白马，嘱之曰："汝至彼，惟见上及太后兼吾婿哈撒儿则言之，苟泄于他人，愿断汝腰，裂汝背。"誓讫乃行。中道，遇忽兰八都、哈剌灭力吉台军围，为其巡兵所执，以旧识得解，因赠以獭色全马，谓曰："此马遁可脱身，追可及人，可乘而去。"既又遇毡车白帐之队，往札木合所者，队中人出追抄兀儿，抄兀儿乘马绝驰而脱，至上前，悉告前谋，上即起兵迎之，战于海剌儿帖尼火鲁罕之野，破之。札木合脱走，弘吉剌部来降。[1]

此即《史集》系于泰和元年的帖尼火鲁罕之战。综合《太祖纪》《圣武亲征录》和《史集》可知，札木合一方实为八部：札答阑、弘吉剌、朵儿边、亦乞列思、合答斤、撒勒只兀惕、豁鲁剌思、塔塔儿。《通鉴续编》记作"塔塔儿部与弘吉剌等七部"，"弘吉剌等七部"应包括札答阑。因此役大败，札木合又四处结盟，拟卷土重来。次年（1202），终于爆发了著名的阔亦田之战。《圣武亲征录》云：

> 是秋，乃蛮盃禄可汗会灭力乞部长脱脱别吉、朵鲁班、塔塔儿、哈荅斤、散只兀诸部暨阿忽出拔都、忽都花别吉等来犯我军及汪可汗。上先遣骑乘高觇望于捏干贵因都、彻彻儿、赤忽儿黑诸山，有骑自赤忽儿黑山来告乃蛮渐至，上与汪可汗自兀鲁回失连真河移军入塞，汪可汗子亦剌合居北边，后至，据高岭，方下营。盃禄可汗易之，曰："彼军漫散，俟其聚，吾悉卷之。"时阿

1　贾敬颜校注《圣武亲征录（新校本）》，陈晓伟整理，中华书局，2020，第79页。

忽出、火都二部从乃蛮来,与前锋合,将战,遥望亦剌合军,军
势不可动,遂还。亦剌合寻亦入塞,会我军拟战,置辎重它所。
上与汪可汗倚阿兰塞为壁,大战于阔奕坛之野。彼祭风,风忽
反,为雪所迷,军乱,颠沟坠堑而还。时札木合同盃禄可汗来,
中道,札木合引兵回,遇立己为可汗者诸部,悉讨掠之。

此战札木合一方实以乃蛮盃禄可汗为首,共联合了九部:乃蛮、札
答阑、篾儿乞、朵儿边、合答斤、塔塔儿、撒勒只兀惕、泰赤乌
(阿忽出拔都)、斡亦剌(忽都花别吉)。这九部与帖尼火鲁罕之战
中札木合一方的八部既有重合也有出入,二者相合恰好为《元朝秘
史》所记阔亦田之战中拥戴札木合的十二部。因此,可以肯定,《元
朝秘史》中的阔亦田之战,其实是将泰和元年的帖尼火鲁罕之战与
泰和二年的阔亦田之战糅合后删减的产物。《元朝秘史》作者笔下
的"鸡儿年",是帖尼火鲁罕之战发生的年代,将此年视作全书最
早的纪年,可能是由于这一战役后铁木真完成了对东蒙古草原的初
步统一。不过,泰和元年显非阔亦田之战爆发的年代。汉文和波斯
文史料的编者对此已有辨识,故《圣武亲征录》《太祖纪》《通鉴续
编》《史集》皆将阔亦田之战系于泰和二年,并将此年视为成吉思
汗编年史的最早的可靠纪年。[1]

阔亦田之战札木合一方大败后,铁木真追袭溃散的泰赤乌,遂
有后者所属的锁儿罕失剌、者别等人主动前来降附。然而,汉文和
波斯文文献皆将锁儿罕失剌、者别的投降,系于十三翼之战后,《太
祖纪》和《通鉴续编》甚至还说赤老温亦在此时投奔铁木真。如本
章第一节所述,如此处理,与实情大相径庭,并不可取。

不久,克烈部札合敢不等亦来投奔,铁木真与其合军在帖儿速

<hr />

1　按,拉施特《史集》在泰和二年前亦有纪年,但实际上是自增干支,见周清澍《成吉思汗生
年考》,《元蒙史札》,内蒙古大学出版社,2001,第 418 页。

惕地面击败了来袭的篾儿乞。紧接于此，《元朝秘史》追述了札合敢
不之兄王罕与铁木真父也速该契交的原委，并提到铁木真在其困厄
之时倾囊相助的恩德，这些情节在汉文和波斯文文献中被置于铁木
真复仇主儿乞后叙述，从而与前后事件自然衔接。

　　狗儿年（1202），铁木真歼灭了塔塔儿。不久，铁木真与王罕
合军征乃蛮盉禄汗，此战中，王罕军遭到偷袭，其子桑昆之妻、子
被乃蛮所掳，不得不向铁木真求援，后者派"四杰"带兵及时救助
王罕一方。"四杰"援王罕是《元朝秘史》中的典型叙事，情节生
动、引人入胜。这一事件详见于《元朝秘史》第 163 节，且有确凿
的纪年，即狗儿年（1202），然汉文和波斯文文献皆系于莫那察山
之战后。关于莫那察山之战，在《元朝秘史》的后文亦有所提及。
第 177 节，铁木真与王罕决裂后派使者谴责王罕，其中有言：

> 　　你……经过委兀、河西地面，穷乏了……因你与我父契交
> 的上头，我差人迎接你来我营内，又科敛着养济你。
> 　　你后将篾儿乞百姓掳了，头口、家业尽都与了你。
> 　　后又同追不亦鲁黑于拜荅剌黑别勒赤地面，与可克薛兀撒
> 卜剌黑对阵，你夜里营内又虚烧着火退走了。那可克薛兀撒卜
> 剌黑却袭着你，将桑昆妻子百姓都掳了，又将你帖列格秃有的
> 百姓，掳了一半。你又求救于我，我使四杰将你桑昆的妻子、
> 百姓、头匹，都救与了你。

以上是明初译员的节译，"你后将篾儿乞百姓掳了"云云，系对蒙古
文原意的笼统性归纳。稽以汉字音译蒙古文可知，此即铁木真、王
罕联军与篾儿乞在"木_舌鲁彻薛兀_勒"（Mürüče se'ül，即莫那察山）的
战争。以上《元朝秘史》第 177 节引文，以回忆往事的方式，将"四
杰"援王罕置于莫那察之战后叙说，从而被汉文和波斯文文献所因
袭，故成为后者将其置于铁木真早期无明确系年诸事中的原因。其

实，这是对《元朝秘史》确凿纪年的漠视，并不符合客观实情。

"四杰"援王罕后，铁木真欲进一步加强与王罕的联盟，故主动求取桑昆之妹为术赤之妻，但遭到拒绝，从而为双方关系的恶化埋下了伏笔。猪儿年（1203），桑昆主动示好，拟邀铁木真前来商谈联姻之际将其擒拿。此事后被泄密而导致双方彻底决裂，铁木真战败后在班术尼誓师，在遣使指责王罕不义的同时，准备偷袭克烈，最终将克烈彻底摧毁。消灭在漠北强盛一时的克烈，使得铁木真实力骤增，故借此机会对护卫军和千户进行了大幅调整和重新建制。鼠儿年（1204），铁木真又征乃蛮，将其灭亡后，依附乃蛮的朵儿边、合答斤、撒勒只兀惕、札答阑、泰赤乌等部也俯首称臣；是年秋，铁木真又大败篾儿乞。以上两年《元朝秘史》的叙事基本被《史集》所承袭，然其间护卫军和千户的建制，则不见于汉文文献。

牛儿年（1205），《元朝秘史》记铁木真派速不台率军追袭西逃的篾儿乞残余势力。汉文和波斯文文献此年的纪事中，对此并未提及，而是径直叙述了征西夏之事，汉文文献甚至还明确记载攻下的是力吉里寨。这一差异其实是汉文、波斯文文献后面纪事脱离《元朝秘史》叙事脉络的分水岭，也就是说，从牛儿年开始，汉文和波斯文史料关于成吉思汗的纪事并不完全与《元朝秘史》亦步亦趋了。

为了便于理解，今将以上研究列表 1-1 如下。

表 1-1　蒙、汉、波斯文文献中的成吉思汗先祖及其混一漠北史

纪事	蒙古文文献	汉文文献			波斯文文献	备注
	元朝秘史	圣武亲征录	太祖纪	通鉴续编	史集	
孛儿帖赤那至朵奔篾儿干的世系	√				√	
孛端察儿至也速该的世系	√		√		√	《通鉴续编》仅记孛端察儿与也速该，缺失二者中间的世系

纪事	蒙古文文献	汉文文献			波斯文文献	备注
	元朝秘史	圣武亲征录	太祖纪	通鉴续编	史集	
也速该抢婚生子、送铁木真婚前入赘亲家，塔塔儿毒杀也速该	√					这些事件，汉文与波斯文文献皆未载
泰赤乌撇弃铁木真一家，诃额仑艰难养子，铁木真杀异母弟、夺回盗马、夺妻复仇篾儿乞	√					汉文与波斯文材料，将这一时期的叙述主线简化为成吉思汗家族与泰赤乌部的关系，并在赤老温归附时顺带提及成吉思汗曾被泰赤乌所擒之事，在记载随后的十三翼之战时，自然就将铁木真的对手书作以泰赤乌为首的联军，其实是有意弱化了札木合的历史影响
十三翼之战	√	√	√	√	√	
照烈部来降		√	√	√	√	《太祖纪》所记照烈评价铁木真之言，与其他三书略异
与主儿乞宴会	√	√	√		√	
与克烈征塔塔儿	√	√	√	√	√	《太祖纪》与《通鉴续编》丝毫未提王罕参与此役，显然是在刻意抹杀王罕的历史地位
灭主儿乞	√	√	√		√	此事起因，蒙古文与波斯文文献基本一致，汉文文献则另有异说
阔亦田之战	√	√	√		√	《元朝秘史》遗漏了此前的帖尼火鲁罕之战
锁儿罕失剌、者别等人的归附	√	√	√		√	此事汉文与波斯文史料所置时段并不可取，应以《元朝秘史》为准

续表

纪事	蒙古文文献	汉文文献			波斯文文献	备注
	元朝秘史	圣武亲征录	太祖纪	通鉴续编	史集	
札合敢不来归	√	√	√	√	√	《元朝秘史》系于攻灭泰赤乌主力后,其他文献皆置于复仇主儿乞后
"四杰"援王罕	√	√	√	√	√	此事汉文与波斯文文献所系时段有误,应以《元朝秘史》为准
灭克烈、乃蛮,大败篾儿乞等事	√	√	√	√	√	其间,《元朝秘史》所记铁木真对护卫军和千户的建制,不见于汉文文献
1205 年速不台带着铁车追袭篾儿乞残部	√					汉文、波斯文文献皆失载

注:√表示某一纪事见于此书;反之,则无。

　　从上述分析来看,关于成吉思汗混一漠北史的最早文献记载,当属《元朝秘史》一书,后来的汉文与波斯文文献的总体叙事结构和内部脉络,基本上沿袭了《元朝秘史》。相对而言,汉文文献关于成吉思汗混一漠北史的记载,又与波斯文文献最为接近,这两类文献与《元朝秘史》的叙事已有一定距离,可视为《元朝秘史》模式在后来的小修小补。

　　就汉文文献来说,《圣武亲征录》《太祖纪》所记铁木真与主儿乞宴会,不见于《通鉴续编》;至于《通鉴续编》所记"四杰"与会班朮尼盟誓,亦不载于《圣武亲征录》与《太祖纪》。不过,《通鉴续编》的个别地方与《太祖纪》更为接近,如二书皆记载了阿阑豁阿与孛端察儿,亦皆忽略了王罕在征塔塔儿之战中的作用;《通鉴续编》还有一些史文,像铁木真招降照烈时后者对他的评价之辞,则与《圣武亲征录》如出一辙。可以说,《通鉴续编》所记成吉思汗混一漠北史，与《圣武亲征录》《太祖纪》有着千丝万缕的联系，通过以上的例证，可以肯定的是这三部汉文文献有着共同的史源。另一方面，《通鉴续编》所记成吉思汗混一漠北史，不但在局部细节上丰富了我们对相关史事的认识，而且与《太祖纪》一起，向我们揭示出汉文文献《圣武亲征录》关于成吉思汗混一漠北的记载，其所据最初史源中应该还包括成吉思汗十世祖的事迹，尽管今本《圣武亲征录》中并未留下任何痕迹，这一点对于我们了解《元朝秘史》关于成吉思汗叙事模式的文献传承至关重要。当然，十六世纪藏传佛教主导蒙古人的意识形态后，关于成吉思汗混一漠北史的《元朝秘史》模式，又有了相当大的改塑与变动，这已超出了本书研究的范围，值得今后的进一步梳理与探讨。

第二章　蒙元王朝的四出征伐
　　　　与国家内政

——《通鉴续编》相关史事的选辑与研究

《通鉴续编》所记蒙金战争，蒙宋战争，蒙古灭夏，蒙古与高丽、印度的关系，以及蒙元内政等内容，其中既有与其他材料互相补正者，亦有不见于其他材料的独家记载，还有部分内容虽有问题，但对其考辨仍有助于我们深入理解与全面认识这些史事。本章即对此进行梳理、归纳与研究。

一　蒙金战争

关于《通鉴续编》中的蒙金战争，最值得注意的是：（1）1211年前成吉思汗对金朝的军事活动；（2）成吉思汗首次征金北返史事；（3）会河堡、野狐岭之战，成吉思汗围、克中都，倒回谷之战以及三峰山之战；（4）蒙古取岢岚与绛州、金侯小叔收复河中的时间问题；（5）武仙、杨贞、多胡鲁忽、赤老温等几大将领的事迹；（6）木华黎统率的蕃军。今逐一研究如下。

（一）1211 年前成吉思汗对金朝的军事活动

1211 年成吉思汗正式南下伐金，基本已成为学界的共识。关于此前成吉思汗对金朝的军事活动，则罕为学者留意。不过，《通鉴续编》对此却留下了比较集中的记载，可与其他材料相互补证发明。

《通鉴续编》成吉思汗四年（1209）冬十二月："蒙古侵金。"成吉思汗五年（1210）十二月："金禁传说边事。"夹注："蒙古太祖皇帝怨金主之尝欲害己也，数以兵侵掠金西北之境，其势渐盛。国人皇皇，遂禁百姓不得传说边事。"成吉思汗五年十二月："蒙古侵金桓、昌、抚州。"

以上《通鉴续编》所记，"金禁传说边事"，来自《金史》卷一三《卫绍王纪》。其他史源待考。

关于大安元年（1209）蒙古侵金事，在元代文献中还有其他记载。郝经为毛伯鹏撰墓志铭："大安初，北鄙用兵。"[1] 卫绍王的大安年号共三年，"大安初"即指大安元年（1209），"北鄙用兵"显系蒙古侵金之事。又，考《元史》卷一《太祖纪》，元年（1206）："帝始议伐金。初，金杀帝宗亲咸补海罕，帝欲复仇。会金降俘等具言金主璟肆行暴虐，帝乃定议致讨，然未敢轻动也。"[2] 五年（1210），又以追溯的口吻留下了这样一段记载：

> 初，帝贡岁币于金，金主使卫王允济受贡于（静）〔净〕
> 州。帝见允济不为礼。允济归，欲请兵攻之。会金主璟殂，允
> 济嗣位，有诏至国，传言当拜受。帝问金使曰："新君为谁？"

1　郝经：《广威将军潞州录事毛君墓志铭并序》，《郝文忠公陵川文集》，第 485 页。
2　《元史》卷一《太祖纪》，第 13 页。

金使曰："卫王也。"帝遽南面唾曰："我谓中原皇帝是天上人
做，此等庸懦亦为之耶，何以拜为！"即乘马北去。金使还言，
允济益怒，欲俟帝再入贡，就进场害之。帝知之，遂与金绝，
益严兵为备。[1]

《太祖纪》的记载恰可与《通鉴续编》夹注互相补证，进一步说明
1211 年前蒙古确实有侵金之举，从而为"金禁传说边事"提供了合
理的解释。

《太祖纪》所说成吉思汗对金朝"严兵为备"，只是反映了当
时史实的一个侧面，若与《通鉴续编》夹注"数以兵侵掠金西北之
境"合而观之，当更能看出庚午年（1210）蒙金关系的不同面相。
此外，据耶律铸言："金大安元年，河清上下数百里。次年庚午，我
太祖皇帝经略中原。"[2] 愈发可证庚午年蒙古军确实南下入侵过金朝。
《通鉴续编》用"侵掠""侵"字，表明这只是部分蒙古先遣部队对
金西北境桓、昌、抚州的小规模骚扰而已。

其实，在庚午年蒙古军骚扰金朝西北境之前，就有金将敏感地
意识到成吉思汗有南侵的图谋。《通鉴续编》辛未年（1211）年夏四
月："蒙古侵金，金使粘合合打乞和蒙古，不许。"夹注：

初，金纳合买住镇守北鄙，知蒙古将侵边壤，奔告于金
主。金主曰："彼于我无衅，汝何言此？"买住曰："近见其邻部
附从，西夏献女，而造箭制楯不休。凡行营则令男子乘车，盖
欲息马力也，非图我而何？金主以其擅生边隙，囚之。及蒙古
侵扰云中、九原，连岁不休，遂破大水泺以进。金主始恐，乃
释买住之囚，而遣西北路招讨使粘合合打乞和。

1　《元史》卷一《太祖纪》，第 15 页。
2　耶律铸：《凯乐歌词曲》之《取和林》夹注，《双溪醉隐集》卷二，《知服斋丛书》本。

这段材料由于被《多桑蒙古史》提及，已为国内外蒙元史研究者所熟知。实际上，其史源最早可追溯至《通鉴续编》，后为明代商辂《续资治通鉴纲目》所承袭，而《续资治通鉴纲目》在清代又被法国传教士冯秉正译为法文，从而为《多桑蒙古史》所参考。[1]

（二）成吉思汗首次征金北返史事剖析

成吉思汗九年（1214）四月："金及蒙古平。"夹注：

> 太祖皇帝既成婚，乃出居庸北还。金主使承晖送之，至麻池而返，遂以蒙古允和，大赦国内。蒙古势日强大，然止居故地壤。

金主献女遣臣送还事，亦见于《圣武亲征录》："因献卫绍王公主，令福兴来送，上至野麻池而还。"所献卫绍王公主即成吉思汗所娶卫绍王之女，所谓"公主皇后"是也。[2]福兴即《通鉴续编》中完颜承晖之本名。"野麻池"，《通鉴续编》作"麻池"，《史集》作Mūjū，[3]与《通鉴续编》"麻池"可勘同。此地在金抚州境内。[4]

《通鉴续编》"止居故地壤"之语，说明此时蒙古侵金重在劫掠物资，打击金军，震慑金主，而尚无灭金之意。元人对此亦有敏锐的观察："自浍河之战，乘胜下燕、云，遂遗兵而去，似无意于取者。"[5]其中，漠北本位的征服心理应是不容忽视的关键原因，而蒙

1　〔瑞典〕多桑：《多桑蒙古史》第1卷第4章，冯承钧译，商务印书馆，2013，第80页。后亦为冯承钧《成吉思汗传》（王红军校注，漓江出版社，2014，第51页）所引。
2　详细研究参看刘晓《成吉思汗公主皇后杂考》，《民族史研究》第5辑，民族出版社，2004。
3　M.Roushan and M. Mūsavī, Jāmiʿal-Tavārīkh, p.450.
4　贾敬颜校注《圣武亲征录（新校本）》，陈晓伟整理，第241～242页。
5　郝经：《东师议》，《郝文忠公陵川文集》，第439页。

古兵将不足以全面监治数量众多的所占州县，也是客观上的一大限制性因素。

（三）蒙金战争中的几场关键战役新探

会河堡、野狐岭之战，成吉思汗围、克中都，倒回谷、三峰山之战，皆是蒙金战争中的关键战役。《通鉴续编》在这方面留下了一些独家记载，个别地方虽然存在一定的问题，但对这些问题本身的辨正，无疑也能够深化我们关于蒙金战争的研究。

先看《通鉴续编》对会河堡、野狐岭之战的记载，成吉思汗六年（1211）九月："金完颜胡沙帅师南还，蒙古追之，金师溃于会河堡，蒙古入居庸关而去。"夹注：

> 蒙古自抚州进攻奉圣州，破之，遂至野狐岭。时金招讨使完颜九斤、监军完颜万奴等，率兵号四十万，驻于岭下。蒙古兵至，或谓九斤曰："蒙古新破抚州，方以所获赐其下，马牧于野，当乘其不虞掩击之。"九斤曰："此危道也。不若马步俱进，为计万全。"太祖皇帝闻之，进兵于獾儿嘴。九斤遣明安问蒙古举兵之故，明安反降于蒙古，以虚实告之。太祖皇帝遂与九斤等战，金师大败，死者不可胜计。蒙古乘锐而前，胡沙畏其锋……至会河川，金兵大溃……蒙古兵乘胜薄宣德，遂克晋安县，游兵至居庸关。守将完颜福寿弃关遁，蒙古兵克之。……蒙古游奕至都城下，金主欲南奔汴。会卫卒自誓迎战，蒙古兵败而去，金主乃止……

对引文省略部分史源的考察，详见本书第四章第一节。其他部分与《圣武亲征录》更为接近，二者应有相同史源，详见本书第三章第一节。

需要指出的是，虽然《通鉴续编》正文只记载了会河堡之战，但据夹注可知，此战之前蒙金之间还爆发了野狐岭之战。[1]将野狐岭之战放在注释中叙述，很容易让读者忽略此战的重要性。有学者以"野狐岭—会河堡之役"称之，是比较稳妥的处理方式。[2]《通鉴续编》之所以如此书写，殆与会河堡之战的影响更大有关。

上引夹注说："蒙古兵乘胜薄宣德，遂克晋安县，游兵至居庸关。守将完颜福寿弃关遁，蒙古兵克之。""晋安县"在山西绛州，蒙古兵当时绝无攻陷之理，"晋安"殆即"缙山"？完颜福寿，《金史》卷八六有传，系世宗时人，大定三年（1163）卒，《通鉴续编》所记若非有误，就是同名异人；又，《金史》卷一〇一《完颜承晖传》：本名福兴，"行省于宣德。参知政事承裕败绩于会河堡，承晖亦坐除名"。[3]据此来看，《通鉴续编》之"完颜福寿"更可能是"完颜福兴"之误。然此时居庸关亦未被攻克（详见下文成吉思汗八年十月条）。[4]总之，《通鉴续编》此句既不知所本，本身又令人起疑，有待进一步考辨。

再看《通鉴续编》关于成吉思汗围困中都的记载，成吉思汗八年（1213）十月："金术虎高琪及蒙古战于燕城北，金师败绩，蒙古遂围中都。"夹注：

> 太祖皇帝兵至怀来镇，金元帅右监军术虎高琪拒之，败绩，僵尸四十余里。蒙古乘胜至古北口，太祖皇帝留可忒、薄察等帅军守之，而自以众趋居庸关。金人坚壁拒之，太祖皇帝

1　沈垚认为，《太祖纪》之"会河川"即《金史》之"会河堡"，"会河在德兴之西北，野狐岭又在会河之北"，《落帆楼文集》（嘉业堂刻《吴兴丛书》本）卷六后集三，"西游记金山以东释"。屠寄指出：浍河堡，《亲征录》作会合堡。浍河，今日洋河。见《蒙兀儿史记》卷三《太祖本纪二》，上海古籍出版社，2012，第45页。

2　邓进荣：《金蒙之际的漠南山后地区》，博士学位论文，内蒙古大学蒙古历史学系，2018，第102页。

3　《金史》卷一〇一《完颜承晖传》，中华书局，1975，第2225页。

4　《金史》卷九三《完颜承裕传》说："大元游兵入居庸关。"（第2066页）"入"不确。但《通鉴续编》"游兵至居庸关"，"克之"云云，似乎据此而来。

> 不得入。乃命哲别帅兵趋紫荆口，距中都二百里。胡沙虎欲诱
> 之……

对引文省略部分史源的考察，详见本书第四章第一节。据《圣武亲
征录》和《太祖纪》，怀来之战后，蒙古军其实追至居庸"北口"，
故夹注"古北口"实误。然金军堑山筑塞，蒙古兵难以攻下，故成
吉思汗留可忒、薄察拒守，以牵制北口金朝戍军，自己则率军南下
由紫荆口出，派者别攻下居庸南口，从而与可忒、薄察合军，在内
外夹击下，"契丹讹鲁不儿等献北口"，从而一举攻破居庸关，此后
即派军围困中都。[1]因此，夹注画单横线部分应改作："蒙古乘胜至北
口，金人坚壁拒之。太祖皇帝不得入，留可忒、薄察等帅军守之，
乃自帅兵趋紫荆口，而命哲别以众趋居庸关南口，距中都二百里。"

关于蒙古入中都，《通鉴续编》成吉思汗十年（1215）五月记
载："金右丞相、都元帅完颜承晖自杀，抹捻尽忠弃城南奔。"夹注：

> 蒙古兵遂入中都，吏民死者甚众，宫室为乱兵所焚，火月
> 余不灭。时太祖皇帝在桓州，闻燕陷，遣使劳明安等，而辇其
> 府库之实北去，于是金祖宗神御及诸妃嫔皆沦没焉。

据《圣武亲征录》："上……命散只兀儿三木合拔都领契丹先锋将明
安太保兄弟等为乡导，引我军合之，至则与斫荅等并力围中都……
中都人自相食，福兴自毒死……明安太保入据之。遣使献捷。上时
驻桓州，遂命忽都忽那颜与雍古儿宝儿赤、阿儿海哈撒儿三人检视
中都帑藏。"《元史》卷一五〇《石抹明安传》："五月，明安将攻中
都，金相完颜复兴饮药死。辛酉，城中官属父老缟素，开门请降，

1　贾敬颜校注《圣武亲征录（新校本）》，陈晓伟整理，癸酉（1213）秋，第 227 页；《元史》卷
　　一《太祖纪》八年七月，第 16 页。

明安谕之曰：'负固不服，以至此极，非汝等罪，守者之责也。'悉令安业，仍以粟赈之，众皆感悦。""完颜复兴"即完颜承晖，石抹明安与三木合拔都有攻城之功，故《通鉴续编》说成吉思汗"遣使劳明安等"人。另据《元朝秘史》第252节，成吉思汗派汪古儿、失吉忽秃忽、阿儿孩合撒儿三人至中都，负责"收其府库，计其金帛数目"，与《圣武亲征录》合，愈发可知《通鉴续编》所说"辇其府库之实北去"者，并非石抹明安。

窝阔台汗时期的倒回谷之战，是蒙金战争中金朝罕有的一次胜利。《通鉴续编》窝阔台汗三年（1232）四月记载："金完颜陈和尚败蒙古速不台于倒回谷。"考元好问撰完颜陈和尚碑，正大八年（1232）"有倒回谷之胜"云云，[1] 即指此事。倒回谷之战是继大昌原之战后，完颜陈和尚第二次战胜蒙古军，进一步提升了金军的士气，甚至朝野间一度产生了"中兴可冀"的期许。[2] 就现存文献来看，最早记载倒回谷之战蒙古军统帅为速不台者，当属《通鉴续编》，故史料价值不言而喻。

最后，再看《通鉴续编》关于三峰山之战的记载，窝阔台汗四年（1232）正月："金完颜合达、移剌蒲阿帅师自邓州还，及蒙古太弟战于三峰，金师大溃，蒲阿弃师而逃，合达走入钧州，蒙古获之，皆死。忠孝军总领完颜陈和尚死之。"夹注：

> 太宗皇帝在郑州，闻太弟与金相持，遣口温不花、赤老温等赴之，至则金师已溃，于是乃合攻钧州，堑其城外。合达欲走门，不得出，匿窟室中。城破，蒙古兵发而杀之。陈和尚趋避隐处，杀掠稍定，乃出，自言曰："我金国大将，欲见白事。"蒙古兵士

---

1 元好问：《赠镇南军节度使良佐碑》，狄宝心校注《元好问文编年校注》，中华书局，2012，第287页。

2 王逢：《题金故翰林修撰魏公状表后有序》，《梧溪集》卷六，李军点校，北京师范大学出版社，2016，第505页。

以数骑夹之，诣太弟帐前。问其姓名，曰："我忠孝军总领陈和尚也。大昌原、卫州、倒回谷之胜，皆我也。我死乱军中，人将谓我负国家，今日明白死，天下必有知我者！"蒙古兵欲其降，斫足胫折之，划口吻至耳，嗼血而呼，至死不屈。蒙古将有义之者，以马湩酹而祝曰："好男子！他日再生，当令我得之。"蒲阿走，蒙古兵追躧，擒之，械至官山。太弟召见，欲降之，往复譬喻万端，终不从，惟曰："我金国大臣，惟当金国境内死耳！"遂杀之。

史源辨析，详见本书第四章第二节。关于以上《通鉴续编》夹注，有以下两点需要指出。

（1）《通鉴续编》说窝阔台遣口温不花、赤老温兵援拖雷，"至则金师已溃，于是乃合攻钧州"，史源待考。此说其实不确。诸王口温不花军至时，蒙、金尚未在三峰山展开决战，而三峰山之战大败金军，应是拖雷的右路军与窝阔台所派以口温不花为首的中路军联合作战的结果。[1]

（2）完颜陈和尚所提"卫州之胜"，《通鉴续编》前文未记。陈和尚本传系于正大六年，《金史》校勘记已据本纪订正为"七年"。又，《金史》卷一一八《武仙传》："七年，仙围上党，已而大兵至，仙遁归。未几，卫州被围，内外不通。诏平章政事合达、枢密副使蒲阿救之，徙仙兵屯胡岭关，扼金州路。"[2]亦可证"六年"之误。值得注意的是，《武仙传》并未提及完颜陈和尚在卫州之胜中的战功。

1　陈高华：《说蒙古灭金的三峰山战役》，《元史研究论稿》，中华书局，1991，第 197 页。按《圣武亲征录》说，此时窝阔台"遣大王口温不花、国王荅思将兵毕至"。"荅思"即木华黎之孙赤老温，非成吉思汗"四杰"中同名者。口温不花为成吉思汗异母弟别勒古台子，他曾与赤老温共攻潞州，此时二人又率军兵援拖雷，不难想见，窝阔台即位初作为太师、国王的赤老温是隶属于诸王口温不花麾下从事征伐的。谢咏梅教授已经注意到，窝阔台即位后直接掌握攻伐中原的军事权，这一点可从木华黎家族的国王出征多缀有"从"字得以窥探，见谢咏梅《蒙元时期札剌亦儿部研究》，辽宁民族出版社，2012，第 97 页。本书此处的分析，为此提供了另一直接证据。

2　《金史》卷一一八《武仙传》，第 2577 页。

无独有偶,《金史》卷一七《哀宗纪上》:正大七年八月,"大元兵围武仙于旧卫州。冬十月,平章合达、副枢蒲阿引兵救卫州。卫州围解,上登承天门犒军,合达、蒲阿并世袭谋克。移剌蒲阿权参知政事,同合达行省事于阌乡,以备潼关",亦缺载陈和尚之名。个中原因,当是卫州之战中陈和尚为合达与蒲阿麾下诸将之一,故除其本传外,其他材料多略其功绩。

(四)蒙金战争时间辨正二则

《通鉴续编》所记蒙古取岢岚与绛州、金侯小叔收复河中,在纪年上与相关文献略有异同。对时间坐标的定位,是研究这两场战役时不可或缺的一环,今考辨如下。

关于蒙古取岢岚、绛州,《通鉴续编》系于成吉思汗十五年(1220)六月:"木华黎取金〔岢〕岚、绛州,遂侵河中府,不克。"

查《元史》卷一《太祖纪》,则将岢岚、绛州陷落系于太祖十四年(1219)秋。《元史》卷一一九《木华黎传》:己卯(1219),"以谷里夹打为元帅达鲁花赤,攻拔石、隰州,击绛州,克之"。[1]卷一四七《史天祥传》:己卯,"下河东、平阳、河中、岢岚、绛、石、隰、吉、廓等八十余城"。[2]然据胡祇遹《舒穆噜(石抹)氏神道碑》:戊寅(1218),石抹查剌从木华黎下岢岚诸城。[3]《元史》卷一五一《石抹孛迭儿传》:戊寅,从木华黎定岢岚、绛州等城。这里围绕蒙古占领岢岚、绛州的时间,元代契丹人的碑传与蒙古、汉人的传记相互抵牾,前者系于戊寅(1218),后者则与《太祖纪》同置于己卯(1219),但皆非《通鉴续编》所记的太祖十五年(1220),故《通鉴续编》纪年颇令人质疑。又,《通鉴续编》所记之"岚"应为"岢岚"脱讹,故补"岢"字。

---

1 《元史》卷一一九《木华黎传》,第 2932 页。

2 《元史》卷一四七《史天祥传》,第 3487 页。

3 《胡祇遹集》卷一六,魏崇武、周思成点校,吉林文史出版社,2008,第 352 页。

关于金侯小叔收复河中，《通鉴续编》系于成吉思汗十八年（1223）正月："金侯小叔复河中府，杀石天应，蒙古木华黎复取之。"夹注：

> 木华黎攻凤翔，昼夜苦战，四十余日不下，将由河中北还。金元帅右都监侯小叔袭河中，破之，杀石天应，焚浮桥而退。木华黎复取河中，以天应子斡可代领其众以守城，而造浮桥，引师驻终南为屯田住夏之计。

查《金史》卷一六《宣宗纪下》，元光二年（1223）正月乙巳（初二）："大元兵下河中府，权元帅右都监侯小叔复之。"[1]《通鉴续编》年月即本于此。然《金史》卷一二二《侯小叔传》："夜半坎城以登，焚楼橹，火照城中，天应大惊不知所为，尽弃辎重、牌印、马牛杂畜，死于双市门。小叔烧绝浮桥，抚定其众。"后又云："二年（1223）正月，大元军骑十万围河中……明日，城破，小叔死，不得其尸。"[2]其实是将金收复河中、杀石天应，置于元光元年（1222）末。《元朝名臣事略》卷一《太师鲁国忠武王》引《东平王世家》亦系于壬午（1222）："是岁，群盗陷河中府，杀权行台石天应。未几，贼烧居民府舍遁。以天应子斡可袭领其众。"[3]可与《通鉴续编》相互补证，进而亦不难看出：《宣宗纪下》的正月乙巳（初二）应是金军收复河中的捷报传至朝廷之日，而这一胜利其实发生在前一年（1222）。又，斡可应即石天应儿子的蒙古名，《元史》卷一四九《石天应传》："子焕中，知兴中府事；执中，行军千户；受中，兴中府相副官。"汪辉祖认为"焕中"即斡可。[4]钱大昕说：

1　《金史》卷一六《宣宗纪下》，第364页。

2　《金史》卷一二二《侯小叔传》，第2671页。

3　苏天爵：《元朝名臣事略》卷一《太师鲁国忠武王》，姚景安点校，中华书局，1996，第8页。

4　汪辉祖：《元史本证》卷四八《证名十二》，第556页。

"《木华黎传》云：以天应子幹可袭领其众，传无幹可名，盖一人二名，史家不能悉书也。"[1] 则更为审慎。

（五）蒙金战争中几大将领的事迹考辨

《通鉴续编》关于武仙、杨贞、多胡鲁忽、赤老温诸人的事迹，为其独家记载，提供了这些重要人物在蒙金战争中的全新信息。

先看武仙的降蒙与叛蒙，《通鉴续编》成吉思汗十五年（1220）八月："蒙古木华黎次师满城，金恒山公武仙以真定降之。木华黎以史天倪权知河北西路兵马事，武仙副之。"夹注："木华黎至满城，使蒙古不花将轻骑三千出倒马关，适武仙遣葛铁枪攻台州。蒙古不花与之遇，葛铁枪战败。武仙度力不能支，遂举城降。"

史源考索详见本书第四章第一节，画单横线处为《通鉴续编》的独家记载。倒马关在今河北唐县西北，台州即今山西五台。[2] 葛铁枪为武仙麾下骁将，《元史》卷一二〇《肖乃台传》：乙酉（1225），武仙"以真定叛"，"国王命肖乃台率精甲三千，与天泽合兵进围中山。仙遣其将葛铁枪来援，肖乃台撤围迎之，遇诸新乐，奋击败之。会日暮，阻水为营。肖乃台料其气索必宵遁，乘胜复进击，大败之，擒铁枪。中山守将亦宵遁，遂克中山，取无极，拔赵州。仙弃真定，奔西山抱犊寨。肖乃台与天泽入城，抚定其民"。此事在王恽撰史天泽家传中亦有记载，但认为擒葛铁枪的功臣是史天泽。[3] 这反映的都是后来武仙叛离蒙古时，蒙古军将与葛铁枪的战事。然而，元人碑传皆未明确提及武仙最初以真定投降蒙古的直接原因，根据《通鉴续编》，我们得知原来武仙麾下骁将葛铁枪败于蒙古不花，与此有着莫大关联。

成吉思汗二十年（1225）正月，《通鉴续编》又记："蒙古武仙

1　钱大昕：《廿二史考异》卷九七《元史一二·石天应传》，第 1329 页。

2　顾祖禹：《读史方舆纪要》卷一〇，贺次君、施和金点校，中华书局，2005，第 434 页。

3　王恽：《开府仪同三司中书左丞相忠武史公家传》，《王恽全集汇校》，第 2274 页。

杀史天倪，天倪弟天泽伐仙，仙走西山，天泽复入真定。"夹注：
"武仙闻宋彭义斌复取山东州县，乃叛蒙古，杀都元帅史天倪。"

　　史源辨析，详见本书第四章第一节。画单横线处应别有所本。
《金史》卷一一八《武仙传》："仙与史天倪俱治真定且六年，积不相
能，惧天倪图己，尝欲南走。宣宗闻之，诏枢密院牒招之，仙得牒
大喜，正大二年（1225），仙贼杀史天倪，复以真定来降。"可见，
武仙与史天倪"积不相能"是其叛降金朝的深层原因，宣宗主动招
降恰合其心，而《通鉴续编》所记彭义斌攻取山东州县则为其叛蒙
提供了直接而有利的外部条件。

　　再看金将杨贞的忠烈事迹，《通鉴续编》成吉思汗十七年
（1222）六月："蒙古木华黎取金牛心寨，知吉州杨贞死之。"夹注：
"时金于牛心寨侨治吉州事。木华黎自隰州攻之，知州杨贞令妻孥
先坠崖，已从之，皆死。木华黎入寨，留兵守之而去。"

　　杨贞于《金史》无传，好在有"行迹"留传至今。据其"行
迹"，蒙古"掠地隰、吉，公去吉六十里筑牛心寨，临黄河而居，
以宁德及子克义监战。克义死之，舆尸至。公叹曰：'我家食禄四
世，当以老身报国，一子何足惜！'命勿哭。亡何，天兵复自鄜延
渡河，围吉安堡。招抚张冲、同知任礼厚夜腾堡，奔牛心寨。礼
厚，公子壻也。寨受攻日急，稍有降者。公谓礼厚曰：'而业进士，
致身五品，亦欲降邪？不死何待！'叱礼厚并其妻坠崖死之。又谓
子克敬曰：'国事去矣，吾不忍汝为人臣虏。'命相继坠死，亦死之。
命夫人孟氏自经死。公朝服南望，再拜毕，对鉴掠鬓饰容，更素衣
焚庐，赴河而死。"清人胡聘之将"行迹"与《续资治通鉴》所记
加以对比，其实《续资治通鉴》的史文即源于《通鉴续编》，[1]后者恰
可与"行迹"相互补正，辉映出杨贞一门之忠义。

1　胡聘之：《山右石刻丛编》卷三八《金河东南路招抚使隰吉便宜经略使杨公行迹》，《石刻史料
　　新编》第 1 辑第 21 册，台北，新文丰出版公司，1977，第 15819～15820 页。

关于多胡鲁忽事迹,《通鉴续编》窝阔台汗二年（1230）正月记载:"金移剌蒲阿及蒙古多胡鲁虎战于大〔昌〕原,败之。庆阳围解。"

值得注意的是,《金史》卷一七《哀宗纪上》:正大七年（1230）"春正月,副枢蒲阿、总帅牙吾塔、权签院事讹可解庆阳之围",[1]时、地、人与《通鉴续编》基本相合。然《金史》卷一一一《纥石烈牙吾塔传》与卷一一二《移剌蒲阿传》,皆将双方交战的地点记作"大昌原",故知《通鉴续编》之"大原"为"大昌原"之夺误。

不过,《金史》并未记载大昌原之战中的蒙古将领之名。《元史》卷二《太宗纪》二年夏:"朵忽鲁及金兵战,败绩,命速不台援之。"朵忽鲁即成吉思汗著名的六大扯儿必之一的多豁勒忽,忙兀部人。他还是成吉思汗的豁儿赤,在窝阔台汗时曾参与蒙古伐金的三峰山之战。[2]然《太宗纪》未提具体交战地点,参以《通鉴续编》,我们可以确知此即大昌原之战。又,《金史》卷一一四《白华传》有名"脱或栾"者,驻庆阳以扰河朔,亦即此多胡鲁忽（朵忽鲁）。

最后,再看蒙古将领赤老温与金军的交战。《通鉴续编》窝阔台汗二年（1230）八月:"金移剌蒲阿败蒙古赤老温于潞州。"

黄时鉴先生认为,此赤老温是速勒都思人,为成吉思汗"四杰"之一,可能因战功不显,故后来其子孙未世袭大汗的怯薛长一职。[3]此说不确。

成吉思汗建国后分封,赤老温家族得享色愣格河上游一带原篾儿乞人的居地,"自在下营",[4]包括《通鉴续编》在内的文献,都没

1　《金史》卷一七《哀宗纪上》,第382页。

2　《元朝秘史》第124节,乌兰校勘本,第106页;第191节,第226页。〔波斯〕拉施特主编《史集》第2卷,余大钧、周建奇译,商务印书馆,1985,第39~41页。参看刘迎胜《〈元史〉卷2〈太宗纪〉太宗二年记事笺证》,《蒙元史考论》,兰州大学出版社,2012,第15页。

3　黄时鉴:《〈通鉴续编〉蒙古史料考索》,《黄时鉴文集》I《大漠孤烟——蒙古史　元史》,第143页。

4　萧启庆:《元代四大蒙古家族》,《内北国而外中国:蒙元史研究》,中华书局,2010,第528~529页。

有明确记载被征派南下伐金的赤老温即成吉思汗"四杰"中的同名者。其实，潞州之败备载于《元史》卷一一九《木华黎传》：孙塔思，"一名查剌温……庚寅（1230）秋九月，叛将武仙围潞州，太宗命塔思救之。仙闻之，退军十余里。大兵未至，塔思率十余骑觇贼形势，仙恐有伏，不敢犯。塔思曰：'日暮矣，待明旦击之。'是夜五鼓，金将移剌蒲瓦来袭，我师与战不利，退守沁南。"[1]时间、地点、人物，皆与《通鉴续编》吻合，因此可以肯定，《通鉴续编》所记赤老温非成吉思汗"四杰"中同名之人，而是木华黎的孙子查剌温（即赤老温，皆蒙古语 Čila'un 之异译，意为石头，对应的突厥语即 Taš，汉译"塔思"）。潞州之败，在《通鉴续编》中被置于八月和十月之间，据《元史》，更可进一步精确为九月。又，《元史》卷一二二《按扎儿传》："帝率从弟按只吉歹、口温不花大王、皇弟四太子，暨国王孛鲁征潞州、凤翔。"此时孛鲁已死，校勘记指出"孛鲁"应作"塔思"，[2]愈发可证"国王塔思"参与了潞州之战。

（六）蒙金战争中木华黎所率蕃军蠡测

《通鉴续编》成吉思汗十三年（1218）八月："蒙古木华黎帅蕃、汉、乣军，自太和岭徇金河东，遂取代、隰州。"

《元朝名臣事略》卷一《太师鲁国忠武王》引《东平王世家》："分弘吉剌、亦乞列斯、兀鲁兀、忙兀等十军，及兀叶儿契丹、蕃、汉等军隶麾下。"[3]有学者认为，这里没有提及木华黎麾下的女真军与乣军，故此"蕃""可能是指女真，也可能是指乣"。[4]其实，最晚至唐代，边疆各民族就普遍称内地为"汉地"，"也不讳自称为'蕃'"。[5]

1　《元史》卷一一九《木华黎传》，第 2938 页。
2　《元史》卷一二二《按扎儿传》，第 3017 页。
3　苏天爵：《元朝名臣事略》卷一《太师鲁国忠武工》，第 4 页。
4　黄时鉴：《木华黎国王麾下诸军考》，《黄时鉴文集》I《大漠孤烟——蒙元史 元史》，第 24 页。
5　费孝通主编《中华民族多远一体格局》，中央民族大学出版社，2018，第 210 页。

类似的情况在大蒙古国时期仍然存在。定宗二年（1247）至漠北的汉人张德辉，在其《岭北纪行》中提到克鲁伦河一带："濒河之民杂以蕃、汉，稍有屋室，皆以土冒之。"[1] 此"蕃"民显然包括了蒙古人。

　　笔者还注意到，关于木华黎所帅"蕃、汉、纠军"，《元史》卷一《太祖纪》十二年（1217）秋八月条则作："将蒙古、纠、汉诸军。"《圣武亲征录》详细罗列了戊寅年（1218）木华黎所率诸军："王孤部万骑、火失勒部千骑、兀鲁部四千骑、忙兀部将木哥汉札千骑、弘吉剌部安赤那颜三千骑、亦乞剌部孛徒驸马二千骑、札剌儿部及带孙等二千骑，同北京诸部乌叶儿元帅、秃花元帅所将汉兵，及札剌儿所将契丹兵。"[2] "札剌儿"即石抹察剌，其"所将契丹兵"包括部分纠军，[3] 火失勒、兀鲁、忙兀、弘吉剌、亦乞剌、札剌儿等军皆属于蒙古军，可知《圣武亲征录》史文囊括了"蒙古、纠、汉诸军"，故颇疑《通鉴续编》所记"蕃军"应即《圣武亲征录》中汪古（王孤）军与蒙古诸军之概称。当然，也不排除其中还包括女真军的可能。

二　蒙宋战争

　　《通鉴续编》所记蒙宋战争，所堪注意者是：（1）成吉思汗、窝阔台汗时期的蒙宋遣使；（2）窝阔台汗时期蒙古在四川的军事活动；（3）窝阔台汗、贵由汗时期蒙古在京湖、江淮一带的侵伐；（4）窝阔台汗伐宋中的拔都儿硬军；（5）蒙哥汗时期蒙古在四川的军事活动；（6）蒙宋战争中丘岳与吕文焕家族的事迹；（7）临安投降后蒙古在杭州、婺州的镇戍问题。以下即进行详细考察。

1　贾敬颜：《张德辉〈岭北纪行〉疏证稿》，《五代宋金元人边疆行纪十三种疏证稿》，中华书局，2004，第 344 页；王恽：《玉堂嘉话》卷八，杨晓春点校，中华书局，2006，第 175 页。

2　贾敬颜校注《圣武亲征录（新校本）》，陈晓伟整理，第 272 页。

3　黄时鉴：《木华黎国王麾下诸军考》，《黄时鉴文集》I《大漠孤烟——蒙元史 元史》，第 24 页。

（一）成吉思汗、窝阔台汗时期的蒙宋遣使

先看成吉思汗时期的蒙宋互使，《通鉴续编》成吉思汗十六年（1221）闰十二月："苟梦玉如蒙古。"夹注："通好也。"

此为南宋正式与蒙古建立官方联系之始。《元史》卷一《太祖纪》，十六年夏四月："宋遣苟梦玉来请和。"有学者对此略有质疑："蒙宋之间当时并无直接冲突，因此说苟梦玉是为沟通联系而来，可能更近情理。同时顺带了解蒙古的实情，探测对方的战略意图，也应是苟梦玉的使命。"[1]《通鉴续编》可谓为此提供了确凿的证据。

又，《通鉴续编》成吉思汗十六年（1221）闰十二月记载："蒙古使阿合赤孙来。"

考诸刘时举《续宋中兴编年资治通鉴》：嘉定十四年辛巳（1221）十一月，"鞑靼国使葛和赤孙等来计事。"[2]耶律铸《双溪醉隐集》卷二《凯歌凯乐词》注云："昔我太祖皇帝出师问罪西域，辛巳岁夏驻跸铁门关。宋主宁宗遣国信使苟梦玉通好乞和，太祖皇帝许之，敕宣差噶哈送还其国。"《通鉴续编》关于"阿合赤孙"的写法与诸书异。王国维认为，葛和赤孙即噶哈，蒙古此次遣使中，速不罕盖为阿合赤孙的副手。[3]又，《元史》卷一九三《石珪传》："岁戊寅（1218），太祖遣葛葛不罕与宋议和。"[4]此"葛葛不罕"，殆为葛合赤孙与速不罕二名合并后之省称？

《通鉴续编》在成吉思汗十八年（1223）五月又记："苟梦玉还自铁门关。"

查《元史》卷一《太祖纪》："是岁，宋复遣苟梦玉来。"[5]胡多佳

1　胡多佳：《早期蒙宋关系（一二一一至一二四一）》，《元史论丛》第4辑，中华书局，1992，第37页。

2　刘时举：《续宋中兴编年资治通鉴》卷一五，王瑞来点校，中华书局，2014，第371页。

3　赵珙撰，王国维笺证《蒙鞑备录笺证》，《王国维全集》第11卷，第336页。

4　《元史》卷一九三《石珪传》，第4378页。

5　《元史》卷一《太祖纪》，第23页。

推测，苟梦玉再次出使与当时金朝用兵南宋有关，很可能此次洽谈订立了蒙古联合灭金的军事协议。[1]联系《通鉴续编》的记载来看，苟梦玉自蒙古始还，当年又仓促出使。南宋此年如此积极与蒙古交好，其背后的原因可能正如胡多佳所言。

关于窝阔台汗时期的蒙宋遣使，《通鉴续编》所记速不罕假道淮东事弥足珍贵，窝阔台汗三年（1231）五月："蒙古太宗皇帝使太弟侵金陕西，速不罕来假道淮东以趋河南。"夹注：

> 初，金降人李昌国言于蒙古，曰："金迁汴将二十年，其所恃以安者，潼关、黄河耳。若出宝鸡以侵汉中，不一月可达唐、邓，大事集矣。"太弟睿宗皇帝然之。五月，太宗皇帝避暑于九十九泉，诸王咸会，太弟以昌国之言白于帝。帝乃大会诸将，期以明年正月合南北军以攻汴，遣太弟先出师趋宝鸡，速不罕如宋，乞假淮东以趋河南，且请以兵会之。

"期以明年正月合南北军以攻汴"一句，见于《金史》卷一一一《完颜讹可传》；"假淮东以趋河南"，见于《宋季三朝政要》卷一和《大金国志》卷二六。李昌国建言睿宗、睿宗转述太宗事，亦载于《元史》卷一一五《睿宗传》："凤翔既下，有降人李昌国者，言：'金主迁汴，所恃者黄河、潼关之险尔。若出宝鸡，入汉中，不一月可达唐、邓。金人闻之，宁不谓我师从天而下乎。'拖雷然之，言于太宗。"[2]与《通鉴续编》几乎如出一辙，二书当具有共同的史源。太宗在九十九泉大会诸王，遣睿宗出宝鸡、速不罕如宋，亦载于《元史》卷二《太宗纪》三年五月："夏五月，避暑于九十九泉。命拖雷出师宝鸡。遣搠不罕使宋假道，宋杀之。复遣李国昌使宋需

---

1 胡多佳：《早期蒙宋关系（一二一一——一二四一）》，《元史论丛》第 4 辑，第 38 页。
2 《元史》卷一一五《睿宗传》，第 2886 页。

粮。"[1]李国昌应为李昌国之误，此人即李邦瑞，《元史》卷一五三有传；速不罕为汪古部人，自成吉思汗时期就出使过南宋。[2]

是年七月，《通鉴续编》又记："沔州统制张宣诱杀蒙古行人速不罕于青野原。"夹注："蒙古太弟闻速不罕死，曰：'宋自食言，背盟弃好，今日之事，曲直有归矣。'"

查《元史》卷一一五《睿宗传》，窝阔台汗三年："遣搠不罕诣宋假道，且约合兵。宋杀使者，拖雷大怒曰：'彼昔遣苟梦玉来通好，遽自食言背盟乎！'"[3]耶律铸《双溪醉隐集》卷二《凯歌凯乐词》夹注："辛卯冬，我太宗皇帝南征女真，诏睿宗皇帝遣信使绰布干等使宋，宋人杀之。"后文又引《理宗实录》："绍定四年辛卯，北使苏巴尔罕（笔者按，即速不罕）来，以假道合兵为辞，青野原沔州统制张宣诱苏巴尔罕杀之。"耶律铸另有七言古诗《述实录》，夹注："辛卯（1231）冬，太（祖）〔宗〕皇帝南征女真，遣信使绰布干等使宋，青野原宋沔州统制张宣诱苏巴尔罕杀之，此其伐宋之端也。"[4]这些叙述与《通鉴续编》相同，皆将速不罕之死归咎于宋人的"食言背盟"。

在时间上，耶律铸笔下的"辛卯冬"，应该比《通鉴续编》的"七月"更加可靠。《宋史》卷四一《理宗纪一》绍定四年（1231）十月："癸酉，大元兵破蜀口诸郡，御前中军统制张宣战青野原有功，诏授沔州都统。"张宣在青野原的战功，应包括斩杀速不罕。《宋史》的记载提供了速不罕之死的历史背景，即蒙古"破蜀口诸郡"。《理宗纪一》是年八月己未："大元兵破武休，入兴元，攻仙人关。"[5]"仙人关"在今甘肃徽县东南，西临嘉陵江，是当时由陕入川的重要隘口，故十月蒙古能继续深入"破蜀口诸郡"。《宋史》的记

1　《元史》卷二《太宗纪》，第 31 页。

2　刘迎胜：《〈元史·太宗纪〉太宗三年以后记事笺证》，《蒙元史考论》，第 26 页。

3　《元史》卷一一五《睿宗传》，第 2886 页。

4　耶律铸：《双溪醉隐集》卷二。

5　《宋史》卷四一《理宗纪一》，第 795、794 页。

载不但对速不罕之死有着更为客观的认识，也让我们质疑《通鉴续编》将此事时间系于"七月"的准确性。

（二）窝阔台汗时期蒙古在四川的军事活动

《通鉴续编》所记窝阔台时期的伐宋，最值得注意的是蒙古军在四川的一些军事活动。

先看阔端侵蜀事，《通鉴续编》窝阔台汗七年（1235）六月："蒙古阔端太子侵蜀汉。"夹注："太宗皇帝命阔端太子侵蜀汉，贵由太子伐西域，唐古火鲁赤伐高丽。蒙古人每甲一名西征，一名南征；中州户十户一名南征，一名伐高丽。"

实际上，在前一年末，蒙古军已有征蜀之举。[1] 又，《元史》卷二《太宗纪》七年春："遣诸王拔都及皇子贵由、皇侄蒙哥征西域，皇子阔端征秦、巩，皇子曲出及胡土虎伐宋，唐古征高丽。"[2] 可见，是年征宋不仅派出了阔端一军，在江淮前线的征伐则由曲出和胡土虎负责，《通鉴续编》只是突出了蜀汉一带的情况。夹注所记，是《通鉴续编》的独家史料。黄时鉴先生注意到，当时蒙古汗廷围绕"以回鹘人征南，汉人征西"有过一番争论，惜相关文献并未记载结果，《通鉴续编》夹注恰可对此做出回答；同时，他还提到"逢十抽二似是蒙古出军征战时的一种常例"，并举火失勒军为例。[3] "火失"，即两个、一双的意思，"火失勒军"即每十人中抽取二人组成的军队，有学者曾以成吉思汗时期的史料为中心，对火失勒军与探马赤军做过对比研究。[4]

其实，结合成吉思汗以后的材料，我们还可对这种十取其二的签军方式进行更为细致的了解。波斯史家志费尼提到，贵由继承窝

1　贾敬颜校注《圣武亲征录（新校本）》，陈晓伟整理，第347页。

2　《元史》卷二《太宗纪》，第34页。

3　黄时鉴：《〈通鉴续编〉蒙古史料考索》，《黄时鉴文集》Ⅰ《大漠孤烟——蒙古史　元史》，第146页。

4　瞿大风：《"火失勒"军与探马赤军异同刍议》，《元史论丛》第8辑，江西教育出版社，2001，第215～218页。

阔台的汗位后，"当获悉最远方的契丹蛮子国已经败盟反侧时，他派遣速不台把阿秃儿和札罕（Jaghan Noyan）率领一支劲旅和一支大军出兵该地；又派同样的军队到唐兀和肃良合；同时他把野里知给歹（Eljigitei）和一支大军派往西方。他下令从每个王公处每十人中抽调两人去追随野里知给歹"。[1] 一二五三年，蒙哥汗在其主持的忽里勒台大会中决定："派其弟忽必烈合罕到东方的汉地、摩至那、合剌章、唐兀惕、吐蕃、女真、肃良合、高丽诸地区以及与汉地、摩至那邻接的忻都斯坦部分地区去，并派遣旭烈兀汗到西方伊朗、叙利亚、密昔儿、鲁木、亚美尼亚诸地区去……并通过决议，过去由拜住和绰儿马浑率领的被派去担任探马的军队驻在伊朗，而由答亦儿 - 把阿秃儿率领、被派到客失迷儿和印度担任探马的军队，全部归旭烈兀汗统率。……除这些军队外，还决定从成吉思汗分给诸子、诸弟和诸侄的全体军队中，每十个人抽出两个人，作为额外人员，交给旭烈兀汗作为滕哲［分民］，随同他出征，服役于此方。"[2] 以上贵由汗与蒙哥汗时期"逢十抽二"的签军方式，在史料中还能见到一些，[3] 此即黄时鉴先生所说蒙古签军的"常例"。另据贵由汗时出使蒙古的西方使者柏朗嘉宾说，蒙古权贵在推举贵由称汗的集会中任命军队将领的同时，"在由他们所控制的各个地区，从每十个人（包括他们的仆人在内）中抽丁征募三人入伍"。[4] 此外，另一出使蒙古的教皇使团成员圣宽庭，亦提到贵由汗时西征大将拜住"在进攻阿黑撒儿（Achsar/Aqshehir）附近的土耳其人时"，"从他的军队中值三抽一，选出四万人出征"。[5]

1　〔伊朗〕志费尼：《世界征服者史》，波伊勒英译，何高济汉译，商务印书馆，2004，第281页。
2　〔波斯〕拉施特主编《史集》第3卷，余大钧译，商务印书馆，1986，第29页。
3　如拉施特主编《史集》第2卷，第219页；〔伊朗〕志费尼：《世界征服者》，第678页。
4　〔英〕道森编《出使蒙古记》，吕浦译，周良霄注，中国社会科学出版社，1983，第43页；参看〔法〕贝凯、韩百诗译注《柏朗嘉宾蒙古行纪》，耿昇译，中华书局，1985，第80页；〔意〕普兰·迦儿宾：《普兰·迦儿宾行记》，马列英俄译本，沙斯季娜补注，余大钧译，内蒙古大学出版社，2009，第75页。
5　西蒙·圣宽庭：《鞑靼史》，张晓慧译，朱玉麒主编《西域文史》第11辑，科学出版社，2017，第264页。

可见，当时亦有"逢十抽三"与"值三抽一"的签军情况，但就史料记载来看，则比"逢十抽二"的签军标准较为少见。

除了阔端外，《通鉴续编》还记载了蒙古将领塔海攻成都及此后蒙古在四川的攻城略地。窝阔台汗十一年（1239）八月："蒙古塔海复取成都，制置使丁黼败死，蒙古遂取汉、卭、简、眉、阆、文州、遂宁、重庆、顺庆府。"此事在屠寄的《蒙兀儿史记》亦有记载，并有夹注注明来自"《宋史•理宗纪》及《丁黼传》"。[1] 然查《宋史》，却没有这句史文。其实，此事亦见于《宋史纪事本末》卷九三《蒙古连兵》，屠寄很可能是据此误书作《宋史》。《宋史纪事本末》的史源最早即可追溯至《通鉴续编》。《通鉴续编》所记塔海又作达海，全名又有塔海绀不、塔海绀孛、塔海甘布、达海甘布等不同称谓，窝阔台汗六年（1234）为都元帅，奉命征蜀。[2] 丁黼，《宋史》卷四五四有传，但未提攻成都者为塔海，亦未记成都失陷后蒙古攻城略地之事，《通鉴续编》可对此予以补充。

（三）窝阔台汗、贵由汗时期蒙古在京湖、江淮一带的侵伐

《通鉴续编》窝阔台汗八年（1236）四月："蒙古取襄阳府、随、郢州、荆门军。"

查《元史》卷二《太宗纪》：八年十月，"张柔等攻郢州，拔之。襄阳府来附，以游显领襄阳、樊城事"。据《通鉴续编》可知，是年蒙古还攻占了南宋的随州与荆门军。[3]

《通鉴续编》贵由汗元年（1246）十二月："蒙古侵京湖、江淮州县。"

1　屠寄：《蒙兀儿史记》卷四《斡歌歹汗纪》，第 65 页。
2　贾敬颜校注《圣武亲征录（新校本）》，陈晓伟整理，第 347 页。
3　《宋史》卷四〇五《李宗勉传》：淮西制置使兼沿江制置副使史嵩之建牙鄂州时（据卷四二《理宗纪二》知为端平三年事），宗勉曾上奏，其中有"蜀之四路，已失其二，成都隔绝，莫知存亡。诸司退保夔门，未必能守。襄汉昨失九郡，今郢破，荆门又破，江陵孤城，何以能立"云云（第 12236 页），可证此年荆门军陷于蒙古。

《元史》卷二《定宗纪》元年冬："权万户史权等耀兵淮南，攻虎头关寨，拔之，进围黄州。"可与《通鉴续编》互相补证。[1]

（四）窝阔台汗伐宋中的"拔都儿硬军"献疑

《通鉴续编》窝阔台汗九年（1237）十月："蒙古侵安丰，知军事杜杲败之，蒙古自淮西北还。"夹注：

> 口温不花攻安丰，杜杲缮完守御。蒙古以火炮焚楼橹，城多堕陷，杲随补完。蒙古令拔都儿硬军斫牌权木，杲募善射者，用小箭射其目，拔都儿多伤而退。蒙古填壕为二十七坝，杲分兵扼坝，蒙古乘风纵火。俄而，风雪骤作。杲募壮士夺坝路，士皆奋跃死战。会池州都统制吕文德突围入城，与杲合力捍御，蒙古引去，淮西以安。……

《通鉴续编》此处史源主要为《宋季三朝政要》卷一。"拔都儿硬军"，《宋季三朝政要》作"八都硬军"，王瑞来先生认为"硬"当是"鲁"之误。[2]《宋季三朝政要》元刻本有二：一是皇庆元年（1312）建安陈氏余庆堂本，王瑞来先生所据即此本，故作"八都硬军"；二是云衢张氏刻本，亦作"八都硬军"。显然，《宋季三朝政要》元刻本的文字，皆与《通鉴续编》"拔都儿硬军"迥异。

《元史》卷九九《兵志二》："忠勇之士，曰霸都鲁。勇敢无敌之

1　按，刘迎胜先生在笺证《元史·定宗纪》时，已留意到《通鉴续编》此条与《元史》互补的价值，见《〈元史·定宗纪〉笺证》，《新疆师范大学学报》2016年第1期，第50页。其实，清代毕沅撰《续资治通鉴》时，就将《通鉴续编》与《定宗纪》的记载整合起来叙述了，见卷一七二《宋纪一七二》淳祐六年（1246）十二月条："蒙古万户史权等侵京湖、江淮之境，攻虎头关寨，进至黄州。"

2　王瑞来笺证《宋季三朝政要笺证》卷一，中华书局，2010，第103页；《续资治通鉴纲目》卷二〇在参考《通鉴续编》这处史文时，径改为"拔都鲁"。

士，曰拔突。"[1]据此，霸都鲁与拔突之区分并不明显。其实，拔突即八都，蒙古语作 batu，原义为"坚固""坚硬"，故"八都军"即"硬军"，"八都硬军"则未免同义重复。霸都鲁即拔都儿（ba'atur），意即"勇士"，与八都有别。拔都儿为蒙古军中的忠勇之士，其来源有"健奴"，亦有从"蒙古人户"内百中抽一者。[2]《宋季三朝政要》说，"八都硬军"的兵源为"死囚"，"攻城以自赎"，[3]与由健奴和蒙古人户纠集之拔都儿军不同，说明其很可能是拔都儿军中的某一分支，故有"拔都儿硬军"之称，若译成蒙古语，似乎可作 ba'atur qataqu čerig。[4]还需一提的是，元代蒙古语音节末的 –r 音，在汉译时省略的例子屡见不鲜，如伯颜察儿又作伯颜察，篾儿乞又作篾乞，等等。正如方龄贵先生所说，元明汉文文献中所见拔都儿，"不排除其中有拔都的对音"，要将其明确区分，"现在已经不大容易查考了"。[5]至于"八都硬军"与"拔都儿硬军"孰是孰非，恐怕仍有待今后的进一步辨析。

（五）蒙哥汗时期蒙古在四川的军事活动

《通鉴续编》所记蒙哥汗时期蒙古在四川的军事活动，如汪德臣城利州、蒙哥汗亲征南宋、进次剑门、攻打合州、侵重庆府诸事，既存在一定问题，亦提供了价值颇高的史料，今逐一考释如下。

先看蒙古城利州，《通鉴续编》蒙哥汗三年（1253）二月："蒙

1　《元史》卷九九《兵志二》，第 2525 页。

2　彭大雅撰，徐霆疏《黑鞑事略》，许全胜校注本，兰州大学出版社，2014，第 129 页；《元史》卷二《定宗纪》，二年（1247）八月条，第 39 页。

3　王瑞来笺证《宋季三朝政要笺证》卷一，第 103 页。

4　按，qataqu 一词见于元代蒙古文的忻都碑，亦邻真先生旁注为"刚强"，见亦邻真《至正二十二年蒙古文追封西宁王忻都碑》，《亦邻真蒙古学文集》，内蒙古人民出版社，2001，第 646 页。

5　方龄贵：《元明戏曲中的蒙古语》，汉语大词典出版社，1991，第 8 页。

古汪惟正城利州。"夹注："沔、利既城，蒙古且耕且守，蜀土不可复矣。"

《元史》卷三《宪宗纪》亦记有此事，但时间略有出入，二年八月："忽必烈次临洮，命总帅汪田哥以城利州闻，欲为取蜀之计。"三年春正月："汪田哥修治利州，且屯田，蜀人莫敢侵轶。"[1] 汪田哥即汪德臣，其城利州在蒙古进攻四川的整个战役中具有重要的战略意义，"且耕且守"，在宋人看来，自此"蜀土不可复矣"。[2]《通鉴续编》将"城利州"者书作"汪惟正"（德臣长子），显误。

再看蒙哥汗亲征南宋，《通鉴续编》蒙哥汗七年（1257）冬十月："蒙古宪宗皇帝命皇弟阿里不哥守国，自将侵蜀。十二月，次于六盘。"夹注：

> 宪宗皇帝用也速儿驸马、亦孙哥大王之言，大会师，数宋据殽函、绝河津、囚行人之罪，自将南伐。至东胜河，时河冰，以土覆之，如履平地，遂济。进次六盘。军凡四万，号十万，分三道而入。宪宗皇帝由陇州趋散关，莫哥大王由洋州趋米仓，孛里（义）〔叉〕万户由渔关趋沔州。

这是《通鉴续编》极其重要的独家记载，黄时鉴先生的文章没有研究，《元史》卷三《宪宗纪》与《通鉴续编》纪时出入较大，六年六月："诸王亦孙哥、驸马也速儿等请伐宋。帝亦以宋人违命囚使，会议伐之。"七年春："诏诸王出师征宋。"八年四月："是时，军四万，号十万，分三道而进：帝由陇州入散关，诸王莫哥由（祥）〔洋〕州入米仓关，孛里叉万户由渔关入沔州。"[3]

1　《元史》卷三《宪宗纪》，第 46 页。

2　赵一兵：《试论巩昌汪氏家族在蒙元时期进攻四川战争中的作用》，《内蒙古社会科学》2008 年第 6 期，第 55 ~ 56 页。

3　《元史》卷三《宪宗纪》，第 49、40、51 页。

《通鉴续编》夹注所见诸人，也速儿驸马殆为弘吉剌氏，亦孙哥是成吉思汗长弟合撒儿子，莫哥为蒙哥汗异母弟。孛里又万户即《宪宗纪》九年正月所出现的"阿儿剌部人八里赤"，[1] 是成吉思汗四杰之一阿尔剌氏博儿术后人，《通鉴续编》作"孛里义"，显误。《通鉴续编》将此次蒙哥汗亲征归因于南宋"据殽函、绝河津、囚行人"。当时殽函与河津皆在蒙古的占领区内，故以"据殽函、绝河津"为征伐理由并不充分，至于"囚行人"，南宋确实曾囚禁窝阔台汗时的使臣王檝、月吕麻思，[2] 但也只是前朝旧事。因此，这三点皆是蒙古伐宋所宣称的借口，此前在四川一带的战事积累以及蒙古诸王权贵的积极劝诱等因素，才是蒙哥亲征的更为直接的现实性促因。

关于蒙哥汗进次剑门事，《通鉴续编》蒙哥汗八年（1258）秋九月："蒙古宪宗皇帝次于剑门。冬十月，取苦竹隘，守将杨立、张实死之。"夹注：

> 蒙古纽邻闻宪宗皇帝次汉中，遂留密里火者、刘黑马等守成都。自帅众渡马湖，获宋将张实，遣招苦竹隘。实入隘，遂与守将杨立坚守。宪宗皇帝渡嘉陵江，至白水，命总帅汪（惟正）〔德臣〕造浮桥以济，进次剑门。十月戊子，渡苦竹隘。杨立迎战于巷，败死。蒙古获张实，杀之，因歼其余众。

《元史》卷三《宪宗纪》所记与《通鉴续编》高度雷同：八年九月，"都元帅纽邻留密里火者、刘黑马等守成都，悉率余兵渡马湖，禽宋制置使张实。遂遣实招谕苦竹隘，实遁。冬十月……帝渡嘉陵江，至白水江，命田哥造浮梁以济。梁成，赐田哥等金帛有差。帝驻跸

1　陈世松、匡裕彻、朱清泽、李鹏贵：《宋元战争史》，内蒙古人民出版社，2009，第 138 页。
2　胡多佳：《早期蒙宋关系（一二一一——一二四一）》，《元史论丛》第 4 辑，第 57 ～ 58 页。

剑门。戊子，攻苦竹隘，裨将赵仲窈献东南门。师入，与其守将杨立战，败之，杀立，众皆奔溃。诏毋犯赵仲家属，仍赐仲衣帽，徙于隆庆。己亥，获张实，支解之"。[1] 应该与上引《通鉴续编》具有相同史源。《宪宗纪》之"田哥"即汪德臣，长子名惟正。汪德臣在白水造浮桥济江事，亦见于其神道碑，[2] 故《通鉴续编》将造浮桥者记作汪惟正，并不可取。

关于蒙哥汗攻打合州事，《通鉴续编》蒙哥汗九年（1259）正月："蒙古宪宗皇帝围合州，知州王坚御之。"夹注：

> 宪宗皇帝遣宋降人晋国宝招谕合州。国宝至合，谓王坚曰："大兵入蜀，诸郡多降，今遣我招汝。"坚曰："此去重庆甚迩，我与蒲制置论其可否。"国宝乃还，宪宗皇帝复遣之。坚执国宝，杀之于阅武场。宪宗皇帝大怒，遂造浮梁于涪州之蔺市，由三符滩渡，直抵合州城下，俘男女万余。坚力战以守，蒙古会师围之。

画单横线处，亦见于《宋史》卷四四《理宗纪二》开庆元年（1260）正月丁卯："蜀帅蒲择之以重兵攻成都，不克。大元兵破利州、隆庆、顺庆诸郡，阆、蓬、广安守将相继纳降，又造浮梁于涪州之蔺市。"[3] 蒲择之，即《通鉴续编》王坚口中的"蒲制置"，时为四川制置使。

晋国宝招降王坚，亦见于《元史》卷三《宪宗纪》，八年十二月甲辰："遣宋人晋国宝招谕合州守将王坚，坚辞之，国宝遂归。"九年戊申："晋国宝归次峡口，王坚追还杀之。"[4] 显然，《宪宗纪》所

1　《元史》卷三《宪宗纪》，第51~52页。
2　王鹗：《汪忠烈公神道碑》，见张维编《陇右金石录》卷五，甘肃文献征集委员会校印，1933。
3　《宋史》卷四四《理宗纪二》，第864~865页。
4　《元史》卷三《宪宗纪》，第53页。

载不如《通鉴续编》翔实。在晋国宝招降王坚以及蒙哥攻打合州的细节方面，《通鉴续编》无疑提供了全新的信息。

最后，关于蒙古侵重庆，《通鉴续编》蒙哥汗九年（1259）五月："蒙古侵重庆府。"据《宪宗纪》，是年正月招降合州王坚遭拒后，蒙哥汗即着手攻打重庆，从二月到五月，持续进攻钓鱼城，[1]故蒙哥汗对重庆的侵伐，并非始于五月。又，《宋史》卷四四《理宗纪四》开庆元年（1260）："六月甲戌（初二），吕文德兵入重庆。诏谕四川军民共奋忠勇，效死勿去，有功行赏，靡间迩遐，有能效顺来归，悉当宥过加恤。"[2]南宋此举即针对此前蒙古对重庆的侵伐而来。

（六）关于蒙宋战争中丘岳与吕文焕家族事迹的新材料

先看《通鉴续编》所记丘岳事迹，窝阔台汗八年（1236）十一月："蒙古侵真州，知州丘岳败之。"夹注：

> 蒙古攻真州，岳部分严明，守具周悉。蒙古兵薄城，辄败。岳乘胜出战于胥浦桥，以强弩射其致师者，一人死之，敌兵少却。岳曰："敌众十倍于我，不可以力胜也。"乃为三覆，设炮石待之于西城。敌至，伏起炮发，杀其骁将，敌众大扰。岳选勇士袭敌营，焚其庐帐。越二日，皆引去。

丘岳在《宋史》无传，据此可补充其事迹。捎带一提的是，《通鉴续编》此条史文后为《续资治通鉴纲目》卷二〇所征引，并补充蒙古军的统帅为察罕。察罕为唐兀人，《元史》卷一二〇有传，时随口温不花征宋，但未记其曾率军攻打真州，《通鉴续编》与《续资治通鉴纲目》可补其事。

1　李天鸣：《宋元战史》，台北，食货出版社，1988，第725页。
2　《宋史》卷四四《理宗纪四》，第866页。

又，《通鉴续编》贵由汗四年（1249）夏四月：南宋"以淮东制置使丘岳兼淮西制置使"。夹注："岳在扬，与蒙古战，多捷。阃职修举，帝嘉之，故有是命，亲书'忠实'二字赐焉。"查《宋史全文》卷三四：淳祐九年（1249）四月"丙午，诏丘岳阃职修举，除宝章阁直学士，依旧淮东安抚制置使，兼知扬州淮西制置使"。[1] 可与《通鉴续编》相互补证。

关于吕文焕家族的事迹，《通鉴续编》至元十年（1273）二月："知襄阳府吕文焕以城降于大元。"夹注：

> 襄阳久困，孤城援绝……文焕……下告急于朝。贾似道不督列阃赴援，而累上书请行边，帝不许。及城势危甚，文焕艰难遣使，忍死待援。……文焕力不能支，会世祖皇帝降诏谕文焕曰："尔等拒守孤城，于今五年，宣力尔主，固其宜也。然势穷援绝，其如数万生灵何？若能纳款出降，悉赦勿治，且加迁擢。"文焕得诏，感而出降。……文焕至燕，拜参知政事。文焕兄知庐州文福、文德子同知静江府师夔，俱上表待罪，似道庇之，诏皆不问。襄阳既失，则东南不可守矣。

史源辨析，详见本书第五章第二节。忽必烈降吕文焕诏，史源待考。又，《通鉴续编》所记吕文福叔侄"俱上表待罪……诏皆不问"，《宋史》卷四六《度宗纪》记载更详：是年四月，"辛亥，吕师夔言：'比贾似道得李庭芝书，报臣叔父文焕以襄城降。臣闻之陨越无地，不能顷刻自安。请以经略安抚、转运、静江府印委次官护之，席藁俟命，容臣归省偏亲，誓当趋事赴功，毁家纾难，以赎门户之愆，以报君父之造。'诏不允"。五月，"丙辰，知庐州吕文福言：'从兄文焕以襄阳降，为其玷辱，何颜以任边寄，乞放罢归

---

1 《宋史全文》卷三四，汪盛铎点校，中华书局，2016，第 2797 页。

田里。'诏不允。吕师夔五疏乞罢任，诏赴阙"。[1]《度宗纪》五月条认为文福应为文焕从弟，而文福子师孟的墓志铭则称文焕为"从叔父"，[2]亦即文福为文焕从兄，《通鉴续编》亦持此说，所谓"文焕兄知庐州文福"是也，故相较之下《度宗纪》所记并不可尽信。

《通鉴续编》至元十二年（1275）十月又记："大元伯颜济江，次于镇江府，遂分兵东下。"夹注："……以吕文焕为乡导，趋常州……"史源辨析，详见本书第五章第二节。吕文焕投降后随伯颜南下征宋，《平宋录》与《宋史》卷四七《瀛国公纪》德祐元年（1275）十月皆记：伯颜以中路军趋"常州"。据《通鉴续编》，我们进而可以确知吕文焕也在此军并扮演了向导的角色。

（七）临安投降后蒙古在杭州、婺州的镇戍问题

《通鉴续编》至元十三年（1276）闰三月："以忙古歹为都督，镇杭州；唆都为元帅，镇婺州。"

《通鉴续编》所记忙古歹，又作忙兀台，塔塔儿人，《元史》卷一三一有传。据其本传，至元十二年十二月，"行省第其功，承制授行两浙大都督府事。十四年，改闽广大都督，行都元帅府事"。《通鉴续编》之"都督"即两浙大都督。《平宋录》说，至元十三年二月忙古歹曾与范文虎一起"抚治临安"，可知《通鉴续编》记其于闰三月镇戍杭州值得信从。

唆都，札剌亦儿人，《元史》卷一二九有传，其中记载："宋平，诏伯颜以宋主入朝，留参政董文炳守临安，令其自择可副者，文炳请留唆都，从之。时衢、婺诸州皆复起兵，文炳谓唆都曰：'严州不守，临安必危，公往镇之。'至严方十日，衢、婺、徽连

1 《宋史》卷四六《度宗纪》，第913页。
2 方回：《故宣慰嘉议吕公墓志铭》，见王德庆《江苏吴县元墓清理简报》，《文物》1959年第11期，第20页。参看向珊《方回撰〈吕师孟墓志铭〉考释》，李治安主编《元明江南政治生态与社会发展》，中国社会科学出版社，2019，第412页。

兵来攻，唆都战却之，获章知府等二十二人。复婺州，败宋将陈
路钤于梅岭下，斩首三千级。……又攻建宁府松溪县、怀安县，皆
下之。十四年，升福建道宣慰使，行征南元帅府事，听参政塔出
节制。"[1]上文《通鉴续编》所记"为元帅"，似乎指的是"行征南元
帅府事"；又，唆都首先镇成的是严州，《通鉴续编》所记镇婺州，
应是后来之事。

三　蒙古灭夏与蒙丽、蒙印关系

（一）蒙古灭夏

《通鉴续编》成吉思汗四年（1209）五月："蒙古入夏灵州，夏
主安全降。"夹注："太祖皇帝入灵州，夏主安全降，献女为好，夏
自是益衰。"

《圣武亲征录》将此事系于"庚午（1210）夏"，"秋，复征西
夏，入李王朝，其主失都儿忽出降，献女为好"。《史集》纪年同。
《元史》卷一《太祖纪》记载最为详细：四年（1209）春，"帝入河
西。夏主李安全遣其世子率师来战，败之，获其副元帅高令公。克
兀剌海城，俘其太傅西壁氏。进至克夷门，复败夏师，获其将嵬名
令公。薄中兴府，引河水灌之。堤决，水外溃，遂撤围还。遣太傅
讹答入中兴，招谕夏主，夏主纳女请和"。关于此次蒙古征夏的时
间，以往学界一般弃《圣武亲征录》而从《太祖纪》之说，《通鉴续
编》进一步证明《太祖纪》之确。

值得注意的是，只有《通鉴续编》记载了蒙古"入灵州"一
事，结合《太祖纪》来看，此事应发生在"克兀剌海城"之后、"薄
中兴府"之前。对此，还可进一步论说。《元朝秘史》第 267 节记成
吉思汗最后一次亲征西夏："自雪山起程，过兀剌孩城，却来攻打灵

---

1 《元史》卷一二九《唆都传》，第 3151 页。

州城（朵^舌儿篾该巴剌^中合速，Dörmegei Balaqasu），时唐兀惕主不儿罕，将着金佛并金银器皿，及男女马驼等物，皆以九九为数来献。"[1]
这里蒙古经兀剌孩至灵州的进军路线，恰可佐证《通鉴续编》所记"太祖皇帝入灵州"，应是《太祖纪》"克兀剌海城""薄中兴"之间发生的事：正是由于成吉思汗四年（1209）蒙古伐夏曾走过这条路线，故最后灭夏时仍循此路突袭西夏旧都灵州，从而迫使夏主贡物来降。总之，根据《通鉴续编》的记载，可以补充成吉思汗四年蒙古征夏的一个重要细节。

《通鉴续编》成吉思汗十六年（1221）十一月，蒙古"围延安府"。夹注：

> 八月，木华黎至天德，监国公主遣其臣习里吉思劳之，且享将士。木华黎遂由东胜州涉河，引兵而西。夏主闻之惧，遣塔海监府等宴木华黎于河南，献奉甚厚，且遣荅哥甘普将兵五万属焉。十月，木华黎引兵东行，自云中历太和寨以入葭州，命石天应权行台以守葭，而自将大兵攻绥德，破马蹄、克戎两寨。夏主遣迷僕帅众会之，迷僕问木华黎相见之仪。木华黎曰："汝主见我主，即其礼也。"迷僕曰："未受主命，不敢即拜。"因引众去。十一月，木华黎进攻延安，迷僕始赞马而拜。金元帅合达与纳合买住御之，合达以兵三万陈于城东。蒙古将蒙古不花先以骑士三千趣之，约半夜伏发，木华黎乃令军士衔枚潜进，伏于城东两谷间。明日，蒙古不花望见金兵，佯弃旗鼓走。金兵追之，木华黎出伏乘其后，鼓鼙震天，金兵大乱，木华黎追杀七千余人，合达走入延安城，坚壁不出。木华黎以城池坚深，猝不可拔，乃留军围之，而自将兵南攻洛川、鄜州。

1　《元朝秘史》，乌兰校勘本，第 378 页。

与《元朝名臣事略》卷一《太师鲁国忠武王》引元永贞撰《东平王世家》基本相同，然画单横线处不为事略所载，但与前后文文意衔接自然连贯，故知上引文应直接来自世家。由于世家今已佚失，《通鉴续编》画单横线处无疑为我们提供了关于蒙夏关系的新材料。其中，夏主遣塔海监府宴请木华黎，说明他虽然拒绝兵援蒙古西征，但是在蒙古军逼临境内时仍有畏惧之心，丝毫不敢怠慢，尽管这时木华黎征伐的对象并非西夏。至于遣迷儌率军与蒙古军会合伐金，迷儌见木华黎时从"不敢即拜"到"赘马而拜"，更是反映出此时西夏对蒙古态度的微妙变化：首先争取两国间的平等相处，退而求其次，可在交往的礼仪层面做出让步。

《通鉴续编》成吉思汗二十年（1225）十一月："取灵州，进次于盐州川"。夹注："以其不入质子而遣兵助西域也。"

此事《圣武亲征录》一笔带过：乙酉（1225）"秋，复总兵征西夏"。《元史》卷一《太祖纪》则系于二十一年（1226）："春正月，帝以西夏纳仇人（赤）〔亦〕腊喝翔昆及不遣质子，自将伐之。二月，取黑水等城。夏……取甘、肃等州。秋，取西凉府搠罗、河罗等县，遂逾沙陀，至黄河九渡，取应里等县。……冬十一月庚申，帝攻灵州，夏遣嵬名令公来援。丙寅，帝渡河击夏师，败之。丁丑……驻跸盐州川。"[1]

将《通鉴续编》与《太祖纪》两相比较，不难发现，两书皆提及"不入质子"为伐夏原因之一，至于其他缘由，《太祖纪》则独记："纳仇人（赤）〔亦〕腊喝翔昆。"李文田指出亦腊喝即克烈王罕之子亦剌合桑昆，[2]但此时亦剌合已死。吴广成《西夏书事》则将《太祖纪》中的亦腊喝视为乃蛮屈出律之子，"蒙古灭乃蛮，屈律罕走死契丹，蒙古主索其子，（赤）〔亦〕腊喝翔昆走投夏国。德旺以其同仇，

1 《元史》卷一《太祖纪》，第23～24页。
2 李文田：《元秘史注》卷五，见《续修四库全书》第312册，第379页。

纳之，给以粮糗".[1]查《元朝秘史》《史集》等原始文献，皆未记此事，且未提屈出律有子名亦腊喝。屠寄认为《太祖纪》的系年有问题，是误将首次伐夏的史文窜入二十一年的纪事内，[2]有一定道理。《通鉴续编》在一二〇六年"蒙古太祖皇帝即位于斡难河"后小字夹注中，即提到克烈被成吉思汗灭亡（1203）后，王可汗之子亦剌合（亦腊喝）逃至西夏，这应该是成吉思汗首次伐夏的一大原因。

不"遣兵助西域"，是《通鉴续编》所记成吉思汗二十年蒙古伐夏的另一原因。据《元朝秘史》第 256 节，成吉思汗西征前曾遣使至西夏，令夏主派军同行，但遭到拒绝。第 265 节：成吉思汗西征东返后遣使至夏主处质问，有"你曾说要与俺做右手，及我征回回，你却不从，又将言语讥讽"云云。可见，《通鉴续编》所说不"遣兵助西域"，并非虚语。

（二）蒙丽关系

《通鉴续编》窝阔台汗十一年（1239）五月："蒙古遣使如高丽。"夹注："蒙古既伐高丽，高丽屡败，乃复入贡，请平。蒙古令其王暾亲朝，当罢兵。"

《元文类》卷四一所录《经世大典》"高丽"条：窝阔台汗"十年，暾遣将军金宝鼎奉表入朝。十一年五月，诏暾入朝，辞以母丧。诏朝明年"。即夹注所说高丽"乃复入贡"、蒙古令"亲朝"二事。其实，蒙古使者出发是在四月。[3]五月，至高丽降诏令其国王入朝。[4]

《通鉴续编》蒙哥汗元年（1251）十一月："蒙古也窟伐高丽。"三年（1253）六月："蒙古使扎剌儿伐高丽。"夹注："代也窟。"

1　吴广成：《西夏书事》卷四二，道光五年小岘山房刻本。按，校证本认为此处引文来自《太祖纪》，不确，见龚世俊等《西夏书事校证》，甘肃文化出版社，1995，第 495 页。

2　屠寄：《蒙兀儿史记》卷二，第 40 页。

3　乌云高娃：《元朝与高丽关系研究》，兰州大学出版社，2011，第 52 页。

4　舒健、张建松：《韩国现存元史相关文献资料的整理与研究》，上海大学出版社，2015，第 11～12 页。

《元史》卷二〇八《高丽传》有“自定宗二年至宪宗八年，凡四命将征之”云云。检《元史》卷三《宪宗纪》：二年十月，“命诸王也古征高丽”；三年正月，“罢也古征高丽兵，以札剌儿带为征东元帅”；十二月，“命宗王耶虎与洪福源同领军征高丽，攻拔禾山、东州、春州、三角山、杨根、天龙等城”；四年夏，“遣札剌亦儿部人火儿赤征高丽”；八年三月，“命洪茶丘率师从札剌解同征高丽”。[1]《元文类》卷四一所录《经世大典》“高丽”条：“定宗二年命阿母侃与福源同讨。宪宗三年命宗王耶虎征之，拔禾山城等。四年，改命札剌解征，五、六、七年，连拔光州、安城等。”综合《宪宗纪》与《经世大典》：阿母侃、也古（耶虎）、札剌儿带（札剌亦儿部人火儿赤与札剌解，皆指此人）、洪福源与洪茶丘父子，恰好与“四命将”相合。[2]《通鉴续编》蒙哥汗三年事与《宪宗纪》基本对应，元年事则不见于《宪宗纪》等文献，是否纪年有误，仍需进一步考辨。

《通鉴续编》蒙哥汗八年（1258）十二月：“高丽王瞮使其世子倎朝于蒙古。”夹注：“瞮或作暾。”

《元史》卷二〇八《高丽传》：“宪宗末，瞮遣其世子倎入朝。”[3]未明确纪年。其实，王倎入朝蒙古发生在蒙哥汗九年（1259）四月，[4]故《通鉴续编》此处年月皆误。又，夹注说“瞮或作暾”，然查《高丽史》卷二二《高宗世家一》：“讳瞮，字大明，一字天祐，旧讳瞋，又改晊。”[5]未记曾用“暾”名。“王暾”似乎仅见于《元文类》卷四一所录《经世大典》“高丽”条，其中所记王暾事迹与王瞮相

1 《元史》卷二〇八《高丽传》，第4610页；《元史》卷三《宪宗纪》，第46～51页。

2 按，洪茶丘生于1244年，蒙哥汗八年（1258）仅15岁，忽必烈即位后他才袭父洪福源之职，故蒙哥汗八年应与其父一起从札剌解征高丽。

3 《元史》卷二〇八《高丽传》，第4610页。

4 乌云高娃：《元朝与高丽关系研究》，第61、63页；舒健、张建松：《韩国现存元史相关文献资料的整理与研究》，第14页。

5 郑麟趾：《高丽史》，人民出版社、西南师范大学出版社，2014，第2册，第673页。

合，《通鉴续编》"暾或作暾"殆据此而来，然名"暾"则不见于高丽官方史书《高丽史》，故颇疑"暾"为"暾"之讹。

《通鉴续编》中统元年（1260）十二月："高丽请降于蒙古。"夹注："高丽自宪宗之世，兵日见加，国内大困。及王倎还，感见立之恩，遂请附贡，且乞出水就陆，许之。"

《元文类》卷四一所录《经世大典》"高丽"条："世祖中统元年四月，诏：王倎归款，册为王。请出水就陆，班师罢征。"表述较为含糊。查《元高丽纪事》："世祖皇帝中统元年庚申四月二日，降旨宣谕高丽国王倎曰：'朕祗如天命，获承祖宗休烈，仰惟覆焘，一视同仁，无遐迩大小之闲也。以尔归款，既册为王还国。今得尔与边将之书，因知其上下之情，朕甚悯焉。凡所恳祈，区处于后：一、出水就陆，以便民居事，此朕素所喜也。……一、军马侵扰事，若留军压境，不无骚动，已敕将领，即日班师罢征。……'"[1]《经世大典》"高丽"条殆据此压缩而来。《通鉴续编》系于十二月有失妥帖。

《通鉴续编》中统二年（1261）三月："高丽王倎使其子植朝于蒙古。"

《元文类》卷四一所录《经世大典》"高丽"条："二年，世子禃入朝。"《元史》卷二〇八《高丽传》："二年三月，遣使入贡。四月，倎入朝。六月，倎更名禃，遣其世子愖奉表以闻。"《元史》卷四《世祖纪》中统二年六月："高丽国王倎更名禃，遣其世子愖奉表来朝。"[2]可知《通鉴续编》纪事有脱误，应作：六月，"高丽王倎〔更名禃〕使其子（植）〔愖〕朝于蒙古"。

《通鉴续编》中统三年（1262）二月："蒙古立王（植）〔禃〕为高丽王。"

1　《元高丽纪事》，广文书局，1972，第14页。
2　《元史》卷二〇八《高丽传》，第4612页；《元史》卷四《世祖纪》，第71页。

按，中统元年忽必烈已颁赐了册立王禃为王的诏书。[1] 中统二年正月，蒙古又"赐禃历"。[2] 赐历诏书有言："卿自东隅，臣属上国，适我家之有难，越其境以来归，特侈新封，俾还旧服。"[3] "特侈新封"，应是对前一年册立高丽王的重申与强调。

（三）蒙印关系

《通鉴续编》蒙哥汗二年（1252）十一月："印都朝贡于蒙古。"

这条独家记载说明印度一度示弱于蒙古，故有朝贡之举。其根源在于蒙古人的西征，《通鉴续编》成吉思汗十七年六月："蒙古太祖皇帝克塔里寒寨，遂屠蔑里城，大掠忻都而还。"正是在这一大背景之下，才有了印度（忻都）的朝贡。

又，《元史》卷三《宪宗纪》蒙哥汗二年（1252）："秋七月……诸王秃儿花撒（丘）〔立〕征身毒……旭烈征西域素丹诸国。"三年（1253）六月："命诸王旭烈兀及兀良合台等帅师征西域哈里发八哈塔等国。又命塔塔儿带撒里土鲁花等征欣都思、怯失迷儿等国。"[4] 塔塔儿带是部族，撒里（撒立）是人名，土鲁花（秃儿花）表示其质子的身份。[5] 欣都思即印度（身毒），怯失迷儿即克什米尔。屠寄认为二年与三年之叙述实为一事，二年命将，三年师行。[6] 张星烺先生断言此番蒙哥汗征印度之役，"毫无结果"。[7] 其实不确。据 1254 年来和林觐见蒙哥汗的西方使者鲁布鲁克回忆，他看见印度算端"送来八头豹子和十条猎狗"，[8] 可证《通鉴续编》此条纪事是有确凿来源的。

1　乌云高娃:《元朝与高丽关系研究》，第 65 页。

2　《元史》卷二〇八《高丽传》，第 4612 页。

3　郑麟趾:《高丽史》卷二五《元宗世家一》，壬戌三年（1262）十二月乙卯条，第 800 页。

4　《元史》卷三《宪宗纪》，第 46、47 页。

5　按，点校本《元史》在"塔塔儿带撒里"与"土鲁花"之间点断，今不从，见刘迎胜《〈元史〉卷三〈宪宗纪〉笺证之二》，《蒙元史考论》，第 116 页。

6　屠寄:《蒙兀儿史记》卷六《蒙格汗纪》，第 72 页。

7　张星烺:《中西交通史料汇编》，中华书局，2003，第 2209 页。

8　党宝海:《蒙古帝国的猎豹与豹猎》，《民族研究》2004 年第 4 期，第 95 页。

四　蒙元内政

　　《通鉴续编》中的蒙元内政，如（1）成吉思汗与窝阔台汗的去世，（2）贵由汗与蒙哥汗的即位，（3）史天泽家族的属民身份问题，（4）成吉思汗在中原设省事宜，（5）忽必烈设十道宣抚使与立尚书省，都值得详加探讨，今梳理、考辨如下。

（一）成吉思汗与窝阔台汗的去世

　　先看成吉思汗的去世，《通鉴续编》成吉思汗二十二年（1227）十二月："蒙古太祖皇帝崩于六盘，四太子监国。"夹注：

> 　　太祖皇帝崩，年六十六。凡六子，大太子曰述赤，性卞急而善战，早薨。二太子讳察合歹，性慎密，为众所畏。三太子讳窝阔台，是为太宗皇帝。四太子讳恓雷，是为睿宗皇帝。其庶子曰尤儿彻歹，曰郭列（于）〔干〕。

　　黄时鉴先生已对此有所研究，并注意到《元史》卷一〇七《宗室世系表》记成吉思汗第五子为兀鲁赤，然尤儿彻歹亦实有其人，据《史集》为成吉思汗的乃蛮妃子所生，郭列于应作"郭列干"，即成吉思汗的另一庶子阔列坚。[1]《通鉴续编》这一记载的史料来源不详，将成吉思汗驾崩事置于十二月，不确，此应为七月事。另据《史集》，成吉思汗还有其他两位庶子札兀儿与兀儿札罕，与尤儿彻歹一样，皆早夭。不难想见，《通鉴续编》关于成吉思汗诸子的记载很可能系摘抄而来，故有所脱漏，但最为重要者

1　黄时鉴：《〈通鉴续编〉蒙古史料考索》，《黄时鉴文集》Ⅰ《大漠孤烟——蒙古史　元史》，第143页。

皆囊括无遗。此外，成吉思汗生于一一六二年，已得到学者的有力论证。[1]不过，《通鉴续编》所记成吉思汗享年六十六岁说，并未得到应有的重视，故可为一一六二年生年说再添一直接证据。

再看窝阔台汗的去世，《通鉴续编》窝阔台汗十三年（1241）十一月:"蒙古太宗皇帝崩于铋铁锵胡兰，六皇后秃里吉纳治国事。"夹注:

> 太宗皇帝……出田五日，还至铋铁锵胡兰，与奥都剌合蛮饮。翌日崩，年五十六。……西北、中原皆入版籍，遂有天下三分之二。特晚年皇后乘急窃柄，回回以贷致宠，为可惜焉。帝七子，其长曰合西歹，二皇后孛灰所生也，蚤卒，有子曰海都。次讳贵由，是为定宗皇帝;曰阔端;曰屈出;曰合剌察儿;六皇后所生也。曰合丹，曰灭立，七皇后所生也。是时，太子、诸王各有分地，不相统壹。六皇后既称制于和林，号令不行，国政中微。

史源辨析，详见本书第六章第二节。关于窝阔台汗的长子，《元史》卷一〇七《宗室世系表》、《史集·窝阔台汗纪》与《南村辍耕录》卷一"大元宗室世系"，皆记作贵由，而将合西歹列为第五子，黄时鉴先生已经有所留意，但并未给出解释。[2]至于《通鉴续编》以合西歹为窝阔台诸子之长，可能与其皇太子的汗储身份有关。[3]《史

1　邵循正:《成吉思汗生年问题》，《邵循正历史论文集》，北京大学出版社，1985，第120～126页;周清澍:《成吉思汗生年考》，《元蒙史札》，第411～428页;吴泽:《成吉思汗生年与史事纪年考辨——读王国维〈鞑靼年表〉》，《上海师范大学学报》1980年第2期;李治安:《成吉思汗生年问题补正》，《历史研究》1996年第1期。

2　黄时鉴:《〈通鉴续编〉蒙古史料考索》，《黄时鉴文集》I《大漠孤烟——蒙古史　元史》，第147页。

3　王晓欣与刘晓两位先生皆撰文证实了合失作为窝阔台汗直接继承人的皇太子身份，详见王晓欣《合失身份及相关问题再考》，《元史论丛》第10辑，中国广播电视出版社，2005;刘晓《也谈合失》，《中国史研究》2006年第2期。

集》认为合失之母为脱列哥那，不确，《通鉴续编》所记其实更为可靠。[1]据《史集》、《元史》卷一〇六《后妃表》，合丹与灭立之母为"业里讫纳妃子"，此即《通鉴续编》所谓的"七皇后"。

值得注意的是，《通鉴续编》"是时，太子、诸王各有分地，不相统壹"一句。从前后语境来看，指的是脱列哥那皇后专政时期。此前具备汗位继承资格的合失、阔出皆已去世，而此时"太子"又与"诸王"并提，故此"太子"应即窝阔台生前指定的继承人——阔出之子失烈门。脱列哥那称制期间，成吉思汗家族成员不但"不相统壹"，而且发生了成吉思汗幼弟帖木格斡赤斤称兵和林之事，[2]即是《通鉴续编》所说"号令不行，国政中微"的一大体现。

（二）贵由汗与蒙哥汗的即位

先看贵由汗的即位，《通鉴续编》定宗元年（1246）秋七月："蒙古定宗皇帝即位于速蔑都。"夹注：

> 蒙古自太宗皇帝崩，诸王近属自相攻战，国内大坏。至是，定宗皇帝始即位于王吉河之速蔑都。诸王不服，将谋不轨。会雷雨大作，行营水深数尺，遂各散去。

黄时鉴先生认为其中所记太宗驾崩后，蒙古诸王"自相攻战"的情形，可补充《元史》；而且，定宗即位后"诸王不服，将谋不轨"，与东道诸王斡赤斤、西道诸王拔都反对脱列哥那的实情暗合。[3]若考虑到"定宗征拔都"的史实，就可更进一步确信："诸王不服，将谋不轨"，很可能是由拔都在幕后推动的反对贵由即位的权力斗

1　邱轶皓：《合失生母小考》，《中国史研究》2012年第3期。
2　叶新民：《斡赤斤家族与蒙元朝廷的关系》，《内蒙古大学学报》1988年第2期，第19页。
3　黄时鉴：《〈通鉴续编〉蒙古史料考索》，《黄时鉴文集》I《大漠孤烟——蒙古史　元史》，第148页。

争阴谋。

关于贵由即位的"王吉河之速蔑都"，又见于《元史》卷二《定宗纪》，作"汪吉宿灭秃里"。王吉（汪吉）河即翁金河，至于速蔑都（宿灭秃里），阿布拉莫夫斯基认为指的是禅院（sumitur）。[1] 另，据来到蒙古的教皇使节柏朗嘉宾回忆，贵由即位的当天下了一场大冰雹，"由于冰雹的突然融化，使该宫廷中的一百六十多人都被淹没在冰雹融水之中，甚至许多物品及简陋住宅也都被水冲走"。[2] 因此，《通鉴续编》所记"雷雨大作，行营水深数尺"并非虚语，与柏朗嘉宾的记录恰可相互补证。

再看蒙哥汗的即位风波，《通鉴续编》蒙哥汗元年（1251）夏六月："蒙古宪宗皇帝即位于阔帖兀阿兰。"夹注：

> 定宗皇帝之崩，诸大臣欲奉屈出之子失烈门，久而不决。至是，兀良哈歹以太祖皇帝诸孙惟宪宗皇帝谦慎，宜立。诸大臣、兄弟皆曰："可！"乃大会于阔帖兀阿兰之地而即位焉。失烈门不服，宪宗皇帝因察诸王有异同者，并羁縻之，取主谋者诛夷之，由是始定。遂罢不急之役，严军律以安民。又以自太宗皇帝以来，群臣擅政，凡有诏令，必亲为之，政始归一。兀良哈歹，速不台之子也。

蒙哥汗二年（1252）二月："蒙古徙其太宗六皇后及诸王于边，赐定宗皇后死，窜太宗皇帝孙失烈门于没脱赤。"夹注：

> 宪宗皇帝以诸王尝欲立失烈门也，乃徙六皇后秃里吉纳及蒙格都诸王于阔端大王营盘，合丹诸王于别失八里，蔑里诸王

1　刘迎胜：《〈元史·定宗纪〉笺证》，《新疆师范大学学报》2016 年第 1 期，第 49 页。
2　〔法〕贝凯、韩百诗译注《柏朗嘉宾蒙古行纪》，耿昇译，第 26 页。

于叶儿的石河，海都诸王于海押立，别儿哥诸王于曲儿只，脱脱诸王于叶密立。分后家赀于诸王，定宗皇后亦纳里合敦以厌禳赐死，禁锢失烈门于没脱赤。

关于以上《通鉴续编》的两条记载，黄时鉴先生没有研究。《元史》卷三《宪宗纪》：

> 岁戊申（1248），定宗崩，朝廷久未立君，中外恟恟，咸属意于帝，而觊觎者众，议未决。诸王拔都……首建议推戴。时定宗皇后海迷失所遣使者八刺在坐，曰："昔太宗命以皇孙失烈门为嗣，诸王百官皆与闻之。今失烈门故在，而议欲他属，将置之何地耶？"木哥曰："太宗有命，谁敢违之。然前议立定宗，由皇后脱（忽列）〔列忽〕乃与汝辈为之，是则违太宗之命者汝等也，今尚谁咎耶？"八刺语塞。兀良合台曰："蒙哥聪明睿知，人咸知之，拔都之议良是。"拔都即申令于众，众悉应之，议遂定。
>
> 元年（1251）辛亥夏六月……复大会于阔帖兀阿阑之地，共推帝即皇帝位于斡难河。失烈门及诸弟脑忽等心不能平，有后言。帝遣诸王旭烈与忙可撒儿帅兵觇之。诸王也速忙可、不里、火者等后期不至，遣不怜吉觲率兵备之。……
>
> 〔二年壬子（1252）〕夏，分迁诸王于各所：合丹于别石八里地，蔑里于叶儿的石河，海都于海押立地，别儿哥于曲儿只地，脱脱于叶密立地，蒙哥都及太宗皇后乞里吉忽帖尼于扩端所居地之西。仍以太宗诸后妃家赀分赐亲王。定宗后及失烈门母以厌禳事觉，并赐死。谪失烈门、也速、孛里等于没脱赤之地。[1]

---

[1]《元史》卷三《宪宗纪》，第 44 ~ 46 页。

蒙哥即位时遭到窝阔台系失烈门等诸王的反对，后者甚至谋划兵变夺权，学界对此已有论证。[1]总体而言，《通鉴续编》夹注较《蒙哥纪》简略。拥戴蒙哥者，诸王以拔都居首，大将以兀良哈歹为首，而且"拔都首建议推戴"，《通鉴续编》独强调兀良哈歹的功绩，欠妥。又，《通鉴续编》蒙哥对诸王有异同者"羁縻之，取主谋者诛夷之"，即《宪宗纪》二年正月之事。诸王所迁之地，需要指出的是：其一，曲儿只即格鲁吉亚。[2]其二，"没脱赤"不详，一说殆即今中亚河中地区的马特察河流域附近。[3]

关于所迁诸人，有两点值得注意。其一，迁至阔端驻地以西者，[4]《通鉴续编》说是"六皇后秃里吉纳"，《宪宗纪》则记作"太宗皇后乞里吉忽帖尼"。根据蔡美彪先生的研究，秃里吉纳在戊申年（1248）三月前就已去世，[5]故应以《宪宗纪》为确。按，乞里吉忽帖尼即《元史》卷一○六《后妃表》所记成吉思汗大斡耳朵中的"阔里桀担"皇后。[6]其二，被赐死的定宗后，《宪宗纪》失载名字，但一般认为即斡兀立海迷失，《通鉴续编》则说是"亦纳里合敦"，此人仅见于此，是否与斡兀立海迷失为一人，有待进一步研究。

《宪宗纪》最后评语云："初，太宗朝，群臣擅权，政出多门。至是，凡有诏旨，帝必亲起草，更易数四，然后行之。"[7]与夹注大致雷同，二者当有相同史源。[8]

1　刘迎胜：《察合台汗国史研究》，上海古籍出版社，2006，第87～93页。

2　刘迎胜：《〈元史〉卷三〈宪宗纪〉笺证之二》，《欧亚学刊》新5辑，商务印书馆，2016，第87页。

3　周思成：《大蒙古国汗位之争中的皇孙失烈门——〈史集〉中关于失烈门的波斯文史料的若干考订》，《元代文献与文化研究》第1辑，中华书局，2012，第127页。

4　《通鉴续编》径作"阔端大王营盘"，似乎欠安。

5　蔡美彪：《脱列哥那哈敦史事考辨》，《辽金元史考索》，第297页。

6　刘迎胜：《元太宗收继元太祖后妃考——以乞里吉忽帖尼皇后与阔里桀担皇后为中心》，《民族研究》2019年第1期。

7　《元史》卷三《宪宗纪》，第54页。

8　按，关于《元史》诸帝本纪最后的论赞性史文，历来皆认为出自明初史官之手，笔者对此不敢苟同，详见拙文《元太祖实录的编撰与史源——兼论〈元史〉诸帝本纪"论赞"性史文的性质》（未刊），此不赘述。

（三）史天泽家族的属民身份

《通鉴续编》蒙哥汗九年（1259）秋七月："蒙古宪宗皇帝崩于钓鱼山，合州围解。"夹注：

> 癸亥，宪宗皇帝崩，年五十二。史天泽护皇帝宝，与群臣奉枢北还，留不鲁合及不儿扎同领重庆军马。于是，合州围解。宪宗皇帝勤于政事，好谋能任，国庶兵强，所至降附，太祖皇帝之业中兴焉。

夹注第一句与《宪宗纪》同，其他不知所本。"不鲁合"与"不儿扎"事迹不详，值得注意的是，"史天泽护皇帝宝，与群臣奉枢北还"，仅见于《通鉴续编》，说明蒙哥汗去世后，按照惯例，应在漠北召开全体蒙古诸王参加的忽里台大会推举新的大汗，故史天泽护送帝玺与灵枢北还。至于新汗的人选，按蒙古人幼子守产的草原习俗，留守漠北的阿里不哥在汗位继承中无疑具有先天的优势。[1]

最令人不解的是，作为忽必烈潜邸旧臣的史天泽，[2]在蒙哥汗驾崩后，不是首先联络忽必烈，而是奉帝玺北还，其中是否还有深层原因有待发覆呢？姚燧《平章政事史公神道碑》："宪宗征蜀，诏太尉以公从。会其陟遐，太尉还。一王召公偕北绝漠，留谦州，依其储氏姑，居五年而归。"[3]"太尉"即史天泽死后的封赠，"公"即史天泽长子史格，"一王"指阿里不哥。阿里不哥征召史格"偕北绝漠"，后者所"偕"之人应即"太尉"史天泽。"储氏姑"之"储"殆即

---

1 最近有学者论证蒙哥临终时曾以"遗诏"立阿里不哥，参看宝音德力根、傲日格勒《从〈黄金史纲〉的传说看忽必烈与阿里不哥的汗位之争》，李治安主编《庆祝蔡美彪教授九十华诞元史论文集》，中国社会科学出版社，2019，第536～538页。
2 萧启庆：《忽必烈"潜邸旧侣"考》，《内北国而外中国：蒙古史研究》，第128页。
3 姚燧：《平章政事史公神道碑》，见《姚燧集》，查洪德编校，人民文学出版社，2011，第238页。按，此点校本在"太尉还"后作逗号，今不从。

姓氏，"姑"即史格的姑姑，"储氏姑"可能指的是嫁到储氏家族的某一史天泽的姊妹，故史格称其为"姑"，当时为阿里不哥封地谦州的属民。史格父子受阿里不哥征召，其本人又在阿里不哥的封地谦州留居五年，暗示其家应是阿里不哥的封臣。如此，史天泽在蒙哥汗去世后没有立即投奔忽必烈，而是首先奉帝玺与灵柩北还，就能得到更为合理的解释。捎带一提的是，当时还有一人与史天泽的身份遭际类似，那就是李槃。李槃字德新，号韦轩，《元史》无传。[1]定宗三年（1248）被史天泽推荐给忽必烈，后来以忽必烈母唆鲁禾帖尼真定属民的身份侍阿里不哥讲读，从而成为阿里不哥的属民，但在蒙哥汗去世后又归附了忽必烈。[2]作为汉人的李槃与史天泽，虽然一度隶属于阿里不哥，但是他们对汉地有着难舍难分的深厚感情，而忽必烈治理汉地的政绩亦得到了汉地士人的充分肯定，这应是他们选择投奔忽必烈的最终原因。

（四）成吉思汗在中原设省事宜

《通鉴续编》成吉思汗九年（1214）四月："蒙古置行尚书省于宣平，以撒没喝领其事。"夹注："统金降民。"

这是成吉思汗伐金时仿金制设行尚书省进行统治之始。[3]不难想见，此时蒙古侵金的性质已在悄然变动，从此前的纯粹劫掠逐渐转变为设官戍守，这无疑具有重要的历史意义。统金降民，其中应包括投降蒙古的主要由契丹人组成的乣军。"撒没喝"即名声威震南北的撒勒只兀惕人三木合拔都，以其为首领，可能是考虑到撒勒只

1　孟繁清：《韦轩李公考》，《中华文史论丛》2012 年第 4 期；周清澍：《〈元朝名臣事略〉史源探讨》，《元史及民族与边疆研究集刊》第 29 辑，上海古籍出版社，2015，第 41 页。

2　孟繁清：《韦轩李公考》，《中华文史论丛》2012 年第 4 期，第 353 页。

3　黄时鉴：《〈通鉴续编〉蒙古史料考索》，《黄时鉴文集》I《大漠孤烟——蒙古史　元史》，第141 页。按，此文还认为，"宣平"可能是"宣德"之误。

兀惕人长期活动在金朝西北，[1] 更为当地降民以及戍守边防的乣军所熟悉。

又，《通鉴续编》成吉思汗十年（1215）五月："蒙古入燕，立行中书省以守之。"

据《析津志》："太祖皇帝辛未年（1211）十月，于燕置行省，大业实肇于此。"[2] 然此时蒙古并未占领燕京，于此设置行省毫无任何意义。《国朝名臣事略》卷一《太师鲁国忠武王》引《东平王世家》：太祖十二年（1217），木华黎"建行省于云、燕，以图中原"。有学者认为，这一建制具有临时战区的性质。[3] 不过，《通鉴续编》所记亦并非毫无道理，蒙古攻下中都后，为了加强统治，确实有设置行省的必要。燕京行省是继宣平行省后，蒙古再次仿金制而设立的行省，而行中书省之立，又与宣平行尚书省不同，显然是与中都作为金朝统治核心的地位有关。

（五）忽必烈设十道宣抚使与立尚书省辨正

先看十道宣抚使之设，《通鉴续编》中统元年（1260）夏四月："蒙古分汉地为十道，置宣抚使。"夹注："以廉希宪、史天泽、姚枢、刘肃、宋子贞、杨果、李德辉、张德辉、赵良弼、徐世隆为之。"

据《元史》卷四《世祖纪一》，《通鉴续编》所列前八人依次分领京兆等路、河南、东平路、真定路、益都济南等路、北京等路、燕京路、平阳太原路，最后还有张文谦领大名宣德等路、粘合南合领西京路；至于《通鉴续编》最后所列的徐世隆则为燕京路宣抚副

1　陈得芝：《蒙古哈答斤部撒勒只兀惕部史地札记》，《蒙元史研究丛稿》，人民出版社，2005，第271页。

2　熊梦祥：《析津志辑佚》，北京古籍出版社，2000，第8页。

3　张帆：《元代宰相制度研究》，北京大学出版社，1997，第8页。周良霄先生亦认为：此云、燕省"带有总控华北政务的性质，但却未形成制度"。见氏著《元史》，上海人民出版社，2019，第218页。

使，即为李德辉副手。另，据《元史》卷一五九《赵良弼传》，良弼时为陕西四川宣抚司参议，与廉希宪同在一道任职。因此，《通鉴续编》对于十道宣抚使的罗列实有重复、缺漏之处。

再看尚书省之立，《通鉴续编》至元七年（1270）正月："蒙古初立尚书省，以阿合马为平章政事。"夹注：

> 蒙古自太祖皇帝以来，诸事草创，设官甚简，以断事官为至重之任。其掌兵柄，则左、右万户而已。后稍仿金制，置行省及元帅、宣抚等官。世祖皇帝即位，始立中书以总国政，制国用司以主出纳。至是，始立尚书省，以统六部之务，而百司内外之职，渐复金之旧矣。

其实，早在至元五年（1268）就有朝臣建立尚书省之议，《元朝名臣事略》卷一《丞相东平忠宪王》引《东平王世家》："五年，廷臣密议立尚书省，欲以阿合马领之，乃先奏公宜进为三公。事下诸儒议，枢密商挺倡言曰：'安童国之柱石，若然，则是与虚名而夺实权，甚不可。'众以为然，事遂已。"[1]《通鉴续编》多次征引《东平王世家》，却遗漏了这一条关键信息，在一定程度上限制了我们深入了解忽必烈创立尚书省的历史背景。还需指出的是，《通鉴续编》认为忽必烈立尚书省是"元承金制"，所谓"渐复金之旧"是也。但这只是在制度形式层面的判断，当时中书省尚存，尚书省的主要任务是理财，《元史》卷七《世祖纪四》至元七年正月："立尚书省，罢制国用使司。"[2]即以尚书省总领"出纳"事宜，故制国用使司也就没必要存在了。总之，忽必烈所立尚书省与金朝尚书省，在本质上有着显著的不同。

1　苏天爵：《元朝名臣事略》卷一《丞相东平平忠宪王》，第 10 页。
2　《元史》卷七《世祖纪四》，第 127 页。

第三章 史料与史学:《通鉴续编》蒙元历史叙事平议

一 史料征引之一:《五朝实录》

关于《通鉴续编》蒙古史料的来源,黄时鉴先生最早进行了初步的统计,推测有些资料可能来自《五朝实录》(太祖、太宗、定宗、睿宗、宪宗五朝),但未展开论述,同时还肯定:"大量资料出自《金史》、《大金国志》、《宋史》、《元文类》、《元名臣事略》以及个别的文集如王恽《秋涧先生大全集》等著作。"[1] 根据本书的考辨,出自《秋涧先生大全集》者,主要是《开府仪同三司中书左丞相忠武史公家传》与《大元光禄大夫平章政事兀良氏先庙

---

1 黄时鉴:《〈通鉴续编〉蒙古史料考索》,《黄时鉴文集》I《大漠孤烟——蒙古史 元史》,第 136 ~ 137 页。

碑铭》二文。刘迎胜先生从"蒙古太祖皇帝即位于斡难河"夹注出发，指出关于成吉思汗事迹的这一部分史文，可能来自今已亡佚而又较《太祖实录》成书更早的脱卜赤颜。[1]最近，张晓慧博士进一步聚焦于"蒙古太祖皇帝即位于斡难河"夹注，认为《通鉴续编》太祖以降、忽必烈以前史事的两大史源是《五朝实录》和《元朝名臣事略》，涉及蒙金、蒙宋关系的部分，还征引了《金史》与《建炎以来朝野杂记》等文献；在论证《通鉴续编》并未参考《世祖实录》时，还顺带指出世祖朝内容主要来自《元朝名臣事略》与《经世大典》，个别零星史文亦参考了《佛祖历代通载》等书。[2]

不难看出，关于《通鉴续编》征引《五朝实录》说，前人要么概而言之，要么据"蒙古太祖皇帝即位于斡难河"夹注予以管窥，至于《通鉴续编》究竟征引了《五朝实录》的哪几部以及参考了其中哪些具体史文，除了成吉思汗混一漠北史我们能看到一些外，其他几朝的情况则在前人研究中并未充分体现出来，故不免令人对这一观点的可靠性有所质疑。笔者赞同《通鉴续编》征引《五朝实录》说，以下即详细比对《通鉴续编》与《元史》本纪（系抄录元朝实录而来）的相关记载，对这一观点进行全面举证。

先看《通鉴续编》征引蒙哥汗实录的情况（见表3-1），再看《通鉴续编》征引窝阔台汗实录与拖雷实录的情况（见表3-2），通过以上二表的对比与辨析，可以肯定《通鉴续编》征引过《五朝实录》中的太宗、睿宗与宪宗实录（很可能是部分内容的传抄本）。由是反观《通鉴续编》所记成吉思汗时期的史事，其中与《太祖纪》《圣武亲征录》相同或相似处，自然让人倾向于认为是从《太祖实录》（或其传抄本）直接征引而来。鉴于相关研究已对"蒙古太祖皇帝即位于斡难河"夹注关注较多，以下即列表详细辨析《通鉴续编》成吉思汗时期的其他史文，已明《通鉴续编》征引《太祖实录》之迹（见表3-3）。

1　刘迎胜:《陈桱〈通鉴续编〉引文与早期蒙古史料系谱》,《清华元史》第4辑。
2　张晓慧:《〈通鉴续编〉蒙元纪事史源新探——兼论〈圣武亲征录〉的成书》(待刊)。

表 3-1　《通鉴续编》与《元史·宪宗纪》相应史文对照

纪年	《通鉴续编》	《元史》卷三《宪宗纪》	备注
窝阔台汗九年（1237）	三月："蒙古伐钦察，酋罗思、麦怯思部，皆降之。"夹注："钦察去中国三万余里，夏夜极短，日暂没辄出。土产良马，富者以万计。俗轻金革，勇猛刚烈。青目赤发。至是，宪宗皇帝受命，帅师至觉田古思海。酋大风，海水涸，遂进师屠其众，思海。酋大风，海水涸，遂进师屠其众，生获其酋长八亦赤。命之跪。八亦赤曰：'我国王也，且非吧，何可跪人？'终不跪求生，乃舍之。"	"尝攻钦察部，其酋八赤蛮逃于海岛。帝闻，亟进师，至其地，适大风刮海水去，其浅可渡。帝喜曰：'此天开道与我也。'遂进屠其众。八赤蛮曰：'我为国主，岂苟求生。日身非吧，乃命因之。'八亦赤蛮谓宁宁者曰：'我之审入于海，与鱼何异。然终见禽，天也。'今水回期且至，军宜早还。后军有浮渡者，复与诸王拔都征钦罗思部，至也烈赞躬自搏战，破之。"	史源辨析，参看本书第六章第一节。《大宗纪》：九年（1237）春："蒙哥南征钦察部，破之，擒其酋八亦蛮。"十一年（1239），"冬十一月，蒙哥率师围阿速炭思城，阅三月，阿速歹思城，拔之。"此即《通鉴续编》所说征钦察与宪宗思。
蒙哥汗元年（1251）	六月："蒙古宪宗皇帝即位于阔帖兀阿兰。"夹注："定宗皇帝之朋，诸大臣欲奉宪宗皇帝之孙惟宪宗皇帝谦逊，宜哈歹以太祖皇帝诸孙惟宪宗觉见田古立。诸大臣，兄弟皆曰：'可！'乃大会于阔帖兀阿兰帖兀之地而即位焉。失烈门不服，并羁蒙之。取其其酋固察者诛夷之，遂要不急之役，严臣擅敛，凡有诏令，必亲为之，政始归一。兀良哈歹、速不台等皆帅兵帅以"	"岁戊申（1248），定宗朋，朝廷久未立君，中外惆怅，咸属意于帝，而觊觎者众……首建议推戴。时定宗皇后海失乎所遣使者八阑在坐，曰：'昔大宗命以皇孙失烈门为嗣，诸王百官皆与闻之，今失烈门故在，而议欲他属，将置之何地耶？'木哥曰：'太宗有命，谁敢违之，是前议立定宗，由皇后脱之（列』）〔忽列』〕乃与实为之，是则违太宗之命者汝等也，今尚谁咎耶？'八阑语塞。兀良合台：'蒙哥聪明睿智，人咸知之，拔都之议良是。'议遂定。"元年（1251）辛亥夏六月……复大会于阔帖兀阿兰之地，共推帝即皇帝位于斡难河。失烈门及其弟脑忽等心不能平，有后谋，帝遣诸王旭烈兀以忙撒儿兵迹讨……诸王哈丹秃里可、木里等皆首期不至，遭不答吾罕率兵备之。"	本纪较《通鉴续编》为详，相关辨析与研究，参看本书第二章第四节。

续表

纪年	《通鉴续编》	《元史》卷三《宪宗纪》	备注
元年（1251）	七月："蒙古以蒙哥撒儿为断事官。字剌合为大必阇赤，掌朝贡事。兄兀儿留守和林，孛哈、阿蓝答儿副之。戴答儿统蒙古、汉军屯两淮，和里夕统蒙古、汉军伐河西吐蕃，牙剌瓦赤、不只儿、斡鲁不、觊答儿行中书省事于燕京，麻速忽、讷怀、塔剌海主省事庐至阿母河迤南事，阿儿浑主伊吾庐至阿母河迤西事。"夹注："断事官掌国讯，其权任犹左丞相也。大必阇赤，其任最重。"	六月："以忙哥撒儿为断事官；以孛鲁合掌发号令、朝觐贡献及内外闻奏诸事；以兀儿留守和林宫阙，孛藏、阿蓝答儿副之；以牙剌瓦赤、睹答儿充燕京等处行尚书省事，赛典赤、撒吉思佐之；以讷怀、塔剌海、麻速忽等行阿母河等处行尚书省事，暗都剌兀里、阿母河合鲁丁佐之；以沙海也的佐之，麻速忽、讷怀、塔剌海充别失八里等处，叶只干统两河等处行省事，法合鲁丁、匿只马丁佐之；以带答儿统四川等处蒙古、汉军，以和里鹘统蓄王蓄等处蒙古、汉军，皆仍前征进。"	本纪较《通鉴续编》为详，但《通鉴续编》所记如留守和林的"孛哈"以及夹注内容，则不见于本纪。又，画波浪线处的叙述位序，两书有异。
二年（1252）	二月："蒙古徙其太宗六皇后及诸王于边，审定宗皇后孛剌失烈门于没脱赤地，赐定宗皇后死，曾太宗皇帝以诸王尝飲及蒙格都夫脱赤"也，乃徙六里禾里吉纳，合丹六里禾里于曲儿的石河，别儿哥王于曲儿曲儿田儿只，蔑里哥诸王吉纳所，海都诸王子别立，脱脱诸王，定宗皇后亦脱脱门密立，别儿哥王于曲儿田儿只，分后家赀于诸王，禁锢失烈门于没脱赤。"	夏："分立诸王子各所。合丹于别石八里地，蔑里于叶里地，脱脱诸王子海都于海押立地，蒙哥都及太宗皇后立石河，仍以大宗诸后妃家赀分赐脱赤觉，谪失烈门及失烈门母以厌禳事，定宗诸后妃家赀分赐觉，谪失烈门，也速不忽失烈门，字里等于没脱赤之地。"	相关辨析与研究，详见本书第一章第四节。

续表

纪年	《通鉴续编》	《元史》卷三《宪宗纪》	备注
二年 （1252）	八月："皇弟旭烈列帅师伐西域，克的不花帅师师伐印都。有户百余万。"夹注："印都，古天竺国也，有户百余万。"	七月："诸王秃儿花、撒[丘][立]征身毒，怯的不花征没里奚，旭烈征西域素丹诸国。"	二书译名多有出入，叙述位序亦完全不同。又，"没里奚"即伊斯兰教亦思马因派所思马丹夷，《通鉴续编》"波黑奚"误。
六年 （1256）	正月，"蒙古宪宗皇帝大会诸王子（王）[王]儿陌哥都之地"，夹注："始定岁赐钱币之数。"	春："帝会诸王、百官子欲儿陌哥都之地，设宴六十余日，赐金帛有差，仍定拟诸王岁赐钱帛。"	《通鉴续编》"王儿陌哥都"应为"玉儿陌哥都"之误，此地大致位于鄂尔浑河之上游的吉尔吉台河之上游客平泊间客平野。[1]
七年 （1257）	十月："蒙古宪宗皇帝命皇弟阿里不哥守国，自将侵蜀。十二月，亦孙哥大王之言，大会师，自将侵蜀，数末据毂函。至东胜河，时河水，以土覆之，如履平地，遂济。进次六盘，军凡四万，号十万，分三道而入。宪宗皇帝由陇州赵散关，莫哥大王由洋州赵州趙米仓，李里（又）[又]万户由渔关关入沔州。"	六年（1256）六月："诸王亦速儿阿、驸马也速儿等诸伐宋。帝亦以宋人违盟因俟，会议伐之。"七年春："诏诸王出师征宋。"八年四月："是时，军四万，号十万，分三道而进。帝由陇州入散关，诸王莫哥由（祥）[洋]州入米仓关，李里又万户由渔关入沔州。"	《通鉴续编》较本纪为详，相关辨析与研究，参看本书第二章第二节。

续表

纪年	《通鉴续编》	《元史》卷三《宪宗纪》	备注
八年（1258）	正月："蒲择之帅师复成都府，及蒙古纽组邻战，败绩乃还。"	正月："宋四川制置使蒲择之攻成都。纽邻率师与战，败之。"	《宋史》卷四四《理宗纪四》：开庆元年（1259）正月丁卯，"蜀帅蒲择之以重兵攻成都，不克"。然时间与《通鉴续编》不合。
八年（1258）	九月："蒙古宪宗皇帝次于剑门。冬十月，取苦竹隘，守将杨立、张实死之。"夹注："蒙古纽组邻闻宪宗皇帝次汉中，遂留密里火者、刘黑马等守成都。自帅众渡马湖，获宋将张实，遣招苦竹隘，实不隘。遂与守将杨立坚守。宪宗皇帝渡嘉陵江，至白水，命总帅汪〔德臣〕造浮桥以济，进次剑门。十月戊子，渡苦竹隘，杨立、张实皆死之。蒙古获张实，杀之，因斫其余众。"	九月："都元帅纽邻邻密里火者、刘黑马等守成都，悉率余兵渡马湖，离宋制置使张实。遂遣实招谕苦竹隘，实遁。冬十月……帝渡嘉陵江，至白水江，命田哥造浮梁以济。戊子，攻苦竹隘，与其守将杨立战，败之，杀立，徙于隆庆。已亥，帝入。诏毋犯赵仲访献东南门。师入，众皆奔溃，获张实，支解之。"	相关辨析与研究，详见本书第一章第二节。
八年（1258）	十一月："蒙古宪宗皇帝侵鹅顶堡，守将王仲降。"夹注："宪宗皇帝围长宁山，守将王佐、徐昕败，堡遂破，昕皆死。蒙古帝围鹅顶，走鹅顶，攻取王佐，知县王仲降，山守将杨大渊，大渊余仲。宪宗皇帝大怒，并兵攻破（长）〔大〕获。"	十一月："己酉，帝督军先攻鹅顶门。王子，力战于望雲门。薄暮，宋知县王仲由鹅顶堡出降。是夜兵死焉。癸丑，诛左之子及徐昕等四十余人。以彭天祥为达鲁花赤治其事，王仲副之。丙辰，进攻（长）〔大〕获。杨〔大〕渊降，命大渊为四川侍郎，守将（大）渊仍以其兵从。"	《通鉴续编》杨大渊事见于《杨大渊传》。《元史》卷一六一《杨大渊传》："岁戊午，宪宗兵至阆州，宋大获城，遣末降臣王仲入招大渊，大渊杀之。"似乎说明陈桎程之参考过夹于杨大渊碑序之类的材料。

续表

纪年	《通鉴续编》	《元史》卷三《宪宗纪》	备注
八年（1258）	十一月："龙州降于蒙古。"	十一月："是月，龙州王知府降。"	《通鉴续编》缺"王知府"。
八年（1258）	十二月："蒙古纽邻取资、简州。"	十二月壬午："都元帅纽邻攻简州，以未降将张威率众为先锋。"	本纪未提资州。
九年（1259）	正月："隆、雅州降于蒙古。"	八年（1258）十二月："丁酉，隆州守臣降。……癸卯，改雅州，拔之。"	纪年不同。
九年（1259）	正月："蒙古皇子都卒于王吉河。"夹注："宪宗皇帝是以无嗣。"	"是岁，皇子辨都薨于吉河之南。"	黄时鉴先生认为，本纪"吉河"应为"王吉河"脱误。[2]
九年（1259）	正月："蒙古宪宗皇帝围合州，知州王坚御之。"夹注："宪宗皇帝遣宋末降人晋国宝招谕合州，国宝至合，今遣我招谕诸郡多降，谓王坚曰：'大兵入蜀，甚迟，我与浦制置论其可否。'坚执国宝，遂之于阆州之阆武场。宪宗皇帝大怒，遂造浮梁于涪州城下，俘男女万余。坚力战以守，蒙古会师围之。"	八年（1258）十二月甲辰："遣宋人晋国宝招谕合州守将王坚，坚辞之，国宝遂归。"九年正月："晋国宝归次峡口，王坚追还杀之。"	时间有出入，而且本纪所载不如《通鉴续编》详实。相关辨析与研究，参看本书第二章第二节。

注：
[1] 陈得芝：《元和林城及其周围》，《蒙元史研究丛稿》，第42页。
[2] 黄时鉴：《〈通鉴续编〉蒙古史料考索》《黄时鉴文集》I《大漠孤烟——蒙古史 元史》，第153页。

表3-2　《通鉴续编》与《元史》之《太宗纪》《睿宗传》相应史文对照

纪年	《通鉴续编》	《元史》	备注
窝阔台汗元年（1229）	八月："蒙古太宗皇帝即位于库鸟剌里阿剌之地。"	八月："以太祖遗诏即皇帝位于库铁乌阿剌里。"（卷二《太宗纪》）	太宗即位地，二书文字完全相同，《圣武亲征录》则作"曲雕阿阑"。
三年（1231）	五月："蒙古太宗皇帝使太弟拖雷南，速不台来假道淮东以趋河南。"夹注："初，金降人李昌国言于蒙古，曰：'金正汴将二十年，其所恃以安者，潼关、黄河耳。若出宝鸡以侵汉中，不一月可达唐、邓，大弟睿宗皇帝然之。大宗皇帝避暑于九十九泉，帝万天会诸将，期以明年正月合南北军以攻汴，遣太弟先出师趋河南，速不台如宋，乞假道淮东以趋河南，且请以兵之。"	"夏五月，避暑于九十九泉。命拖雷出师宝鸡。遣搠不罕使宋假道，来杀之。复遣国昌使来乞粮。"（卷二《太宗纪》）　"风翔既下，有降人李昌国者，金主汴人；所恃者黄河，潼关之险尔。若出宝鸡，入汉中，不一月可达唐、邓、拖雷人闻之，宁不谓我师从天而下乎，拖雷然之，言于太宗。"（卷一一五《睿宗传》）	二书画单横线处与画波浪线处所分别对应的部分，无论文字还是叙事脉络，几乎如出一辙，无疑具有共同的史源。
四年（1232）	三月："蒙古太宗皇帝及太弟自郑州北还，次于官山，命速不台总师经略中原。"	"三月，命速不台等围南京，金主遣其弟曹王讹可入质。帝还，留速不台守河南。夏四月，出居庸，避暑官山。"（卷二《太宗纪》）	《通鉴续编》前文已据《金史》卷一一五《完颜奴申传》提及，"入郑州北还，次于海滩寺。"此条说窝阔台"自郑州北还"，殆据此而来。其他与本纪基本相同，另，此事《圣武亲征录》同，亦置于三月。

续表

纪年	《通鉴续编》	《元史》	备注
七年（1235）	二月："蒙古城和林。"夹注："和林，本唐回鹘毗伽可汗故城，蒙古以为会同之所，至是，城之。周回五里许，正殿曰'万安'。"	七年春："城和林，作万安宫。"（卷二《太宗纪》）	《通鉴续编》较本纪为详。
七年（1235）	六月："蒙古阔端太子侵蜀汉。"夹注："太宗皇帝命阔端端太子侵蜀汉，贵由太子伐西域，唐古火鲁赤伐高丽。"	七年春："遣诸王拔都及皇子贵由、皇侄蒙哥征西域，皇子阔端征秦、巩，皇子曲出及胡土虎伐宋，唐古征高丽。"（卷二《太宗纪》）	
十三年（1241）	七月："王暾以其族子（淳）〔绰〕为质于蒙古，以求成。"	秋："高丽国王暾以族子绰入质。"（卷二《太宗纪》）	《通鉴续编》"淳"字误。又，"暾"殆为"璬"字之误。
十三年（1241）	十一月："蒙古太宗皇帝崩于锐铁胡兰。"	十一月："至锐铁胡兰山……崩于行殿。"（卷二《太宗纪》）	太宗驾崩地，二书文字全同，《圣武亲征录》则作"月忒哥忽兰"。

表3-3　《通鉴续编》与《圣武亲征录》《元史·太祖纪》相应史文对照

纪年	《通鉴续编》	《圣武亲征录》	《元史》卷一《太祖纪》	备注
元年（1206）	"蒙古灭乃蛮，执盂禄可汗以归。"	"后发兵征乃蛮，时盂禄可汗飞猎于兀鲁塔山沙合水上，擒之。"	"帝既即位，遂发兵复征乃蛮。时卜（鲁欲）〔欲鲁〕罕猎于兀鲁塔山，擒之以归。"	"盂禄可汗"，《通鉴续编》与《圣武亲征录》同。
二年（1207）	九月："蒙古取西夏斡罗垓城。"	"秋，再征西夏。冬，克斡罗垓城。"	"秋，再征西夏，克斡罗孩城。"	"斡罗垓"，《通鉴续编》与《圣武亲征录》同。
三年（1208）	十二月："蒙古灭蔑里乞部，斡亦剌部降于蒙古。"	"冬，再征脱脱及屈出律可汗。时斡亦剌部长忽都花别吉等遇我前锋，不战而降，因用为向导，至也儿的石河，尽讨灭里乞部。"	"冬，再征脱脱及屈出律罕。时斡亦剌部遇我前锋，不战而降。至也儿的石河，讨蔑里乞部，灭之。"	"蔑里乞"，《通鉴续编》同于本纪。
四年（1209）	正月："畏吾儿国降于蒙古。"夹注："畏吾儿国亦都护闻蒙古盛强，遣使至蒙古议和。会蒙古遣按力也奴等至，亦都护大喜，即使古思等至蒙古谢。太祖皇帝大悦，遣使谢之。亦都护复奉珍宝方物以献，情好遂笃。既，亦都护朝于朝，太祖皇帝悦之，请尚公主。太祖皇帝许之，因列亦都护于诸子中为第五，帝云，畏吾儿，唐之高昌也。"	"春，畏吾儿国主亦都护闻上威名，遂杀契丹主所置监国少监，欲求议和。时上先遣月朵护大嘉、荅儿拜二人使其国。亦都护大喜，待荅礼甚厚，即遣其官别古思、阿邻帖木儿二人入奏曰：'臣恭闻皇帝威名，故弃契丹好，方将遣使来通诚意，躬自效顺，岂料远辱大使，降临下国，譬云开见日，冰泮得水，喜不胜矣。而今而后，当竭举族众，为仆为子，竭犬马之劳也。'"	"春，畏吾儿国来归。"	据下行，亦都护朝觐成吉思汗，与本纪皆系于六年。《通鉴续编》置于四年，夹注与《圣武亲征录》杂糅，颇易令人误解。

续表

纪年	《通鉴续编》	《圣武亲征录》	《元史》卷一《太祖纪》	备注
六年（1211）	三月："西域哈儿鹿部众降于蒙古。"	"辛未（1211）春，上居怯绿连河。时西域哈儿鹿部主阿儿思兰可汗和，亦都护朴亦来朝，因忽必来那颜见上，使远者悉闻，近者悉见，诚愿在陛下四子之亚，竭其力也。'上说其言，使尚公主，仍序第五子。"	"春，帝居怯绿连河。西域哈剌鲁部主阿昔兰罕遣使来降。畏吾儿国主亦都护亦来觐。"	"哈儿鹿"，《通鉴续编》同于《圣武亲征录》。
六年（1211）	九月："金完颜胡沙帅师南还，蒙古追之，金师溃于会河堡，蒙古自抚州入居庸关而去。"支注："蒙古自抚州进攻奉圣州，遂至野狐岭，破之。时金招讨使完颜万奴等，率兵号四十万，驻军于野狐岭。蒙古招讨九斤，或谓九斤曰：蒙古新破抚州，方以所获掩其下。蒙古破抚州，当乘其不虞掩击之。九斤曰：'此危道也。不若立马于野狐岭，为计万全。'大祖皇帝闻之，进兵于獾儿嘴，明安降于蒙古，以虚实告之。大祖皇帝遂与九斤等战，金师大败，死者不可胜计。"	"上之将发抚州也，金人以招讨九斤、监军万奴等，领大军力备于野狐岭，又以参政忽沙率军为后继。契丹军师谋于九斤曰：'闻彼新破抚州，以所获物分赐诸军中，马牧于野，出不虞之际，宜速骑掩之。'九斤曰：'此危道也，不若立马步俱进。'上闻金兵至，进拒獾儿嘴。九斤命麾下明安曰：'汝尝使北方，素识大祖皇帝，其往临阵，问以举兵之由，金国何怨于君，而有此举？若不然，即诟之。'明安去，如所教，俄策马，问我战马。上麾下缚之曰：'侦我虚实。'大败之，其人马殪瞒，复破忽沙军于会合堡，死者不可胜计，金人精锐，尽殁于此。"	"二月，帝自将南伐，败金将定薛于野狐岭，取大水泺、丰利等县。金复筑乌沙堡。秋七月，金师复至乌月营，金师攻于宣平之会河川，败绩。八月，帝及金师战于宣平之会河川，败之。九月，拔之。命遮别攻居庸关，金遮别遂入关，抵中都。"	《通鉴续编》"奉圣州"，金兵"号四十万"等史文，不见于《圣武亲征录》与《大祖纪》，然在《圣武亲征录》则作"会合堡"。记事与《圣武亲征录》更为接近。

续表

纪年	《通鉴续编》	《圣武亲征录》	《元史》卷一《太祖纪》	备注
八年（1213）	十二月："蒙古分兵徇金，河北、河东、山东州郡多下之。"支注："大祖皇帝分兵三道，山东州郡留怯台及哈台为次燕城之外，分所降杨伯遇、刘〔伯〕林汉军四十六都统，并达旦兵为三道，命太子亦、察合台、窝阔歹三人，分拨循太行而南，攻河北、河东诸郡之兵，金皆签往山后一带防遏，州郡无几可守，尽驱其家属来攻，父子兄弟任遥相呼认。由是保州、中山、邢、洺、磁、相，皆不战而降。蒙古兵遂由真定，威州趋黄河，大掠平阳、大原之间。别将薄蔡等亦逾海而东，破滦、蓟，大掠于辽西之地，河间〔莫〕、清、沧、景、献，河北、滨、棣、济南等郡，由中道直破雄，河〔漠〕、清、沧、景、献、济南等郡，引兵复自大口以逾中都。"	"时金人堑山筑塞，悉力为备，上留怯台、薄蔡等顿军拒守，遂引众西行，由紫荆口出焉。金主闻之，遣大将奥敦将兵拒隘，勿使及平地，比其至，我众度关矣。乃命哲别率众攻居庸南口，出其不备，破之，进兵北口，与怯台、薄蔡军合。继而又遣诸郡精兵五千瑞，令怯台、哈台二将围守中都。上自率众改涿州，二十余日拔之。乃分军为三道，大太子、二太子、三太子为右军，循太行西南，破保州、中山、邢、洺、磁、相、卫辉、怀、孟等州，弃真定、大原而还。哈撒儿，沿东海，破滦、蓟等部众，薄刹等亦逾海而还。哈撒儿、安赤那颜、未儿忽台、薄蔡为左军，上与四太子取诸郡进，破雄、莫、滨、献、益都等城，弃东平、大名不改，余皆望风而披，下令北还。"	"是秋，分兵三道：命皇子亦、察合台、窝阔台为右军，循太行而南，取保、遂、安、安定、邢、洺、磁、相、卫辉、怀、孟、泽、潞、辽、沁、平阳、太原、吉、隰、拔汾、石、岚、忻、代、武等州而还；皇弟哈撒儿及斡陈那颜、拙赤、薄刹为左军，遵海而东，取蓟州、平、滦、辽西诸郡而还；帝与皇子拖雷为中军，取雄、霸、莫、安、河间、沧、景、献、蠡、博、济、泰安、济、滨、棣、恩、深、滦、清、沧、景、献、濮、开、滑、博、济、泰安、济、淄、潍、莱、登、莱、沂、密、海、益、恩、泗都、史天倪，木华黎承制并造率众来降，木华黎承制并造兵还。帝至中都，三道兵还，合屯大口。"	"怯台""哈台""薄蔡"等人名，《通鉴续编》同于《圣武亲征录》；"循太行而南，掠辽西""大口"，屯"大口"，《通鉴续编》又同于本纪。

续表

纪年	《通鉴续编》	《圣武亲征录》	《元史》卷一《太祖纪》	备注
九年（1214）	五月。"金主至良乡，乣军反斫答等为帅，降于蒙古。秋七月，蒙古使明安帅师会之，遂同围燕。"夹注："金主之南迁也，至良乡，命护卫纪军元给铠马悉复还营。乣军怨之，遂作乱，杀其主帅素温，共推斫答，比涉儿、札剌儿儿三人为帅，北还。完颜承晖闻变，以兵阻卢沟，斫答古守桥不得渡，遣乞降于蒙古。太祖皇帝方怨金之南迁，遂遣明安援斫答，斫答合金南迁，遂遣明安援斫答，斫答合金之兵以围燕京。"	四月："金主行距涿，契丹军在后，至良乡，金主疑之，欲夺其元给铠马还官，契丹众惊，比涉儿、斫答、福兴闻变，契丹等使其禅格塔儿帅轻骑千人潜渡都。斫答等使其禅格塔儿帅轻骑千人潜渡水，腹背击守桥众，大破之，尽夺衣甲，器械、牧马之还都者。由是契丹军势渐振。"	"六月，金乣军斫答等杀其主帅，率众来降。诏三摸合、石抹明安与斫答等围中都。"	"斫答"，《通鉴续编》同于《圣武亲征录》，在纪事上二书也更为接近。
十年（1215）	正月。"金右副元帅蒲察七斤版，自通州以其师降于蒙古。"	"时金通州元帅七斤率众来降。"	正月："金右副元帅蒲察七斤以通州降以七斤为元帅。"	官称、人名、地名，《通鉴续编》与本纪皆同，而《圣武亲征录》缺官称。又，此《金史》卷一四《宣宗纪上》亦有记载，但未提"通州"。

续表

纪年	《通鉴续编》	《圣武亲征录》	《元史》卷一《太祖纪》	备注
十年（1215）	十月："蒙古三合侵金潼关，不克，遂自嵩山趋沐，金人败之，乃还。" 夹注："太祖皇帝次鱼儿泺，命三合拔都帅万骑，自西夏趋京兆以攻潼关，不能下。"	"上驻军鱼儿泺，命三合拔都率蒙古军万骑，由西夏抵京兆，破嵩、汝等郡，直趋汴梁，至杏花营，大掠河南，回至陕州，遂渡而北。"	十一年秋："撒里知兀靦三摸合拔都鲁率师由西夏趋关中，遂越潼关，获金西安军节度使尼庞古蒲鲁虎，拔汝州等郡，抵汴京而还。"	《通鉴续编》与本纪更合；然此事《太祖纪》系于十一年（1216）秋，则与《通鉴续编》迥异。《圣武亲征录》[1]
十二年（1217）	十二月："蒙古哲别伐乃蛮屈出律，败之。"	"别遣大将哲别攻出律可汗，至撒里桓地，克之。"		此事本纪失载，《圣武亲征录》系于十二年，《史集》同。
十二年（1217）	十二月："蒙古围夏兴州，夏主遵顼出奔西凉州。"		十三年（1218）："伐西夏，围其王城，夏主李遵顼出走西凉。"	清代已有学者注意到《通鉴续编》与《太祖纪》在纪年上的歧异，进而征引《金史·宣宗纪》指出《太祖纪》之误。[2]
十二年（1217）	十二月："蒙古太子尤赤伐乌思、懠惕纳思、帖良兀、火失的迷，皆降之。"	"大太子尤赤伐乌思、克良兀、帖良兀、火失的迷、火因亦儿干诸部。"	"是岁，秃满部民叛，命钵鲁完、朵鲁伯讨平之。"	《通鉴续编》与《圣武亲征录》最为接近，然《元朝秘史》系于羊儿二年；本纪所记为沈伐林木中百姓的再次征伐。

续表

纪年	《通鉴续编》	《圣武亲征录》	《元史》卷一《太祖纪》	备注
十四年(1219)	九月:"蒙古太祖皇帝伐西域诸国。"	"己卯(1219),上总兵征西域。"	"夏六月,西域杀使者,帝率师亲征,取讹答剌城,擒其酋哈只只兰秃。"	《通鉴续编》与《圣武亲征录》更为接近。
十五年(1220)	十一月:"蒙古太祖皇帝兑斡脱罗儿城。"夹注:"太祖皇帝入西域,避暑于也儿的石河,所过城皆兑。至秋进兵,留二太子过城皆下。至斡脱罗儿城,留二太子、三太子围之,而自与四太子别攻城。十一月,城降。"	"庚辰(1220),上至也儿的石河住夏秋,进兵,所过城皆兑;至斡脱罗儿城,寻兑之。辛巳(1221),上与四太子攻守。薛迷思干等城,皆兑之。"	"春三月,帝兑蒲华城。夏五月,帝兑寻思干城,驻跸也儿的石河。秋,攻斡脱罗儿城,兑之。"十六年辛巳春,帝攻卜哈儿、薛迷思干等城,皇子亦赤歹养吉干、八儿真等城,并下之。"	《通鉴续编》与《圣武亲征录》更为接近,然成吉思汗与拖雷的征伐,《圣武亲征录》系于十六年,本纪同。
十六年(1221)	八月:"蒙古太祖皇帝围西域塔里赛寨。"夹注:"太祖皇帝住夏西域速里坛(夹注:西域可汗之称也)避暑之地,至秋,分遣大太子、二太子、三太子、四太子也军,攻玉龙杰赤城、尼沙兀儿、马鲁察、叶可马鲁关,而自将兵通铁门,以改迭里密及班勒纥城,皆兑之,遂围塔里赛寨。"	"夏,上驻军于西域速里坛(夹注:西域可汗之称也)避暑之地,命忽都那颜为前锋。秋,分遣大太子、二太子、三太子率右攻玉龙杰赤城。以军集秦闻,上有旨曰:'军既集,可听三太子节制也。'于是上进兵过铁门,泥沙兀儿等城,命四太子攻儿密城。上亲克迭儿密城,困守塔里赛寨,冬,四太子又兑马鲁察、叶可马鲁户、叶可马鲁、昔刺思等城,复进兵。"	"夏四月,驻跸铁门关。秋,帝攻班勒纥等城,窝阔台分攻蔡合台、蔡合城,下之。冬十月,皇子拖雷兑马鲁察、叶可马鲁、昔剌思等城。"	《通鉴续编》记事与《圣武亲征录》更为接近,然"叶可马鲁"一名,则同于本纪。[3]

续表

纪年	《通鉴续编》	《圣武亲征录》	《元史》卷一《太祖纪》	备注
十七年（1222）	六月：“蒙古太祖皇帝克塔里寒寨，遂屠篾里城，大掠忻都而还。”	“上方攻塔里寒寨，朝觐毕，并兵克之。……灭里可汗惧，弃城走。忽都忽那颜闻知，率兵追袭。时灭里可汗与札阑丁兵合，既成，我不利，遂遣灭里可汗连河，获灭里可汗，追其众。札阑丁脱身入河，泳水而遁。因大掠忻都人民之半而还。”	“壬午（1222）春，皇子拖雷克徒思、匿察兀儿等城。还经木剌夷国，大掠之。渡搠搠阑河，兀也里等城，拔之。……夏，避暑塔里寒寨，拔西域主札阑丁出奔。帝自将击之，札阑丁遁去，擒灭里可汗，遣八剌追之，不获。”	《通鉴续编》与《圣武亲征录》更为接近，然二者有异。又，“篾里”之释作“灭里城”，《通鉴续编》所谓“篾里城”，殆为“灭里可汗城”之缩略？
十八年（1223）	夏五月：“蒙古初置达鲁花赤，监治郡县。”夹注：“太祖皇帝循辛目连河而下，至昔思丹城，命三太子循河而上，住夏于永鲁湾川，遂留，降之。分兵攻诸部落之近者，悉下之。以西域诸部落与诸将会。至可温寨，至可温寨渐定，置达鲁花赤于各城监治之。振旅东还，所过皆附。”	“癸未（1223）春，上兵循辛目连河而上，命三太子循河而下。至昔思丹城，遣使来禀命。夏，上避暑于永鲁湾川，候八剌那那颜，遂平之。八剌那那颜军至，至可温寨子亦至。时上既定西域各城，监治之。甲申（1224），旋师，往东避暑，且止目行。”	“夏，避暑八鲁弯川。秋，察阔台、窝阔台及八剌之兵来会，遂定西域诸城，置达鲁花赤亦监治之。”	《通鉴续编》与《圣武亲征录》更为接近。其实，在此前蒙古伐金的过程中，在所占领的城镇就设立过达鲁花赤。[1]《通鉴续编》所谓“初置”云云，就其语境来看，指的是在蒙古所征服的花剌子模地区初步设置达鲁花赤。

续表

纪年	《通鉴续编》	《圣武亲征录》	《元史》卷一《太祖纪》	备注
二十年（1225）	冬十月，"蒙古太祖皇帝伐夏，取肃、甘州，西凉府。"十一月："取灵州，进次于盐州川。"	"秋，复总兵征西夏。丙戌春，至西夏。一岁间尽克其城。"	"春正月，帝以西夏纳仇人（亦）〔赤〕腊喝翔昆及不遣质子，自将伐之。二月，取黑水等城。夏……取甘、肃等州。秋，取西凉府、搠罗、河罗等县，遂逾沙陀，至黄河九渡，取应里等县。冬十一月庚申，帝攻灵州。夏遣嵬名令公来援。丙寅，帝渡河击夏师，败之。丁丑……驻跸盐州川。"	《通鉴续编》与本纪为接近，然本纪系于二十一年（1226）。
二十二年（1227）	六月："蒙古太祖皇帝灭夏，以夏主睍归。"夹注："太祖皇帝尽克夏城邑，其民穿凿土石以避锋镝，免者百无一二，白骨蔽野。闰五月，太祖皇帝避暑于六盘山。夏主睍降，太祖皇帝避暑，太祖皇帝力屈出降，太祖皇帝扎之以归。"	"丙戌春，至西夏。""丁亥，灭其国以还。"	二十二年，"春，帝留兵攻石州，自率师渡河攻积石州"。闰五月，"避暑六盘山"；六月，"夏主李睍降"。	《通鉴续编》与本纪为接近。

续表

纪年	《通鉴续编》	《圣武亲征录》	《元史》卷一《太祖纪》	备注
戊子年（1228）	十二月："蒙古伐西域。"	"太宗皇帝与大上皇帝共议，遣搠力蛮复征西域。"		此事不见于本纪。

注：

［1］按，［波斯］拉施特《史集》系于1214年（第1卷第2分册，第241页），显然不确。《金史》卷一四《宣宗纪上》即《大祖纪》之"尼庞古蒲鲁虎"，显然，《大祖纪》亦系年有旁证。十月："大元兵攻破潼关"。西安军节度使泥庞古蒲鲁虎战没。另据《金史》卷九《李革传》：贞祐四年，"是岁，大元兵破潼关"；卷一〇六《许古传》：贞祐"四年，以右司谏兼侍御史，时大兵越潼关而东"。元好问亦说：贞祐丙子（1216）"十月，北兵破潼关"。（元好问《故物谱》，狄宝心校注《元好问文编年校注》，第393页。）这些金代的官私材料，皆可证明贞祐四年蒙古侵伐过潼关，参以《通鉴续编》、《圣武亲征录》、《太祖纪》与《宣宗纪上》的记载，基本可以肯定：三木合拔都一军此次征伐潼关，发生在成吉思汗十一年的可能性似乎更大。

［2］钱大昕：《伐西夏事差一年》，《十驾斋养新录》卷九，杨勇军整理，上海书店出版社，2011，第171页。

［3］按，"马鲁察，叶可马鲁"，《元史》标点为"马鲁察叶可、马鲁"，似乎不确。"马鲁察"意为小马鲁，即今阿富汗西南麻鲁查；"叶可马鲁"意为大马鲁，即今土库曼斯坦穆尔加河下游马鹿城东废城。参看韩儒林主编《中国通史参考资料》第6册，中华书局，1981，第40页。

［4］赵阡：《蒙元时期达鲁花赤制度研究》，博士学位论文，北京大学历史学系，2012，第24页。

　　根据表 3–3《通鉴续编》与《圣武亲征录》、《太祖纪》相关史文的对比，可知《通鉴续编》所记成吉思汗史事与《圣武亲征录》的相似度更高，不过在个别专有名词与纪年方面，《通鉴续编》则与《圣武亲征录》略有出入；另一方面，虽然《通鉴续编》成吉思汗十二年哲别出屈律事不见于《太祖纪》，但二书仍偶有部分记事的脉络、专有名词与零星史文几乎如出一辙。基于这两点认识，可以肯定，《通鉴续编》与《圣武亲征录》、《太祖纪》具有共同史源，这一共同史源最大的可能就是《太祖实录》，《通鉴续编》参考的应是《太祖实录》的某一版本的传抄本，此版本总体上与《圣武亲征录》的史源更为接近。

　　最后，需要强调的是：《通鉴续编》虽然征引过《五朝实录》中的《太祖实录》、《太宗实录》、《睿宗实录》与《宪宗实录》，但就参考《定宗实录》方面，我们完全无迹可寻。众所周知，《元史》卷二《太宗纪》所记乃马真后监国以及《定宗纪》的篇幅极其简短，尤其值得注意的是以下纪事：壬寅年（1242），"秋七月，张柔自五河口渡淮，攻宋扬、滁、和等州"。癸卯年（1243），"春正月，张柔分兵屯田于襄城"，"秋，后命张柔总兵戍杞"。乙巳年（1245）秋，"后命马步军都元帅察罕等率骑三万与张柔掠淮西，攻寿州，拔之，遂攻泗州、盱眙及扬州。宋制置赵蔡（葵？）请和，乃还。"定宗元年（1246），史权"耀兵淮南"；二年春，"张柔攻泗州"。[1]不难看出，其中所记这一时期的蒙宋战争，蒙古的征伐集中在江淮一带，而汉人世侯张柔无疑又是蒙古一方的主角。当然，这只是当时蒙宋战争的一个方面，但问题在于：本纪为何如此突出张柔的事迹？一种可能是：世祖忽必烈朝翰林学士承旨王鹗在纂修前朝实录时，因脱烈哥那至定宗朝无其他重要材料可供采择，考虑到他本人在金亡后曾馆于张柔家数年，受到特别照顾，故将张柔征伐的事迹写入实录，后为《元史》本纪所袭取。

1　《元史》卷二《太宗纪》，第 37～39 页。

二　史料征引之二：宋元文献的全景

　　除了上节所提史料外，《通鉴续编》蒙元历史叙事还参考了不为前人所留意的宋元时期的其他文献。我们知道，《通鉴续编》在书法上尊宋朝为正统，叙事以宋为主，故陈桱在史料取材上首先选取关于有宋一代的史书，其中涉及金、夏、蒙古等事者，亦顺手抄录以备采择，次及单独记载金、夏、蒙古等事的史料，摘出后按年选编。从这一原则出发，《通鉴续编》的蒙元史部分，还参考了以下几部关于宋代或宋人的文献。

　　（1）《宋季三朝政要》。《通鉴续编》至元十年（1273）正月："大元取樊城，守将张汉英及都统制范天顺、牛富死之。"再如，至元十二年（1275）正月，元朝徇蕲州之小字夹注："伯颜、阿术顺流东下，吕文焕为向导，沿江诸将皆吕氏旧部曲也，故望风降附。"皆来自《宋季三朝政要》。[1]

　　（2）《宋史全文》。如中统元年（1260）二月，"蒙古兀良哈歹会张杰于鄂州，帅师北还"，夹注有贾似道"上表言鄂围始解，江面肃清，宗社危而复安，实万世无疆之休"，来自《宋史全文》卷三六。再如，同是在此年二月，南宋"召贾似道还"，夹注有"孙虎臣以精骑七百护送之，至藕草坪，候骑言：'前有北兵。'似道大惧……及北兵至，乃老弱部所掠金帛子女而还者，其将乃江西降将储再兴也。虎臣与诸将迎击，败之，擒再兴，似道遂入黄州。"亦来自《宋史全文》卷三六。[2]

　　（3）《钱塘遗事》。《通鉴续编》至元十二年（1275）正月，"元以师夔知江州"，来自《钱塘遗事》卷七"下江州"条。再如是年

1　王瑞来笺证《宋季三朝政要笺证》卷四，第 356 页；卷五，第 376 页。

2　《宋史全文》卷三六，汪盛铎点校，第 2887、2891 页。

二月"孙虎臣及大元战于丁家洲"云云，夹注："夏贵既尝失利于鄂，恐督府功成，又忌孙虎臣新进，虽列阵向敌，然殊无斗志。"来自《钱塘遗事》卷七"遣使请和"条。[1]

（4）文天祥的诗注。《通鉴续编》至元十三年二月："文天祥自镇江亡入真州，遂浮海如温州。"夹注有："至高邮<u>嵇家庄，嵇耸迎天祥至其家，遣子德润卫送至泰州，遂由通州泛海，如温州以求二王。</u>"画单横线处来自文天祥所作《发高沙》一诗的自注。[2]

此外，元代文献像《平宋录》，亦为陈桱所征引。《通鉴续编》至元十一年（1274）十月"大元伯颜侵郢州"云云，夹注："伯颜至溧水，武显言：'水溢未可渡。'伯颜曰：'此水小不敢渡，敢渡大江耶？'使一骑前导，诸军毕济，遂薄郢州，军于城西。"此句来自《平宋录》卷上。又，至元十二年（1275）三月："大元伯颜使张羽来，至平江杀之。"以及小字夹注："伯颜在建康，朝廷使人从间道往通好，言杀信使乃边将，非上意也，当斩首以谢罪及输岁币矣，愿罢兵，毋东向。伯颜曰：'宋人谲诈，来视我虚实耳，当因而用之。'乃遣议事官张羽同使人还临安，羽至平江被杀。"来自《平宋录》卷中。当然，元朝的相关诏敕，如至元六年（1269）《谕亡宋官吏诏》《中统建元诏》《建国都诏》《至元改元赦》《行蒙古字诏》《建国号诏》等，以及《大元至元辨伪录随函序》、《圣旨焚毁诸路伪道藏经之碑》、王磐所撰《帝师发思八行状》等，也是《通鉴续编》的一部分史源。

除了以上史源，笔者通过全面钩索，发现陈桱还利用过今已难觅的一些重要材料。

首先，杨大渊家传或墓碑之类的文献。《通鉴续编》蒙哥汗八年（1258）十一月："蒙古宪宗皇帝侵鹅顶堡，守将王仲降，蒙古

1　刘一清撰，王瑞来校笺考原《钱塘遗事校笺考原》卷七，中华书局，2016，第224、229页。
2　刘文源：《文天祥诗集校笺》，中华书局，2017，第744页。

遂取长获山。"夹注有："蒙古遣王仲招长获山守将杨大渊，大渊杀仲。"按，"长获山"应作"大获山"。此事《元史》卷一六一《杨大渊传》作："岁戊午，宪宗兵至阆州之大获城，遣宋降臣王仲入招大渊，大渊杀之。"[1] 二者所记如出一辙。杨大渊本传所依据的家传类材料今已不传，[2] 然据此不难看出，元末陈桱在撰修《通鉴续编》时仍对这类文献有所收集与利用。

其次，与严实相关的其他材料。成吉思汗十七年（1222）九月，"彭义斌帅师复京东州县，严实将晁海以青崖降"。二十年（1225）七月，"严实复尽取京东州县"。这两条史文不见于严实神道碑，但在行文上却与《元史》卷一四八《严实传》如出一辙，颇疑可能参考了与严实相关的今已难见的其他材料。

再次，关于木华黎的事迹，陈桱直接参考过元永贞所撰《东平王世家》。《通鉴续编》成吉思汗十年（1215）十二月"蒙古杀张鲸，鲸弟致据锦州反"，夹注有"鲸弟致愤其兄被害，乃杀长吏，据锦州，自称瀛王，改元兴隆"云云，"自称瀛王"四字不见于苏天爵《元朝名臣事略》卷一《太师鲁国忠武王》，但与前后文衔接自然，可能直接参考了其所据史源《东平王世家》。[3]

又，成吉思汗十五年（1220）八月："蒙古木华黎次师满城，金恒山公武仙以真定降之。木华黎以史天倪权知河北西路兵马事，武仙副之。"夹注：

> 木华黎至满城，使蒙古不花将轻骑三千出倒马关，适武仙遣葛铁枪攻台州。蒙古不花与之遇，葛铁枪战败。武仙度力不能支，遂举城降。史天倪说木华黎曰："今中原已粗定，而大兵

1　《元史》卷一六一《杨大渊传》，第 3777 页。
2　王慎荣主编《元史探源》，吉林文史出版社，1991，第 221 页。
3　张致为瀛王，《金史》卷一四《宣宗纪上》贞祐四年（1216）六月壬辰亦有记载："辽西伪瀛王张致遣完颜南合、张顽僧上表来归。"见第 318 页。

所过，犹纵钞掠，非王者吊民伐罪之意也。且王为天下除暴，
岂可效他军所为乎？"木华黎善之，即下命禁剽掠，遣所俘老
幼，军中肃然。州郡闻之，咸争降附。

《元朝名臣事略》卷一《太师鲁国忠武王》所引《东平王世家》与
此基本相同，然未记画单横线处史文，颇疑《通鉴续编》此条直接
参考《东平王世家》而来。

又成吉思汗十五年十二月："蒙古木华黎以严实权山东西路行
省，唆鲁忽秃帅师次于东平。"夹注：

> 金兵固守东平不下，木华黎谓严实曰："我料东平粮尽，必
> 弃城去。若然，汝即入城，绥辑安慰之，勿苦郡县，以败大事
> 也。"乃留唆鲁忽秃以蒙古兵屯守东平，以实权行省。谓千户
> 撒儿塔曰："东平破，可命严实、石珪分城内南北以守之。"遂
> 北还。

按，此条正文与夹注亦见于《元朝名臣事略》，然最后一句"谓千
户撒儿塔"云云，与上句承接自然无间，但不载于《元朝名臣事
略》，殆亦直接来自《元朝名臣事略》所据《东平王世家》。下文成
吉思汗十六年（1221）五月，又有"蒙古取金东平府，命严实、石
珪分治之"。夹注：

> 东平被围既久，援者不至，粮道复绝。其民东徙，行省蒙
> 古纲、监军王庭玉、守将和立纲不能守，率众南趋邳州。蒙古
> 唆鲁忽秃邀击，斩首七千级，严实遂入城，建行省于府第。撒
> 儿塔以木华黎命，中分其城，以严实抚安东平以北恩、博等
> 州，石画虎移治曹州。

《元朝名臣事略》所引《东平王世家》与画单横线处相同，但未载其他部分，故此条当亦直接来自《东平王世家》。[1]

又成吉思汗十六年（1221）十一月："围延安府。"夹注：

> 八月，木华黎至天德，监国公主遣其臣习里吉思劳之，且享将士。木华黎遂由东胜州涉河，引兵而西。夏主闻之惧，遣塔海监府等宴木华黎于河南，献奉甚厚，且遣苔哥甘普将兵五万属焉。十月，木华黎引兵东行，自云中历太和寨以入葭州，命石天应权行台以守葭，而自将大兵攻绥德，破马蹄、克戎两寨。夏主遣迷僕帅众会之，迷僕问木华黎相见之仪。木华黎曰："汝主见我主，即其礼也。"迷僕曰："未受主命，不敢即拜。"因引众去。十一月，木华黎进攻延安，迷僕始赍马而拜。金元帅合达与纳合买住御之，合达以兵三万陈于城东。蒙古将蒙古不花先以骑士三千趣之，约半夜伏发，木华黎乃令军士衔枚潜进，伏于城东两谷间。明日，蒙古不花望见金兵，佯弃旗鼓走。金兵追之，木华黎出伏乘其后，鼓鼙震天，金兵大乱，木华黎追杀七千余人，合达走入延安城，坚壁不出。木华黎以城池坚深，猝不可拔，乃留军围之，而自将兵南攻洛川、鄜州。

《元朝名臣事略》所引《东平王世家》与夹注同，然未载画单横线处，故此条亦应直接参考《东平王世家》而来。

又成吉思汗十七年（1222）六月："蒙古木华黎取金牛心寨，知

1　按，蒙古纲本名胡里纲，颇疑与"守将和立纲"为一人。又，《通鉴续编》庚辰年十二月："石珪以其众叛降于蒙古，贾涉命李全并将涟水忠义军，蒙古以珪为元帅。"夹注有：贾涉"因命一将招珪军，来者增钱粮，不至者罢支给，众心遂散。珪伎穷，乃杀裴渊而挟孙武正、宋德珍降于蒙古。木华黎以珪为元帅，珪即石珪虎也。珪既去，涟水之众未有所属，李全求并将之"。主要来自《宋史》卷四七六《李全传》，然画线处不见于此传，颇疑或据《东平王世家》。

吉州杨贞死之。"夹注：

> 时金于牛心寨侨治吉州事。木华黎自隰州攻之，知州杨贞令妻孥先坠崖，己从之，皆死。木华黎入寨，留兵守之而去。<u>且使蒙古不花引游骑出秦陇以为声援，及视山川夷险强弱。</u>

画单横线处与《元朝名臣事略》所引《东平王世家》同，此条可能亦直接征引自《东平王世家》。是年十月："蒙古木华黎取金河中府，以石天应权河东南北路陕右关西行台。"夹注：

> 木华黎渡河，所过州县皆下，遂取蒲州。召石天应，谓之曰："河中为河东要郡，我欲选一首领而不可得，君才略绝众，幸为镇之。"乃以天应权行台，平阳、太原、吉、隰等处帅府皆受节度。

此处正文、夹注与《元朝名臣事略》所引《东平王世家》基本相同，唯"幸为镇之"四字不见《元朝名臣事略》，故此条当亦直接征引《东平王世家》而来。

除了文意衔接的顺畅外，还有其他证据表明，陈桱在直接征引《元朝名臣事略》时，对苏天爵所据史料有进一步的查阅参考。《通鉴续编》中统元年（1260）六月："蒙古以河南宣抚使史天泽兼江淮诸翼军马经略使。"此正文及其下夹注来自《元朝名臣事略》所引王博文撰行状，然系月则据《元朝名臣事略》的另一史源，即王恽撰史天泽家传。[1] 再如，甲戌年（1274）正月："大元以阿术为中书平章政事，帅师经略两淮。"夹注："阿术入朝，言于世祖皇帝曰：'臣久在行间，备见宋情日益削弱，宜早定之。'帝不许。阿术又曰：

1　王恽：《开府仪同三司中书左丞相忠武史公家传》，《王恽全集汇校》，第2278页。

'失今不取宋，臣恐后日不易为也。'帝喜。乃以阿术为平章，付兵十万，使经略两淮。"与《元朝名臣事略》所引王恽撰庙碑基本相同，唯任命阿术为"中书平章政事"或"平章"，不见于《元朝名臣事略》，而载于王恽所撰庙碑，故此条应是直接据庙碑而来。[1] 既然陈桱对征宋大将史天泽和阿术的第一手资料都有所参考，就更不用说直接征引关于伐金最高将领木华黎及其家族的原始史料《东平王世家》了。

综上所述，《通鉴续编》蒙元历史叙事所引宋元史料较为复杂，既有宋朝典籍，亦有元朝文献，甚至还涉及一些现在难以觅寻的珍贵材料。当然，限于篇幅，以上对《通鉴续编》蒙元历史叙事史源的考述，并未逐一列出每一史源书目下的全部史文。对此，可详细参考本书第四、五、六章。[2]

三　史学史视野下的《通鉴续编》蒙元历史叙事

有元一代，在宋、辽、金三史的纂修中，始终存在着孰为正统的激烈论争，至顺帝朝虽然最终确定了三史分修、各与正统的方案，但在三史修撰完成后，以宋为正统的呼声在江南士人圈中却从未消减。陈桱的《通鉴续编》一书，无疑是元承宋统在元末史书编撰实践层面的典型代表，尤其是周伯琦为《通鉴续编》所作序，对宋、辽、金三史分修的强烈批评溢于言表。当然，还有学者认为陈桱与周伯琦对宋朝正统的推崇，可能与他们所生活的浙西一带处于

1　王恽：《大元光禄大夫平章政事兀良氏先庙碑铭》，《王恽全集汇校》，第2352页。
2　需要说明的是，陈桱所引元好问、郝经、王磐、王鹗、宋子贞、杨奂、卢挚、虞集、元明善、阎复、徐世隆、王恽等人所撰碑文、行状、序文，皆见于《元朝名臣事略》，虽然个别材料亦收录于《元文类》，但相较之下，陈桱对《元朝名臣事略》征引更为频繁，故本文考索史源时一般认为来自《元朝名臣事略》，不过也不排除直接参考《元文类》与诸人文集的可能。

张士诚割据势力之下有关。[1]

除了在体例上将辽、金置于宋之下外，这种尊宋为正统的史观在内容上亦有鲜活的例证。如窝阔台汗五年（1233）南宋江海、孟珙会师蔡州，《通鉴续编》系于"十月"，《金史》卷一八《哀宗纪下》则系于"十一月"，查《宋史》卷四一《理宗纪一》正为"十月"事，显然，对于这一月份，《通鉴续编》从《宋史》说；再如，窝阔台汗六年（1234），在蒙宋联合灭金的蔡州之战中，《通鉴续编》正文说张天纲为宋将江海所获，然据《金史》卷一一九《张天纲传》，俘获天纲者为孟珙，《宋史》卷四一二《孟珙传》则记作江海，显然《通鉴续编》亦据《宋史》而来。又如宋京东安抚使"张琳"，为元代文献的写法，宋代文献则作"张林"，《通鉴续编》之写形与后者同。

陈桱在《通鉴续编》目录后附有一则《书例》，对其书的编撰体例进行了精练的概括："大书以便览，非窃有褒贬；详注以载事，无变乎旧文。"也就是说夹注部分系径直摘抄、组合史料原文而来。不过，通过本书对《通鉴续编》蒙元历史叙事史源的辨析来看，此说并不尽然。实际上，《通鉴续编》的蒙元历史叙事，是在取舍相关史料的基础上，以抄录、组合史料为主，整饬、调整个别史文来呈现出来的。

在撰述的体裁上，《通鉴续编》采取了编年纲目体的编写形式，按照编年顺序逐步展开，几乎对每一年内的重大史事都有所留意，因此也就比较客观地反映了蒙元前期历史的整体面貌。最近，国内有学者提倡立足于全球史或欧亚史的视野，对蒙元历史进行全新的建构。[2]不过，若从学术史本身发展的脉络来说，除了在综合学界既

---

1 古松崇志「脩端『辯遼宋金正統』をめぐって——元代における『遼史』『金史』『宋史』三史編纂の過程」，『東方學報』（75）、2003、180頁。

2 沈卫荣：《蒙元史研究与蒙元历史叙事的建构》，《大元史与新清史——以元代和清代西藏和藏传佛教研究为中心》，上海古籍出版社，2019。

有研究基础上所进行的历史叙事外，重新整理、检讨、审视元人对本朝史的撰述，也是今后重建蒙元史不可或缺的重要一环。在这方面，《通鉴续编》的蒙元历史叙事无疑是元人私修本朝史的一大典型代表。从《通鉴续编》本身的叙事脉络出发，通过"纪事本末体"的方式对其中的蒙元历史叙事进行重建，不难看出陈桱着重记载了成吉思汗混一漠北、灭金、伐宋等内容，兼述蒙古西征、灭夏，蒙古与高丽、日本等国的关系，以及蒙古国家的内政。本书第一章已详细梳理、考察了《通鉴续编》所述成吉思汗混一漠北史，以下主要以蒙金战争、蒙宋战争与蒙元内政为中心，对《通鉴续编》的蒙元历史叙事略加申述。

在蒙金战争方面，《通鉴续编》的叙事可分为成吉思汗时期与窝阔台汗时期。成吉思汗时期的蒙金战争，先后经历了其本人的两次亲征以及木华黎与孛鲁父子的经略。成吉思汗第一次征金（1211～1214）有着充分的准备，并进行了深入劫掠，第二次征金（1214～1217）则逐渐从单纯劫掠向初步统治转变，木华黎与孛鲁父子经略期（1218～1227），随着征服地域的扩大，蒙古利用汉地世候的力量，进一步巩固并强化了对中原的统治。窝阔台汗时期的蒙金战事，包括其本人的两次亲征以及速不台的经略。首次征金（1229～1231）始于陕西，纵贯山西，第二次征金（1231～1232）则分兵进取、会师围汴，速不台经略的前期（1232～1233）占领了汴梁，后期（1233～1234）与宋联合，最终灭掉了金朝。

在蒙宋战争方面，《通鉴续编》的叙事可分为前四汗时期与忽必烈汗时期。成吉思汗时期的蒙宋战争，主要集中在山东一带，兼及陕、川等地，其间也伴随着双方以通好、灭金为共同目的的使节往来活动。由于此时蒙古既有西征，又有伐金，故蒙宋战争在大蒙古国对外征讨中并不占主要地位，而蒙宋在山东、陕川等地的军事冲突，大致又可以说是蒙金战争的附带产物，尤其是在山东一带蒙宋的武力对抗中，很大程度上体现出当地降蒙与投宋的金朝势力之间的冲突与交锋。窝阔台汗时期,蒙宋联合灭金后在河南又发生了直接的军事冲突,灭金的次年(1235),窝阔台汗从蜀汉到江淮一带,发动了对南宋的全面征伐,其余绪一直持续到脱烈哥那至海迷失二后监国时期,而至蒙哥即汗位后,又以蜀汉一带为突破口对南宋全面征伐。忽必烈在即位后的中统年间,处在最高权力的激烈角逐中,对南宋的基本态度是维持双方边界的和平,在军事上以守为主,不过,一旦宋军进攻,蒙古则积极防御、强势还击;至元元年(1264)到至元十年,忽必烈将伐宋重心转至襄、樊一带,襄阳的投降成为蒙宋战争的转折点;至元十一年到十三年伯颜统军全面伐宋,最终占领了临安;至元十三年至十六年,江南地区渐次平定,南宋流亡政权亦为元军剪灭。

在蒙元内政方面,《通鉴续编》叙事亦可分为前四汗时期与忽必烈汗时期。前四汗时期主要记载了成吉思汗、窝阔台、贵由、蒙哥的即位与驾崩,并聚焦于大蒙古国在汉地治理上的一些具体情形,个别史文兼及在西域设达鲁花赤以及在漠北建城等事。忽必烈汗时期的国家内政,叙述了忽必烈与阿里不哥的汗位之争、李璮叛乱、忽必烈对中原的整顿以及汉法的大规模推行。

本书之所以能够清晰地将《通鉴续编》蒙元历史叙事进行如上梳理与重构,主要原因在于这些叙事在《通鉴续编》编年序列上的紧凑与连贯,便于撷取、归纳与概括;另一方面,由于《通鉴续编》在采择材料方面主次分明,能够突出时间序列上的关键事件,如关于蒙古征金的叙事,对蒙古大汗亲征与具体将领全权经略的起讫交代清晰,再如叙述蒙宋战争时,所记大蒙古国诸汗的征伐重心以及忽必烈时期襄阳与临安的投降等史事,都比较突出,自然也容易进一步将这些专题的叙事细化、分类,本书上述对《通鉴续编》蒙元历史叙事的展开性阐释主要就是循此脉络而来。

《通鉴续编》在蒙元历史的叙述方面,也存在一些未尽之处。

如在蒙金战争中，遗漏了成吉思汗时期者别袭取金东京之事，没有明确交代木华黎去世后由孛鲁全权负责对金战事。窝阔台汗首次征金，最初尝试进攻黄河北岸的卫州，试图突破金黄河中游防线，但被完颜陈和尚所率忠孝军击败，[1]对此《通鉴续编》亦没有提及。再如在蒙宋战争中，没有记载成吉思汗遣使臣主卜罕出使南宋、脱烈哥那监国至海迷失后监国期间张柔在江淮一带对南宋的战事等内容。至于蒙元内政方面，也没有提及忽觌虎为中州断事官、蒙哥汗在中原的括户、忽必烈对邢州的治理等重大史事。

总体来看，《通鉴续编》蒙元历史叙事主要集中在成吉思汗统一草原以及蒙古军的四出征伐上，对蒙古国家内政的记载所占篇幅较少，可以说，战争与征伐构成了《通鉴续编》蒙元历史叙事最重要的主题。众所周知，蒙元王朝的基本特性与其军事征服密不可分，而蒙元王朝正是缔造于军事征服的基础之上，《通鉴续编》的这种叙事特点，基本抓住了蒙元前期历史的核心内容。

进一步而言，在《通鉴续编》蒙元历史叙事中，着墨最多的当属蒙金战争与蒙宋战争，故就地域来看，《通鉴续编》的蒙元历史叙事更聚焦于汉文化地区，其中关于蒙古国家内政的史文，所记载的绝大部分也是在汉地推行汉法的具体举措，而对蒙古国家的草原制度与社会风俗的叙述，则明显不足。由此观之，"内汉地外漠北"也是《通鉴续编》蒙元历史叙事的一大表征。这种叙事特点与蒙元王朝在国家建制与施政中的草原本位政策截然相反，因此在很大程度上并不利于我们从元代蒙古人的视角全面深入地审视蒙元王朝的草原面相。当然，如此评说未免对《通鉴续编》求之过苛。一是《通鉴续编》全书以宋为正统的史学理念，必然会将其他朝代的历史置于次要的位置叙述，故对蒙古国家的草原因素就难免有不及之处。

1　石坚军：《1227—1231 年蒙金关河争夺战初探》，《内蒙古社会科学》2010 年第 1 期，第 54~55 页。

二是陈桱在编撰《通鉴续编》时所处的文献环境，决定了他无法利用到关于元代漠北地区的一些材料。元朝关于漠北的文献极少，虞集曾感慨"祖宗龙兴之故地"，几乎"无述以传示"。[1]与陈桱同时的孔克齐说，当时有一部《和林志》，可"为异日史馆之用，不可阙也"。顾名思义，《和林志》是关于元代蒙古人肇兴之地和林的一部著作。但孔克齐又强调此书"世不多见"，[2]从《通鉴续编》蒙元历史叙事的引文来看，陈桱本人显然并未得见此书。三是《通鉴续编》所能接触到的史料中关于大蒙古国家草原内政的记载就已很少了。可以肯定的是，陈桱曾或多或少参考过元代官修的《五朝实录》，后者基本为《元史》本纪所沿袭，但除了《太祖纪》外，其他本纪所记蒙古人在漠北的活动相对较少，而《通鉴续编》对此关注不足也就无可厚非。其实，《通鉴续编》"内汉地外漠北"的叙事风格，并没有因明初《元史》的撰修而有太大的改变，钱大昕曾批评"修《元史》者，皆草泽腐儒，不谙掌故"，故对元朝蒙古人的制度并不熟悉。[3]随着《元朝秘史》《史集》等蒙古文、波斯文文献的史料价值被发现与利用，我们对元代蒙古人的草原制度、社会与生活才有了更为全面的认识。因此，立足于蒙元时期官方与私人撰修的本朝史著，注重官、私史书之间的交流、互动与联系，从元代蒙古人的漠北本位政策出发，把握蒙元王朝的历史特征与时代特色，重新叙述蒙元王朝的历史，在当下应该是非常有价值的一大研究课题。

在史料来源上，陈桱主要征引了《元朝名臣事略》、《经世大典》（可能是部分内容的抄本）、《金史》、《宋史》、《平宋录》、《宋季三朝政要》、《宋史全文》等书，其中绝大部分直到现在仍是研究蒙元史的基本文献，故《通鉴续编》蒙元历史叙事参考的大多是第一手的

1　虞集：《跋和林志》，《虞集全集》，王颋点校，第405页。
2　孔克齐：《国朝文典》，《至正直记》卷一，第65页。
3　周清澍：《元史》，《学史与史学：杂谈和回忆》，上海古籍出版社，2011，第178页。

史料,梁启超说"善钞书者可以成创作",[1]就这一点而言,《通鉴续编》基本可以当之。不过,由于这些文献迄今尚存,故《通鉴续编》的征引并没有为现在的蒙元史学界提供全新的材料。

《通鉴续编》的史料价值主要体现在其中的若干独家记载,如成吉思汗混一漠北史、蒙古西征、灭夏、蒙金战争的诸多史文,与《圣武亲征录》、《史集》、《元史》本纪如出一辙处颇多,还直接利用过今已佚失的《东平王世家》等文献;在蒙宋战争与大蒙古国的内政等方面,也留下了今已难觅史源一些宝贵记载,对今天的蒙元史研究惠益颇多。另一方面,《通鉴续编》所征引的部分史料,并非单纯抄录,如关于蒙金、蒙宋战争的一些史料,并未留下蒙古将领阔端、阿朮、阿剌罕等人之名,但《通鉴续编》在叙述中却有着清晰的记载,可借以补充这些将领的征伐事迹,丰富我们对蒙元时期一些重要历史人物的认识。

在整编史料的过程中,《通鉴续编》也存在一些不足之处,如对事件发生年代的误置,使得在抄录《金史》《宋史》等书的史文时,多与原文纪月有出入,还有一些地方存在对史料的误解,这些在本书第四、五、六章皆有指正,故不赘述。此外,《通鉴续编》在对局部史料的整合上,也有事件逻辑衔接欠安、叙事首尾难以呼应之处。如窝阔台汗元年(1229)正月"金亡"条夹注:

> 是夕,金主集百官,传位于东面元帅承麟。承麟拜泣不敢受,金主曰:"朕所以付卿者,岂得已哉?以朕肌体肥重,不便鞍马驰突。卿平日趫捷,有将略,万一得免,祚胤不绝,此朕志也。"承麟因起受玺。己酉,承麟即位。时,孟珙之师向南门,至金字楼列云梯,令诸军闻鼓则进。马义先登,赵荣继之,万众竞进,大战城上。乌古论镐及其将帅二百人皆降。金

1　梁启超:《中国历史研究法》,汤志钧导读本,上海古籍出版社,1998,第20页。

> 百官称贺。礼毕，亟出捍敌，而南城之陴已立宋旗帜矣。

循此叙事逻辑，读者不免以为"金百官称贺"是因为"乌古论镐及其将帅二百人皆降"，实则不然。这段文字主要来自卷一八《哀宗纪下》，画单横线处则源于《宋史》卷四一二《孟珙传》，被《通鉴续编》径直插入《哀宗纪下》的史文内，故"今百官称贺"是承接"己酉，承麟即位"而来，《通鉴续编》未免有失整饬，故容易令人误解，而将"己酉，承麟即位"与画单横线处前后位置互换，似乎更为妥帖。再如野狐岭之战作为会河堡之战的前奏，《通鉴续编》对金朝一方的遣兵派将实际上略有遗漏。据《圣武亲征录》，此战金以参政胡沙率军为后继。若补充此事，则《通鉴续编》后文"蒙古乘锐而前，胡沙畏其锋"云云就有本可张，而不至于稍显突兀了。[1]不过，类似的问题比较罕见，总体而言，《通鉴续编》对基本史料的裁剪与整饬还是比较允当的。

当然，《通鉴续编》所参考的史料有限，如没有接触到关于忽必烈的《世祖实录》，故遗漏了元世祖时期的个别重大史事。不过，这些问题并未掩盖《通鉴续编》蒙元历史叙事珍贵的史料价值，也没有影响其在史学史上应有的地位。

众所周知，元代的本朝史撰述，以官修史书为主，私修方面，当以苏天爵《国朝名臣事略》最为重要。此书的优点在于展现元初的一些重要武将与文士在复杂历史中的升降沉浮，但难以在总体上把握当时军事、政治等方面的综合图景。就后一点的不足来说，《通鉴续编》恰可弥补。

《通鉴续编》的蒙元历史叙事，其实是第一部由私人所修的编年纲目体元史，比较详细地记载了元初的若干军政大事，直到明朝

1　商辂《续资治通鉴纲目》已注意到这一点，在卷一八参考《通鉴续编》时就有所补订："蒙古主既破抚州，休士牧马，将遂南向。金主复命招讨使完颜九斤、监军完颜万奴等，率兵号四十万，驻野狐岭以备，胡沙率重兵为后继。"

建立后的很长时间内，若想全面了解元初的历史，《通鉴续编》仍是比较方便且容易得见的一部私人著述。不过，《通鉴续编》叙事止于至元十六年（1279）崖山之战，难以反映有元一代之全貌。明永乐元年（1403）胡粹中撰《元史续编》，亦采用纲目体的体裁，所续者即《通鉴续编》。[1] 需要指出的是，《元史续编》的纪事始于至元十三年（1276），后小字夹注"宋端宗景炎元年"，这种书写方式延续到至元十六年，小字夹注："宋祥兴二年，是年宋亡。"与《通鉴续编》迥然不同，说明胡粹中认为元朝的正统始于至元十三年南宋投降而非十六年的崖山之战。

《通鉴续编》与《元史续编》皆为私人所修，由于其纲目体的编撰体裁简便易览，在明初不失为了解宋、元历史的方便之书。这种情况一直持续到明代中期的宪宗朝。成化十二年（1476），大学士商辂等人所纂修的《宋元资治通鉴纲目》成书，纪事始于宋太祖建隆元年（960），终于元顺帝至正二十七年（1367），进呈后被敕令改为《续资治通鉴纲目》。[2] 这一命名基本预示着：在续修朱熹《资治通鉴纲目》的诸书中，私修的《通鉴续编》与《元史续编》二书已被官修的《续资治通鉴纲目》所取代。

金毓黻评价《续资治通鉴纲目》："所采之书，多出中秘，与宋、辽、金、元四史，颇有异同。"[3] 道出了《续资治通鉴纲目》在史料来源上的一大优点。不过，笔者在仔细通读比对其中的元史部分后发现，《续资治通鉴纲目》主要袭取了《通鉴续编》与《元史续编》的大部分史文，因此后二书尤其是《通鉴续编》的价值仍不容磨灭，本书第二章对其史事的研究亦足以说明这一点。另外，《续资治通鉴纲目》还有一些内容来自明初官修《元史》，如蒙哥汗元年（1251）十一月"蒙古号西域僧那摩为国师"、至元十四

1　黄兆强：《〈元史续编〉及〈元史弼违〉探析》，《苏州大学学报》2000年第2期。

2　王秀丽：《〈续资治通鉴纲目〉纂修二题》，《史学史研究》2004年第2期。

3　金毓黻：《中国史学史》，第257页。

年正月"元命道士张宗演领江南道教"等史文,分别见于《元史》的《铁哥传》与《世祖纪》。至于《续资治通鉴纲目》独家记载的材料极其罕见,如蒙哥汗在伐宋前线驾崩后,夹注有"诸王大臣用二驴,蒙以绘椠,负之北行"云云,对蒙哥汗北行的灵柩作了细致的描述。[1] 总体而言,《续资治通鉴纲目》的元代部分主要是对《通鉴续编》与《元史续编》的基本架构进行裁剪与修补,很难看到出自"中秘"的第一手材料。

在官方敕修的名义下,《续资治通鉴纲目》在朝野上下备受重视,明代续《资治通鉴》诸书中最为著名的薛应旂的《宋元通鉴》与王宗沐的《续资治通鉴》,大部分内容取材于《续资治通鉴纲目》。[2] 在这种情况下,《通鉴续编》与《元史续编》虽然逐渐淡出了人们的视线,但其主要内容则借由《续资治通鉴纲目》的记载而转入官修史书系统并得以进一步传承,正是在这一文献传播的路径中,《通鉴续编》的史学史价值得以全面呈现出来。

1　黄时鉴先生对此已有留意,见《〈通鉴续编〉蒙古史料考索》,《黄时鉴文集》I《大漠孤烟——蒙古史 元史》,第 154 页。

2　王树民:《中国史学史纲要》,中华书局,1997,第 145 页。

第四章 《通鉴续编》所载蒙金战争之史源

一 成吉思汗时期

今将《通鉴续编》所记成吉思汗时期的蒙金战争，按编年顺序逐一编号辑录并考索史源于下。

1. 成吉思汗六年（1211）四月："金命其平章政事独吉千家奴、参知政事完颜胡沙行省事于抚州，西京留守纥石烈胡沙虎行枢密院事以备边。"

【史源】来自《金史》卷一三《卫绍王纪》。

2. 八月："金独吉千家奴、完颜胡沙御蒙古于灰河。纥石烈胡沙虎遁还，金师遂败绩。蒙古取大同府、桓、抚州及西北州县。"夹注：

千家奴、胡沙至乌沙堡，未及设备，蒙古兵奄至，攻乌月营，取之。千家奴帅众御于灰河，相持三日。太祖皇帝率精骑三千至安定之北，胡沙虎即以麾下劲卒七千遁去，于是千家奴等兵皆败走。蒙古追至翠屏口，金师又败，蒙古遂取西京及桓、抚州。太祖皇帝复〔分〕遣其大太子朮赤、[1]二太子察哈歹、三太子太宗皇帝讳斡可歹，帅兵分取云内、东胜、武、朔、丰、靖等州。由是金德兴、弘州、昌平、怀来、缙山、丰润、密云、抚宁、集宁，东过平、滦，南至清、沧，自临潢趣辽河，西南至忻、代，皆降于蒙古。

【史源】画虚线处，来自《金史》卷九三《独吉思忠传》（本名千家奴）、《完颜承裕传》（本名胡沙）；画双横线处，来自《金史》卷一三二《纥石烈执中传》（本名胡沙虎）；画波浪线处，见于《建炎以来朝野杂记》乙集卷一九"女真南徙"条"七月"、《续编两朝纲目备要》卷一三大安三年（1211）七月、《续宋中兴编年资治通鉴》卷一四《宋宁宗三》嘉定四年（1211）七月、《宋史全文》卷三〇《宋宁宗三》嘉定四年（1211）"是年"："鞑兵至翠屏口，金又大败。"画单横线处，来自《金史》卷一三《卫绍王纪》。

灰河之战的时间，《圣武亲征录》与《史集》记作"秋"季，但未明确记载"灰河"；《大金国志》系于七月；《太祖纪》未提，但说乌沙堡与乌月营被哲别在七月攻陷。[2]《金史》卷一三《卫绍王纪》是年八月："千家奴、胡沙自抚州退军，驻于宣平。"即指金军灰河败绩而言，《通鉴续编》将灰河之战系于八月似据此而来。

上引《通鉴续编》夹注说灰河之战后西京陷落，不久又发生了

---

1 "分"字，据"台湾中央图书馆"藏至正二十五年手校文字补。

2 按，《太祖纪》还有成吉思汗在是年"二月"自将南伐的记载，此"二月"应理解为誓师之月，参看余大钧《〈元史·太祖纪〉所记蒙、金战事笺证稿》，吴凤霞主编《〈辽史〉、〈金史〉、〈元史〉研究》，中国大百科全书出版社，2009，第437页。

成吉思汗三子分取云内、东胜、武、朔、丰、靖等州。《圣武亲征录》则将西京失陷置于成吉思汗三子分取云内、东胜、宣宁、丰、靖等州后："秋，上始誓众南征，克大水泺，又拔乌沙堡及昌、桓、抚等州。大太子拙赤、二太子察哈歹、三太子哈罕太宗也。破云内、东胜、武、宣宁、丰、靖等州，金人惧，弃西京。"[1] 据周清澍先生研究，蒙古军是从汪古部驻守的靖州边堡进入金朝境内，云内、东胜等州皆在西京大同以西，[2] 故《通鉴续编》关于西京陷落的时序并不确切。

此外，相较可知，《圣武亲征录》与《通鉴续编》中成吉思汗三子进取之事具有共同的史源，然《圣武亲征录》所说"宣宁"在《通鉴续编》中对应的是"武、朔"。《太祖纪》同于《通鉴续编》："皇子朮赤、察合台、窝阔台分徇云内、东胜、武、朔等州，下之。"《史集》汉译者在参校波斯文原文后，正确地译作"武州、朔州"。[3] 故就"武、朔"二州而言，《通鉴续编》又与《太祖纪》《史集》有着相同史源。因此，笔者颇疑《通鉴续编》所记成吉思汗三子进取之事，殆直接参考了《五朝实录》。[4]

3. 成吉思汗六年（1211）："（闰）九月，金完颜胡沙帅师南还，蒙古追之，金师溃于会河堡，蒙古入居庸关而去。"夹注：

　　　蒙古自抚州进攻奉圣州，破之，遂至野狐岭。时金招讨使

1　贾敬颜校注《圣武亲征录（新校本）》，陈晓伟整理，第 212 页。

2　周清澍：《汪古部统治家族》，《元蒙史札》，第 56～57 页。

3　〔波斯〕拉施特主编《史集》第 1 卷第 2 分册，第 229 页。按，若山（Rawshan）本《史集》作"宣德府"（Sūān Day Fū，见 Rashīd al-Dīn Fażl Allāh, Jāmi ʻal-Tavārīkh, ed. by M. Rawshan and M. Mūsavī, Tehran: Nashr-i Alburz, 1994, p.443），并不可取，因为蒙古攻下宣德是次年之事，见黄时鉴《〈通鉴续编〉蒙古史料考索》，《黄时鉴文集》I《大漠孤烟——蒙古史　元史》，第 140 页。

4　关于《通鉴续编》征引《五朝实录》的详情，详见本书第三章第一节，下不再注。

完颜九斤、监军完颜万奴等，率兵号四十万，驻于岭下。蒙古
兵至，或谓九斤曰："蒙古新破抚州，方以所获赐其下，马牧于
野，当乘其不虞掩击之。"九斤曰："此危道也。不若马、步俱
进，为计万全。"太祖皇帝闻之，进兵于獾儿嘴。九斤遣明安问
蒙古举兵之故，明安反降于蒙古，以虚实告之。太祖皇帝遂与
九斤等战，金师大败，死者不可胜计。蒙古乘锐而前，胡沙畏
其锋，不敢拒战，退走宣平。县中土豪请为前锋，胡沙不能用，
但问此去宣德间道而已。土豪嗤之曰："溪涧曲折，我辈谙知之。
行省不知用地利力战，乃谋走也，今败矣。"胡沙不从，引兵南
行，蒙古兵踵击之。至会河川，金兵大溃，胡沙仅以身免，走
入宣德。蒙古兵乘胜薄宣德，遂克晋安县，游兵至居庸关。守
将完颜福寿弃关遁，蒙古兵克之。金中都戒严，禁男子不得辄
出城。蒙古游奕至都城下，金主欲南奔汴。会卫卒自誓迎战，
蒙古兵败而去，金主乃止，命泰州刺史术虎高琪屯门外。

【史源】夹注画单横线处来自《金史》卷九三《完颜承裕传》
（本名胡沙）；画虚线处来自《金史》卷一三《卫绍王纪》。其他部
分，可能来自《五朝实录》。又，是年二月为闰月，故"闰九月"
之"闰"当为衍误。关于此战，《金史》卷一三《卫绍王纪》系于九
月，《大金国志》同；《金史》卷九三《完颜承裕传》系于八月。《通
鉴续编》纪月很可能依据的是《金史》卷一三《卫绍王纪》。

4.十一月："金独吉千家奴免，贬完颜胡沙为咸平路兵马总管。"
夹注："灰河、会河之败，金之精锐皆尽。"

【史源】正文来自《金史》卷一三《卫绍王纪》。关于夹注，《圣
武亲征录》亦有类似史文："破忽沙军于会合堡，金人精锐，尽殁于
此。"二者殆同出一源。

5. 成吉思汗八年（1213）五月："金完颜纲及蒙古战于缙山，金师败绩。"夹注：

> 元帅右监军术虎高琪屯缙山以备边，善抚士卒，皆乐为用。及蒙古兵将至，左丞完颜纲行省事于缙山，徒单镒曰："高琪在彼，行省不必自往也。若益兵助之，彼之功即公之功矣。"纲不从，果大败。敌势益张。

【史源】来自《金史》卷九八《完颜纲传》、卷九九《徒单镒传》。此二人本传皆无术虎高琪官衔，《通鉴续编》记作"元帅右监军"，应有误；据《金史》卷一〇六《术虎高琪传》，缙山之战时其为"权元帅右都监"，后于"贞祐初，迁元帅右监军"。[1] 又，据高琪本传，缙山之败是在"至宁元年（1213）八月"，与《通鉴续编》系于五月有异。

6. 十月："金术虎高琪及蒙古战于燕城北，金师败绩，蒙古遂围中都。"夹注：

> 太祖皇帝兵至怀来镇，金元帅右监军术虎高琪拒之，败绩，僵尸四十余里。蒙古乘胜至古北口，太祖皇帝留可忒、薄察等帅军守之，而自以众趋居庸关。金人坚壁拒之，太祖皇帝不得入。乃命哲别帅兵趋紫荆口，距中都二百里，胡沙虎欲诱之，南至涿、易，聚兵击之。及蒙古兵至，金戍卒奔溃，可忒、薄察以兵会太祖皇帝，攻破涿、易，至皂河之内，欲渡高桥。胡沙虎方病足，乘车督战，蒙古兵大败。翌日再战，胡沙虎创甚，不能出，期高琪以纠军五千拒之。高琪失期不至，胡沙虎欲斩

---

1 《金史》卷一〇六《术虎高琪传》，第 2340 ～ 2341 页。

之，金主以其有功，谕令免死。胡沙虎乃益其兵，令出战，戒<u>之曰："胜则赎罪，不胜斩汝！"高琪出战，自夕至晓，北风大作，吹石扬沙，不能举目。金师大溃，蒙古兵进围燕京。</u>

【史源】正文主要来自《金史》卷一四《宣宗纪上》。夹注画单横线处见于《建炎以来朝野杂记》乙集卷一九"女真南徙"条、《大金国志》卷二四。然此二书皆置于九月，"皂河之内，欲渡高桥"中的"内"字，此二书皆作"西"，"高"字亦不见于此二书，查《金史》卷一三二《纥石烈执中传》，说此时有"大元游骑至高桥，宰臣以闻"云云，《通鉴续编》似据以援引而来。

7. 十月："蒙古取金涿州。"
【史源】来自《金史》卷一四《宣宗纪上》。

8. 十一月："蒙古徇金观州，刺史高守约死之。"
【史源】来自《金史》卷一四《宣宗纪上》。

9. 十二月："蒙古分兵徇金，河北、河东、山东州郡多下之。"
夹注：

　　太祖皇帝留怯台及哈台次燕城之外，分所降杨伯遇、刘〔伯〕林汉军四十六都统，并达旦兵为三道，命太子术赤、察合歹、斡可歹三人，分将循太行而南，攻河北、河东诸州。<u>时中原诸路之兵，金皆签往山后一带防遏，州郡无兵可守，悉签乡民为兵上城守御。蒙古兵至，尽驱其家属来攻，父子兄弟往往遥相呼认。</u>由是保州、中山、邢、洺、磁、相、卫辉、怀、孟诸郡，皆不战而降。蒙古兵遂由真定、威州趋黄河，大掠平阳、太原之间。别将薄察等亦遵海而东，破滦、蓟，大掠于辽西之地。而太祖皇帝自将，由中道破雄、（漠）〔莫〕、清、沧、景、献、河间、滨、棣、济南等郡，引兵复自大口以逼中都。

【史源】夹注画单横线处，见于《建炎以来朝野杂记》乙集卷一九"鞑靼款塞"条、《续编两朝纲目备要》卷一四、《续宋中兴编年资治通鉴》卷一四、《宋史全文》卷三〇、《大金国志》卷二四。前三书系于嘉定六年（1213）；后二书系于嘉定七年（1214），显非陈桱此条所参考的文献。又，《通鉴续编》"刘林"应为"刘伯林"之夺误，"漠州"亦应作"莫州"；其他部分可能来自《五朝实录》。

10. 成吉思汗九年（1214）正月："蒙古徇金，彰德府知府事黄掴九住死之。徇怀州，节度使宋宸死之。"
【史源】来自《金史》卷一四《宣宗纪上》。

11. 二月："蒙古使乙里只扎八如金。"
【史源】来自《金史》卷一四《宣宗纪上》。

12. 二月："蒙古木华黎侵金辽西州县。"
【史源】来自《东平王世家》（可参看《元朝名臣事略》卷一《太师鲁国忠武王》所引《东平王世家》）。[1]

13. 三月："蒙古使乙里只扎八如金逆女，金以东海郡侯女归之。"夹注："是为公主皇后。"
【史源】《金史》卷一四《宣宗纪上》三月："甲申，大元乙里只扎八来。……庚寅，奉卫绍王公主归于大元太祖皇帝，是为公主皇后。"《大金国志》："使来选女，时公主见在者七人，惟东海郡侯少

---

[1] 关于《通鉴续编》征引元永贞撰《东平王世家》的情况，详见本书第三章第二节，下不再注。

女小姐姐最秀慧，遂以予之。"[1] 可知，《通鉴续编》此处是以《金史》为主，辅以《大金国志》"东海郡侯少女"之记载整合而来。当然，鉴于此公主为卫绍王或东海郡侯之女，并非生僻的历史知识，因此，此条也可能是陈桱在《金史》基础上径直增改而来。

14. 三月："蒙古取金岚州，节度使乌古论仲温死之。"
【史源】来自《金史》卷一四《宣宗纪上》。

15. 四月："蒙古木华黎徇金大定府，乌古论寅苔虎以城降之。"夹注：

> 木华黎进兵北京，金守将银青帅众二十万御于花道而败，入城固守。裨将完颜昔烈、高德玉杀银青，推寅苔虎为帅，寅苔虎遂举城降之。木华黎怒，欲坑其民。萧阿先谏曰："辽西以北京为重镇，当抚之以慰众望，奈何坑之？"木华黎乃止，以寅苔虎权北京留守，兀叶儿权兵马帅府事。

【史源】来自《东平王世家》。蒙古木华黎徇金北京大定府，"设官守治"，《元史》卷一《太祖纪》系于十年（1215）二月。胡祗遹《舒穆鲁（石抹）氏神道碑》：石抹也先"自北京、幽、燕、蓟、益都、大名，皆下之。以功，岁乙亥（1215）五月，特恩锡虎符，拜镇国上将军，以御史大夫提控诸路元帅府事"，[2] 暗示蒙古攻占北京应在太祖十年五月前。《元史》卷一四七《史天倪传》明确记载：乙亥年（1215），北京留守银答忽（寅苔虎）降。因此，《太祖纪》十年二月说可从。

---

1 宇文懋昭：《大金国志》卷二四《宣宗皇帝上》，崔文印校证，中华书局，1986，第 325 页。
2 《胡祗遹集》卷一六，第 352 页。

16. 四月："蒙古徇金霸州，守将史天倪、萧勃迭帅所部降之。"

【史源】来自《元朝名臣事略》卷一《太师鲁国忠武王》引张匡衍所撰行录，唯系于二月。按，张匡衍撰行录在二月首先提到金主献女事，然此事其实发生在三月，上文《通鉴续编》已提；又，行录在蒙古攻陷霸州后又记"其岁夏五月"云云。陈桱将蒙古攻陷霸州改系四月，可能是对此折中的结果。还需进一步指出的是，《元史》卷一《太祖纪》将此事系于八年（1213），卷一一九《木华黎传》同。史天倪与萧勃迭（石抹孛迭儿）在《元史》均有传，分别见卷一四七和卷一五一，史天倪本传记癸酉年（1213）投降木华黎，萧勃迭本传说："太师、国王木华黎率师至霸州，孛迭儿迎降，木华黎察其智勇，奇之，擢为千户。岁甲戌（1214），从木华黎觐太祖于雄州，佩以银符，充汉军都统。"则其降附木华黎应在甲戌年前，故知《通鉴续编》系年不确，应改为成吉思汗八年。

17. 十月："蒙古兵徇金顺州，劝农使王晦死之。"

【史源】来自《金史》卷一四《宣宗纪上》。

18. 十月："蒙古取金成州。"

【史源】来自《金史》卷一四《宣宗纪上》。

19. 十二月："蒙古兵徇懿州，节度使高闾山死之。"

【史源】来自《金史》卷一四《宣宗纪上》。

20. 十二月："金石天应以兴中府、张鲸以锦州，降于蒙古。"

【史源】来自《东平王世家》。此二事，《元史》卷一《太祖纪》分别置于十年（1215）二月与九年（1214）十月。

21. 成吉思汗十年（1215）五月："金右丞相、都元帅完颜承晖自杀，抹捻尽忠弃城南奔。蒙古入燕，立行中书省以守之。"夹注：

> 蒙古兵围燕，承晖以左丞抹捻尽忠久在军旅，委以心腹，而己总持大纲，期以保完都城。及蒲察七斤叛，中都益急。金主遣左监军永锡、左都监乌古论庆寿，将兵三万九千，中丞李英运粮救之。承晖遣间使奉矾书，奏曰："七斤既降，城中无有固志。臣虽以死守之，岂能持久？伏念一失中都，辽东、河朔皆非我有。诸军倍道来援，犹冀有济。"永锡军至涿州之旋风寨，与蒙古兵遇而溃。李英收清、沧义军数万以进，遇蒙古兵于霸州。英驭众素无纪律，又值被酒，遂大败，尽失其所运粮而还。由是中都孤立，内外不通。时平章术虎高琪居中专政，忌承晖成功。诸将又皆顾望，虽屡遣援兵而终无一人至中都者。完颜素兰上书，备言高琪灭乱纪纲、戕害忠良、不欲国家平治之罪，请逐之。金主不能用。中都被围既久，承晖与尽忠会，议期同死社稷。尽忠不从，承晖怒，即起还第……五月二日，承晖作遗表付尚书省令史师安石。……取笔与安石诀……安石出门，闻哭声，复还问之，则知仰药死矣。……是日暮，凡在中都妃嫔，闻尽忠将南奔，皆束装至通玄门。尽忠给之曰："我当先出，与诸妃启途。"诸妃信之。尽忠乃与爱妾及所亲者先出城，不复返顾。蒙古兵遂入中都，吏民死者甚众，宫室为乱兵所焚，火月余不灭。时太祖皇帝在桓州，闻燕陷，遣使劳明安等，而辇其府库之实北去，于是金祖宗神御及诸妃嫔皆沦没焉。尽忠行至中山，谓所亲曰："若与诸妃偕来，我辈岂得至此。"师安石奉承晖遗表至汴，赠尚书令、广平郡王，谥忠肃。尽忠至汴，金主杀之。

【史源】正文承晖自杀事，来自《金史》卷一四《宣宗纪上》；

尽忠南奔事,来自《金史》卷一○九《抹捻尽忠传》。夹注画单横线处,来自《金史》卷一○一《完颜承晖传》;画虚线处,见于《建炎以来朝野杂记》乙集卷一九"鞑靼款塞"条、《续编两朝纲目备要》卷一四嘉定八年五月、《续宋中兴编年资治通鉴》卷一四嘉定八年五月、《宋史全文》卷三○嘉定八年五月,以及《大金国志》卷二五贞祐三年;画波浪线第一处,来自《金史》卷一○一《李英传》;画波浪线第二处,来自《金史》卷一○九《完颜素兰传》;画双横线处,来自《金史》卷一○九《抹捻尽忠传》。

22. 十月:"蒙古三合侵金潼关,不克,遂自嵩山趋汴,金人败之,乃还。"夹注:

> 太祖皇帝次鱼儿泺,遣三合拔都帅万骑,自西夏趋京兆以攻潼关,不能下。乃由嵩山小路趋汝州,遇山磵,辄以铁枪相锁,连接为桥以渡,遂赴汴京,金主急召花帽军于山东。十月,蒙古兵至杏花营,距汴京二十里,花帽军击败之,蒙古兵乃还陕州,自三门、析津乘河冰合,布灰引兵渡还。金人专守关辅。时蒙古兵所向皆下,金主遣使求和。太祖皇帝欲许之,谓撒没喝曰:"譬如围场中,獐鹿吾已取之矣。独余一兔,盍遂舍之?"撒没喝不肯,遣人谓金曰:"若欲议和,可去帝号称臣,当封汝主为王。"故议不成。时两河已为蒙古所残毁,山东、辽东又为群盗所据,金势既蹙,遂有南窥淮汉之谋。

【史源】画单横线处,可能来自《五朝实录》。其后史文,见于《建炎以来朝野杂记》乙集卷一九"鞑靼款塞"条、《续编两朝纲目备要》卷一四嘉定八年九月条、《续宋中兴编年资治通鉴》卷一四嘉定八年九月条。

23. 十一月："蒙古兵徇金彰德，知府陀满斜烈死之。"
【史源】来自《金史》卷一四《宣宗纪上》。

24. 十二月："蒙古兵徇金大名府。"
【史源】来自《金史》卷一四《宣宗纪上》。

25. 十二月："蒙古杀张鲸，鲸弟致据锦州反。"夹注：

　　蒙古以张鲸总北京十提领兵，从夺忽阑彻里必南征。鲸怀
反侧，木华黎觉之，令萧阿先监其军，至平州，鲸称疾逗留不
进，阿先执而杀之。鲸弟致愤其兄被害，乃杀长吏，据锦州，
自称瀛王，改元兴隆，遣兵徇平、滦、瑞、利、义、懿、广
宁等郡，皆下之。木华黎帅先锋蒙古不花、权帅兀叶儿等军讨
之，州郡皆复降。

【史源】来自《东平王世家》。蒙古杀张鲸，《元史》卷一《太祖
纪》系于四月。

26. 成吉思汗十一年（1216）正月："蒙古取金曹州。"
【史源】来自《金史》卷一四《宣宗纪上》。

27. 二月："蒙古围金太原。"
【史源】来自《金史》卷一四《宣宗纪上》。

28. 二月："蒙古取金霍山诸隘。"
【史源】来自《金史》卷一四《宣宗纪上》。

29. 六月："张致降金，金以致行北京路元帅府事。"

【史源】来自《金史》卷一四《宣宗纪上》。

30. 八月："蒙古徇金延安及防、代州，经略使奥屯丑和尚死之。"

【史源】来自《金史》卷一四《宣宗纪上》，然蒙古攻陷防、代二州，《金史》系于九月。

31. 十月："蒙古取金潼关，节度使泥厖古蒲鲁虎死之。蒙古兵徇金汝州。"

【史源】来自《金史》卷一四《宣宗纪上》。

32. 十一月："蒙古兵次于沔池，金右副元帅蒲察阿里不孙奔还。"

【史源】来自《金史》卷一四《宣宗纪上》。

33. 十二月："蒙古兵徇金平阳、太原、大名府。"

【史源】来自《金史》卷一四《宣宗纪上》。

34. 十二月："蒙古木华黎围锦州，杀张致。"夹注：

　　木华黎以致兵精，且依险为阻，欲设奇取之。乃遣兀叶儿等别攻溜石山堡，且谕之曰："汝等急攻溜石，贼必遣兵往援，我出其不意，断其归路，可一战擒也。"又令蒙古不花别屯永德县西十里，以伺之。贼闻溜石被围，果以兵救之。蒙古不花以骑扼其归路，且驰报木华黎。木华黎夜半引军疾驰，比曙，抵神水，与贼遇，而蒙古不花兵亦会，前后夹击，大破之。贼遂奔溃，进围锦州，致屡战不利，乃闭门自守。月余，其监军高益缚致出降。木华黎杀之，辽西平。

【史源】来自《东平王世家》。

35. 十二月："金胥鼎会师，败蒙古于平阳。"夹注：

> 鼎闻蒙古兵度潼关，即遣必兰阿鲁带、徒单百家帅兵万五千，由便道济河，以趋关陕，而自以精兵援汴京，又遣仆散扫吾出帅兵会诸将，以拒蒙古之自关而东者。金主以其忠，拜鼎左丞，遣还平阳。鼎虑蒙古兵扼河，乃檄绛、解、隰、吉、孟五州经略司，相与会师为夹攻之势。及蒙古自三门、集津北渡，而还至平阳，鼎败之。

【史源】来自《金史》卷一〇八《胥鼎传》。《金史》卷一四《宣宗纪上》：是年十二月癸亥，"大元兵攻平阳"。《通鉴续编》的纪月，应据此而来。

36. 成吉思汗十二年（1217）正月："蒙古徇金观州。"
【史源】来自《金史》卷一五《宣宗纪中》。

37. 正月："蒙古徇忻、代州。"
【史源】来自《金史》卷一五《宣宗纪中》。

38. 三月："蒙古徇金霸州。"
【史源】来自《金史》卷一五《宣宗纪中》。

39. 五月："蒙古取金沔城，守将任福死之。"
【史源】来自《金史》卷一五《宣宗纪中》。

40. 九月："蒙古徇金隰、沁州、太原、中山府，取磁、淄、滨、棣、博、沂州。"

【史源】来自《金史》卷一五《宣宗纪中》：九月，徇金隰、沁州、太原；十月，陷中山府、磁、淄；十一月，取滨、棣、博、沂州。《通鉴续编》皆整合在九月叙述，并不恰当。

41. 十二月："蒙古徇金潞州，都统马甫死之。取密州，节度使完颜禹死之。"

【史源】来自《金史》卷一五《宣宗纪中》。

42. 十二月："蒙古取金益都府。"

【史源】来自《金史》卷一五《宣宗纪中》。

43. 十二月："蒙古以木华黎为太师、（鲁）国王，经略山南。"夹注：

> 太祖皇帝以木华黎功大，拜太师、国王，承制行事，帅蕃、汉军攻掠城邑。且谓之曰："太行之北，朕自经略，太行之南，卿其勉之！"木华黎乃自中都南攻遂城及蠡州，皆下之。初蠡州拒守，力屈乃降。木华黎怒，将屠其民，州人赵瑨乞以身赎其母与兄，木华黎哀而免之，蠡人得全活甚众。

【史源】夹注来自《东平王世家》。此事《圣武亲征录》系于戊寅（1218），《太祖纪》同于《通鉴续编》，亦系于十二年（1217）秋八月。又，正文所记木华黎的"鲁国王"为至治元年（1321）追封，成吉思汗只是赐予"国王"称号，故《通鉴续编》行文欠安。

44. 成吉思汗十三年（1218）五月："蒙古徇金锦州，元帅刘仲亨死之。"

【史源】来自《金史》卷一五《宣宗纪中》。

45. 五月："金贾瑀杀其中都经略使苗道润，元帅右都监张柔会师伐之，至紫荆关，遇蒙古，与战而败，柔遂降蒙古。蒙古以柔为河北都元帅。"夹注：

> 道润素与副使贾瑀有隙。一日，从数骑出，瑀伏甲射之。……道润之众无所依，部将靖安民代领之。贾瑀不自安，遣使告张柔……柔怒叱其使还……遂檄召道润部曲，告以复仇之意，众皆罗拜，推柔为长。柔方会兵趋中山，而蒙古兵出自紫荆关。柔遇之，遂战于狼牙岭。柔马跌，为蒙古兵士所执，至军前见主帅明安。柔立而不跪，左右强之，柔斥曰："彼帅也，我亦帅也。大丈夫死即死，终不偷生为它人屈服。"明安壮而释之。其溃卒稍稍来集，明安恐柔为变，质其二亲于燕京。柔叹曰："吾受国厚恩，不意猖獗至此！顾忠孝不两立，姑为二亲屈。"遂降蒙古。以柔为河北都元帅。

【史源】夹注画单横线处，来自《元朝名臣事略》卷六《万户张忠武王》夹注所引郝经陵川文集，唯系于兴定元年（1217）。然《元朝名臣事略》正文据王磐撰神道碑则系于戊寅年（1218），《通鉴续编》纪年从此。[1]《元史》卷一《太祖纪》系于十三年（1218），可与《元朝名臣事略》正文互证。画虚线处，来自《万户张忠武王》所引王鹗撰墓志，但仅记"主帅"而无石抹明安之名。《元史》卷一五〇《石抹明安传》则未记此事，据《通鉴续编》我们得知降附

1　据王磐所撰碑，"河北都元帅"应是"河北东西等路都元帅"之简称，见王磐《蔡国公神道碑》，《全元文》第2册，江苏古籍出版社，1998，第268页。

张柔的蒙古"元帅"实为石抹明安。

46.八月："蒙古木华黎帅蕃、汉、糺军，自太和岭徇金河东，遂取代、隰州。"

【史源】后两句来自《金史》卷一五《宣宗纪中》，"蒙古木华黎帅蕃、汉、糺军"一句，史源待考。

47.九月："蒙古木华黎取金太原府，元帅左监军乌古论德升死之；取汾州，节度使兀颜讹出虎死之。"

【史源】来自《金史》卷一五《宣宗纪中》，但未提"木华黎"。

48.冬十月："蒙古木华黎徇金绛、潞、泽州，取平阳，行省李革死之。"夹注："木华黎围平阳，参政李革御之，兵少援绝，城遂陷。或谓革：'宜上马，突围出。'革叹曰：'吾不能保此城，何面目见天子？汝辈可去矣！'乃自杀。"

【史源】正文来自《金史》卷一五《宣宗纪中》，但未提"木华黎"。夹注来自《金史》卷九九《李革传》。

49.十一月："蒙古木华黎取金潞州，元帅右监军纳合蒲剌都死之。"

【史源】来自《金史》卷一五《宣宗纪中》，但未提"木华黎"。

50. 成吉思汗十四年（1219）四月："蒙古张柔取金雄、易、安、保州，次于满城。金武仙会师伐之，败绩，柔遂围中山府，金河东北郡县多降之。"夹注：

    蒙古使柔帅兵南下，遂克雄、易、安、保诸州。柔犹不忘苗道润之仇，必欲诛贾瑀，而瑀据孔山台。柔攻之，瑀不

下台，无井泉，汲山下。柔先断其汲道，瑞穷乃降。柔缚瑞，
剖心以祭道润，时人义之，遂引兵次于满城。武仙会镇、定、
深、冀兵数万攻之，柔军士适它出，帐下士才数百人。柔命老
弱妇女乘城，自率壮士突出仙兵后，毁其攻具，从数骑策马挟
槊，大呼入围，仙众皆披靡。复使缘山张旗帜，声言救至，曳
柴扬尘，鼓噪以进，仙兵大溃。柔追击之，仙兵尸陈数十里，
柔乘胜攻完州，下之，于是祁阳、曲阳等帅皆降于柔。柔遂围
中山府，仙遣其将葛铁枪与柔战于新乐，飞矢中柔颔，落其二
齿，柔拔矢以战，葛铁枪大败，死者数千人。仙复遣刘成攻
柔，柔又败之，遂南掠金鼓、深泽、宁晋诸县，由是深、冀以
北，镇定以东三十余城，望风降附，柔之威名，震于河朔。

【史源】夹注来自《元朝名臣事略》卷六《万户张忠武王》引
王鹗撰墓志，正文殆据夹注归纳而来。

51. 八月："蒙古取金武州，判官郭秀死之；取合河，县令乔天
翼死之。金中山治中王善，杀权知府事李仲以叛。"
【史源】来自《金史》卷一五《宣宗纪中》。

52. 九月："蒙古徇金东胜州，节度使伯德窊哥死之。蒙古木华
黎次师于单州。"
【史源】主要来自《金史》卷一五《宣宗纪中》，"木华黎"一名
似据《东平王世家》而补。然《宣宗纪中》将蒙古兵次单州系于是
年（1219）十月；《东平王世家》则系于庚辰年（1220）。

53. 成吉思汗十五年（1220）四月："蒙古徇金孟州。"
【史源】来自《金史》卷一六《宣宗纪下》。

54.五月："蒙古徇金隩州、兖州，泰定军节度使完颜畏可死之。"
【史源】来自《金史》卷一六《宣宗纪下》。

55.六月："蒙古杨在取金大名府、开州及东明、长垣县。"
【史源】来自《金史》卷一六《宣宗纪下》。

56.八月："蒙古木华黎次师满城，金恒山公武仙以真定降之。木华黎以史天倪权知河北西路兵马事，武仙副之。"夹注：

> 木华黎至满城，使蒙古不花将轻骑三千出倒马关，适武仙遣葛铁枪攻台州。蒙古不花与之遇，葛铁枪战败。武仙度力不能支，遂举城降。史天倪说木华黎曰："今中原已粗定，而大兵所过，犹纵钞掠，非王者吊民伐罪之意也。且王为天下除暴，岂可效他军所为乎？"木华黎善之，即下命禁剽掠，遣所俘老幼，军中肃然。州郡闻之，咸争降附。

【史源】来自《东平王世家》。

57.九月："蒙古使塔忽如金。"
【史源】来自《金史》卷一六《宣宗纪下》。

58.十一月："蒙古木华黎围金东平府。"夹注：

> 金兵二十万聚于黄龙冈，闻木华黎在济南，众未大集，遣步卒二万袭之。木华黎迎战，金兵败，木华黎遂薄黄龙冈。金兵盛列于城北，木华黎麾蒙古、汉军下马，短兵接，金兵又大败，溺死于河者以万数，木华黎遂陷黄龙冈，进取楚丘，由单州趋东平，围之。

【史源】正文来自《金史》卷一六《宣宗纪下》，夹注来自《东平王世家》。

59. 十二月："木华黎以严实权山东西路行省，唆鲁忽秃帅师次于东平。"夹注：

> 金兵固守东平不下，木华黎谓严实曰："我料东平粮尽，必弃城去。若然，汝即入城，绥辑安慰之，勿苦郡县，以败大事也。"乃留唆鲁忽秃以蒙古兵屯守东平，以实权行省。谓千户撒儿塔曰："东平破，可命严实、石珪分城内南北以守之。"遂北还。

【史源】来自《东平王世家》。

60. 成吉思汗十六年（1221）四月："金东莒公燕宁及蒙古战，宁败死。"

【史源】来自《金史》卷一六《宣宗纪下》。

61. 五月："蒙古取金东平府，命严实、石珪分治之。"夹注：

> 东平被围既久，援者不至，粮道复绝。其民东徙，行省蒙古纲、监军王庭玉、守将和立纲不能守，率众南趋邳州。蒙古唆鲁忽秃邀击，斩首七千级，严实遂入城，建行省于府第。撒儿塔以木华黎命，中分其城，以严实抚安东平以北恩、博等州，石画虎移治曹州。

【史源】来自《东平王世家》。

62. 十月：蒙古"取金葭州，徇绥德州"。

【史源】来自《金史》卷一六《宣宗纪下》。

63. 十一月，蒙古"围延安府"。夹注：

　　八月，木华黎至天德，监国公主遣其臣习里吉思劳之，且享将士。木华黎遂由东胜州涉河，引兵而西。夏主闻之惧，遣塔海监府等宴木华黎于河南，献奉甚厚，且遣荅哥甘普将兵五万属焉。十月，木华黎引兵东行，自云中历太和寨以入葭州，命石天应权行台以守葭，而自将大兵攻绥德，破马蹄、克戎两寨。夏主遣迷僕帅众会之，迷僕问木华黎相见之仪。木华黎曰："汝主见我主，即其礼也。"迷僕曰："未受主命，不敢即拜。"因引众去。十一月，木华黎进攻延安，迷僕始赞马而拜。金元帅合达与纳合买住御之，合达以兵三万陈于城东。蒙古将蒙古不花先以骑士三千趣之，约半夜伏发，木华黎乃令军士衔枚潜进，伏于城东两谷间。明日，蒙古不花望见金兵，佯弃旗鼓走。金兵追之，木华黎出伏乘其后，鼓鼙震天，金兵大乱，木华黎追杀七千余人，合达走入延安城，坚壁不出。木华黎以城池坚深，猝不可拔，乃留军围之，而自将兵南攻洛川、鄜州。

【史源】正文来自《金史》卷一六《宣宗纪下》，夹注来自《东平王世家》。

64. 十一月："蒙古入金潼关。"

【史源】见于《金史》卷一六《宣宗纪下》十二月辛亥朔："以大元兵下潼关、京兆，诏省院议之。"故知"蒙古入金潼关"为十一月之事。

65. 闰十二月：“蒙古侵鄜州，节度使完颜六斤、女奚烈资禄，都监纥石烈鹤寿、蒲察娄室死之。”

【史源】来自《金史》卷一六《宣宗纪下》。

66. 闰十二月：“蒙古木华黎取金坊州，遂徇隰、吉州。”

【史源】来自《金史》卷一六《宣宗纪下》。

67. 成吉思汗十七年（1222）五月：“蒙古木华黎以田雄权元帅府事，及合丑帅师戍于隰、吉、翼等州。”

【史源】《东平王世家》（可参看《元朝名臣事略》卷一《太师鲁国忠武王》所引《东平王世家》）：辛巳年（1221），“留合丑统蒙古军屯石、隰之间，以田雄权帅府事”。《金史》卷一六《宣宗纪下》元光元年（1222）五月：“大元兵屯隰、吉、翼等州。”显然，《通鉴续编》系整合《东平王世家》与《金史》而来，在年、月上皆从《金史》。

68. 六月：“蒙古木华黎取金牛心寨，知吉州杨贞死之。”夹注：

> 时金于牛心寨侨治吉州事。木华黎自隰州攻之，知州杨贞令妻孥先坠崖，己从之，皆死。木华黎入寨，留兵守之而去。且使蒙古不花引游骑出秦陇以为声援，及视山川夷险强弱。

【史源】画单横线处，来自《东平王世家》，但系于七月，其他内容史源待考。

69. 七月：“蒙古木华黎徇金青龙堡，平阳公胡天作降之。木华黎遂趋关中，使蒙古不花守京兆以备潼关。按察儿次于晋安、冀州之境。"

【史源】前两句来自《东平王世家》，最后一句来自《金史》卷
一六《宣宗纪下》。

70. 十月："蒙古木华黎取金河中府，以石天应权河东南北路陕
右关西行台。"夹注：

> 木华黎渡河，所过州县皆下，遂取蒲州。召石天应，谓之
> 曰："河中为河东要郡，我欲选一首领而不可得，君才略绝众，
> 幸为镇之。"乃以天应权行台，平阳、太原、吉、隰等处帅府
> 皆受节度。

【史源】来自《东平王世家》。

71. 十月："金王庭玉复曹州，杀蒙古石珪。"

【史源】《金史》卷一六《宣宗纪下》元光元年（1222）七月己
未："己未，归德行枢密院王庭玉报曹州破红袄贼之捷。"十月："癸
未，复曹州。"又，《通鉴续编》前一年五月已据《东平王世家》有
石珪"移治曹州"的记载。此条殆据此整合而来。又，据《元史》
卷一九三《石珪传》，石珪是被俘至汴京后不屈而死："秋七月，珪
领兵破曹州，与金将郑从宜连战数昼夜，粮绝，援兵不至，军无叛
意，珪临阵马仆被擒。囚至汴，金主壮其为人，诱以名爵，欲使
掴，珪愤然曰：'吾身事大朝，官至光禄，复能受封他国耶！假我一
朝，当缚尔以献。'金主大怒，蒸杀于市……"

72. 十一月："蒙古木华黎徇金同州，节度使李复亨、完颜讹可
死之。"

【史源】来自《金史》卷一六《宣宗纪下》。

73. 十一月："蒙古木华黎徇金凤翔府。"

【史源】来自《金史》卷一六《宣宗纪下》。

74. 成吉思汗十八年（1223）正月："金侯小叔复河中府，杀石天应，蒙古木华黎复取之。"

【史源】主要来自《金史》卷一六《宣宗纪下》：是年正月乙巳（初二），"大元兵下河中府，权元帅右都监侯小叔复之"，"丁卯，大元兵复下河中府"。"石天应"与"木华黎"之名，应参考了《东平王世家》(可参看《元朝名臣事略》卷一《太师鲁国忠武王》引《东平王世家》)，但系于前一年（1222），此处《通鉴续编》系年、纪月皆从《宣宗纪下》。

75. 成吉思汗二十年（1225）正月："蒙古武仙杀史天倪，天倪弟天泽伐仙，仙走西山，天泽复入真定。"夹注：

> 武仙闻宋彭义斌复取山东州县，乃叛蒙古，杀都元帅史天倪。天倪弟天泽，时护母归燕，府僚王守道追天泽于道，告以天倪被杀之故。且曰："变起仓卒，部曲散在近郊，若能返斾，当不招自至。"天泽曰："不共国之仇，死亦当往，况不死耶！"遂倾赀装，易铠仗南还，行次满城，得士马甚众，遣监军李伯祐言状于燕京行省，乞兵进讨。行省即命天泽嗣兄河北西路都元帅，遣笑乃歹率锐卒三千援之，合势进攻卢奴，虏仙骁将葛铁枪，乘胜至中山，略无极，拔赵州，进驻野头。仙惧，奔西山之抱犊砦，天泽遂复入真定府。

【史源】主要来自王恽所撰《开府仪同三司中书左丞相忠武史

公家传》；[1] 唯画单横线处史源待考。

76. 十一月："蒙古带孙取金彰德。"

【史源】来自《元朝名臣事略》卷六《万户严武惠公》引元好问撰神道碑，系于"冬"。

77. 十一月："武仙复入真定，蒙古史天泽奔藁城。"夹注："彭义斌既败，仙势益蹙。已而，潜纳谍者，匿真定之大历寺，夜斩关为内应，仙复入城，天泽出奔藁城。"

【史源】"已而"云云，来自王恽所撰《开府仪同三司中书左丞相忠武史公家传》。

78. 太祖二十一年（1226）正月："蒙古史天泽以藁城董俊之师入真定，武仙走西山。"夹注：

> 藁城守将董俊以全军授天泽，天泽乃与笑乃歹击仙，败之。仙走西山，笑乃歹怒真定民反覆，驱万人，将斩之以示威。天泽曰："是皆吾民，我力不能及，一旦委去，不幸为贼胁制，今杀之何罪？"乃全释之。

【史源】主要来自王恽所撰《开府仪同三司中书左丞相忠武史公家传》。

79. 十一月："蒙古取金濮州、东平府。"

【史源】来自《元朝名臣事略》卷六《万户严武惠公》引元好

1　关于《通鉴续编》征引《开府仪同三司中书左丞相忠武史公家传》的情况，参看本书第三章第二节。

问撰神道碑。

80. 成吉思汗二十二年（1227）三月："蒙古取金德顺府，节度使完颜爱申死之。"
【史源】来自《金史》卷一七《哀宗纪上》。

81. 六月："金以完颜合周为议和使，如蒙古。"
【史源】来自《金史》卷一七《哀宗纪上》。

82. 七月："蒙古自凤翔侵京兆。"
【史源】来自《金史》卷一七《哀宗纪上》。

83. 十二月："蒙古史天泽袭武仙于西山，仙败走汲县。"夹注：

> 天泽在真定，缮城壁，修武备，为不可犯之计。岁荒食艰，捐甘攻苦，与众共之。招流散，抚疮痍，披荆棘，掇瓦砾，官府民聚，以次完治。以高公、抱犊诸砦，武仙之巢穴，不可以不攻，乃帅兵破之。仙走入汲县，天泽复取相、卫蚁尖砦。

【史源】主要来自王恽所撰《开府仪同三司中书左丞相忠武史公家传》，但未提武仙"走入汲县"。

84. 戊子年（1228）三月："蒙古入金大昌原，完颜陈和尚大败之。"夹注：

> 蒙古兵入大昌原，金平章政事完颜合达以忠孝军提控完颜陈和尚为前锋。陈和尚擐甲上马，以四百骑大败蒙古八千之

众，士气皆倍，盖自有蒙古之难，二十年间，始有此捷。由是陈和尚之名震国中。

【史源】来自《金史》卷一二三《完颜陈和尚传》，但未系月。

85. 十二月："金以完颜讹申为蒙古国信使。"

【史源】来自《金史》卷一七《哀宗纪上》。

综上所述，《通鉴续编》所记成吉思汗时期的蒙金战争，其史源可分为照录一书与杂采诸书两种情况。

照录一书者

（1）来自《金史》：第 1、5、7、8、10、11、14、17、18、19、23、24、26、27、28、29、30、31、32、33、35、36、37、38、39、40、41、42、44、47、48、49、51、53、54、55、57、60、62、64、65、66、72、73、80、81、82、84、85 条。

（2）来自《东平王世家》：第 12、15、20、25、34、43、56、59、61、68、70 条。其中，第 68 条还参考了其他材料。

（3）来自《元朝名臣事略》：第 16、45、50、76、79 条。

（4）来自《开府仪同三司中书左丞相忠武史公家传》：第 75、77、78、83 条。其中，第 75、77 条还参考了其他史料。

杂采诸书者

（1）《金史》与《东平王世家》：第 52、58、63、67、69、71、74 条。

（2）整合《金史》与其他史源：第 2、3、4、6、13、21、46 条。其中，第 2、3 条可能还参考了《五朝实录》；鉴于陈桱以宋为正统的编撰理念，第 6 条夹注画单横线处，可能首先征引了宋人的《建炎以来朝野杂记》；第 13 条也可能参考了《大金国志》。

（3）宋方的材料以及元人的《五朝实录》：第 9、22 条。

　　通过以上史源来看，陈桱在编撰成吉思汗时期的蒙金战争时，利用最多的是元朝官修的《金史》一书，其次是《东平王世家》《元朝名臣事略》《开府仪同三司中书左丞相忠武史公家传》《大金国志》等文献。其中，元代坊间所刻的《大金国志》，虽然在当时流传较广，但被《通鉴续编》征引者只有疑似的一条，并不居于核心地位。

　　在史文的具体编撰方面，陈桱对《金史》的特别青睐主要表现为三点。一是正文多以《金史》本纪为纲，夹注取《金史》列传加以阐释，如第48条；当然，也有正文采用《金史》列传纪事，但纪月则参考了《金史》本纪，如第35条。二是正文以《金史》为纲，夹注引元代史料进行详细解说，如第58、63条。三是金、元史料抵牾者，首取《金史》的说法，如第52、67、74条。《通鉴续编》中还有一点尤其昭著，那就是在这一时段的纪年上先记宋代年号，其次是金代年号和蒙古纪年。这种先金后蒙的纪年方式，显然是与陈桱以《金史》为主、辅以元代史料的编撰风格相辅相成的。

　　还需强调的是，陈桱在征引史料的同时，并非照搬原文，而是有所增改。如第47、48、49与第45条，分别补入"木华黎"与"石抹明安"，为两人的事迹提供了更为明确的信息。除了增改外，还有整合史文者，如第30、40、52条，将前后两或三个月的纪事，置于一个月内叙述。这么处理其实并不切实，个中原因，或许与《通鉴续编》本身的体例有关。众所周知，纲目体史书的特点是"纲为提要，目为叙事"，故作为"纲"的正文重在简约概括，《通鉴续编》合并连续两三个月内同类叙事的做法，可能是受此编撰原则影响所致。[1]此外，《通鉴续编》还有以后来官称叙某人前事的情况，如第5、43条。在杂采诸书时，对个别史文的理解也略有讹误，这类问题较

1　第30条是将九月纪事合并入八月，《通鉴续编》下文并无九月纪事；第40条是将十月、十一月事合并入九月，《通鉴续编》下文十月并无同类纪事，亦缺十一月纪事；第52条是将十月纪事合并入九月，《通鉴续编》下文并无十月纪事。

少,如第 2、3、9、15、16 条。第 2、15 条对事件时间的误置,源于缺乏深入辨析,第 16 条更是因袭史源之误,第 3 条与第 9 条史文的衍、缺,可能是征引时疏忽所致。

二　窝阔台汗时期

今将《通鉴续编》所记窝阔台汗时期的蒙金战争,按编年顺序逐一编号辑录并考索史源于下。

1. 窝阔台汗元年(1229)十月:"蒙古围庆阳。十二月,金移剌蒲阿救之。"

【史源】来自《金史》卷一七《哀宗纪上》。

2. 窝阔台汗二年(1230)八月:"蒙古史天泽袭武仙于汲,仙败走。"

【史源】王恽撰《开府仪同三司中书左丞相忠武史公家传》:"庚寅(1230)冬,围武仙于汲……仙逸去,复取卫州。"当为《通鉴续编》此条之主要史源。《金史》卷一七《哀宗纪上》是年八月:"大元兵围武仙于旧卫州。"知《通鉴续编》之纪月是据《金史》而来。

3. 十月:"蒙古太宗皇帝次于陕西。"夹注:

> 初,蒙古小使斡骨柔至陕西议和,金行省移剌蒲阿、纥石烈牙吾答等惧其泄事机,留之不遣。及蒲阿既解庆阳之围,志意骄满,乃遣斡骨柔还,谓之曰:"我已准备军马,能战则来。"语甚不逊,斡骨柔见太宗皇帝于应州,白之。帝大怒,<u>即与太弟睿宗皇宗亲帅大众</u>,入陕西,翱翔京兆、同、华之间,破南山砦栅六十余所,遂趋凤翔。

【史源】夹注画线处前面的史文与正文纪月，皆来自《金史》卷一一一《纥石烈牙吾塔传》，其后史文来自《金史》卷一一四《白华传》。

4.窝阔台汗三年（1231）正月：“蒙古围金凤翔府。”夹注：

> 蒙古围凤翔，金行省合达、蒲阿逗遛不进。金主遣枢密判官白华往谕之，合达、蒲阿言：“北兵势盛，不可轻进。”白华还，金主复遣，谕以凤翔围久，恐守者不能支，可领军出关，略与渭北军交手，计北军闻之，必当奔赴，少纾凤翔之急。合达、蒲阿乃始出关，行至华阴界，与渭北军交战。比晚，收军入关，不复顾凤翔矣。

【史源】正文来自《金史》卷一七《哀宗纪上》。夹注记载了金主前后两次派遣白华质问军情，第二次即“谕以凤翔围久”后的内容来自《金史》卷一一四《白华传》。关于第一次，《白华传》亦有提及：“遣白华……问以‘目今二月过半，有怠归之形，诸军何故不动’。……合达言：‘不见机会，见则动耳。’蒲阿曰；‘彼军绝无粮饷，使欲战不得，欲留不能，将自敝矣。’……华等观二相见北兵势大皆有惧心，遂私问樊泽、定住、陈和尚以为何如，三人者皆曰：‘他人言北兵疲困故可攻，此言非也。大兵所在岂可轻料，是真不敢动。’华等还，以二相及诸将意奏之……”《金史》卷一七《哀宗纪上》：正大八年春正月，“大元兵围凤翔。遣枢密院判官白华……谕阌乡行省进兵，合达、蒲阿以未见机会不行。复遣白华谕合达、蒲阿将兵出关以解凤翔之围，又不行”。《通鉴续编》夹注，殆据本纪与白华本传整饬而来。

5.四月："蒙古取金凤翔，完颜合达、移剌蒲阿迁京兆民于河南，使完颜庆山奴戍之。"

【史源】来自《金史》卷一七《哀宗纪上》。按，《圣武亲征录》与《元史》卷二《太宗纪》皆认为"克凤翔"事在"二月"。

6.八月："蒙古太弟入武休及兴元府，遂侵仙人关。"夹注：

> 太弟分骑兵三万入大散关，攻破凤州，径趋华阳，屠洋州，攻武休，开生山，截焦崖，出武休东南，遂围兴元。军民散走，死于沙窝者数十万。分军而西，西军由别路入沔州，取大安军路，开鱼鳖山，撤屋为筏，渡嘉陵江入关堡，并江趋葭萌，略地至西水县，破城寨百四十而还。东军屯于兴元、洋州之间，以趋饶风关。

【史源】主要来自《金史》卷一一一《完颜讹可传》，唯"饶风关"作"饶峰关"。[1]"侵仙人关"与"破城寨百四十而还"，当别有他本。

7.九月："蒙古太宗皇帝侵金河中府，完颜庆山奴弃京兆而还。"

【史源】来自《金史》卷一七《哀宗纪上》，但未提"太宗皇帝"。

8.十一月："蒙古太弟入饶风关"。

【史源】来自《金史》卷一七《哀宗纪上》，然"饶风关"作"峣峰关"，亦不见"太弟"二字。

1　钱大昕已注意到此名在《金史》中，有峣峰关、饶丰关、饶风关等不同写法，见钱大昕《一地异文》，《十驾斋养新录》卷八，第168页。

9. 十二月："金完颜合达、移刺蒲阿帅师出屯顺阳。"夹注：

　　太弟攻饶凤关，守将遁。蒙古兵入之，由金州而东，将趋汴京。金主召宰执、台谏入议，曰："事已至此，奈何？"皆曰："北军冒万里之险，历二年之久，方入武休，其劳苦已极。为吾计者，以兵屯睢、郑、昌武、归德及京畿诸县，以大将守洛阳、潼关、怀孟等处，严兵备之。京师积粮数百万斛，令河南州郡坚壁清野，其不能入城者，聚保山砦。彼深入之师，欲攻不能，欲战不得，师老食尽，不击自归矣。"金主太息曰："南渡二十年，所在之民，破田宅鬻妻子以养军士。今军士无虑二十余万，故至不能迎战，徒以自保京城。虽存何以为国？天下其谓我何？朕思之熟矣，存亡有天命，惟不负吾民可也。"乃诏诸将屯襄、邓。十二月，合达、蒲阿帅诸军入邓州，杨沃衍、陈和尚、武仙兵皆会，遂出屯顺阳。

【史源】夹注画单横线处来自《金史》卷一七《哀宗纪上》；其他史文来自《金史》卷一一三《赤盏合喜传》。

10. 十二月："蒙古太宗皇帝取金河中府。"夹注：

　　太宗皇帝围河中急，金守将佥枢草火讹可、元帅板子讹可惧军力不足，截故城之半以守。帝筑松楼，高二百尺，下瞰城中，土山地穴百道并进。昼夜力战，楼橹俱尽，白战又半月，力竭城陷。草火讹可犹亲搏战数十合，始被擒就死。板子讹可以败卒三千，夺船走阌乡。金主怒其不能死节，杖杀之。两讹可皆内族，一人每得贼，好以草火烧之，一人尝误呼宫中牙牌为版子，故时人因以别之。

【史源】正文来自《金史》卷一七《哀宗纪上》，但未提"太宗皇帝"，夹注来自《金史》卷一一一《完颜讹可传》。

11. 十二月："蒙古太弟渡汉，分师趋金汴京。完颜合达、移剌蒲阿帅师还邓州，蒙古追之，获其辎重。"夹注：

河南闻蒙古入饶风关，大恐，皆入保城壁险阻以避之。既而，民复还乡社。蒙古兵突至，人无所逃，多被俘获。戊辰（十二月十七日），蒙古兵渡汉江，行省合达、蒲阿召诸将……遂次于顺阳。丙子（二十五日），蒙古兵毕渡。合达、蒲阿始进至禹山，分据地势，列步卒于山前、骑士于山后。蒙古兵观之，竟不前，阵散如雁翅，转山麓出金骑兵之后，分三队而来。合达曰："今日之势，未可战也。"俄而，蒙古骑兵突前，金兵不得不战，短兵接，三交手，蒙古兵少却。其在西者，望蒲阿亲军环绕甲骑后而突之，金蒲察定住力战始退。合达曰："彼众号三万，而辎重居其一。今相持二三日，彼不得食。若乘其却而拥之，必胜矣。"蒲阿曰："江路已绝，黄河不冰。彼入重地，将安归乎，何以速为？"遂不逐。明日，蒙古兵忽不见，合达、蒲阿意其南渡而去。己卯（二十八日），逻骑还，始知在光化对岸枣林中，昼作食，夜不下马，望林中往来，不五六十步而四日不闻音响。庚辰（二十九日），合达、蒲阿议入邓州就粮。辰、巳间，到林后，蒙古忽至。合达、蒲阿迎战，交绥之际，蒙古以百骑邀两行省辎重，尽获而去，金兵几不成列。逮夜二鼓，合达、蒲阿乃入邓州城，惧军士迷路，鸣钟招之。樊泽屯城西，高英屯城东。合达、蒲阿隐其败，以大捷闻。……

【史源】夹注画单横线处主要来自《金史》卷一一二《完颜合达传》，其他夹注主要来自卷一一二《移剌蒲阿传》；"不五六十步而四日不闻音响"，"四日"二字系《通鉴续编》所加；"戊辰""丙子"二纪日，仅见于卷一七《哀宗纪上》以及合达本传；又，"合达曰：'彼众号三万，而辎重居其一。今相持二三日，彼不得食。若乘其却而拥之，必胜矣。'"其中"合达"二字，《移剌蒲阿传》作"二省"，揆诸文意，《通鉴续编》的改动似乎更妥。

12. 窝阔台汗四年（1232）正月："蒙古太宗皇帝自河清白坡渡河，遂次于郑州，使速不台围金汴京。"夹注：

金主闻蒙古兵趋汴，召群臣议。尚书令史杨居仁请乘其远至击之，平章白撒不从，而遣麻斤出等部民丁万人，开短堤，决河水以自固京城。命夹谷撒合将步骑三万巡河渡，起近京诸色军家属五十万口入京城。戊子，太宗皇帝用西夏人悧可计，自河中由河清县白坡渡河，遣人驰报太弟以师来会。夹谷撒合行至封丘而还，蒙古兵奄至，麻斤出等皆死，丁壮得免者三百人而已。甲午，太宗皇帝入郑州，次于海滩寺，遣速不台攻汴城。金主召群臣议所守，朝臣有言："术虎高琪所筑里城决不可守，外城决不可弃。若蒙古兵得外城，则粮尽援绝，走一人不出，里城或不测可用。"于是决计守外城，命修楼橹器具。时京城诸军不满四万，而城周百二十里，人守一乳口尚不能遍，故议迁避之民充军。又召在京军官于上清宫，平日防城得功者，截长补短假借而用，得百余人。又集京东西沿河旧屯两都尉及卫州义军，凡四万，并丁壮二万，分置四面。每面选千名飞虎军以专救应，然亦不能军矣。金主命翰林学士赵秉文为赦文改元，布宣悔悟哀痛之意，指事陈义，辞情俱尽。闻者莫不感励，洛阳人至于恸哭。

【史源】夹注画单横线处，来自《金史》卷一一三《白撒传》。然"丁壮得免者三百人而已"，《白撒传》作："丁壮无二三百人得反者。""凡四万，并丁壮二万，分置四面"，《白撒传》作："得四万人，益以丁壮六万，分置四城。"画波浪线处，来自《金史》卷一七《哀宗纪上》。赵秉文撰文改元事，来自《金史》卷一一〇《赵秉文传》。窝阔台"入郑州，次于海滩寺"，来自《金史》卷一一五《完颜奴申传》。可见，《通鉴续编》此处纪事系参考《金史》诸处记载整饬而来。

13. 正月："金完颜合达、移剌蒲阿帅师自邓州还，及蒙古太弟战于三峰，金师大溃，蒲阿弃师而逃，合达走入钧州，蒙古获之，皆死。忠孝军总领完颜陈和尚死之。"夹注：

> 蒙古兵自禹山之战，散漫而北，所过州县，无不降破，遂自唐州以趋汴京。金二行省自邓州赴援，步骑十五万，蒙古以骑三千尾之。合达等谋曰："敌兵止三千，而我不战，是弱也。"乃伏骑五千于邓州道，蒙古兵前后被拥，遂南避。金师至钧州沙河，蒙古兵不战而退。金师方盘营，蒙古兵复来袭，金师不得休息食饮，且行且战。至黄榆店，望钧州二十五里，雨雪不能进。忽一近侍入军中，传旨云："两省军悉赴京师。"合达等遂发。蒙古兵自北渡者毕集，前后以大树塞道，金将杨沃衍夺路，得之。陈和尚拥蒙古山上之师，蒙古少却，金师遂进次于三峰山。金将张惠、按得木立山上，望蒙古兵二三十万阵于三峰之东，厚二十余里。二将谋曰："此地不战，欲何为耶？"乃率万骑，乘上而下以拥蒙古之师。蒙古师却。须臾，白雾蔽空，人不相觑。又雪，田泥淖深没人胫。军士被甲胄，僵立雪中，枪槊结冻如椽，军士有不食至三日者。蒙古军与河

北军合，四面围之，炽薪燔肉，更迭休息，乘金困惫，乃开钧州路，纵之走。而以生军夹击之，金师遂溃，声如崩山。忽天气开霁，日色皎然，金师无一人逃者。武仙率三十骑入竹林中，遂走密县。杨沃衍、樊泽、张惠步持大枪，奋战而死。合达知大事已去，欲下马战，而蒲阿已失所在。合达乃与陈和尚等，以数百骑走入钧州。太宗皇帝在郑州，闻太弟与金相持，遣口温不花、赤老温等赴之，至则金师已溃，于是乃合攻钧州，堑其城外。合达欲走门，不得出，匿窟室中。城破，蒙古兵发而杀之。陈和尚趋避隐处，杀掠稍定，乃出，自言曰：“我金国大将，欲见白事。”蒙古兵士以数骑夹之，诣太弟帐前。问其姓名，曰：“我忠孝军总领陈和尚也。大昌原、卫州、倒回谷之胜，皆我也。我死乱军中，人将谓我负国家，今日明白死，天下必有知我者！”蒙古兵欲其降，斫足胫折之，划口吻至耳，噀血而呼，至死不屈。蒙古将有义之者，以马湩酹而祝曰：“好男子！他日再生，当令我得之。”蒲阿走，蒙古兵追蹑，擒之，械至官山。太弟召见，欲降之，往复譬喻万端，终不从，惟曰：“我金国大臣，惟当金国境内死耳！”遂杀之。合达、蒲阿既败，金之健将锐卒俱尽，不复可为矣。蒙古因扬言曰：“汝家所恃，惟黄河与合达耳。今合达为我杀，黄河为我有，不降何待？”

【史源】夹注画单横线处，来自《金史》卷一一二《完颜合达传》；画波浪线处，来自卷一一二《移剌蒲阿传》；画虚线处，来自卷一二三《完颜陈和尚传》。需要指出的是：（1）“乃伏骑五千于邓州道”，“五千”，《移剌蒲阿传》作“五十”，根据金人十五万的兵力来看，似乎《通鉴续编》更可信。（2）“合达乃与陈和尚等，以数百骑走入钧州”一句中，“与陈和尚等”不见于《完颜合达传》，而是来自《金史》卷一七《哀宗纪上》。（3）关于蒙古在官山审讯、招降蒲阿，《移剌蒲阿传》未明确记载蒙古方面负责此事之人，《通鉴续编》则认为是太弟拖雷。据蒲阿本传，此事发生在"七月"。《元史》卷一一五《睿宗传》：是年"四月，由半渡入真定，过中都，出北口，住夏于官山。五月，太宗不豫。六月，疾甚。拖雷祷于天地，请以身代之……居数日，太宗疾愈，拖雷从之北还，至阿剌合的思之地，遇疾而薨"。《元史》卷二《太宗纪》：四年"四月，出居庸，避暑官山……九月，拖雷薨，帝还龙庭"。可见，七月，拖雷仍在官山，故由其劝降亲自俘获的金朝将领，应在情理之中。

14. 正月："金许州军校杀节度使古里甲石伦，以城降于蒙古。"【史源】来自《金史》卷一七《哀宗纪上》。

15. 二月："金阌乡行省徒单兀典、潼关总帅纳合买住、秦蓝总帅完颜重喜，弃潼关，帅师东还。至铁岭，蒙古追及，皆杀之，金师大溃。"夹注：

> 初，金闻蒙古入饶风，遣兀典及关陕总帅徒单百家备潼关，便宜行事。百家驰入陕……会阿里合传旨，召兀典援汴。兀典遂与合住、重喜等率军十一万、骑五千，尽撤秦蓝诸关之备，从虢入陕，同、华、阌乡一带军粮数十万斛，备关船二百余艘，皆顺流东下。俄闻蒙古兵近，粮皆不及载，船悉空下。复尽起州民，运灵宝、硖石仓粟。会蒙古游骑至，杀掠不可胜计。金守将李平以潼关降于蒙古，蒙古兵遂长驱至陕。兀典发阌乡军士，各以老幼自随，由西南径入大山。冰雪中部将多叛去，蒙古闻之，自卢氏以数百骑追之。……于是重喜先降，蒙古斩之于马前，金兵遂大溃。兀典、合住从数十骑走山谷间，追骑擒之，皆被杀。

【史源】正文来自《金史》卷一七《哀宗纪上》。夹注主要来自《金史》卷一一六《徒单兀典传》，唯画单横线处一句来自《哀宗纪上》，但系于正月。

16. 二月："蒙古取金睢州，遂围归德府，不克。"夹注："蒙古围归德，金行省石盏女鲁欢命经历冀禹锡守御，禹锡竭其材智，故得不陷。"

【史源】正文来自《金史》卷一七《哀宗纪上》，夹注来自《金史》卷一一六《石盏女鲁欢传》。

17. 三月："蒙古围金洛阳，中京留守完颜撒合辇赴水死。警巡使强伸代守，蒙古师退。"夹注：

蒙古立炮攻洛，洛城中惟三峰溃卒三四千及忠孝军百余守御而已。留守撒合辇疽发于背，不能军。三月丙戌夜，城东北角破，撒合辇投壕水死。已而，蒙古兵退，元帅任守贞复立府事。既而，守贞援汴，河南人推强伸为府佥事，领所有军二千五百人，伤残老弱者半之。甫三日，蒙古兵围其三面，伸括衣帛为帜，立之城上，率士卒赤身而战，以战士数百，往来救应，大呼，以"憨子军"为号。其声势与万众无异，兵器已尽，以钱为镞，得蒙古兵一箭截而为四，以筒鞭发之。又创遇炮，用不过数人，能发大石于百步外，所击无不中。伸奔走四应，所至必捷。蒙古益兵力攻，凡三月余，不能拔，乃退。

【史源】正文撒合辇事，来自《金史》卷一七《哀宗纪上》："三月丁亥，大元军平中京，留守撒合辇投水死。"强伸事，来自《金史》卷一一一《完颜撒合辇传》。夹注画单横线处，来自《完颜撒合辇传》；其后的史文，来自《金史》卷一一一《强伸传》。

18. 三月："金命尚书左丞李蹊奉曹王讹可为质于蒙古，以请平。"

【史源】来自《金史》卷一七《哀宗纪上》。

19. 四月："蒙古速不台退师河洛，金大赦改元。"夹注：

　　蒙古太宗皇帝之将北还避暑也，遣使自郑州至汴，谕金主降。使者至，立出国书以授译史，译史以授宰相，宰相跪进，金主起立受之，以付有司。其书索翰林学士赵秉文、衍圣公孔元措等二十七家，及归顺人家属，移剌蒲阿妻子并绣女、鹰人等。金主乃封荆王守纯子讹可为曹王，命李蹊送之于蒙古为质，以请平，谏议大夫裴满阿虎带、太府监国世荣为讲和使。未行，速不台闻之，曰："我受命攻城，不知其他也。"三月癸卯，蒙古立攻具，沿濠列木栅，以薪草填壕，顷刻平十余步。平章白撒以议和之故，不敢与战，但于城上坐视而已。……是日，曹王行，蒙古兵并力进攻。甲辰，金主复出抚东门将士……是日，蒙古兵驱汉俘及妇女老幼负薪草填壕堑，城上箭镞四下如雨。顷刻，壕平。龙德宫造炮石，取宋艮岳太湖、灵壁假山为之，小大各有斤重，其圆如灯球之状，有不如度者，杖其工人。蒙古兵用炮则不然，破大砲或碌碡为二三，皆用之，攒竹炮有至十三稍者，余炮称是。每城一角，置炮百余枚，更迭上下，昼夜不息。不数日，石几与里城平，而城上楼橹，皆故宫及芳华、玉溪所折大木为之，合抱之木，随击而碎，以马粪、麦秸布其上，网索、旆褥固护之，其愚风板之外，皆以牛皮为障，遂谓不可近。蒙古兵以火炮击之，随即延爇，不可扑救。父老所传周世宗筑京城，取虎牢土为之，坚密如铁，受炮所击，惟凹而已。蒙古兵壕外筑城，围百五十里，城有乳口楼橹，壕深丈许，阔亦如之，约三四十步置一铺，铺置百许人守之。初，白撒命筑门外短墙，委曲狭隘，容三二人得过，以防蒙古兵夺门。及被攻，诸将请乘夜斫营，军乃不能猝出。比出，已为蒙古所觉，后又募死士千人穴城，由壕径渡，烧其炮坐，城上悬红纸灯为应，约灯起渡壕，又为蒙古所觉。又放纸鸢，置文书其上，至蒙古营则断之，以诱俘者。识者谓："宰相欲以纸鸢、纸灯退敌，难矣！"特有火炮名"震天雷"，用铁罐盛药，以火点之。炮起火发，其声如雷，闻百里外，所爇围半亩已上，火点着铁甲皆透。蒙古又为牛皮洞，直至城下，掘城为龛，间可容人，则城上不可奈何矣。人有献策者，以铁绳悬震天雷，顺城而下，至掘处火发，人与牛皮皆碎迸无迹。又有飞火枪，注药以火发之，辄前烧十余步，人亦不敢近，蒙古惟畏此物。蒙古攻城十六昼夜，内外死者以百万计。于是金主母明惠皇后陵被发，速不台知不可取，乃为好语曰："两国已讲和，更相攻耶？"金人因就应之。四月丁巳，金主遣户部侍郎杨居仁出宜秋门，以酒炙犒蒙古兵，且以金帛珍异赂之。速不台乃许退师，散屯河洛之间。参政赤盏合喜以己守城有功，欲率百官入贺。参政内族思烈曰："城下之盟，春秋以为耻，况以罢攻为可贺耶！"合喜怒曰："社稷不亡，帝后免难，汝等不以为喜耶？"乃命赵秉文为表，秉文曰："春秋新宫灾，三日哭。今园陵如此，酌之以礼，当慰不当贺。"事乃已。甲子，金主御端门肆赦，改元天兴。诏内外官民，能完复州郡者，功赏有差。出金帛酒炙犒饮军士，减御膳，罢冗员，放宫女，上书不得称圣，改圣旨为制旨，释卫绍王族禁锢。丁卯，汴京解严，步兵始出封丘门外采蔬薪。己巳，建威都尉完颜兀论同蒙古使者没忒入汴，金主见之于隆德殿。甲戌，金主御承天门，大享将士，闻有声屈者，金主乃还宫。

【史源】夹注画单横线处，来自《金史》卷一七《哀宗纪上》；画波浪线处，来自《金史》卷一一〇《赵秉文传》；其他史文主要来自《金史》卷一一三《赤盏合喜传》。需要说明的是：（1）速不台说："我受命攻城，不知其他也。"《赤盏合喜传》则作："我受命攻城，但曹王出则退，不然不罢也。"（2）"平章白撒以议和之故，不敢与战"，其中"平章白撒"，在《赤盏合喜传》作"主兵者"。查《金史》卷一一三《白撒传》，他当时为平章政事，也是主和的代表："令史杨居仁请乘其远至击之，白撒不从，且阴怒之。"（3）速不台攻城不下后，率军"散屯河洛之间"，不见于《赤盏合喜传》，应参考了其他材料。

20. 六月："金徐州军乱，蒙古山东行省国安用入据之。"夹注：

　　李全之败也，国安用从全妻杨妙真走山东，遂降于蒙古。蒙古以为都元帅，行省山东。会徐州埽兵总领王祐、张兴、都统封仙等，夜烧草场作乱，逐行省徙单益都，安用率兵入徐，执祐等斩之，以封仙为元帅，主徐州事。

【史源】正文来自《金史》卷一七《哀宗纪上》。夹注主要来自《金史》卷一一七《国用安传》，画单横线处则另有他本。

21. 六月："金李蹊还自蒙古。"
【史源】来自《金史》卷一七《哀宗纪上》。

22. 七月："蒙古国安用降金，金封为兖王，行京东尚书省事，赐姓名完颜用安。"夹注：

　　安用既得徐州，金宿州东面总帅刘安国、邳州杜政皆以州归之，用安遂据三州。蒙古帅阿朮鲁闻之，怒曰："此三州我当攻取，安用何人，辄受其降？"遣将张进率兵入徐，欲图用安，夺其州。用安惧，乃与徐州总帅王德全劫杀张进及海州元帅田福等数百人，与杨妙真绝，乃还邳州。会山东诸州及徐、邳、宿三州主帅刑白马结盟，誓归金朝。既盟，诸将皆散去，用安无所归，遂同王德全、刘安国因宿州从宜众僧奴，自通于金。众僧奴以闻，未报，而用安率兵万人攻海州，未至，众稍散去。用安自知失计，于是复金衣冠。……

【史源】正文来自《金史》卷一七《哀宗纪上》，夹注来自《金史》卷一一七《国用安传》。

23. 七月："金邓州行省完颜思烈、恒山公武仙、巩昌总帅完颜忽斜虎会师，自汝州救汴，金主命枢密使赤盏合喜帅师应之，次于中牟。"

【史源】来自《金史》卷一七《哀宗纪上》，唯"次于中牟"系于八月己酉朔。

24. 八月："思烈等遇蒙古于京水，遂溃，合喜弃师走还。"

【史源】来自《金史》卷一七《哀宗纪上》。

25. 十月："金以汪世显为巩昌便宜总帅。"夹注：

初，世显以战功为征行从宜，分治陕西西路。时调度窘迫，世显发家赀，率豪右助边。邻郡效之，军饷遂足。金主以巩昌冲要之地，以忽斜虎为总帅，世显同知府事。二人尽忠固守，出保石门以抗蒙古，及忽斜虎勤王东下而溃，金主以世显代之。世显励志自奋，粮械精赡。

【史源】来自《元朝名臣事略》卷六《总帅汪义武王》引杨奂撰神道碑，唯"忽斜虎"记作"完颜仲德"。按，完颜仲德本名忽斜虎，《金史》卷一一九有传。

26. 十一月："金河解元帅赵伟袭杀陕州行省阿不罕奴十刺，以城降于蒙古。"

【史源】来自《金史》卷一八《哀宗纪下》。

27. 十二月："金主弃汴如河北，次于黄陵冈，蒙古速不台复围汴。"夹注：

汴京粮尽援绝，势益危急，召诸臣入议。或言归德四面皆水可以自保者。或言宜沿西山入邓者。或言设欲入邓，蒙古速不台今在汝州，不如〔取〕陈、蔡路转往邓下。金主未决，遣近侍即右司郎中白华家，问之。华言："归德城虽坚，久而食尽，坐以待毙，决不可往。欲往邓下，既汝州有速不台，断不可往。以今日事势计之，当直赴汝州，与之一决，有楚则无汉，有汉则无楚。汝州战不如半途战，半途战不如出城战，盖我军食力犹在也。若出京益远，军食益减，马食野草，事益难矣。若我军便得战，存亡决此一举，外则可以激三军之气，内则可以慰都人之心。或止为避迁之计，人心顾恋家业，未必毅然从行，可详审之。"金主不从，而集军士于大庆殿，谕以京城食尽，今拟亲出。诸将佐合辞奏曰："圣主不可亲出，止可命将，三军欣然愿为国家效死。"金主欲以蒲察官奴为马军帅，高显为步军帅，刘益副之。三人者欲奉命，参政内族讹出曰："汝辈把锄，不知高下，国家大事，敢易承耶？"众默然。唯官奴曰："若将相可了，何至使我辈？"事亦中止。<u>遂以右丞相赛</u>

不、平章白撒、右副元帅讹出、左丞李蹊、元帅左监军徒单百家等，帅诸军扈从，参政奴申、枢副兼知开封习捏阿不、里城四面都总领珠颗、外城东面元帅把撒合、南面元帅术甲咬住、西面元帅崔立、北面元帅孛术鲁买奴等留守。丁亥，金主御端门，发府库及两府器皿、宫人衣物赐将士。民间哄传车驾往归德，军士家属留汴京，目今食尽，坐视城中俱饿死矣。纵能至归德，军马所费支吾，复得几许日。金主使赛不宣言曰："前日巡狩之议，为白华改，今往汝州索战矣。"庚子，金主发汴京，与太后、皇后、妃主别，大恸而出。辛丑，金主出城，父老百官奉辞于开阳门，诏谕留守兵士曰："社稷宗庙在此，汝等壮士也，毋以不预进发之数，便谓无功。保守无虞，将来功赏岂在战士下！"闻者皆洒泣。是日，巩昌元帅忽斜虎援兵至，言于金主曰："京西三百里之间无井灶，不可往，不如幸秦巩。"金主遂决意东行。乙巳，次黄陵冈。白撒击蒙古，降其两寨，得河朔降将，金主赦之，授以印符。群臣因请以河朔诸将前导鼓行，入开州，取大名、东平，豪杰当有响应者，破竹之势成矣。温敦昌孙曰："太后中宫，皆在南京，北行万一不如意，圣主孤身欲何所为？若往归德，更五六月不能还京，不如先取卫州，还京为便。"白撒曰："圣体不便鞍马，且不可令蒙古兵知帝所在，今可驻归德，臣等率降将往东平，俟诸军到，可一鼓而下，因而经略河朔，且空河南之军。"官奴曰："卫州有粮，可取也。"白撒曰："京师且不能守，就得卫州，欲何为耶？"金主惑之，遂一意向河朔。蒙古速不台闻金主弃汴，复进围之。

【史源】夹注画单横线处，来自《金史》卷一八《哀宗纪下》；画波浪线处，来自《金史》卷一一三《白撒传》；其他史文主要来自《金史》卷一一四《白华传》，"不如〔取〕陈、蔡路转往邓下"

一句之"取"字，《通鉴续编》原文缺，据《白华传》补。还需指出
者：其一，忽斜虎建言中"不如幸秦巩"，不见于《哀宗纪下》，为
完颜仲德所言，见于《金史》卷一一九本传。其二，"乙巳（三十
日），次黄陵冈"，《哀宗纪下》系于"甲辰（二十九日）"，《白撒
传》同，但后文又说"明年正月朔，次黄陵冈"；《白华传》："是月
晦（三十日），车驾至黄陵冈"，明年"正月朔，上次黄陵冈"。可
知此数日金主车驾一直驻于黄陵冈，《通鉴续编》夹注纪日更可能本
于《白华传》。

28. 窝阔台汗五年（1233）正月："金主济河，次于蒲城，使完
颜白撒伐卫州。还，及蒙古战于白公庙，金师败绩，金主走归德
府，诸军大溃，白撒伏诛。"夹注：

> 金主遣使征粮于归德，总帅石盏女鲁欢送粮千五百石。正
> 月丙午朔，粮至蒲城东二十里。六军给粮尽，因留船二百，张
> 布为幄。即日，金主乘以济河。会大风，后军不克济。蒙古回
> 古乃追击于南岸，金元帅贺都喜力战而死。金兵溺者近千人。
> 金主次于北岸，望之震惧。遂次于沤麻冈，遣平章白撒帅师攻
> 卫州。至城下，以御旗招之，城中不应。蒙古闻之，自河南
> 渡，白撒遂退师。蒙古史天泽以骑兵蹑其后。丁巳，战于白公
> 庙，金师败绩，白撒弃军东遁，元帅刘益、上党公张开皆为民
> 家所杀。戊午，金主进次蒲城东三十里魏楼村，犹欲俟蒙古兵
> 至决战。少顷，白撒至，仓皇言于金主曰："今军已溃，北兵近
> 在堤外，请圣主幸归德。"己未夜，金主遂与副元帅合里合等
> 六七人登舟潜渡河，走归德。侍卫皆不知，巡警如故。翌日，
> 诸军闻金主弃师，遂大溃。辛酉，金主入归德，遣奉御术甲塔
> 失不往汴京，奉迎太后及后妃。诸军怨愤，金主乃暴白撒罪，
> 杀之。初，濒河居民闻金主北渡，筑垣塞户，潜伏洞穴，及见

蒲察官奴一军号令严肃，抚劳周悉，所过无丝发之犯，老幼妇女坦然相视，无复畏避。所在父老、僧道献食牛酒，犒军者相继。金主亲为拊慰，人人感泣。及白撒往卫州，纵军四掠，哭声满野，所过丘墟，一饭之费，至数十金，公私皇皇，民始思畔。故卫城坚守，而蒙古之追，无来援者，以至于败。

【史源】夹注画单横线处，来自《金史》卷一八《哀宗纪下》；画波浪线处，来自《金史》卷一一三《白撒传》；画虚线处，主要来自《金史》卷一一六《石盏女鲁欢传》，然"因留船二百"，《石盏女鲁欢传》作："因留船不听归。"画粗黑线处，来自《金史》卷一一四《白华传》。"蒙古史天泽以骑兵踵其后"，《白撒传》作："大兵踵其后。"《开府仪同三司中书左丞相忠武史公家传》：金主"败走蒲城，公尾其后"。史天泽之名殆据此而来。卫州、白公庙之战的失败，直接导致金主河朔之行的流产，夹注最后一句给出了颇合情理的原因，即蒙古军坚守卫州并主动出击，而金军缺少援助，此句不知所据，可能是陈桱本人的论断。

29. 正月："金汴京西面元帅崔立作乱，杀其参知政事完颜奴申及知开封府完颜习捏阿不，以卫绍王子从恪为梁王监国而幽之，立自为都元帅、郑王，以城降于蒙古。"夹注：

初，汴人以金主亲出师，日听捷报。及闻军败，民始大惧。时速不台攻城日急，内外不通，米升至银二两，殍死相望。搢绅士女多行乞于市，至有自食妻子者，诸皮器物皆煮充饥。贵家第宅、市楼肆馆，皆撤以爨。及金主遣术甲塔失不至汴，奉迎两宫，人情益不安。西面元帅崔立性淫狡，因民之恟恟，遂谋作乱，以汴京降。而完颜奴申、完颜习捏阿不不知也。正月丁卯，左司都事元好问谓习捏阿不曰："自车驾出京，今二十日许,又遣使迎两宫。民间汹汹,皆谓国家欲弃京城,相公何以处之?"习捏阿不曰:"吾二人,惟有一死尔!"好问曰:"死不难,诚能安社稷、救生灵,死可也。如其不然,徒欲以一身饱五十红衲军,亦谓之死耶?"习捏阿不不答。好问又曰:"闻民间欲立二王监国,以全两宫皇族,奈何?"习捏阿不曰:"我知之矣。"即命召京城官民聚于省中,谕以事势危急,当如之何。有父老七人陈词云云,奴申拱立无语,习捏阿不反覆申谕,继以涕泣。时两宫已出,至陈留,见城外二三处火起,疑有兵,复驰还汴京。戊辰,崔立拔剑指奴申及习捏阿不,曰:"京城危困已极,二公欲如何处之?"二相曰:"汝辈有事,当好议之,何遽如是!"崔立麾其党,先杀习捏阿不,次杀奴申及左司郎中纳合德辉等十余人。即谕百姓曰:"吾为二相闭门无谋,今杀之,为汝一城生灵请命。"众皆称快。崔立遂勒兵入宫,集百官议所立。崔立曰:"卫绍王太子承恪,其妹公主在北兵中,可立之。"乃遣其党韩铎,以太后命,往召承恪。承恪至,以太后谂命为梁王监国。百官拜舞,崔立自为太师、军马都元帅、尚书令、郑王,弟倚为平章政事,侃为殿前都点检。其党皆拜官,元好问亦为左右司员外郎,遂送款诣速不台军。癸酉,速不台至青城,崔立服御衣,仪卫往见之。速不台喜,饮之酒。崔立以父事之,还城,悉烧楼橹。速不台益喜,始信其实降也。崔立托以军前索随驾官吏家属军民子女,聚之省中。亲阅之,日乱数人犹以为不足,乃禁民间嫁娶,有以一女之故致数人死者。未几,迁梁王及宗族近属于宫中,以腹心守之,限其出入,以荆王府为己私第,取内府珍玩充实之。群小附和,请建功德碑,瞿奕以尚书省命翰林直学士王若虚为文。若虚私谓元好问曰:"今召我作碑,不从则死,作之则名节扫地,不若死之为愈,然我姑以理谕之。"乃谓奕曰:"丞相功德碑,当指何事为言?"奕曰:"丞相以京城降,活生灵百万,非功德乎？"若虚曰："学士代王言功德碑，谓之代王言，可乎？且丞相既以城降，则朝官皆出其门，自古岂有门下人为主帅颂功德，而可取信于后世者乎？"奕虽残忍，闻之不能对而去，事遂得已。

【史源】正文来自《金史》卷一八《哀宗纪下》。夹注画波浪线处，来自《金史》卷一一五《完颜奴申传》；画单横线处，来自卷一一五《崔立传》；画虚线处，来自卷一二〇《徒单四喜传》；画粗横线处，来自卷一八《哀宗纪下》；画双横线处，来自卷一二六《王若虚传》。

其中，需要特别指出的是，夹注"正月丁卯（二十二日），左司都事元好问谓习捏阿不"云云，《完颜奴申传》记作"戊辰"（二十三日），校勘记已订正为"丙寅"（二十一日），并引《录大梁事》"二十有一日，忽闻执政召在京父老士庶计事诣都堂"为据。查《录大梁事》，叙述时序为："廿有一日"，执政召在京父老士庶计事诣都堂，"其夕，颇闻民间称有一西南崔都尉"起事，"予既归，夜草书，备论其事。迟明，怀以诣省庭"，"是旦，大阴晦，俄雨作"，时崔立举兵，先杀习捏阿不，次杀奴申，又杀左司郎中纳合德辉。[1] 可知，崔立举兵杀尚书省臣，发生在二十二日即丁卯。然此事亦备载于《哀宗纪》和《奴申传》，皆系于"戊辰"（二十三日），故颇疑今本《录大梁事》纪日有误，"廿有一日"殆为"廿有二日"之讹。

又，《完颜奴申传》：正月丙寅（原作"戊辰"），省令史许安国建言可集百官及僧道士庶谋问保国卫民之计，"即命召京城官民，明日皆聚省中，论以事势危急当如之何"，"有父老七人陈词云云"，"明日戊辰"，崔立为变杀害省臣。显然，"有父老七人陈词云云"，

---

[1] 刘祁：《归潜志》卷一一，崔文印点校，中华书局，1983，第 127 ~ 128 页。

当是丁卯（二十二日）之事，亦可为上述《录大梁事》纪日之误的推测提供另一证据。至此，已不难看出，《通鉴续编》将"有父老七人陈词云云"之前元好问与习捏阿不的对话，置于"丁卯"，其实也稍欠妥帖。之所以如此，可能是《通鉴续编》从《完颜奴申传》"明日戊辰"反推，认为奴申本传此前之"戊辰"应是"丁卯"之误，自然也就删除了"即命召京城官民，明日皆聚省中"的"明日"二字。

30.三月："金蒲察官奴作乱，杀左丞李蹊、参政石盏女鲁欢，金主以官奴权参知政事。"夹注：

> 金主在归德，随驾亲军及河北溃军渐集。女鲁欢惧不能给，白于金主，乞遣出城及就粮于徐、陈、宿三州。金主不得已，从之，止留元帅蒲察官奴忠孝马军四百五十人、马用军七百人于城中。诸军既出城，金主召官奴，谓曰："女鲁欢尽散卫兵，卿当小心！"官奴以马用本归德小校，一旦拔起，心常轻之。又以金主时独召用计事，而不及己，因谋图用。时蒙古忒不解围亳州，且日遣兵薄归德，民心摇摇。官奴请北渡河，再图恢复。女鲁欢沮之，官奴不悦，乃私与国用安谋，邀金主幸海州。金主不从，官奴积怨，异志益定。李蹊以闻，金主深忧之，乃谕马军总领纥石烈阿里合、内族习显阴察其动静。阿里合反以金主意告官奴，金主复惧。官奴、马用相图，因以为乱，命宰执置酒和解之。马用即撤备，官奴乘其隙，率众攻用，杀之，遂以卒五十人守行宫，劫朝官聚于都水毛花辇宅，以兵监之。驱女鲁欢至其家，悉出所有金贝，然后杀之。乃遣都尉马实被甲持刃，劫直长把奴申于金主前。金主掷所握剑于地，谓实曰："为我言于元帅，我左右止有此人，且留侍我。"实乃退，官奴因大杀朝官李蹊已下凡三百人，军士死者三千

人。薄暮，官奴提兵入见，言："女鲁欢等反，臣杀之矣。"金
主乃暴女鲁欢罪而赏官奴。

【史源】正文来自《金史》卷一八《哀宗纪下》；夹注主要来自
《金史》卷一一六《蒲察官奴传》，画单横线处忒不觪（又作忒木
觪）"围亳州"，不见于《蒲察官奴传》，应别有所本。

31. 四月："金崔立执其梁王从恪、荆王守纯及后妃族戚，归之
于蒙古。速不台杀从恪、守纯等，以后妃北还。"夹注：

　　二月乙酉，崔立以天子衮冕、后服进于速不台，又括在
城金银，搜索薰灌，讯掠惨酷。贵族富人不堪其毒，窃相语
曰："攻城之后，七八日之中，诸门出葬者凡百余万人，恨不
早预于其数而值此也。"崔立时与其妻入宫，两宫赐之不可胜
计。立因讽太后作书陈天时人事，遣金主乳母入归德招降。四
月癸巳，立遂以太后王氏、皇后徒单氏、荆王、梁王及诸妃
嫔，凡〔车〕三十七两、宗室男女五百余人、衍圣公孔元措、
名儒梁陟，及三教医流工匠绣女赴青城。甲午，速不台杀二王
及族属，而送后妃等于和林，在道艰楚万状，尤甚于宋徽、钦
之时焉。速不台入汴城，崔立在城外，兵先入其家，取婢妾宝
玉以出。立归，大恸而已。初，蒙古之制，凡攻城不降，矢石
一发，则屠之。汴京既陷，速不台遣使言于太宗皇帝，曰："此
城相抗日久，士卒多伤，请屠其城！"耶律楚材闻之，驰见帝，
曰："将士暴露数十年，所争者土地、人民耳！得地无民，将焉
用之？"帝未许。楚材又曰："凡弓矢、甲仗、金玉等匠，及官
民富贵之家，皆聚此城。杀之，则一无所得，是徒劳也。"帝
始许之，乃诏除完颜氏一族外，余皆原免。时避兵在汴者尚
百四十万户，皆得保全，遂为定制。

【史源】正文来自《金史》卷一八《哀宗纪下》。夹注"初，蒙古之制"之后的史文，来自《元朝名臣事略》卷五《中书耶律文正王》引宋子贞撰神道碑，其前面的史文，主要来自《金史》卷一一五《崔立传》，但需指出的是："四月癸巳"之纪日，系据《金史》卷一八《哀宗纪下》；"太后王氏、皇后徒单氏"，《崔立传》作"两宫"；"赴青城"的"衍圣公孔元措、名儒梁陟"，见于宋子贞所撰神道碑；"赴青城"，《崔立传》作"赴北"。"凡〔车〕三十七两"，"车"字原缺，《四库全书考证》卷三一考证《通鉴续编》时据《金史》增，可从。"速不台杀二王及族属，而送后妃等于和林"，后云"在道艰楚万状，尤甚于宋徽、钦之时焉"，史源待考。

32. 五月："金蒲察官奴袭败蒙古忒木觯于王家寺，亳州围解。"夹注：

> 初，卫州白公庙之溃，官奴母为蒙古所获。金主命官奴因其母，以计请和。官奴乃密与忒木觯言，欲劫金主以降。忒木觯信之，还官奴之母，而定和议。官奴乃日往来讲议，或乘舟中流会饮。金主又密令官奴以金银牌与来使而拘之，遂定斫营之策。五月五日，祭天。军中阴备火枪战具。官奴率忠孝军四百五十人，自南门登舟，由东而北。夜杀守堤逻卒，径至王家寺忒木觯之营。金主御北门，系舟待之，虑不胜，则走徐州。四更接战，忠孝军却而复进，官奴以小船分军五七十出栅外，腹背攻之，持火枪突入蒙古军中。忒不觯不能支，遂大溃，溺死三千五百人。官奴尽焚其栅而还，遂真拜左副元帅、参知政事，命习显总军，以守亳州。

【史源】夹注主要来自《金史》卷一一六《蒲察官奴传》。

33. 六月："蒙古取金洛阳，中京留守强伸死之。"夹注：

> 初，参政内族思烈自南山，领军民十余万入洛行省事。三月，金主使内侍授留守强伸便宜从事，伸建一堂于洛川驿东，名曰"报恩"，刻诏文于石，愿以死自效。已而，蒙古自汴驱思烈之子于金昌府东门下，诱思烈降。思烈命左右射之，及闻崔立之变，病不能语而死。总帅乌林荅胡土代行省事，伸行总帅府事。月余粮尽，军民稍散。蒙古兵复至，阵于洛南，伸阵于水北。蒙古韩元帅匹马立水滨招降。伸跃而射之，韩奔还阵，率步卒数百夺桥。伸旗手一卒独出拒之，杀数人，伸即手解都统银牌与之佩，士卒气复振。初，城外四隅至五门内外皆有屏，谓之"迷魂墙"。蒙古以五百骑迫之，伸率卒二百，鼓噪而出，蒙古退走。六月，胡土以蒙古兵强，即以轻骑挈妻子出奔蔡州，于是鹰扬都尉献西门以降。伸知城不能守，率死士数十突东门出，转战至偃师，力尽就〔执〕。载以一马，拥迫而行，伸宛转不肯进，强掖之，将见蒙古帅塔察。及中原七里河，伸语不逊，兵卒相谓曰："此人乖角如此，若见元帅，其能降乎？不若杀之！"因好语诱之，曰："汝能北面一屈膝，当贷汝命。"伸不从，左右持使北面，伸拗颈南向，遂杀之。

【史源】正文来自《金史》卷一八《哀宗纪下》，唯"洛阳"作"中京"。夹注主要来自《金史》卷一一一《强伸传》；"力尽就〔执〕"，"执"字《通鉴续编》缺，据《强伸传》补；"即以轻骑挈妻子出奔蔡州"，见于《金史》卷一一一《乌林荅胡土传》。

34. 八月："蒙古伐金，取唐州。"夹注："蒙古帅倚盖使王檝至襄阳，约攻蔡州。史嵩之先以兵会，伐唐州。金将乌古论黑汉战死，城遂降。宋师入城，取食人者尽戮之云。"

【史源】正文来自《金史》卷一八《哀宗纪下》。夹注画单横线处，来自《宋史》卷四一二《孟珙传》；画虚线处，来自《金史》卷一八《哀宗纪下》。

35.九月："蒙古那颜倴盏围金蔡州。冬十月，史嵩之使江海、孟珙帅师会之。"夹注：

九月庚戌，金主拜天于节度使厅，群臣陪从成礼。……因赐卮酒，酒未竟，逻骑驰奏敌兵数百突至城下，将士踊跃，咸请一战，金主许之。是日，分兵防守四面及子城。众既出接战，蒙古兵奔溃。辛亥，蒙古那颜倴盏以数百骑复驻城东，金主遣兵接战，又败之，自是蒙古不复薄城，分筑长垒围之。城中饥，人相食。金主命纵饥民老稚羸弱者，出城就食，且给饥民船，听采城壕菱芡水草以食之，犹不能给。蒙古日耀兵城下，旗帜蔽天，城中骇惧。史嵩之又命孟珙、江海率师二万，运米三十万石赴蒙古之约。倴盏大喜，与珙结为兄弟，酾马湩饮之。蒙古既得宋助，益修攻具，斫木之声闻于城中，城中益恐，往往窃议投降。金忽斜虎日以国家恩泽、君臣分义抚循其民，且营画御备，未尝入私室，忠诚昭著，军民感奋，始有固志。十一月，蒙古及宋以攻具薄城。金尽籍民丁防守，民丁不足，复括妇人壮健者，假男子衣冠，使运木石。金主亲出抚军，丁宁勉谕之。金人自东门出战，孟珙遮其归路，擒偏裨八十有七人，得降人言："蔡城中饥。"珙曰："已穷矣，当尽死而守以防突围。"珙与倴盏约南北军毋相犯。十二月乙亥，倴盏遣张柔帅精兵五千薄城，金人钩二卒以去，柔中流矢如猬，珙麾先锋救之，挟柔以出。丙子黎明，珙殊死战，进逼柴潭，立栅潭上，命诸将夺柴潭楼。金人来争，诸军鱼贯而上，金人文饰美女以相盅，麾下张禧等杀之，遂拔柴潭楼，俘其将士五百三十七人。蔡州恃潭为固，外即汝河，潭高于河五六丈，城上金字号楼伏巨弩，相传下有龙，人不敢近。将士疑畏，珙召麾下饮酒再行，谓曰："柴潭楼非天造地设，伏弩能射远而不可射近。彼所恃，此水耳，决而灌之，涸可立待。"遂凿堤，潭果决，入汝水。珙命实以薪苇，蒙古亦决练江，于是两军皆济，攻其外城。己卯，破之。进逼土门，金人驱其老稚，熬为油，号"人油炮"，人不堪其楚，珙遣道士以计说止之。辛巳，金总帅孛术鲁娄室帅精锐五百，夜出西门，人荷束藁，沃油其上，将烧两军寨及炮具。蒙古兵先觉之，伏于隐处，挽强弩百余，火发矢亦发，金兵却走，伤者甚众，娄室仅以身免。己丑，蒙古及宋合兵攻西城，克之，因堕其城。先是，忽斜虎命筑寨浚壕为备，及西城堕，蒙古、宋兵皆未能入，但于城上立栅自蔽。忽斜虎摘三面精锐，日夕战御。……甲午，金主微服，率兵夜出东城，谋遁去。及栅，遇敌兵，战而还。乙未，杀厩马五十匹及民间马百五十匹以犒将士，然其势不可为已。

【史源】正文主要来自《金史》卷一八《哀宗纪下》，但江海、孟珙会师蔡州，《哀宗纪》置于"十一月"，查《宋史》卷四一《理宗纪一》则为"十月"事，显然，对于这一月份，《通鉴续编》从《宋史》说。

夹注画单横线处，来自《金史》卷一八《哀宗纪下》；画波浪线处，来自《金史》卷一二四《蔡八儿传》；画虚线处，来自《金史》卷一一九《完颜仲德传》；划粗横线处，来自《宋史》卷四一二《孟珙传》；画双横线处，来自《大金国志》。需要说明的是：其一，"十一月，蒙古及宋以攻具薄城"事，亦见于《金史》卷一八《哀宗纪下》，但系于"十二月"，《通鉴续编》此处纪月是径抄《完颜仲德传》而来。其二，十二月之"乙亥""丙子"两处纪日，未知史源，当别有所本。其三，夹注最后一句"杀厩马五十四及民间马百五十四以犒将士"之"民间马"，《金史》和《汝南遗事》皆作"官马"。

36. 十月："金徐州降于蒙古，丞相行省事完颜赛不死之。"

【史源】主要见于《金史》卷一八《哀宗纪下》是年十月："癸未，徐州守臣郭恩杀逐官吏以叛，行省赛不死之。"又，《金史》卷一一三《完颜赛不传》所记尤详："时蔡已被围，徐州将士以朝命阻绝，且逼大兵，议出降。赛不弗从，恐被执，至是投河求死，流三十余步不没，军士援出之。又五日，自缢于州第。"

37. 窝阔台汗六年（1234）正月："金主守绪传位于东面元帅承麟。孟珙入蔡州，蒙古师从之，金主守绪及尚书右丞完颜忽斜虎死之。金主承麟死于兵，江海获金参知政事张天纲以归。金亡。"夹注：

> 正月庚子朔，蒙古兵以正旦会饮，歌吹之声，四望相接，城中饥窘，叹息而已。辛丑，孟珙见黑气压城上，日无光，降者言："城中绝粮已三月，鞍靴败鼓皆糜煮，且听以老弱互食。诸军日以人畜骨和芹泥食之，又往往斩败军，全队拘其肉为粮，故欲降者众。"珙乃下令诸军衔枚，分运云梯布城下以攻之。金自被围以来，战没将帅甚众。至是，禁近以及舍人、牌印、省部掾属，亦皆供役，分守四城。戊申，蒙古兵凿西城为五门，整军以入，督军鏖战，及暮乃退，声言来日复集。是夕，金主集百官，传位于东面元帅承麟。承麟拜泣不敢受，金主曰："朕所以付卿者，岂得已哉？以朕肌体肥重，不便鞍马驰突。卿平日趫捷，有将略，万一得免，祚胤不绝，此朕志也。"承麟因起受玺。己酉，承麟即位。时孟珙之师向南门，至金字楼列云梯，令诸军闻鼓则进。马义先登，赵荣继之，万众竞进，大战城上。乌古论镐及其将帅二百人皆降。金百官称贺。

礼毕，亟出捍敌，而南城之陴已立宋旗帜矣。俄顷，四面鼓噪夹攻，声震天地，南面守者弃门走。门西开，孟珙招江海、那颜倴盏之师以入，金右丞忽斜虎帅精兵一千巷战，不能御之。金主守绪知事急，即取宝玉置于幽兰轩，环之以草，命侍臣曰："死便火我。"遂自经死。忽斜虎闻之，谓将士曰："吾君已崩，吾何以战？为吾不能死于乱兵之手，吾赴汝水从吾君矣，诸君其善为计。"言讫，赴水死。将士皆曰："相公能死，吾辈独不能耶？"于是参政孛术鲁娄室、兀林荅胡土、总帅元志、元帅王山儿、纥石烈柏寿、乌古论桓端及军士五百余人，皆从死焉。金主承麟退保子城，闻金主守绪死，帅群臣入哭，因谓众曰："先帝在位十年，勤俭宽仁，图复旧业，有志不就，可哀也已。吾欲谥之'哀'，何如？"众从之。奠未毕，城已陷。诸将禁近，共举火焚之。奉御绛山收其骨，将瘗之汝水上。江海入宫，执参政张天纲。孟珙问："金主所在？"天纲曰："城危时，自经矣，今烟焰未绝也。"珙乃与那颜倴盏分金主骨及谥宝、玉带、金银、印牌有差。是日，末帝承麟亦为乱兵所杀，金亡。承麟者，世祖劾里钵之后，平章白撒之弟也。金自宣宗之世，为宰相、枢密者，往往临事推让，低言缓语，以为养相体。每有四方兵革灾异，辄以圣主心困，或俟再议，因循苟且，以度时日。及出兵，则以近侍监战，每临事，多所牵制，故师出无功，国乱不闻，以底于亡。

【史源】画单横线处，来自《金史》卷一一九《完颜仲德传》；画虚线处，来自《金史》卷一八《哀宗纪下》；画双横线处，来自《金史》卷一一五《完颜奴申传》；画波浪线处，来自《宋史》卷四一二《孟珙传》；画粗横线处，来自《大金国志》卷二六。《金史》卷一一一《完颜讹可传》末引刘祁《归潜志》："金人南渡之后，近侍之权尤重……又方面之柄虽委将帅，又差一奉御在军中，号曰

'监战'。每临机制变多为所牵制，遇敌辄先奔，故师多丧败。"[1]夹注最后一句似据此而来。

38. 正月："金抹捻兀典以息州来归，蒙古追杀之，取其城。"夹注：

> 兀典行省于息州，与诸帅日以歌酒为乐，军士淫纵。及闻蔡州破，乃与字术中娄室、夹谷九住等送款于宋，为金主发丧设祭，上谥曰："昭宗。"州民因奉兀典为丞相，娄室为平章，皆娶妇。壬子（十三日），举城南迁，宋人焚楼橹。蒙古望见火起，追及于罗山，尽杀之，且索行省已下官属于宋。宋托以犒赏，召入城，自万户以下凡七百人，皆被杀。蒙古兵至，宋人敛避，金兵悉见诛。

【史源】主要来自《金史》卷一一九《完颜娄室传》，唯"壬子"作"十三日"。

39. 二月："蒙古入金徐州，完颜用安自杀。"
【史源】此事亦见于《金史》卷一一七《国用安传》："甲午正月，闻大兵围沛，用安往救之，败走徐州。会移兵攻徐，用安投水死。"《通鉴续编》此处应另有他本。

40. 窝阔台汗七年（1235）十月："金巩昌总帅汪世显降于蒙古。"夹注：

> 金亡，郡县皆降，独世显坚守不下。……会蒙古太子阔端

1　参看刘祁《归潜志》卷七，第71页。

入蜀，次于巩昌城下，世显率耆老持牛羊酒币迎谒。太子谓之曰："吾征讨有年，所至皆下，汝独固守，何也？"世显曰："有君在上，卖国市恩之人，谅所不取。"太子大悦，戒其下秋毫勿犯，俾世显仍旧职。即日，令帅所部从征。世显遂截嘉陵，进趋大安，太子资其粮械以入蜀。

【史源】主要来自《元朝名臣事略》卷六《总帅汪义武王》引杨奂撰神道碑；"太子阔端"，为窝阔台次子，不见于神道碑，应为《通鉴续编》所加，符合实情。

综上所述，《通鉴续编》所记窝阔台汗时期蒙金战争，其史源可分为照录一书与杂采诸书两种情况。

照录一书者

（1）来自《金史》：第 1、4、5、7、8、9、10、11、12、14、15、16、17、18、19、21、22、23、24、26、27、32、36、38 条。

（2）来自《元朝名臣事略》：第 25、40 条。

杂采诸书者

（1）《金史》与《元朝名臣事略》等：第 31 条。

（2）《金史》与《开府仪同三司中书左丞相忠武史公家传》：第 2、28 条。其中，第 28 条还参考了其他材料。

（3）《金史》与《宋史》等：第 34 条。

（4）《金史》、《宋史》与《大金国志》等：第 35、37 条。

（5）《金史》与其他史源：第 3、6、13、20、29、30、33、39 条。

由此可知，《金史》仍是《通鉴续编》所记窝阔台汗时期蒙金战争的最主要史源。陈桱在参考《金史》时，一般直接征引，但也存在压缩整饬史文的情况，如第 4、12 条；也有增改文字者，如第 7、8、10、11、13、19、29、38 条。此外，征引时也存在一些问题：

一是个别地方有误改，如第 12 条；二是有脱漏文字者，如第 27、31、33 条；三是存在月份与《金史》稍有出入的史文，如第 39 条；四是将下月纪事置于本月叙述者，如第 23 条。

　　《金史》之外，为陈桱所参考的主要是《元朝名臣事略》《开府仪同三司中书左丞相忠武史公家传》与《宋史》等文献。在征引《元朝名臣事略》时，第 25 条对局部文字稍加改动，第 40 条则对史文略有增补。值得注意的是，这些史料大多与《金史》一起，为陈桱重新编排与整饬，以宋为正统的史观于此亦可窥见，如第 35 条参考《金史》《宋史》等书的同时，局部文字有改动与增补，其中，江海、孟珙会师蔡州的月份从《宋史》而非《金史》。当然，在《金史》与元人记载出现纪时抵牾时，也首先采用《金史》的记载，如第 2 条主要抄自元人王恽所撰《开府仪同三司中书左丞相忠武史公家传》，然纪月则从《金史》。

第五章 《通鉴续编》所载蒙宋战争之史源

一 蒙古前四汗时期

今将《通鉴续编》所记蒙古前四汗时期的蒙宋战争，按编年顺序逐一编号辑录并考索史源于下。

1. 成吉思汗十五年（1220）十一月："蒙古木华黎入金济南府，严实以彰德、大名府、磁、洺、恩、博、滑、濬州降之。木华黎以实权济南等路都总管。"夹注：

> 木华黎既戢士卒，州郡悦附，遂以轻骑入济南。严实上谒于军门，挈所部三府六州户三十万以降，木华黎承制以实为金紫光禄大夫，权济南等路都总管。实将李信以青崖附于

宋，实母、妻、兄，皆死焉。实攻信，复取青崖峒。

【史源】画单横线处，来自《东平王世家》，其他来自《元朝名臣事略》卷六《万户严武惠公》所引元好问撰神道碑；"三府六州"即据《万户严武惠公》归纳而来。需要指出的是，《通鉴续编》在是年八月已说严实投降南宋，故十一月之事实为"历史上蒙古和宋朝的第一次冲突"。[1]不过，关于严实投降蒙古的月份，《元史》卷一《太祖纪》系于"秋"，元好问所撰碑文系于"七月"，此说应更为可靠，《金史》卷一六《宣宗纪下》是年八月记载："严实、成江、王赟据济南，山东招抚高居实遣人招严实于青崖砦，获其款以闻。"由于此前严实投降后为蒙古戍守济南，故有金朝在八月的招抚之举。

2. 十二月："石珪以其众叛降于蒙古。贾涉命李全并将涟水忠义军，蒙古以珪为元帅。"夹注：

> 石珪以入涟水，非贾涉本意，心怀不安。而李全复请讨珪于涉，涉遂以全所统众列于楚州之南渡门，而移淮阴战舰于淮岸，以示珪有备。因命一将招珪军，来者增钱粮，不至者罢支给，众心遂散。珪伎穷，乃杀裴渊而挟孙武正、宋德珍降于蒙古。木华黎以珪为元帅，珪即石画虎也。珪既去，涟水之众未有所属，李全求并将之。凡万一千人，而月给万五千人之请，涉畏全，不敢核实，全益得志。

【史源】正文纪月与第一句，来自《宋史》卷四〇《宁宗纪四》，其他主要来自《宋史》卷四七六《李全传上》，唯画单横线处

1　李天鸣：《宋元战史》，第38页。

史源待考。

3. 成吉思汗十六年（1221）十一月："张林以京东叛降于蒙古。蒙古以林为山东东路都元帅。李福自胶西逃归。"夹注：

　　李全既并将涟水、忠义，益骄悍轻宋……胶西当登、宁海之冲，百货辐辏，全使其兄福守之，为窟宅计。……全诱商人至山阳，以舟浮其货而中分之。自淮转海，达于胶西，福又具车辇之而税其半，然后听往诸郡贸易。车夫皆督办于张林，林不能堪。林财计仰六盐场，福恃弟有恩于林，欲分其半，林许福恣取盐而不分场。福怒曰："若背恩耶？待与都统提兵取君头尔！"林惧，其党李马儿说林归蒙古。<u>林遂以京东诸郡请降于蒙古，木华黎以林为山东东路益都府沧、景、滨、棣等州行都元帅府事。</u>福狼狈走还楚州，林犹遗贾涉书，言非己叛，实由李福也。

【史源】正文第一句来自《宋史》卷四〇《宁宗纪四》，第二句来自《元朝名臣事略》卷一《太师鲁国忠武王》引张匡衍撰行录，第三句系据夹注所引《宋史》卷四七六《李全传上》而来。夹注画单横线处，来自《元朝名臣事略》卷一《太师鲁国忠武王》引张匡衍撰行录，唯记"张林"为"张琳"；其他史文主要来自《宋史》卷四七六《李全传上》。钱大昕考异说："宋京东安抚使张琳。《宋史》作'张林'。林之叛宋，据《宋史·宁宗纪》，在嘉定十四年十一月，即太祖辛巳岁。与纪正合。而《李全传》系之十五年，恐全传误。"[1]

---

[1] 钱大昕：《廿二史考异》卷八六《元史一·太祖纪》，第1204页。

4.成吉思汗十七年（1222）五月:"知济南府种赟伐青州，张林败走。李全入城据之。"

【史源】纪月与第一句来自《宋史》卷四〇《宁宗纪四》，第二句来自《宋史》卷四七六《李全传上》。

5.九月:"彭义斌帅师复京东州县，严实将晁海以青崖降。"

【史源】《元史》卷一四八《严实传》:"壬午（1222），宋将彭义斌率师取京东州县，实将晁海以青崖降。"[1]在元好问为严实所撰神道碑中则作:"宋将彭义斌说青崖晁海叛公。公之家人复被略去。义斌军西下，郡县多为所胁。"[2]无论行文脉络还是基本文字，《严实传》皆与碑文有别，但与《通鉴续编》几乎如出一辙，故颇疑《通鉴续编》此处史源很可能是与严实有关的今已难见的另一份材料。

6.成吉思汗二十年（1225）七月:"彭义斌伐真定，严实以蒙古师来战，义斌死之，实复尽取京东州县。"夹注:

> 义斌既克山东，复纳李全降兵，兵势甚张，遂围东平。严实遣人求援于蒙古孛里海，孛里海兵未至，而城中食且尽。实乃与义斌连和，义斌亦欲藉实以取河朔，而后图之，遂以兄礼事实。时实麾下兵尚数千，义斌不之夺，而留实青崖之家属不遣。七月，义斌攻真定，道西山，与孛里海等军相望。义斌分实以帐下兵，阳助而阴伺之。实知势已迫，即连趣孛里海军而与之合，遂及义斌战于（内）〔赞〕黄之五马山。义斌兵溃，史天泽以锐卒略其后，遂擒义斌。义斌不屈而死，于是京东州县复为实有。

1　《元史》卷一四八《严实传》，第3506页。
2　元好问:《东平行台严公神道碑》，狄宝心校注《元好问文编年校注》，第511页。

【史源】主要来自《元朝名臣事略》卷六《万户严武惠公》引元好问撰神道碑。画单横线处见于《宋史》卷四七六《李全传》，"内黄"实应作"赞皇"。[1]画虚线处，参考了《开府仪同三司中书左丞相忠武史公家传》。又，"京东州县"，是宋人的称谓。《宋史》卷八五《地理志一》："京东路。至道三年，以应天、兖徐曹青郓密齐济沂登莱单濮潍淄、淮阳军广济军清平军宣化军、莱芜监利国监为京东路。熙宁七年，分为东西两路：以青淄潍莱登密沂徐州、淮阳军为东路；郓兖齐濮曹济单州、南京为西路。元丰元年，割西路齐州属东路，割东路徐州属西路。元祐元年……京东西路、京东东路并为京东路……"[2]《金史》卷二五《地理志中》："山东东路，宋为京东东路，治益都。"[3]显然，"京东州县"即"山东州县"。值得注意的是，《元史》卷一四八《严实传》记载："实知势迫，急赴孛里海军与之合，遂与义斌战，宋兵溃，擒义斌。不旬月，京东州县复为实有。""京东州县复为实有"与《通鉴续编》合，但在其主要史源即元好问撰神道碑中却只字未提，因此可以肯定《通鉴续编》与《严实传》还同时参考了关于严实的其他史料。

7. 成吉思汗二十一年（1226）三月："蒙古围李全于青州。"夹注："全北剽山东，南仰宋粮，且挟宋以疑蒙古。蒙古攻之，全大小百战终不利，婴城自守。蒙古筑长围，夜布狗砦，全粮援路绝，与兄福谋。……于是全留青，福还楚。"

【史源】来自《宋史》卷四七六《李全传上》。

8. 八月："以刘琸为淮东制置副使兼知楚州。"夹注：朝廷闻李

1　王颋：《行台福人——蒙古国东平行台严实史事考辨》，《内陆亚洲史地求索（续）》，兰州大学出版社，2012，第246页。

2　《宋史》卷四七六《李全传上》，第2107页。

3　《金史》卷二五《地理志中》，第609页。

全为蒙古所围，稍欲图之，以琸代徐晞稷，而命彭忔代琸知盱眙。"

【史源】来自《宋史》卷四七六《李全传上》。

9. 成吉思汗二十二年（1227）五月："李全以青州降于蒙古，蒙古以全为山东行省。"夹注："全被围一年……欲降，惧众异议，乃焚香南向再拜，欲自经，而使其党郑衍德、田四救己，曰：'譬如为衣有身，愁无袖耶，今北归未必非福！'全乃降之。"

【史源】来自《宋史》卷四七七《李全传下》，唯系于"四月辛亥"，然是年四月无"辛亥"日，五月初三为辛亥，故陈桱将此事系于五月。

10. 八月："蒙古以李全为山东、淮南行省。全自青州复入淮安，杀张林。"夹注：

> 全得时青报，恸哭，力请于蒙古，以求南还。蒙古不许，全因断一指以示之，誓还南必叛。蒙古乃授全山东、淮南行省，得专制山东，岁献金币。全遂与蒙古张宣差及通事数人还楚州，服蒙古衣冠，文移纪甲子而无年号。杨绍云闻其至，遂留扬州不还。王义深奔金国，安用杀张林、邢德以自赎。全杀郭统制及时青，而并其众，朝廷置不问。

【史源】主要来自《宋史》卷四七七《李全传下》，画单横线处史源待考。

11. 十二月："蒙古入关外诸隘，四川制置使郑损弃沔州逃归。蒙古遂入三关。"夹注：

> 蒙古入京兆，关中大震。复以兵破关外诸隘，至武阶，郑

损弃沔州而遁，于是三关不守。时金人尽弃河北、山东、关陕，惟并力守河南，保潼关，自洛阳、三门、析津东至邳州之源崔镇，东西二千余里，立四行省（四行院？），帅精兵二十万以守御之。议者乞命谨边备以防南侵，帝命枢臣采其计。

【史源】正文来自《宋史》卷四一《理宗纪一》；夹注画单横线处，来自《金史》卷一七《哀宗纪上》；"至武阶"，来自《宋史》卷四四九《高稼传》；画波浪线处，与《宋季三朝政要》卷一和《大金国志》卷二六所记基本相同，此二书皆系于戊子年（1228），但最后一句"议者"云云，则不为《大金国志》所载，又两书皆将"四行省"书作"四行院"，不过《大金国志》后文还有"亦差四行省分地界而守，统以总帅，精兵不下十万民，兵不在其数"云云，《通鉴续编》"四行省"殆据此而误。

12. 十二月："蒙古入西和，知州陈寅死之。"夹注："蒙古兵薄西和，时城兵寡弱，援者不至。知州陈寅竭智固守，力不能支，遂陷。……"
【史源】来自《宋史》卷四四九《陈寅传》。

13. 戊子年（1228）秋八月："李全如青州，蒙古严实败之，全复还楚州。"
【史源】来自《宋史》卷四七七《李全传下》。

14. 窝阔台汗二年（1230）五月：南宋"以李全为彰化保康军节度使、京东镇抚使。全不受，乃罢知扬州翟朝宗"。夹注：

　　全自还楚，即厚募人为兵，不限南北，宋军多亡应之。……然以山东经理未定，而岁贡于蒙古者不可缺，故外恭顺于宋以就钱粮，因以贸易货物以输蒙古。宋亦以全往来山东，得以少宽北顾之忧，遣饷不绝。全因纵游说于朝，复请建闸山阳，又遣使如金，约以盱眙与之以连好。……朝廷虽知其奸，而欲涵容以苟安，故不之诘。……及全粜麦舟过盐城，知扬州翟朝宗嗾尉兵夺之。全怒，以捕盗为名，水陆数万径捣盐城……入城据之。朝宗仓皇遣干官王节恳全退师，全不许，留郑祥、董友守盐城，而自提兵还楚州，以状白于朝……朝廷乃授全节钺，令释兵，命制置司干办官耶律均往谕之。全……不受制命。朝廷遂罢朝宗……

【史源】正文第一句来自《宋史》卷四一《理宗纪一》，第二句似据夹注归纳而来。夹注主要来自《宋史》卷四七七《李全传下》，唯画单横线处一句，应另有所本。

15. 窝阔台汗三年（1231）冬十月：“蒙古破蜀口诸郡，四川制置使桂如渊逃归。”

【史源】《宋史》卷四一《理宗纪一》绍定四年（1231）十月：“大元兵破蜀口诸郡。”五年四月：“以宝章阁直学士桂如渊顷帅蜀日，北兵攻城，不能合谋死守而遁，致军民罹殃，反以捷闻，诏褫职罢祠。”《通鉴续编》此条殆据此整饬而来。

16. 窝阔台汗四年（1232）十二月：“蒙古使王檝来京湖，议同伐金，诏史嵩之遣使，许之。”夹注：

　　蒙古再遣使来，议夹攻。京湖制置使史嵩之以闻，朝臣皆以为可遂复仇之举。独赵范不喜，曰：“宣和海上之盟，厥初甚坚，迄以取祸，不可不鉴！”帝不从，命嵩之报使，许之。嵩之乃遣邹伸之报谢，复书略曰：“本朝与贵国素无仇隙，宁宗遣使臣苟梦玉通和。自后山东为李全所据，河南又被残金所隔。贵国今上顺天心，下顺人心，遣王宣抚来通好，不胜愿幸，谨遣伸之报谢，且议夹攻汴京。"蒙古许，俟成功，以河南地归宋。

【史源】正文来自《宋史》卷四一《理宗纪一》，唯未载王檝名。夹注画单横线处见于《理宗纪一》，但赵范言被置于次年十一月（《宋史全文》卷三二《宋理宗二》同），后有"帝嘉纳之"，则又与《通鉴续编》"帝不从"异；画波浪线处，主要见于《宋季三朝政要》卷一绍定五年（1232）条，其中"不胜愿幸""且议夹攻汴京"二句，不见于《宋季三朝政要》，当另有所本。

17. 窝阔台汗六年（1234）正月：宋"及蒙古以陈、蔡为疆，各引师归"。夹注："陈、蔡东南为宋，西北为蒙古。蒙古以刘福为河南道总管而去。"

【史源】《宋史》卷四七四《贾似道传》："自端平初，孟珙帅师会大元兵共灭金，约以陈、蔡为界。"《元朝名臣事略》卷五《中书杨中肃公》引郝经撰神道碑："初灭金，以监河桥万户刘福为河南道总管，尽有金源故地。"《通鉴续编》此条殆据《宋史》等文献整饬而来。

18. 六月："赵葵帅师会全子才于汴。秋七月，葵遣徐敏子帅师入洛阳，蒙古还师南下。"夹注：

全子才次于汴，赵葵自滁州以淮西兵五万取泗州，由泗趋汴以会之。葵谓子才曰："我辈始谋据关守河，今已抵汴半月，不急攻洛阳、潼关，何待耶？"蒙古闻宋来争河南，还师赴之，决黄河寸金淀之水以灌宋师，宋师多溺死。时盛夏行师，汴堤亦决，水潦泛溢，史嵩之又不致馈，粮用不继，而所复州郡率皆空城，无兵食可因。子才难之，葵督促益急，乃檄钤辖范用吉、樊辛、李先、胡显等提兵万二千，命淮西制置司机宜文字徐敏子为监军，先令西上，又命杨谊以庐州强弩军万五千继之，各给五日粮，诸军以粮少为辞。七月庚辰，徐敏子启行。乙酉，和州宁淮军正将张迪以二百人趋洛阳，蒙古闻迪来，乃伏军士于城外，驱民出城以诱之。迪至城下，城中寂然无应者。至晚，有民庶三百余家登城投降，迪与敏子遂帅众入城。

【史源】主要与《齐东野语》卷五"端平入洛"、《宋季三朝政要》卷一、《钱塘遗事》卷二"三京之役"所记基本相同，后二书皆系于宝庆元年（1225），显然有误，王瑞来先生已据四库馆臣之语辨正。[1] 夹注"七月庚辰""乙酉"，仅见于《宋季三朝政要》，其他二书则作"七月二十一日"（即戊午日）与"二十六日"（即癸亥日），其实是年七月无"庚辰""乙酉"，故这两处纪日陈桱沿袭了《宋季三朝政要》之误。画横线处，来自《宋史》卷四一七《赵葵传》，局部文字有整合，画波浪线处则不知所本。又，"提兵万二千"，《齐东野语》、《宋季三朝政要》与《钱塘遗事》作"提兵一万三千人"，似应以此为确；"淮西制置司机宜文字"，《齐东野语》、《宋季三朝政要》与《钱塘遗事》简化为"淮西帅机"。

19. 八月："蒙古师至洛阳城下，徐敏子以师还，赵葵、全子才遂弃汴而归。"夹注：

徐敏子入洛之明日，军食已竭，乃采蒿和面，作饼而食之。杨谊至洛东三十里，方散坐蓐食，忽数里外有立红黄凉伞

1　刘一清撰，王瑞来校笺考原《钱塘遗事校笺考原》卷二，第 24 页。

者。众方骇异，而蒙古伏兵突起深蒿中。杨谊仓卒无备，师遂大溃，为蒙古拥入洛水者无数，谊仅以身免。是晚，有溃卒奔告于洛，曰："杨谊一军，已为蒙古大阵冲散。今蒙古兵已据北岸矣。"于是在洛之师皆夺气。八月朔旦，蒙古兵至洛阳城下立寨。敏子与战，胜负相当，士卒乏粮，因杀马而食。敏子等不能留，乃班师。赵葵、全子才遂皆引师南还，<u>赵范以入洛之师败绩，上表劾葵、子才轻进偏师，赵楷、刘子澄参赞失计，师退无律，致后阵覆败。诏贬秩有差。</u>郑清之力请解政，不许。乔行简上言："三京挠败之余，事与前异，但当益修战守之备。"帝嘉纳之。

【史源】主要来自《齐东野语》卷五"端平入洛"，唯"杨谊"作"杨义"。《宋季三朝政要》卷一亦载有此事，明确记作"杨谊"，此名殆为陈樫所参考，然《宋季三朝政要》中"蒙古大阵"误作"金人大阵"，且将整件事误置于宝庆元年（1225）。王瑞来先生已据《齐东野语》指出《宋季三朝政要》之误。[1]《通鉴续编》此条纪年亦可补证。需要指出的是：画单横线处，来自《宋史》卷四一《理宗纪一》，唯系于九月。郑清之解政不许事，见于《宋史》卷四一四《郑清之传》："是时金虽亡而入洛之师大溃。二年，上疏乞罢，不可，拜特进、左丞相兼枢密使。"乔行简上言事，来自《宋史》卷四一七《乔行简传》。

20. 十二月："蒙古使王檝来，以邹伸之为报谢使。"夹注："蒙古使王檝来言，曰：'何为而败盟也？'自是淮汉之间，无宁日矣。"

【史源】正文来自《宋史》卷四一《理宗纪一》，夹注来自《宋史》卷四七四《贾似道传》。

---

1 王瑞来笺证《宋季三朝政要笺证》卷一，第 25 页。

21. 窝阔台汗七年（1235）正月，南宋"以程苪为蒙古通好使"。

【史源】来自《宋史》卷四二《理宗纪二》。

22. 七月："蒙古侵唐州，知随州全子才、知枣阳军刘子澄弃师走，赵范帅师败蒙古于上闸而还。"

【史源】来自《宋季三朝政要》卷一，唯系于五月。《宋史》卷四二《理宗纪》端平二年（1235）闰七月："丁亥，全子才、刘子澄坐唐州之役弃兵宵遁，子才削二秩，谪居衡州，子澄削二秩，谪居瑞州。"《通鉴续编》纪月殆据此而来？

23. 十二月："蒙古阔端太子入沔州，知州事高稼死之。"夹注：

　　稼在沔……数与蒙古力战，奇功甚多。至是，蒙古自凤州入四川，东路之师多败，遂捣西池谷，距沔九十里，吏民议退保大安……制置使赵彦呐……留稼守沔。蒙古自白水关入六股株，距沔六十里。沔无城，依山为阻。稼升高鼓噪，盛旗鼓为疑兵。彦呐至置口，辍帐前总管和彦威，以军还沔，召小校杨俊、何璘以兵会。又选精兵千人，命王宣帅以助之。已而，蒙古大至，何璘遁，沔州遂陷。众拥稼出户，稼叱之，不能止，敌围杀之。

【史源】来自《宋史》卷四四九《高稼传》，唯未提阔端。

24. 十二月："蒙古围青野原，曹友闻救，却之。"夹注：

　　赵彦呐闻高稼死，沔州破，乃进屯青野原。蒙古围之。知天水军曹友闻……即往救之。夜半截战，遂解其围。既而，蒙古先锋汪世显捣大安，友闻又救之，指麾甫毕，蒙古大军数万突至，友闻迎战，又败之。敌乃退，友闻遂引兵扼仙人关。

【史源】主要来自《宋史》卷四四九《曹友闻传》，唯"蒙古先锋汪世显"记作"北兵"。《元朝名臣事略》卷六《总帅汪义武王》引杨奂撰神道碑，提到"丙申（1236），备前锋进次大安南"，与"南将曹将军（即曹有闻）"作战云云，知汪世显确实参与了此次征伐。

25. 窝阔台汗八年（1236）正月："蒙古侵江陵，统制李复明死之。"

【史源】《宋史》卷四二《理宗纪二》是年二月甲午（初七）："诏以大元兵攻江陵，统制李复明奋勇战没，其赠三秩，仍官其二子，死伤士卒，趣具姓名来上。"《通鉴续编》殆据此并系于正月。

26. 二月："蒙古侵蕲州，孟珙帅师救，却之。"

【史源】来自《宋史》卷四一二《孟珙传》，但未系月。

27. 三月："襄阳将王旻等作乱，以城降于蒙古。"夹注：

赵范在襄阳，以北军主将王旻、李伯渊、樊文彬、黄国弼等为腹心，朝夕酣狎，了无上下之序。民讼、边防，一切废弛。既而，南北军交争，范失于抚驭，于是旻、伯渊焚襄阳城郭仓库，相继降于蒙古。时城中官民尚四万七千有奇，财粟在库仓者无虑三十万，军器二十四库，皆为蒙古所有，金银盐钞不与焉。南军主将李虎不救焚、不定变，反因势劫掠，襄阳为之一空。……

【史源】主要来自《宋史》卷四一七《赵范传》，画单横线处
"城郭仓库"不见于此传，与纪月皆来自《宋史》卷四二《理宗纪
二》是年："三月……襄阳北军主将王旻、李伯渊焚城郭仓库，相继
降北。……"

28. 八月："蒙古取枣阳军、德安府。"夹注：

> 初，蒙古破许州，获金军资库使姚枢。杨惟中见之，以兄
> 事枢。时北庭无汉人士大夫，太（祖）〔宗〕皇帝见枢至，甚
> 喜，特加重焉。及阔端太子南伐，俾枢从惟中即军中求儒释道
> 医卜之人，枢招致稍众。至是破枣阳，大将忒没歹欲坑士人，
> 枢力与辨，得脱死者数十人。继拔德安，得赵复，以儒学见重
> 于世，其徒称为江汉先生。既被获，不欲北行，力求死所，枢
> 譬说百端，复始悟。枢与至燕，学徒百人，由是北方始知经
> 学，而枢亦初得睹程朱性理之书焉。

【史源】夹注见于《元朝名臣事略》卷八《左丞姚文献公》引
姚燧撰神道碑。当然，由于姚燧的文章在元代播迁甚广，也不排除
陈桱直接参考姚文的可能。需要指出的是，见姚枢者非"太祖皇
帝"，而是"太宗皇帝"，此为《通鉴续编》之误；神道碑中"阔
端太子"作"二太子"，且未书"忒没歹"之名。又，《元史》卷二
《太宗纪》七年（1235）十月："出围枣阳，拔之，遂徇襄、邓，入
郢，虏人民牛马数万而还。"《元史》卷一二〇《察罕传》："从亲王
口温不花南伐，岁乙未（1235），克枣阳，及光化军。"可知，《通鉴
续编》将蒙古取枣阳系于窝阔台汗八年有误。

29. 九月："利州统制曹友闻及蒙古战于阳平关，败绩死之。蒙
古阔端太子遂入蜀，次于成都。"夹注：

曹友闻帅师扼仙人关，谍报蒙古太子合蕃、汉军五十余万将至。……蒙古攻武休关，败都统李显忠军，遂入兴元，欲冲大安军，制置使赵彦呐檄友闻控制大安，以保蜀口。友闻以为不可，彦呐不从。友闻乃遣弟万及友谅引兵上鸡冠隘，多张旗帜，示敌坚守。友闻选精锐万人，夜渡江，密往流溪设伏。约曰："敌至，内以鸣鼓举火为应，外呼杀声。"蒙古兵果至，万出逆战，蒙古八都鲁拥万骑，达海帅千人，往来搏战，矢石如雨。万身被数创，令诸军举烽。友闻遣统制杨大（金）〔全〕、冯大用引本部出东莱园，击敌后。总管夏用、赵兴帅本部出水岭，击敌中队。总管吕嗣德、陈庚帅本部出龙泉头，击敌前队。友闻亲帅精兵三千人，疾驰至隘下。先遣统领刘虎帅敢死士五百，冲敌前锋不动。友闻乃伏三百骑道旁，而令虎衔枚突阵。……拥兵齐进。友闻入龙尾头，万闻之，五鼓出隘口，与友闻会。内外两军皆殊死战，血流二十里。西军素以绵裘代铁甲，经雨濡湿，不利步斗。黎明，蒙古兵益增，以铁骑四面围绕。友闻……与弟万俱死，军尽没。蒙古兵遂长驱入蜀。<u>一月之间，成都、利州、潼川三路所属府、州、军、监、关隘、县、砦，俱陷没。太子次于成都，四蜀所存，惟夔州一路及潼川府路所属泸、合州、顺庆府而已。</u>

【史源】正文曹友闻败死事，来自《宋史》卷四二《理宗纪二》；阔端入成都事，殆据夹注画单横线处归纳而来。夹注画单横线处之外的史文来自《宋史》卷四四九《曹友闻传》，唯《通鉴续编》将"杨大全"误作"杨大金"。夹注画单横线处史源待考，《元史》卷二《太宗纪》八年十月，仅简短记载了"阔端入蜀"四字。查《宋季三朝政要》卷一：是年"十二月，鞑靼国兵入普州、顺庆、潼川府，破成都府，掠眉州。一月，五十四州俱陷破，独夔州一路，及泸、果、合数州仅存。"可与画单横线处互相补充。

30. 十月："蒙古阔端太子自成都入文州，守臣刘（蜕）〔锐〕、赵汝䍐死之。"

【史源】来自《宋史》卷四二《理宗纪二》，"刘蜕"应作"刘锐"，《宋史》卷四四九有传。

31. 十一月，"蒙古口温不花入淮西，诏史嵩之、赵葵、陈韡援之。"夹注：

　　口温不花入淮西，蕲、舒、光州守臣皆遁。口温不花合三州人马粮械趋黄州，游骑自信阳趋合肥。诏淮西史嵩之援光，淮东赵葵援合肥，沿江陈韡过和州，为淮西声援。

【史源】正文来自《宋史》卷四二《理宗纪二》，但未提口温不花。夹注画单横线处，来自《宋史》卷四一二《孟珙传》，其他史文来自《理宗纪二》。

32. 十一月："蒙古忒没歹侵江陵，孟珙帅师败之。"夹注：

　　忒没歹攻江陵，史嵩之遣珙救之。珙遣张顺先渡，而自以全师继之，变易旌旗服色，循环往来，夜则列炬，照江数十里相接。珙又遣赵武等与战，珙亲往节度，遂破蒙古二十四砦，还民二万而归。

【史源】主要来自《宋史》卷四一二《孟珙传》，然未提忒没歹。

33. 十一月：南宋"复成都府"。

【史源】来自《宋史》卷四二《理宗纪二》。

34. 窝阔台汗九年（1237）六月："孟珙败蒙古于黄州。"夹注："蒙古口温不花攻黄州甚急，珙帅师救之。入城……驻帐城楼，指画战守，屡败蒙古之师，卒全其城。"

【史源】来自《宋史》卷四一二《孟珙传》，但未系月。

35. 十月："蒙古侵安丰，知军事杜杲败之。蒙古自淮西北还。"夹注：

> 口温不花攻安丰，杜杲缮完守御。蒙古以火炮焚楼橹，城多堕陷，杲随补完。蒙古令拔都儿硬军斫牌杈木，杲募善射者，用小箭射其目，拔都儿多伤而退。蒙古填壕为二十七坝，杲分兵扼坝，蒙古乘风纵火。俄而，风雪骤作。杲募壮士夺坝路，士皆奋跃死战。会池州都统制吕文德突围入城，与杲合力捍御，蒙古引去，淮西以安。……

【史源】主要来自《宋季三朝政要》卷一。

36. 十二月："诏陈韡、史嵩之、赵葵守御淮、汉。"

【史源】此事见于《宋史》卷四二《理宗纪二》是年十一月戊辰（二十一日）："诏陈韡、史嵩之、赵葵于沿江、淮、汉州军，备舟师战具，防遏冲要堡隘。"知《通鉴续编》纪月有误。

37. 窝阔台汗十年（1238）二月："蒙古使王檝来，诏朱扬祖送之。"

【史源】来自《宋史》卷四二《理宗纪二》。

38. 三月："以周次说为蒙古通好使。"

【史源】来自《宋史》卷四二《理宗纪二》。

39. 九月："蒙古围庐州，知州杜杲败之。诏加杲淮西制置使。"夹注：

> 蒙古察军帅兵号八十万围庐州，期破庐后造舟巢湖，以窥江左。于壕外筑土城，周围六十里，穿两壕，攻具皆数倍于攻安丰时。杜杲极力守御，蒙古筑坝，高于城楼，杲以油灌草，即坝下炼之，皆为煨烬。又于串楼内，立雁翅七层。俄炮中坝上，众惊。杲乘胜出战，蒙古败走，杲追蹑数十里。杲又练舟师，扼淮河，遣其子庶监吕文德、聂斌，伏精锐于要害。蒙古不能进，遂引师北归。

【史源】来自《宋季三朝政要》卷一。正文第一句，《宋季三朝政要》系于九月；第二句"诏加杲淮西制置使"，《宋季三朝政要》系于"冬"季，此事又见于《宋史》卷四一二《杜杲传》，但未纪月，《通鉴续编》皆整合在九月叙述。又，"安丰"，《宋季三朝政要》作"公安"，误，王瑞来先生已辨。[1]

40. 十月："史嵩之复光州。"

【史源】据《宋史》卷四二《理宗纪二》与卷四一四《史嵩之传》整合而来，唯《史嵩之传》系于"十一月"。此条纪月，《通鉴续编》取《理宗纪二》之说。

41. 十月："孟珙复郢州、荆门军。"夹注：

1　王瑞来笺证《宋季三朝政要笺证》卷一，第107页。

珙受诏收复京、襄……及至岳州，檄江陵节制司捣襄、郢，召诸将指受方略，发兵深入。于是张俊复郢州，贺循复荆门。珙以诸将皆捷，乃以蔡、息降人置忠卫军，襄、郢降人置先锋军。

【史源】来自《宋史》卷四一二《孟珙传》。

42. 窝阔台汗十一年（1239）三月："孟珙复信阳、光化军、樊城、襄阳府。"夹注：

襄阳既复，珙奏曰："取襄不难，而守为难，非将士不勇也，非车马器械不精也，实在乎事力之不给尔。襄、樊为朝廷根本，今百战而得之，当加经理，如护元气，非甲兵十万，不足分守，与其抽兵于敌来之后，孰若保此全胜？上兵伐谋，此不争之争也。"乃益置先锋焉。

【史源】主要来自《宋史》卷四一二《孟珙传》。

43. 十二月："孟珙遣师分道御蒙古于蜀口，遂复夔州。"夹注：

孟珙闻蒙古塔海及秃雪帅众号八十万南侵，策其必道施、黔，以透湖湘，乃请粟十万石以给军饷。以二千人屯峡州，千人屯归州，命（晋）〔弟〕瑛以精兵五千驻松滋，为夔州声援，于德兴增兵守归州隘口万户谷。及蒙古至，珙密遣刘全帅师御之，命伍智思以千人屯施州。蒙古既入蜀，珙增置营砦，分布战舰，遣张仲举提兵，间道抵均州防遏，且设策备御。未几，蒙古渡万州湖滩，施、夔振动。珙兄璟时知峡州，帅兵迎拒于归州大垭砦。会蒙古于襄、樊、随、信阳招集军民布种，积船材于邓之顺阳。

珙遣张汉英出随，任义出信阳，焦进出襄，分路挠其势。遣王坚
潜兵烧所积船材，又度敌必因粮于蔡，遣张德、刘整分兵入蔡，
火其积聚，且条上方略。由是京湖稍安其业，遂复夔州。

【史源】主要来自《宋史》卷四一二《孟珙传》，唯画单横线处
"晋瑛"应作"弟英"，[1] "伍智思"作"伍思智"，"张仲举"作"张
举"，"且设策备御"则不见于《孟珙传》。又，《孟珙传》未纪月，
查《宋史》卷四二《理宗纪二》是年十二月甲子："复夔州。"《通鉴
续编》此条纪月殆据此而来。

44. 窝阔台汗十二年（1240）四月："蒙古使王檝来。"夹注："议
岁币也。"

【史源】来自《宋季三朝政要》卷二。

45. 壬寅年（1242）二月："蒙古侵蜀，孟珙遣师御之。"夹注：

　　　　蒙古也可那延自京兆取道商、房，以趋三川，遂攻泸州。
孟珙遣王令屯江陵及鄂州，刘全屯沙市，焦进自江陵出襄，与
诸军会，张祥屯涪州以备之。且下令应出戍主兵官，不许失弃
寸土。权开州梁栋以乏粮还司，珙曰："是弃城也。"斩以徇，
由是诸将禀命惟谨。

【史源】来自《宋史》卷四一二《孟珙传》。[2]

1　王太岳等纂修《钦定四库全书考证》卷三一《通鉴续编》考证："刊本'弟'讹'晋'，据
　　《纲目通鉴续编》改。"《景印文渊阁四库全书》第 1498 册，第 232 页。
2　需要说明的是，"蒙古也可那延"不是以此号著称的成吉思汗第四子拖雷，而是驻京兆征宋诸
　　军的主帅契丹人耶律朱哥，见周清澍《元桓州耶律家族史事汇证与契丹人的南迁》，《元蒙史
　　札》，第 443 页。《孟珙传》作"京兆府也可那延"。

46. 六月："蒙古侵真州，杜杲败之。"

【史源】见于《宋史》卷四一二《杜杲传》，但未系月，也未提战争的胜负情况。《宋季三朝政要》卷二，淳祐二年（1242）有"杜杲解仪真围"之语，"仪真"即真州，亦未系月。《通鉴续编》此处殆据诸书整饬而来。

47. 七月："蒙古入通州，屠其民而去。"

【史源】《宋史》卷四二《理宗纪二》是年十月乙丑："大元兵大入通州。"《通鉴续编》似据此增改。

48. 乙巳年（1245）二月："吕文德败蒙古于五河，复其城。"

【史源】来自《宋史》卷四三《理宗纪三》。

49. 四月："蒙古（太）〔大〕纳侵江陵，孟珙败之。"

【史源】来自《宋史》卷四一二《孟珙传》，但"太纳"作"大纳"。按，"大纳"（Dana）为蒙古语"珠子"之意，今又作 tan-a。《通鉴续编》作"太纳"，误。

50. 七月："蒙古侵濠州，知州吕文德败之。"

【史源】来自《宋史》卷四三《理宗纪三》。

51. 贵由汗元年（1246）二月："蒙古入两淮，吕文德败之。""蒙古入蜀，余玠败之。"

【史源】《宋史》卷四三《理宗纪三》淳祐六年（1246）闰四月，吕文德追忆："今春北兵攻两淮，统制汪怀忠等逆战赵家园……路钤夏贵，知州王成、倪政等，帅舟师援安丰军，所至数战，将士阵亡者众。"同月，余玠建言：北兵分四道入蜀，将士捍御有功者，辄以便宜推赏，具立功等第补转官资以闻。吕、余二人的回忆，皆是就此前蒙古入淮与入蜀所发。《通鉴续编》将这两件事置于二月，殆别有所本。

52. 贵由汗二年（1247）八月："吕文德败蒙古于泗州。"

【史源】《宋史》卷四三《理宗纪三》淳祐八年（1248）春二月丁亥"赵葵言吕文德泊诸将解泗州之围有功，诏补转推赏有差。"即指《通鉴续编》所记之事，知《通鉴续编》此处别有所本。

53. 庚戌年（1250）五月："余玠大败蒙古于兴元。"夹注："蒙古汪惟正屯兵利州，以扼四川，日谋进取，使其从宜使李德辉募民入粟绵竹，陆輓兴元，水漕嘉陵，资用饶足。玠亲帅诸军巡边，直捣兴元，与惟正战，败之。"

【史源】画单横线处来自《宋史》卷四一六《余玠传》，但未提汪惟正，且系于"冬"；其他部分见于《元朝名臣事略》卷一一《左丞李忠宣公》引姚燧撰李德辉行状（或直接参考了姚燧文）。

54. 蒙哥汗二年（1252）二月："蒙古侵随、郢、安、复州。"
【史源】来自《宋史》卷四三《理宗纪三》。

55. 二月："余玠败蒙古于嘉定府。"
【史源】来自《宋史》卷四一六《余玠传》，但未纪月。

56. 八月："蒙古宪宗皇帝命皇弟帅师伐西南夷。"夹注："皇弟由中道进，兀良哈歹由西道，茶寒由东道副之。印都，古天竺国也，有户百余万。"

【史源】夹注画单横线处与《元文类》卷四一所录《经世大典》"安南"条基本相同，唯"茶寒"作"抄合"，知《通鉴续编》应另有所本。此事《元史》卷三《宪宗纪》系于七月。

57. 十一月："蒙古兀良哈歹伐附都、鄯善、乌爨、摩些等国，皆降之。"

【史源】与《元文类》卷四一所引《经世大典》"云安"条基本相同，但置于次年。

58. 蒙哥汗三年（1253）二月："蒙古渡汉江，次于万州，遂入西柳关，高达败之。"

【史源】来自《宋史》卷四三《理宗纪三》。

59. 二月："蒙古兀良哈歹败罗部于夷可浪山，遂会皇弟灭大理，虏其国王段智兴以归。"夹注："得五城八府、蛮部三十有七。"

【史源】来自王恽撰《大元光禄大夫平章政事兀良氏先庙碑铭》。[1]

60. 蒙哥汗四年（1254）正月："蒙古城阆州。"

【史源】来自《宋史》卷四四《理宗纪四》。

61. 二月："蒙古围嘉定，知府俞兴败之。"

【史源】《宋史》卷四四《理宗纪四》是年闰六月："甲戌，录嘉定战功。先是，大元兵围城五旬，帅守俞兴、元用等夜开关力战而围解。诏俞兴等十六人各官五转，将士补转有差。"即《通鉴续编》此条所记之事，陈桱系于二月，应别有所本。

62. 二月："蒙古入东川，遂城紫金山。"夹注："紫金，蜀之要

---

1 对此，详见本书第三章第二节，下不再注。

地也。"

【史源】《宋季三朝政要》卷二宝祐二年（1254）条：蒙古大败南宋余晦军后，"蜀失紫金山要地，为其城之"。可与《通鉴续编》相互补证。

63. 二月："蒙古侵合州，知州王坚败之。"

【史源】《宋史》卷四四《理宗纪四》是年六月："甲辰，四川制司言：合州、广安军北兵入境，王坚、曹世雄等战御有功。诏坚官两转，余各补转官资。"《通鉴续编》系于二月，应别有所本。

64. 二月："蒙古侵广德军，曹世雄败之。"

【史源】《宋史》卷四四《理宗纪四》是年六月："甲辰，四川制司言：合州、广安军北兵入境，王坚、曹世雄等战御有功。诏坚官两转，余各补转官资。"与《通鉴续编》此条应即一事。按，南宋广德军治建康（今南京），广安军治所即今四川广安，时蒙古在长江下游并未有重大侵伐，颇疑《通鉴续编》之"广德军"应即"广安军"之误。

65. 八月："蒙古兀良哈歹灭吐蕃。"夹注："吐蕃土地肥饶，兵强民足，有户三十万。其尊长多为僧，邻国畏之。<u>兀良哈歹自大理进攻，其酋长唆火脱因塔里固守，力屈乃降。兀良哈歹用以为乡导，攻别部落。</u>"

【史源】画单横线处与《元文类》卷四一所录《经世大典》"云安"条基本相同，其他部分史源待考。

66. 八月：蒙古"下利川西路，安抚使王惟忠大理狱杀之"。夹注："惟忠闻余晦镇蜀，心轻之，呼其小字曰：'余再五来也。'晦怒，诬奏惟忠潜通北国，诏下大理。勘官陈大方煅成其事，遂斩于市……"

【史源】正文来自《宋史》卷四四《理宗纪四》，夹注来自《宋季三朝政要》卷二。据夹注，正文"大理狱杀之"前补入"下"字，则语义更畅。

67. 十一月："蒙古城光化军。"
【史源】来自《宋史》卷四四《理宗纪四》。

68. 蒙哥汗五年（1255）正月：南宋"治全子才等丧师罪，罢其祠禄"。夹注：

> 蒙古侵汉蜀、荆淮，帝深忧之。给事中王埜言："国家与蒙古，本无深仇，而兵连祸结，皆原于入洛之师，轻而无谋，遂致只轮不返。全子才诞妄惨毒，今乃援刘子澄例，自陈改正，乞寝二人之命，罢其祠禄，以为丧师误国之戒。"帝从其言。

【史源】主要见于《宋史》卷四四《理宗纪四》，唯系于二月，且"轻而无谋"作"轻启兵端"，似《通鉴续编》另有所本。

69. 六月："贾似道败蒙古李璮于海城。"夹注："璮，李全子也，小字松寿。既降蒙古，为山东行省，葺旧海城，将窥海道，似道遣师败之。"
【史源】来自《宋史》卷四四《理宗纪四》。

70. 七月："蒙古兀良哈歹伐鬼蛮、罗罗斯、阿伯、阿鲁等国，皆降之。"夹注："西南夷尽降于蒙古矣。"
【史源】主要与《元文类》卷四一所录《经世大典》"云安"条基本相同，但"云安"条未纪月。

71. 蒙哥汗六年（1256）五月：南宋"诏思、播州严饬守备"。夹注：

> 蒙古兀良哈歹自乌蛮趋泸州，攻秃剌蛮三城，遂通道于嘉定、崇庆，将向合州。罗氏鬼国遣使报于思、播，思、播以闻。诏以银万两命知思州田应庚、知播州杨文结约罗鬼为援，且戒思、播严饬守备以待之。

【史源】夹注画单横线处，来自王恽撰《大元光禄大夫平章政事兀良氏先庙碑铭》；画波浪线处，来自《宋史》卷四四《理宗纪四》。

72. 六月："蒙古侵叙州，知州史俊败之。"
【史源】《宋史》卷四四《理宗纪四》是年七月甲寅（二十五日）："知叙州史俊调舟师与大元兵战，凡十三合，诏俊官三转，仍带阁门行宣赞舍人。"显系追述战功，《通鉴续编》置于六月似据此而推。

73. 十二月："蒙古城枣阳。"
【史源】来自《宋史》卷四四《理宗纪四》。

74. 蒙哥汗七年（1257）正月："蒙古侵襄阳，高达败之于白河。"
【史源】《宋史》卷四四《理宗纪四》是年四月："丁卯，诏襄阳安抚高达以白河战功，转行右武大夫带遥郡防御使。"[1]即《通鉴续编》

---

1 《宋史》卷四四《理宗纪四》，第859页。

此条所记之事的追述，陈桱系于正月，应别有所本。

75.四月："蒙古纽邻侵苦竹隘及剑门，遂趋东川。"

【史源】主要见于《宋史》卷四四《理宗纪四》是年四月："己卯，大元兵攻苦竹隘，诏京湖调兵应援。"但未提"纽邻"、"剑门"及"遂趋东川"。

76.五月："蒲择之复剑门，城荆山为怀远军，以夏贵知军事。"

【史源】来自《宋史》卷四四《理宗纪四》。

77.六月："蒙古兀良哈歹入交阯，屠其城。"夹注："兀良哈歹兵入交阯，三遣使谕其国降，皆见囚。及兵至洮江，交人战败，国王陈胜走海岛，蒙古遂屠其城。留九日，以热不能堪而还。陈胜复国。"

【史源】与《元文类》卷四一所录《经世大典》"安南"条基本相同，但"云安"条未提"三遣使"与"留九日"，知《通鉴续编》应别有所本。

78.蒙哥汗八年（1258）四月："蒙古围襄阳及樊城，高达救却之。"

【史源】《宋史》卷四四《理宗纪四》是年："五月庚戌朔，诏：'襄、樊解围，高达、程大元应援，李和城守，皆有劳绩，将士用命，深可嘉尚，其亟议行赏激。'"[1]与《通鉴续编》所述之事相同，系事后嘉赏时提及。

79.四月："蒙古李璮侵海州、涟水军。"

---

1 《宋史》卷四四《理宗纪四》，第863页。

【史源】来自《宋史》卷四七七《李全传下》。

80. 十一月："蒙古入东海。"
【史源】《宋史》卷四四《理宗纪四》宝祐六年（1258）十一月："丁卯，东海失守，贾似道抗章引咎，诏令以功自赎，特与放罪。"《通鉴续编》殆据此而来。

81. 十一月："蒙古兀良哈歹伐罗氏鬼国。"
【史源】《宋季三朝政要》卷二宝祐六年："鞑靼兵侵罗氏鬼国。"与《通鉴续编》此条所记为一事，但《通鉴续编》未提兀良哈歹，亦未纪月，似另有所本。

82. 十二月：南宋"诏马光祖移司峡州，向士璧移司绍庆府，以援蜀。光祖、士璧迎战于房州，蒙古败走"。
【史源】来自《宋史》卷四四《理宗纪四》。

83. 蒙哥汗九年（1259）正月："蒙古自忠、涪进趋夔州，诏蒲择之、马光祖便宜行事。"
【史源】来自《宋史》卷四四《理宗纪四》。

84. 正月："蒙古兀良哈歹入宾、象州、静江府，遂趋湖南。"
【史源】来自王恽撰《大元光禄大夫平章政事兀良氏先庙碑铭》；《宋史》卷四四《理宗纪四》是年正月有朝廷惩罚知宾州吕镇龙、知象州奚必胜"闻风先遁"事，《通鉴续编》纪月殆据此而来。

85. 三月："蒙古皇弟自黄州沙洑口济江，京湖江淮州县多降之，遂侵临江，知军事陈元桂死之"。夹注："沿江制置副使袁玠征渔利，虐甚。及皇弟至黄，渔人遂献舟，且为乡导。蒙古因之济江，以趋江西。"

【史源】《宋史》卷四四《理宗纪四》是年九月壬子："贾似道表言大元兵自黄州沙武口渡江，中外震动。"同书卷四五《理宗纪五》景定元年（1260）二月甲寅下诏，其中有"临江守臣陈元桂死节，官五转，赠宝章阁待"云云，系对陈元桂之死的追述。又，《宋史》卷四五〇《陈元桂传》，将元桂死节系于"开庆元年（1259）春"。可知，《通鉴续编》此条正文系整合《宋史》诸处记载而来，然《宋史》未提"皇弟"，"沙洑口"亦作"沙武口"。

《宋史全文》卷三六是年九月壬子，贾似道上奏："水陆之师至于鄂，时鞑国兵大入，值沿江制副征鱼湖利虐甚，渔人献舟于北，遂自黄州沙武口透渡江南。"[1]"沿江制副"即袁玠，其征收渔利事，见于《宋史》卷四七四《丁大全传》："初，大全以袁玠为九江制置副使，玠贪且刻，逮系渔湖土豪，督促输钱甚急。土豪怒，尽以鱼舟济北来之兵。"[2]夹注殆据《宋史》等文献整合而来。

86. 六月："吕文德及蒙古史天泽战于嘉陵江，败绩。"夹注：

> 宪宗以合州久不下，乃分兵攻重庆。会疫大作，宪宗皇帝议班师。六月，吕文德乘风顺力战，得入重庆，即帅艨艟千余蔽嘉陵江。宪宗皇帝命史天泽力战，文德败走，还重庆。

【史源】主要来自《开府仪同三司中书左丞相忠武史公家传》，唯"六月"二字不见于家传，殆参考了《宋史》卷四四《理宗纪四》："六月甲戌，吕文德兵入重庆。"

---

1 《宋史全文》卷三六，第 2884 页。
2 《宋史》卷四七四《丁大全传》，第 13778 页。

87.七月："蒙古兀良哈歹入辰、沅，遂围潭州。"夹注：

　　兀良哈歹自静江帅四王兵三千骑、蛮爨兵万人，破辰、沅州，直抵潭州。宋兵断其归路。兀良哈歹与四王掠宋兵后，命其子阿术横击于前，宋师败走潭州，固垒自守，蒙古筑垒围之。

【史源】来自王恽撰《大元光禄大夫平章政事兀良氏先庙碑铭》。

88.九月："蒙古皇弟围鄂州。"夹注：

　　皇弟之师次于阳逻洑。阳逻洑，宋之要害也。筑堡于岸，陈船江中，军容甚盛。董文炳言于皇弟，曰："长江天险，宋所恃以为国，势必死守，不夺之气，不可臣，请尝之。"乃帅死士数十人当其前，令其弟文用、文忠载艨艟鼓棹疾趋，士叫呼毕奋。锋交，文炳麾众走岸搏战，宋师大败。皇弟闻之，举手曰："天也。"明日，遂帅诸军渡江，进围鄂州。朝廷大震。

【史源】主要来自《元朝名臣事略》卷一四《左丞董忠献公》引元明善撰家传。又，《宋史》卷四四《理宗纪四》是年九月壬子："贾似道表言大元兵自黄州沙武口渡江，中外震动。"夹注最后"朝廷大震"之语，殆据此而来。

89.九月：南宋"诏诸路出师，以御蒙古，大出内府银币犒师"。
【史源】来自《宋史》卷四四《理宗纪四》。

90.十一月："贾似道使宋京如蒙古师乞和。闰月，蒙古皇弟遂帅师北还，鄂州围解。"夹注：

> 蒙古围鄂州，都统权州事张胜以城危在旦夕，登城谕之，曰："城已为汝家有，但子女玉帛，皆在将台，可从彼取之。"蒙古信之，遂焚城外民居。将退，会高达、印应飞兵至，贾似道亦驻汉阳为援。蒙古乃复进攻，张胜坚守不下，遂死之。十月，鄂城东南陬破，高达帅诸将力战，似道自汉阳至鄂督师。……十一月，蒙古攻城益急。城中死伤者至万三千人，似道大惧，乃密遣宋京诣蒙古营，请称臣纳币。皇弟不许。会合州守臣王坚使阮思聪踔急流走鄂，以宪宗皇帝讣闻于似道。似道再遣宋京往。皇弟亦闻阿里不哥欲袭尊号、遣脱忽思金军河朔，因召群臣议事。……乃许似道和，且约岁币之数，遂拔砦而去，留张杰、阎旺以偏师候湖南兀良哈歹之兵。……

【史源】正文宋京乞和事，来自《宋史》卷四七四《贾似道传》；"鄂州围解"事，来自《宋史》卷四四《理宗纪四》。夹注画单横线处，来自《宋季三朝政要》卷三，但"印应飞"误作"卬应"，《宋史》亦记有"印应飞"，可知《通鉴续编》参考《宋季三朝政要》时有所改正；画虚线处，来自《宋史》卷四七四《贾似道传》；画波浪线处，来自《元朝名臣事略》卷七《平章廉文正王》引高凝撰家传。

91. 十二月："向士璧败蒙古于南岳市，潭州围解。"夹注："蒙古兀良哈歹攻潭州甚急，士璧亲帅军民，极力守御。闻蒙古后军且至，遣王辅佑帅五百众觇之，遇于南岳市，大战。蒙古败，遂去。"

【史源】来自《宋史》卷四一六《向士璧传》。

92. 中统元年（1260）二月，"蒙古兀良哈歹会张杰于鄂州，帅师北还。贾似道使夏贵等败其后军于新生矶"。夹注：

> 张杰、阎旺作浮桥于新生矶，湖南兵至，杰等济师北还。贾似道用曹世雄、刘整计，命夏贵以舟师攻断浮桥，杀殿戍卒百七十，遂匿其议和称臣纳币之事，上表言："鄂围始解，江面肃清，宗社危而复安，实万世无疆之休。"帝以似道有再造功，下诏褒美，赏赉甚厚。

【史源】主要来自《宋史》卷四七四《贾似道传》，但未提兀良哈歹、夏贵断浮桥及"匿其议和称臣纳币之事"，故另有所本。画单横线处，见于《宋史全文》卷三六，贾似道上表之言系于景定元年（1260）四月，曹世雄断桥之功，是在景定二年六月追述，《通鉴续编》对此略加整合。

93. 二月：南宋"召贾似道还。三月，遇蒙古俘卒于蕲草坪，败之，遂入黄州"。夹注：

> 先是，诸路重兵咸聚于鄂，蒙古兵斡腹由永、全至潭，江西大震。吴潜用御史饶应子言，移似道镇黄州。黄虽下流，实当兵冲。似道以潜欲杀己，怨之。及诏下，召还，似道乃进。孙虎臣以精骑七百护送之，至蕲草坪，候骑言："前有北兵。"似道大惧……及北兵至，乃老弱部所掠金帛子女而还者，其将乃江西降将储再兴也。虎臣与诸将迎击，败之，擒再兴，似道遂入黄州。

【史源】正文来自《宋史》卷四五《理宗纪五》。夹注画虚线处，见于《宋史全文》卷三六；画单横线处，来自《宋史》卷四七四《贾似道传》。

综上所述,《通鉴续编》所记蒙古前四汗时期的蒙宋战争,其史源可以分为照录一书与杂采诸书两种情况。

照录一书者

(1)来自《宋史》:第4、7、8、9、12、13、15、20、21、23、25、26、27、30、31、32、33、34、36、37、38、40、41、42、45、47、48、49、50、51、52、54、55、58、60、61、63、64、67、68、69、72、73、74、75、76、78、79、80、82、83、89、91条。

(2)来自《宋季三朝政要》:第22、35、39、44、62、81条。

(3)来自《元朝名臣事略》:第28、87条。

杂采诸书者

(1)《宋史》与《宋季三朝政要》等:第16、18、19、46、66条。

(2)《宋史》与《元朝名臣事略》等:第3、6、24、53、88条。

(3)《宋史》与《宋史全文》等:第92、93条。

(4)与《元文类》所录《经世大典》基本相同者:第56、57、65、70、77条。

(5)《宋史》与《金史》等:第11条。

(6)《宋史》、《宋季三朝政要》与《元朝名臣事略》等:第90条。

(7)《宋史》与其他史源:第2、10、14、17、29、43、85条。

(8)《东平王世家》与《元朝名臣事略》:第1条。

(9)《大元光禄大夫平章政事兀良氏先庙碑铭》等:第59、71、84条。其中,第71、84条还参考了《宋史》等文献。

(10)《开府仪同三司中书左丞相忠武史公家传》等:第86条,此条可能还参考了《宋史》。

(11)与严实相关的材料:第5条。此外,第6条亦有部分史文,来自与严实相关的其他材料。

由此可见，《通鉴续编》在编撰大蒙古国时期的蒙宋战争时，征引最多的文献是《宋史》，其次是《宋季三朝政要》《宋史全文》等以宋代为中心的史籍，以及元人所撰的《元朝名臣事略》、《经世大典》（可能是部分内容的某一抄本）、《东平王世家》、《大元光禄大夫平章政事兀良氏先庙碑铭》、《开府仪同三司中书左丞相忠武史公家传》等史料，还有一处参考了《金史》。

需要说明的是，《通鉴续编》在抄录《宋史》时，《宋史》本纪与列传矛盾者，取本纪之说，如第 40 条；有些条文在月份或局部史文上略有增补，似乎还别有所本，如第 9、23、25、31、32、47、51、52、61、63、64、68、72、74、75、78 条；抄录《宋史》后个别文字有误者，如第 15、30、36 条。在征引《宋季三朝政要》时，第 22、62、81 条略有增改，应该还参考了其他史料；第 39 条将"冬"季之事整合在九月叙述。

在杂糅、整合诸书时，第 16、18、56、57、77、85、92 条的个别史文，与目前所能查知的相关史籍的记载略有出入，应该还参考了其他史料。此外，与《元文类》所引《经世大典》基本相同者，人名、月份与个别文字等并不完全吻合，可能参考的是《经世大典》部分内容的某一抄本。

在具体编撰方面，值得注意的是，宋、元史料所记人名不同者，《通鉴续编》首取《宋史》而非元代史料的说法，如第 3 条，这很大程度上是以宋为正统的史观所决定的。陈桱对征引的个别明显讹误文字，亦有校正，如第 90 条。当然，在抄录史料时也存在个别文字的讹误，如第 6、43 条，而第 28 条不但对史源原文理解有误，还存在改动史文、误置纪年的问题，可见，在编撰的具体实践上，陈桱以抄录、杂糅、整合史料为主，对基本史实的考辨，其实并未下过太大的功夫。

二 忽必烈汗时期

今将《通鉴续编》所记忽必烈汗时期的蒙宋战争，按编年顺序逐一编号辑录并考索史源于下。

1. 中统元年（1260）六月："蒙古李璮侵淮安。"

【史源】《宋史》卷四五《理宗纪五》：景定元年（1260）九月戊子，"李松寿犯淮安"。松寿为李璮字，但时间不合，《通鉴续编》殆别有所本。《元史》卷二〇六《李璮传》留下了中统元年李璮给忽必烈的一份上书，其中说："臣昨追敌至淮安，非不能乘胜取扬、楚，徒以执政止臣，故臣不敢深入。"[1]可证是年李璮在淮安一带与南宋有过交战，故《通鉴续编》应别有确本。

2. 七月："蒙古使郝经来寻盟，贾似道幽之于真州。"夹注：

> 贾似道既还朝，使其客廖莹中辈撰《福华编》，称颂鄂功。朝廷不知其求和也。世祖皇帝既即位，廉希（贤）〔宪〕请遣使谕宋，以息兵讲好。敕诸军北归，俾恩威并著。世祖皇帝善之，欲遣使而未得其人。王文统素忌郝经才德，乃请遣经，遂以经为翰林侍读学士，充国信使来告即位，且征前日请和之议。……王文统阴讽李璮侵宋以沮挠之，欲假手以害经。经逾淮，贾似道惧奸谋呈露，遂以李璮为辞，命知扬州李庭芝寓书于经，蔑以款兵，拘留于真州之忠勇军营。经……复上书于帝，及移文执政，辨论古今南北和议战攻利害甚悉，皆不报。……帝闻有北使，谓宰执曰："北朝使来，事体当议。"似道奏："和出彼谋，岂容一切轻徇，倘以交邻国之道来，当令入见。"

---

[1] 《元史》卷二〇六《李璮传》，第 4592 页。

【史源】正文来自《宋史》卷四七四《贾似道传》,纪月参考了《宋史》卷四五《理宗纪五》。夹注画单横线处,来自《贾似道传》;画双横线处,来自《元朝名臣事略》卷七《平章廉文宪王》引高凝撰家传,唯"廉希贤"应作"廉希宪",王颋先生已辨;[1]画波浪线处,来自《元朝名臣事略》卷一五《国信使郝文忠公》引卢挚撰墓碑;画虚线处,来自《理宗纪五》。

3. 中统二年(1261)六月:"知泸州刘整叛降于蒙古。"夹注:

> 贾似道之断浮桥,败蒙古也。整及高达、曹世雄之功为多,似道憾其轻己,令吕文德捃摭其罪,世雄竟死,达亦废弃。整闻之惧。会俞兴帅蜀,整素与兴有隙,心益不安。及兴至,考核整军前钱粮,整遂率所部二十七人,自泸降于蒙古。整骁将也,熟知山川险要、国事虚实,蒙古自是愈易宋,而边祸日深矣。整之将叛也,命制置司参谋官许彪孙草表,彪孙不屈,合门仰药死。

【史源】夹注画单横线处,与《宋季三朝政要》卷三高度雷同,但《宋季三朝政要》误系于景定四年(1263),"俞兴"误作"郑兴",且《通鉴续编》有不见于《宋季三朝政要》者,故应别有所本。画波浪线处,来自《宋史》卷四四九《许彪孙传》。按,刘整叛降蒙古的月份,《元史》卷四《世祖纪一》与《通鉴续编》同,系于"六月庚申"(六月三十日)。《宋史》卷四五《理宗纪五》系于七月甲子(初四):"蜀帅俞兴奏守泸州刘整率所部兵北降,由兴构隙致变也。"[2]知此前刘整已叛,故此事陈桱系据可靠资料纪月。

1　王颋:《雁足系帛——元国信使郝经被羁事件考论》,《内陆亚洲史地求索(续)》,第268页。
2　《宋史》卷四五《理宗纪五》,第877页。

4.中统三年（1262）正月："吕文德复泸州，改为江安军。"

【史源】来自《宋史》卷四五《理宗纪五》,《宋季三朝政要》误系于四年。

5.二月："蒙古山东行省李璮以京东来归，诏封璮为齐郡王，复其父全官爵。"

【史源】来自《宋史》卷四五《理宗纪五》。

6.五月："蒙古哈必赤、史天泽围李璮于济南。六月，遣青阳梦炎帅师救之，不至而还。"夹注：

> 世祖皇帝命亲王哈必赤、丞相史天泽总诸道兵讨李璮，以张弘范为行军总管。天泽至济南，筑长围树木栅，遏其侵轶，使内外不相闻。璮军势甚张，出兵突诸将，独易弘范而不攻。……弘范……筑长垒于城西，内伏甲而外为壕，开东门以待，夜浚其壕加广，璮不知也。明日，璮果拥飞桥攻弘范，桥短不能逾壕，士卒遂陷于水，其得升垒者，突入垒门，遇伏皆死。璮始大惧，欲走不得。董文炳知璮势促，乃抵城下，呼璮爱将田都帅……田乃绝城降，璮益不能为矣。六月，朝廷闻璮受围，遣青阳梦炎帅师援之，梦炎至山东，不敢进而还。

【史源】正文青阳梦炎援助事，来自《宋史》卷四五《理宗纪五》。夹注画单横线处，来自《元朝名臣事略》卷六《元帅张献武王》引虞集撰庙堂碑；画波浪线处，来自《元朝名臣事略》卷七《丞相史忠武王》引王磐撰神道碑；画虚线处，来自《元朝名臣事略》卷一四《左丞董忠献公》引元明善撰家传；画双横线处，来自《理宗纪五》。

7.九月："蒙古以阿术为征南都元帅，治兵于汴。"

【史源】来自王恽撰《大元光禄大夫平章政事兀良氏先庙碑铭》。

8.中统四年（1263）二月："蒙古侵嘉定府。"

【史源】来自《宋史》卷四五《理宗纪五》。

9.九月："置榷场于樊城。"夹注：

> 刘整言于蒙古曰："南人惟恃吕文德耳，然可以利诱也。请遣使以玉带与之，求置榷场于襄阳城外。"蒙古从之。至鄂，请于文德。文德许之，蒙古使曰："南人无信，安丰等处榷场每为盗所掠，愿筑土墙以护货物。"文德不许。或谓文德，曰："榷场成，我之利也，且可因以通好。"文德乃为请于朝，开榷场于樊城外。〔蒙古〕筑土墙于鹿门山外通互市，内筑堡壁。蒙古又筑堡于白鹤，由是敌有所守以遏南北之援，时出兵哨掠襄、樊城外，兵威益炽。文德弟文焕知为蒙古所卖，以书谏止。文德始悟，然事已无及，惟自咎尔。

【史源】画单横线处见于《宋季三朝政要》卷四咸淳二年（1266）追述，其他部分来自《宋季三朝政要》卷三景定四年（1263）条。"蒙古又筑堡于白鹤"云云，说明此前曾有类似的举动，查《钱塘遗事》卷四"刘整北叛"条可知，"筑土墙于鹿门山"也是"北人"所为。[1]《通鉴续编》与《宋季三朝政要》皆缺主语，故补入"蒙古"二字；又，"白鹤"即"白河口"。

1　刘一清撰，王瑞来校笺考原《钱塘遗事校笺考原》卷四，第 123 页。

10. 至元元年（1264）八月："阿朮入庐、滁州、安庆军。"

【史源】来自王恽撰《大元光禄大夫平章政事兀良氏先庙碑铭》。

11. 至元四年（1267）四月："蒙古赛典赤侵合州，知州张珏败之。"

【史源】来自《宋史》卷四五一《张珏传》。

12. 十二月："蒙古阿朮、刘整经略襄阳，遂城白河口。"夹注：

> 刘整言于世祖曰："襄阳，吾故物。由弃弗戍，使宋得窃筑为强藩。若复襄阳，浮汉入江，则宋可平也。"世祖皇帝然之。征诸路兵，命阿朮、刘整经略襄阳。先是，阿朮过襄阳，驻马虎头山，顾汉东白河口，谓其下曰："若筑垒于此，以断宋饷道，襄阳可图也。"至是，城其地焉。宋患蒙古之用整也，遣使以燕郡王告身、金印、牙符致之。整得之，即赴上都待罪。世祖皇帝命磔使者，而移书让宋执政云。

【史源】画单横线的前后两处，分别来自《元朝名臣事略》卷二《丞相楚国武定王》引姚燧撰阿里海涯神道碑与《刘武敏公碑》（或直接参考了姚燧原文），唯刘整献策系于五年；画波浪线处，来自王恽撰《大元光禄大夫平章政事兀良氏先庙碑铭》。

13. 十二月：南宋"师及蒙古战于牛心山，败绩"。夹注：

> 阿朮阅兵襄阳，遂入南郡，取仙人、帖城等栅，获生口五万。宋锁江陵城池，不通往来，而掠蒙古兵在两淮者，得骑

<u>五千，步卒万人</u>，并力守御襄、樊。阿朮谓诸将曰："若不投宿江北，恐落敌便。"遂自安滩济江，留精骑于牛心山下，立虚寨，设疑火。夜半，宋师果至。伏发，宋师大败。

【史源】主要来自王恽撰《大元光禄大夫平章政事兀良氏先庙碑铭》，但系于八月。画单横线处，庙碑作"江陵昼锁。宋人闻我旆还，多掠选两淮骁悍骑五千、步万人"，《通鉴续编》认为"两淮骁悍骑五千、步万人"是"蒙古兵"，似乎不确；又，《通鉴续编》之"帖城"，庙碑原文实作"怗城"，《元史》卷一二八《阿朮传》则作"铁城"。

14. 至元五年（1268）九月："蒙古阿朮、刘整围襄阳。"

【史源】来自《宋史》卷四六《度宗纪》，但未提"阿朮、刘整"。

15. 至元六年（1269）正月："蒙古史天泽行省事于岘山，以围襄阳。"夹注：

> 世祖皇帝命左丞相史天泽、平章合丹、<u>驸马忽剌出经略襄阳，而罢元帅府。天泽至，吕文焕遣使饷以盐茗。天泽筑长围，起万山，包百丈、楚山，尽鹿门，为一字城，联亘诸堡，贮兵储，绝声援，示宋以久驻必取襄阳之意</u>。因城岘首，开省其上。

【史源】画单横线处，来自王恽撰《开府仪同三司中书左丞相忠武史公家传》，其他部分主要来自《元朝名臣事略》卷二《丞相楚国武定王》引姚燧撰神道碑（或直接参考了姚燧原文）。此事《元史》卷六《世祖纪三》亦置于正月，可见《通鉴续编》之纪月应另有确本。

16. 二月：“蒙古城鹿门。”

【史源】见于《宋史》卷四六《度宗纪》，但系于三月。

17. 三月：“蒙古阿术自白河帅师围樊城。”

【史源】来自《宋史》卷四六《度宗纪》。

18. 三月：“京湖都统张世杰帅师救襄阳，及蒙古战于赤滩圃，败之。”

【史源】来自《宋史》卷四六《度宗纪》。

19. 夏四月：“蒙古筑南新城。”

【史源】来自《宋史》卷四六《度宗纪》。

20. 七月：“夏贵帅师援襄阳，及蒙古阿术战于新城，败绩。范文虎帅师援贵，复败而走。”夹注：

> 贵被命援襄、樊，乘春水涨，轻兵部粮舟，至襄阳城下，惧不敢进而还。及初秋大霖，汉水溢，贵遣舟出没东岸林谷间。阿术谓诸将曰：“此虚形，不可与战，宜整舟师以备新城。”明日，贵舟师果趣新城，阿术大败之，杀溺无算，生擒五千人，获战舰百余。阿术于是大治战舰，教水军，筑围城，以逼襄阳。范文虎复以舟师援，贵亦为阿术所败，文虎轻舟走免。

【史源】画单横线处，来自王恽撰《大元光禄大夫平章政事兀良氏先庙碑铭》，其他史文史源待考。

21. 八月:"蒙古谕淮蜀吏民使降。"夹注:

> 诏曰:"朕纂承丕基,同仁一视,罔间南北,两淮四川、大江以南生灵,皆吾赤子。即位之始,未遑他务。首遣国信使、副,讲信修睦,以通和好。本朝投戈卷甲,使两地百姓息肩,咸遵安生乐业之愿。岂意彼国妄生边衅,是驱若国生灵,置之锋镝而不恤也。恐汝无辜,枉被残扰,今开谕彼界官吏军民人等,及我国人或因小故逋亡、或势不获已因而陷没者,当明知朕不欲用兵之本意。尔等当转祸为福,其审图之。"

【史源】与《圣元名贤播芳续集》卷五《谕亡宋官吏诏》同,但《谕亡宋官吏诏》系于七月,可能七月颁诏,八月下达至淮蜀?

22. 十二月:"卫国公吕文德卒。"夹注:"文德以许蒙古置榷场于樊城为恨,每曰:'误国家者,我也。'因疽发背,卒。贾似道以其婿范文虎总帅禁兵焉。"

【史源】画单横线处来自《宋季三朝政要》卷三,其他来自《宋史》卷四六《度宗纪》。

23. 至元七年(1270)正月:"以李庭芝为京湖制置使,知江陵府,高达为湖北安抚使,知鄂州,以援襄、樊。"夹注:

> 时夏贵、范文虎相继大败,及闻庭芝至,文虎贻书贾似道,曰:"吾将兵数万人入襄阳,一战可平,但愿无使听命于京阃,事成则功归恩相矣。"似道喜,即命文虎之兵从中取旨,庭芝至,屡约进兵,文虎但与妓妾嬖幸击鞠饮宴为乐,以取旨未至为辞云。

【史源】正文来自《宋史》卷四六《度宗纪》，夹注来自《宋史》卷四二一《李庭芝传》。

24. 三月："蒙古怯薜伐建都，不克。"夹注："建都，古越嶲也。"
【史源】《元文类》卷四一所录《经世大典》"建都"条："建都，古越嶲也。"夹注：至元四年（1267）九月怯薜开始征伐建都，因无功于六年六月而遭"弃市"。《元史》卷六《世祖纪三》亦记怯薜死于至元六年，故《通鉴续编》此条纪年有误。

25. 十月："诏范文虎帅卫卒及两淮军救襄阳。"
【史源】来自《宋史》卷四六《度宗纪》。

26. 十一月："蒙古城万山，以张弘范守之。"夹注：

> 弘范军于鹿门，以断宋粮道及郢、复之援。一日，言于史天泽曰："今规取襄阳，周于围而缓于攻者，计待其自毙也。然而夏贵乘江涨，送衣粮入城，我无御之者。而江陵、归、峡行旅休卒，道出襄阳南者相继也，宁有自毙之时乎？若筑万山以断其西，立栅灌子滩以绝其东，则庶几毙之之道也。"天泽请从之，遂筑万山，徙弘范军焉。自是，襄、樊之道益绝矣。

【史源】主要来自《元朝名臣事略》卷六《元帅张献武王》引虞集撰庙堂碑，然"史天泽"在庙堂碑作"丞相"，据前文知为伯颜，《通鉴续编》误"丞相"为"史天泽"；又，蒙古筑万山城，庙堂碑系于至元六年，《宋史》卷四六《度宗纪》则系于咸淳六年（至元七年）十二月己亥（初四），显然《通鉴续编》在纪年上采纳了宋人的说法。

27. 至元八年（1271）六月："范文虎帅师救襄阳，不至而逃。蒙古遂大会师围襄阳。"夹注："六月，汉水溢。文虎不得已进兵，未至鹿门，中道遁去。于是，蒙古益兵围城，城中援绝，军民大困。"

【史源】此条纪时与画单横线处来自《宋史》卷四六《度宗纪》，画波浪线处来自《李庭芝传》，其他史源待考。

28. 六月："蒙古张弘范入樊城，堕其外郭。"

【史源】来自《元朝名臣事略》卷六《元帅张献武王》引虞集撰庙堂碑。

29. 至元九年（1272）五月：南宋"京湖使统制张顺、张贵帅师救襄阳，及大元战于江中，顺死之，贵入襄阳而还，复战于勾林滩，败死"。夹注：

> 襄阳被围五年，援兵不克进。大元兵日益至，吕文焕竭力以拒之。幸城中稍有积粟，所乏者盐薪布帛尔。张汉英守樊城，募善泅者置蜡书于髻中，藏积草下，浮水而出。谓鹿门既筑，势须自荆、郢救援。至隘口，大元守卒见积草多，钩致欲为焚爨之用，泅者遂被获。于是郢、邓之路亦绝。至是，诏京湖制置移司郢州，将帅悉驻新郢及均州河口，以守要津。
>
> 闻知其西北一水曰清泥河，源于均、房，即其地造轻舟百艘，以三舟联为一舫，中一舟装载，左右舟则虚其底而掩覆之。出重赏募死士，得襄、郢山西民兵之骁悍善战者三千人。求将，得民兵部辖张顺、张贵二人，俱智勇，素为诸将所推服，俾为都统。号贵曰"矮张"，顺曰"竹园张"。出令曰："此行有死而已，汝辈或非本心，宜亟去，毋败吾事。"人人感奋。

及汉水方生，乘顺流发舟百艘，稍进圉山下。越二日，进高头港口，结方阵，各船置火枪、火炮、炽炭、巨斧、劲弩。夜漏下三刻，起碇出江，以红灯为号。贵先登，顺殿之，乘风破浪，径犯重围。至磨洪滩以上，大元兵布舟蔽江，无隙可入。顺等乘锐，断绠攒筏数百，转战百二十里，大元兵皆披靡以避其锋。黎明，抵襄阳城下。城中久绝援，闻顺等至，踊跃过望，勇气百倍。及收军，独失顺。越数日，有浮尸溯流而上，被甲胄，执弓矢，直抵浮梁。视之，则顺也。身中四创六箭，怒气勃勃如生，诸军惊以为神，结冢敛葬之。

张贵入襄阳，吕文焕固留共守。贵恃其骁勇，欲还郢，乃募二士，能伏水中数日不食，使持蜡书赴郢求援。后大元兵增守益密，水路连锁数十里，列撒星桩，虽鱼虾不得度。二人遇桩即锯断之，竟达郢，还报，许发兵五千驻龙尾洲以助夹击。刻日既定，乃别文焕东下，点视所部军。泊登舟，帐前一人亡去，乃有过被挞者。贵曰："吾事泄矣。亟行，彼或未及知。"复不能衔枚隐迹，乃举炮鼓噪发舟，乘夜顺流，断絙破围冒进，大元兵皆辟易。既出险地，夜半天黑，至小新城。大元阿术、刘整分舣战舰邀击，以死拒战。沿岸束获列炬，火光烛天如白昼。至勾林滩，渐近龙尾洲，遥望见军船旗帜纷披，贵兵以为郢兵来会，喜跃而进，举流星火示之。军船见火，即前迎。及势近欲合，则来舟皆大元兵也。盖郢兵前二日以风水惊疑，退屯三十里。而大元兵得逃卒之报，先据龙尾洲，以逸待劳。贵与战而困，且出于不意，所部杀伤殆尽，贵身被数十创，力不能支，遂被执。见阿术于柜门关，阿术欲降之。贵誓不屈，乃见杀。大元令降卒四人，舁贵尸至襄阳城下，示宋人曰："识矮张都统乎，此是也。"守陴者皆哭，城中丧气。吕文焕斩四卒，以贵祔葬张顺冢侧，立双庙祀之。

【史源】夹注第一段与《齐东野语》卷一八"二张援襄"条、《宋季三朝政要》卷四咸淳八年（1272）条、《钱塘遗事》卷六"张贵赴援"条，基本相同。第二、三段分别来自《宋史》卷四五〇《张顺传》和《张贵传》；"贵曰'矮张'，顺曰'竹园张'"，《张顺传》所记正好相反，然第三段"矮张都统"明指张贵，故知《张顺传》有误，《通鉴续编》在抄录时显然有所校正。[1] 第二段画波浪线处与《齐东野语》卷一八"二张援襄"条、《宋季三朝政要》卷四、《钱塘遗事》卷六"张贵赴援"条基本相同，第三段画横线处见于王恽撰《大元光禄大夫平章政事兀良氏先庙碑铭》，但未提"阿术欲降之"。

30. 至元十年（1273）正月："大元取樊城，守将张汉英及都统制范天顺、牛富死之。"夹注：

樊城被围四年，范天顺、牛富力战不降，且射书襄阳城中，期吕文焕为唇齿。及襄阳危急，樊城益孤。大元张弘范进攻，为流矢中其肘，束创见阿术曰："襄在江南，樊在江北。我陆攻樊，则襄出舟师来救，终不可取。若截江道，断救兵，水陆夹攻之，则樊必破，而襄亦下矣。"阿术从之。遂以师截江，而出锐师薄樊城。城陷，守将张汉英死焉。范天顺于是仰天叹曰："生为宋臣，死当为宋鬼。"即所守处缢死。大元入城，牛富率死士百人巷战，大元兵士死伤者不可胜计，渴饮血水，转战而进。遇民居，烧绝街道，富身被重伤，以头触柱赴火死。

【史源】正文来自《宋季三朝政要》卷四，但误系于前一年。

---

1 《齐东野语》、《钱塘遗事》与《宋季三朝政要》虽然未提张顺为竹园张，但皆记张贵为矮张，因此也不排除陈桱直接据此而来的可能；中华书局点校本《宋史》亦指出《张顺传》误将传主视为"矮张"，见第 13263 页。

《宋史》卷四六《度宗纪》："九年（1273）春正月乙丑，樊城破，范天顺、牛富死之。"《通鉴续编》纪时应据此而来。"牛富"，《宋季三朝政要》误作"牛皋"，王瑞来先生已校。[1]夹注画单横线处，来自《宋史》卷四五〇《牛富传》；画波浪线处，来自《元朝名臣事略》卷六《元帅张献武王》引虞集撰庙堂碑，唯"阿朮"作"主帅"；画粗黑线处，见于《宋季三朝政要》卷四；画虚线处，来自《宋史》卷四五〇《范天顺传》。

31. 二月："知襄阳府吕文焕以城降于大元。"夹注：

　　襄阳久困，孤城援绝，彻屋为薪，缉银关为衣，以与大元拒。文焕每一巡城，南望恸哭，而后下告急于朝。贾似道不督列闉赴援，而累上书请行边，帝不许。及城势危甚，文焕艰难遣使，忍死待援。似道复请行边，而阴讽台谏上疏，以为师臣出，顾襄未必能及淮，顾淮未必能及襄，不若居中以运天下。于是，帝谓似道曰："师相岂可一日离左右耶？"时群臣多言高达可援襄阳者……文焕闻达且至，亦不乐。……会获大元哨骑数人，文焕即缪以大捷奏，然不知朝中实无意遣达也。初，宋以汉水〔出〕襄、樊两城之间，植木中流，锁以铁絙，造浮梁于上，二城赖此为固。阿朮以机锯断木，斧絙，燔其桥，二城遂绝。樊城既陷，阿朮益并兵攻襄。文焕力不能支，会世祖皇帝降诏谕文焕曰："尔等拒守孤城，于今五年，宣力尔主，固其宜也。然势穷援绝，其如数万生灵何？若能纳款出降，悉赦勿治，且加迁擢。"文焕得诏，感而出降。先纳管钥，次献城邑，遂陈攻郢之策，且请己为前锋。阿朮入襄阳城中，命阿里海牙偕文焕朝燕。事闻，贾似道言于帝曰："臣始屡请行边，陛下不之许。向使早听臣出，当不至此也。"文焕至燕，拜参知政事。
文焕兄知庐州文福、文德子同知静江府师夔，俱上表待罪，似
道庇之，诏皆不问。襄阳既失，则东南不可守矣。

【史源】正文来自《宋史》卷四六《度宗纪》。夹注画粗黑线
处，来自《度宗纪》；画单横线处，来自《宋季三朝政要》卷四；
画波浪线处，来自《宋史》卷四七四《贾似道传》；画虚线第一
处，来自王恽撰《大元光禄大夫平章政事兀良氏先庙碑铭》，其中
"宋以汉水襄、樊两城之间"一句，于文义不通，故据庙碑补"出"
字，第二处来自《元朝名臣事略》卷二《丞相楚国武定公》引姚燧
撰神道碑（或直接参考了姚燧原文）。

32. 三月：南宋"诏淮东城清口，以备大元"。夹注：

　　四川制置司言："近出师成都，刘整故吏罗鉴自北复还，上
整书橐一帙，有取江南二策。其一言先取全蜀，蜀平，江南可
定；其二言清口、桃源，河淮要冲，宜先城其地，屯山东军，
以图进取。"帝乃诏淮东制置司往清口，择利地筑城备之。

【史源】来自《宋史》卷四六《度宗纪》。

33. 八月："知合州张珏复马骝山。"夹注：

　　自余玠城钓鱼山，以寓合州，城壁甚坚固。及开、庆受兵，
民力凋弊，张珏为守。……刘整既叛，献计，欲于青居进筑马
骝山、虎顶山，以扼三江口，而图合州，乃遣统军匣剌帅兵筑
之。珏闻匣剌至，乃张疑兵于嘉渠口，潜师渡平阳滩，火其资
粮器械，越砦七十里，焚船场。由是马骝城筑，卒不克就。

【史源】《宋史》卷四六《度宗纪》，是年七月戊戌（十九日）："张珏等复马骏山。"知《通鉴续编》此条纪月有误。夹注主要来自《宋史》卷四五一《张珏传》。

34. 至元十一年（1274）正月："大元以阿术为中书平章政事，帅师经略两淮。"夹注：

> 阿术入朝，言于世祖皇帝曰："臣久在行间，备见宋情日益削弱，宜早定之。"帝不许。阿术又曰："失今不取宋，臣恐后日不易为也。"帝喜。乃以阿术为平章，付兵十万，使经略两淮。

【史源】来自王恽撰《大元光禄大夫平章政事兀良氏先庙碑铭》。

35. 正月："乌苏蛮降于大元。"
【史源】《宋史》卷四六《度宗纪》是年四月："乌苏蛮王诣云南军前纳款大元。"知《通鉴续编》纪月有误。

36. 八月："大元命中书平章军国重事史天泽、中书左丞相伯颜帅师南侵，天泽有疾而还。"
【史源】来自《元朝名臣事略》卷二《丞相淮安忠武王》引元明善撰勋德碑与王恽撰《开府仪同三司中书左丞相忠武史公家传》。此事时间，王恽系于"春"。

37. 九月："伯颜会师于襄阳。"夹注：

师凡二十万，世祖皇帝召天泽、伯颜，谕之曰："曹彬不嗜杀人，一举而定江南，汝其法之。"天泽至郓，病笃，诏还真定。伯颜遂会师于襄阳。

【史源】正文来自《宋史》卷四七《瀛国公纪》，《元文类》卷四一所录《经世大典》"平宋"条亦系于九月。夹注是据王恽撰《开府仪同三司中书左丞相忠武史公家传》与《元朝名臣事略》卷二《丞相淮安忠武王》引元明善撰勋德碑整合而来，然忽必烈以曹彬事迹诚谕者是伯颜，并不包括史天泽。按，元军"二十万"，《元朝名臣事略》卷七《丞相史忠武王》引《牧庵文集》作"百万"，卷二《丞相楚国武定公》引《刘武敏公碑》作"数十万"。

38. 九月："大元吕文焕以伯颜自襄阳趋郓州，刘整以唆都自枣阳趋淮泗。"夹注：

> 伯颜命万户张弘范帅左部诸军，循汉江，东略郓而南为先锋；元帅唆都将兵一万，由东路枣阳入淮泗，以左丞刘整为游击，帅骑兵先行；翟招讨以兵一万，由西路老鸦山徇荆南；而自帅大众沿汉江而下，以参政吕文焕将舟师，万户武显等将前锋，用降人为乡导，以趋郓州。旌旗数百里，水陆并进。刘整固请济江。伯颜不许，曰："吾受诏特缀敌兵，使无西耳，济江非吾所闻也。"

【史源】此条是整合诸处史料而来。画单横线处，来自《元朝名臣事略》卷六《元帅张献武王》引虞集撰庙堂碑；画波浪线处，与《元文类》卷四一所录《经世大典》"平宋"条基本相同（可能参考了《经世大典》此条的某一抄本）；画虚线处，来自《元朝名臣事略》卷二《丞相楚国武定公》引《刘武敏公碑》，唯"丞相"

作"首帅",即唆都,《通鉴续编》误作"伯颜";画粗黑线处,来自《平宋录》卷上;画双横线处,见于《宋季三朝政要》卷四。

39. 十月:"大元伯颜侵郢州,都统制张世杰御之。大元师遂入汉,取沙洋及新城,守将边居谊死之。"夹注:

伯颜至溧水,武显言:"水溢未可渡。"伯颜曰:"此水小不敢渡,敢渡大江耶?"使一骑前导,诸军毕济,遂薄郢州,军于城西。时宋兵数万,次于郢州,筑新郢,夹江为城。横铁縆,锁战舰江中,巢炮矿弩,以御大元之师,兵精食足。张世杰复帅众力战,大元之师莫能近。阿朮获生口,问知沿江诸郡精锐,皆萃于郢江东、西两城,若师出其间,骑兵不得护,舟师独进,两岸侵薄,此危道也。不若取黄家湾堡,东有河口,可由中拖船入藤湖,转而下江甚便。吕文焕亦以为言。时久雨水涨,阿朮料大军方集,馈饷不继,水陆两间,进退无据,吾事去矣,遂言于伯颜,请如文焕计。伯颜〔诸将告〕曰:"郢城乃我之喉喋,今不取而过,后为归路患。"不从。既而,大元之师克黄家湾。伯颜亦计郢卒未可下,乃耀兵不攻,潜由平江堰,破竹为席,荡舟陆地,迂行百余里,由藤湖入汉。宋兵惊以为神。郢州都统赵文义帅精骑二千追之,至众子湖,伯颜以百骑为殿。阿朮奋桃驰击,所向披靡,文义败走。伯颜追斩之,郢卒皆溃。大元兵进至沙洋,遣俘驰黄榜及檄文入城,守将王大用斩俘焚榜。明日,吕文焕至城下,水陆并进,遂破沙洋,执王大用等,因进薄新城。都统边居谊坚壁不降,文焕乘骑城下招之。居谊射文焕,中其右臂,率所部三千死战,皆没。居谊赴火死,总制黄顺以城降。由是江陵诸州,皆纳款于大元矣。

【史源】正文来自《宋史》卷四七《瀛国公纪》。夹注画单横线处，来自《平宋录》卷上；画双横线处，来自《元朝名臣事略》卷二《丞相楚国武定公》引姚燧撰神道碑（或直接参考了姚燧原文）；画粗黑线处，来自王恽撰《大元光禄大夫平章政事兀良氏先庙碑铭》；伯颜"乃耀兵不攻，潜由平江堰"，来自《元朝名臣事略》卷二《丞相淮安忠武王》引元明善撰勋德碑；画虚线处，来自《宋季三朝政要》卷四，唯"伯颜曰"应改作"伯颜诸将告曰"，赵义义所率精兵"二千"作"数千"；[1]"由藤湖入汉"，来自《瀛国公纪》；画波浪线处，来自《宋史》卷四五〇《边居谊传》；"总制黄顺以城降"，与《元文类》卷四一所录《经世大典》"平宋"条所记相同（可能参考了《经世大典》此条的某一抄本）。显然，夹注是根据诸多史料整饬而来。

40. 十月："大元取渠、复州。"
【史源】来自《宋史》卷四七《瀛国公纪》。

41. 十二月："大元伯颜侵阳逻堡，夏贵帅师守之，大元阿术遂自青山矶济江。"夹注：

> 伯颜至蔡店，大会诸将，刻期渡江。先遣总管刘深等，观沙湖水势，令诸将皆趋汉口以渡。阿术曰："汉口水急，且有守御，不若回舟轮河口，穿湖中，从阳逻堡西沙洑口入江夏，甚便。"伯颜从之。乃夜还轮河，趋沙洑口。时宋游击策应大使夏贵以精兵守上流，其势甚固。伯颜乃趋汉阳，围之，阳言

1　按，《宋季三朝政要》的史源为《平宋录》卷上。"伯颜诸将告曰"，《平宋录》作"诸将告曰"；"赵义义帅精骑二千追之"，《平宋录》作"赵统军帅精兵数千骑追之"。显然，《通鉴续编》与《平宋录》文字差异较大，应是直接参考《宋季三朝政要》略加删改而来，从而导致"伯颜诸将告曰"被误省为"伯颜曰"。

取汉口渡江。夏贵果以精兵五千援汉阳。伯颜乘间遣万户阿剌罕，将奇兵袭沙洑口，夺之。因自汉口开坝入轮河，转沙洑口，以入大江，先令大舰数千泊于江之北岸。夏贵帅汉、鄂战舰，凡三十余里，横截江面。伯颜军不敢近，乃遣人招谕宋将，宋将皆不从。越四日，伯颜以白鹞子千艘攻阳逻堡。夏贵力守，且遣都统制王达御之，达败死，而大元之师犹未克济也。阿术言于伯颜曰："攻城下策也，宋人之心，谓我非阳逻不可渡，故坚守以拒我。若以铁骑三千，泛舟溯流西上，以捣其虚，则渡江必矣。"薄暮，乘大雪，阿术帅众溯江而上，行二十里，泊于青山矶，宋人未之知也。黎明开霁，阿术遥见南岸多露沙洲，即率众径渡，以舟载马后随。宋都统程鹏飞拒于江，阿术横身踝血，力战中流，鹏飞被重创，走还鄂州。阿术获其舟千余，遂登沙洲，步斗而进，散而复合者数四。大元万户史弼贾勇而战，宋师小却，遂登南岸，乘势追杀至鄂南门。都统高邦宪弃马家渡而遁，阿术执之。

【史源】正文来自《宋史》卷四七《瀛国公纪》，但未提伯颜、阿术，应据其后夹注补。夹注画单横线处，与《元文类》卷四一所录《经世大典》"平宋"条基本相同（可能参考了《经世大典》此条的某一抄本），唯夏贵援襄阳之兵"五千"作"数千"；画波浪线处，来自王恽撰《大元光禄大夫平章政事兀良氏先庙碑铭》；画虚线处，来自《元朝名臣事略》卷二《丞相淮安忠武王》引元明善撰勋德碑；画粗黑线处，来自《瀛国公纪》；画双横线处，来自《宋季三朝政要》卷四。

42. 十二月："大元伯颜复侵阳逻堡，夏贵弃师，走还庐州，师大溃。伯颜入堡，遂济江，会阿术趋鄂州，〔权〕知汉阳军王仪以城降之。"夹注：

伯颜闻阿术已渡，复攻阳逻堡。<u>夏贵闻大元之师已渡江，不能固守，引麾下三百艘先遁，余众皆溃。大元乘之，江水为赤，阳逻遂陷，尽丧军实。</u>阳逻，江、鄂之蔽也。既失，则江不可守矣。夏贵沿流东下，纵火焚西南岸，大掠而还，入于庐州。<u>或言于伯颜，使追贵。伯颜不许，曰："阳逻之捷，吾将遣使前告宋人。今贵走，是代吾使也，贵且来矣。"大元之师遂渡江，与阿术会于江南。</u>议师所向，或欲先取蕲、黄，阿术曰："若赴下流，退无所据。上取鄂、汉，虽迟旬日，可以万全。"遂水陆趋鄂，焚其船三千艘，烟焰涨天，汉阳遂降。

【史源】正文画单横线处，来自《宋史》卷四七《瀛国公纪》，唯"知汉阳军"作"权知汉阳军"，《元史》卷八《世祖纪五》是月亦记有王仪降事，署衔"权知汉阳军"，知《通鉴续编》脱"权"字。夹注画单横线处，来自王恽撰《大元光禄大夫平章政事兀良氏先庙碑铭》；画波浪线处，来自《元朝名臣事略》卷二《丞相淮安忠武王》引元明善撰勋德碑。《宋季三朝政要》卷四："阳逻堡乃江、鄂屏障"，"欲守江、鄂，当守此堡"。夹注"阳逻，江、鄂之蔽也。既失，则江不可守矣"云云，似据此而来。又，《瀛国公纪》咸淳十年（1274）十二月丙辰："大元兵复攻夏贵于阳逻堡，都统制刘成以定海水军战死，贵败，沿江纵兵大掠，归庐州。"《通鉴续编》所记夏贵"沿流东下"逃归庐州事，即此。

43.十二月："朱禩孙帅师救鄂，至城下而还。"夹注："禩孙闻鄂被攻，帅师援之。至鄂，闻阳逻堡之败，乃夜奔还江陵府。"

【史源】来自《宋史》卷四七《瀛国公纪》。

44.十二月："<u>大元吕文焕侵鄂州，守将程鹏飞以城降之。伯颜</u>

命阿里海牙守鄂，遂帅师东下。"夹注：

> 吕文焕至鄂，列师城下。鄂恃汉阳为蔽，及京湖之援，朱禩孙既遁，汉阳复失，势已孤立。会大元焚蒙艟，火照城中。程鹏飞与权守张晏然度不能守，遂以城降。幕僚张山翁独不屈，大元诸将请杀之。伯颜曰："义士也。"释之。因檄下寿昌、信阳、德安诸郡。伯颜命中书右丞阿里海牙及宣抚使贾居贞，以四万人留守鄂，而自率大众与阿术东下，规取荆湖。

【史源】画单横线处来自《宋史》卷四七《瀛国公纪》；画波浪线处，系综合《元朝名臣事略》卷二《丞相淮安忠武王》引元明善撰勋德碑、《丞相楚国武定公》引姚燧撰神道碑，以及卷一一《参政贾文正公》引姚燧撰神道碑而来（或直接参考了姚燧原文）。

45.十二月："程鹏飞以大元之师徇黄州，知州陈奕以城降之。"
【史源】来自《宋史》卷四七《瀛国公纪》。

46.至元十二年（1275）正月："陈奕以大元之师徇蕲州，知州管景模以城降之。"夹注："伯颜、阿术顺流东下，吕文焕为向导，沿江诸将皆吕氏旧部曲也，故望风降附。"
【史源】正文来自《宋史》卷四七《瀛国公纪》，夹注来自《宋季三朝政要》卷五。

47.正月："陈奕诱其子岩以安东州降大元。元以岩为淮东宣抚使，招谕属部。"
【史源】前一句来自《宋史》卷四七《瀛国公纪》，后一句史源待考。

48. 正月："吕师夔及钱真孙以江州降于大元。元以师夔知江州。"夹注："九江既降，江东西两路不可守矣。"

【史源】正文第一句来自《宋史》卷四七《瀛国公纪》，第二句与《钱塘遗事》卷七"下江州"正月所记"吕师夔以大元命知江州"相同。

49. 正月："大元中书左丞刘整死于无为军。"夹注：

　　整受伯颜命，帅骑兵攻无为军。久而不克，闻吕文焕舟师东下，所至迎降，耻首谋而功不逮，失声曰："首帅诳我，使我功后于人，善作者不必善成，果然！"遂发愤死于无为城下，正月癸酉也。

【史源】刘整之言来自《元朝名臣事略》卷二《丞相楚国武定公》引《刘武敏公碑》，其他史文主要来自《宋季三朝政要》卷五。关于刘整的卒日，还有《元史》是月戊寅（初六）、《钱塘遗事》已卯（初七）的说法，[1]《通鉴续编》"癸酉"（初一）说，似别有所本。

50. 正月："知安庆府范文虎遣人请降于江州。"
【史源】来自《宋史》卷四七《瀛国公纪》。

51. 正月："大元入安庆府，通判夏椅死之。"
【史源】来自《宋史》卷四七《瀛国公纪》。

52. 二月："贾似道使宋京请平于大元，伯颜不许。"夹注：

1　王瑞来笺证《宋季三朝政要笺证》卷五，第 378 页。

似道自芜湖遣还大元之俘曾安抚，且以荔子、黄柑遗伯颜，复以宋京、袁克己为都督府计议官，如大元，请称臣奉岁币，如开庆约。阿朮谓伯颜曰："宋人无信，惟当进兵。若避似道不击，恐已降州郡今夏难守。若实欲和，俟似道自来。"伯颜乃令千户囊加歹与宋京俱来，答书喻："君臣相率纳土，即当奏闻。"似道不答，遣囊加歹还之。

【史源】正文来自《宋史》卷四七《瀛国公纪》，但未提"伯颜不许"事。夹注画单横线处，来自《宋史》卷四七四《贾似道传》，"都督府计议官"则来自《瀛国公纪》；画波浪线处，来自王恽撰《大元光禄大夫平章政事兀良氏先庙碑铭》；画虚线处，与《元文类》卷四一所录《经世大典》"平宋"条基本相同（可能参考了《经世大典》此条的某一抄本），唯"宋京"作"袁克己"，《钱塘遗事》卷七"遣使请和"条与《通鉴续编》同，亦作"宋京"，《平宋录》作"来使"，不难想见，宋、袁二人与囊加歹同回。

53. 二月："大元徇池州，权守赵卯发死之，都统张林以城降。"夹注：

池州守臣王起宗闻大元渡江，即弃官。通判赵卯发摄州事。卯发缮壁聚粮，为固守计。及大元游骑至李王河，张林讽卯发迎降。卯发忿气填膺，瞠目视林，林不敢复言。已而，林帅兵巡江阴，遣人纳款，而阳助卯发守城。守兵之权，皆归于林。卯发知事不济，乃置酒会亲友与诀……明日，乃散其家赀与弟侄仆婢，悉遣之。及大元之师薄城，卯发晨起，书几上曰："国不可背，城不以降。夫妇同死，节义成双。"又为诗别其兄弟，遣子淳翁出廨，遂与雍氏盛服，同缢从容堂死。……卯发

死，林开门降。伯颜入城，问："太守何在？"左右以死对，深
叹惜之，命具棺衾，合祭其墓而去。

【史源】正文池州赵卯发死事，来自《宋史》卷四七《瀛国公
纪》。夹注主要见于《宋史》卷四五〇《赵卯发传》，然画单横线处
不载于本传，但在行文上与前后句衔接自然，似乎直接参考了关于
赵卯发的碑传类材料。

54.二月："孙虎臣及大元战于丁家洲，败绩。贾似道奔还扬州，
诸军大溃。"夹注：

夏贵自合肥以师会贾似道于芜湖，袖出一编书，示似道
曰："宋历三百二十年。"似道俯首而已。时孙虎臣帅精锐七万
余人，次于池州下流之丁家洲。似道与夏贵以五万人，军于鲁
港。伯颜令军中作大筏数十，采薪刍置其上，阳言欲焚其舟。
似道信之，少懈，乃分兵屯于南北两岸。令阿术与虎臣对阵，
立炮具，设划车，中流数千艘乘风直进，势不可敌。夏贵以战
舰二千五百横亘江中，似道将后军为殿。夏贵既尝失利于鄂，
恐督府功成，又忌孙虎臣新进，虽列阵向敌，然殊无斗志。庚
申夜，大元兵薄宋军。虎臣军动，争趋大元兵。大元战舟急
进，阿术挺身登舰，手舵冲船，雷鼓大震，呼声动地，遣人
掠宋舟，大呼曰："宋人败矣。"通州副都统姜才为先锋，方接
战，虎臣遽过其妾所乘舟。众见之，讙曰："步帅遁矣。"于是
宋师大乱。舳舻簸荡，乍分乍合。阿术以小旗麾将校，帅轻
锐横击深入，宋师大败，即回棹前走，伯颜以步骑夹岸掎之，
杀溺死者，不可称数，军资器械，尽为大元所获。似道仓皇，
召夏贵计事。顷之，虎臣至，抚膺哭曰："吾兵无一人用命。"
贵微笑曰："吾尝血战当之矣。"似道曰："计将安出？"贵曰：

"诸军巳胆落，吾何以战？师相惟有入扬州，招溃兵迎驾海上。吾当以死守淮西耳。"言毕，贵即解舟去。夜将四鼓，似道击锣退师，驻于珠金沙，诸军皆溃散。似道乃与虎臣，单舸奔还扬州。堂吏翁应龙以都督府印奔还临安。明日，溃兵蔽江而下，似道使人登岸，扬旗招之，莫有应者。或肆恶语慢骂之，似道乃檄列郡如海上迎驾。已而，姜才收兵至扬州。大元之师乘胜东下矣。

【史源】此条史源较为复杂。正文来自《宋史》卷四七《瀛国公纪》。夹注画单横线处，主要来自《宋史》卷四七四《贾似道传》，唯"宋歷"（即《通鉴续编》"宋历"二字的繁体原文）作"宋曆"，"军于鲁港"的"五万人"作"少军"；画波浪线处，与《元文类》卷四一所录《经世大典》"平宋"条基本相同（可能参考了《经世大典》此条的某一抄本），"令阿朮与虎臣对阵"一句，缺少主语，应补"伯颜"二字，或将"令"字删去，《通鉴续编》对此整饬欠安；画虚线的前两处，来自《钱塘遗事》卷七"遣使请和"条，第三处来自"芜湖溃师"条；画双横线处，来自王恽撰《大元光禄大夫平章政事兀良氏先庙碑铭》，"不可胜数"则来自卷二《丞相淮安忠武王》引元明善撰勋德碑；"通州副都统姜才"至"于是宋师大乱"，以及夹注的最后两句，皆来自《宋史》卷四五一《姜才传》；翁应龙奔还事，来自《瀛国公纪》。

55.二月：“大元徇饶州，知州唐震、故相江万里死之，通判万道同以城降。”夹注：

大元之师顺流而东，至饶州，唐震度兵力不能支，死于州治之（王）〔玉〕芝堂，通判万道同以城降。初，江万里闻襄樊破，凿池芝山后圃，扁其亭曰"止水"。人莫喻其意。及大元兵将至，万里隐草野间，为游骑所执，大诟，欲自杀。既而，脱归。城既破，万里执门人陈伟器手，曰："大势不可为，余虽不在位，当与国为存亡。"既而，军士执其弟知南剑州万顷，索金银不得，支解之。万里竟赴止水死，左右及子镐相继投沼中，积尸如叠。翌日，万里尸独浮出水上，从者敛葬之，赠太师益国公，谥文忠。

【史源】正文来自《宋史》卷四七《瀛国公纪》。夹注画单横线处，来自《宋史》卷四五〇《唐震传》，唯"王芝堂"应作"玉芝堂"，四库本已改；其后史文来自《宋史》卷四一八《江万里传》。

56. 二月："沿江制置大使赵潜弃建康而逃。"夹注："建康既无主帅，江东不可为矣。"

【史源】正文来自《宋史》卷四七《瀛国公纪》，夹注史源待考。

57. 二月："知镇江府洪起畏、知宁国府赵与可、知隆兴府吴益、知江阴军郑孺，皆弃城而逃。"

【史源】来自《宋史》卷四七《瀛国公纪》。

58. 二月："知和州王喜、知太平州孟之缙、知无为军刘权，皆以城降于大元。"

【史源】来自《宋史》卷四七《瀛国公纪》。

59. 二月："大元徇临江，知军鲍廉死之。"

【史源】来自《宋史》卷四七《瀛国公纪》。

60. 二月："鄂州都统张世杰帅师入卫，遂复饶州。"夹注："时方危急，征诸将勤王，多不至。独世杰来，上下叹异。"

【史源】正文来自《宋史》卷四七《瀛国公纪》，夹注来自《宋史》卷四五一《张世杰传》。

61. 二月："遣大元行人郝经还。经至燕卒。"

【史源】第一句来自《宋史》卷四七《瀛国公纪》。

62. 三月："大元伯颜入建康府。"夹注：

建康都统徐旺荣闻伯颜将至，开城迎纳，遂入居之。时江东大疫，居民乏食。伯颜开仓赈之，且遣医治疾，民大悦。会世祖皇帝有诏，以时方暑，不利行师，俟秋再举。伯颜不可，上言曰："百年逋敌，已扼其吭，风驰电击取之，恐后少尔迟回，奔播海岛，遗患留悔矣。"世祖皇帝谓使者曰："诏尔丞相，此事朕不从中制也。"

【史源】正文来自《宋史》卷四七《瀛国公纪》，夹注来自《元朝名臣事略》卷二《丞相淮安忠武王》引元明善撰勋德碑。

63. 三月："大元入无锡，知县阮应得死之。"

【史源】来自《宋史》卷四七《瀛国公纪》。

64. 三月："诏谕吕文焕、陈奕、范文虎，使通和议息兵。"

【史源】来自《宋史》卷四七《瀛国公纪》。

65. 三月："知常州赵与鉴弃城出奔，州民钱訔以城降于大元。"

【史源】来自《宋史》卷四七《瀛国公纪》。

66. 三月:"知平江府潜说友以城降于大元。"
【史源】来自《宋史》卷四七《瀛国公纪》。

67. 三月:"知广德军令狐概以城降于大元。"
【史源】来自《宋史》卷四七《瀛国公纪》。

68. 三月:"大元使廉希贤来,至独松关,守将张濡杀其副使严忠范,执希贤归于临安,希贤病创卒。"夹注:

> 世祖皇帝遣礼部尚书廉希贤、侍郎严忠范、计议官宋德秀等,奉国书,诘宋执行人之罪。至建康,希贤请益兵护送。伯颜曰:"汝既赴临安,宜先遣宣使往道意,乃可进也。我大兵方压境,宋人岂敢加害,不烦益兵,兵多反致疑耳。"希贤固请,遂以兵五百送之。至独松关,张濡部曲杀忠范,执希贤送临安,希贤病创死。

【史源】正文来自《宋史》卷四七《瀛国公纪》。夹注画单横线处,来自《元朝名臣事略》卷一五《国信使郝文忠公》引卢挚撰墓碑;画波浪线处,来自《平宋录》卷上,唯护送之兵"五百"作"数百"。

69. 三月:"大元阿里海牙侵岳州,安抚使高世杰战败,遂降之。"夹注:"阿里海牙留贾居贞守鄂,而自帅兵西上。时高世杰军于洞庭湖中,阿里海牙攻之。世杰力战累败,乃降。阿里海牙斩世杰以徇。"
【史源】正文来自《宋史》卷四七《瀛国公纪》。夹注来自《元朝名臣事略》卷二《丞相楚国武定公》引姚燧撰神道碑、卷一一《参政贾文政公》引姚燧撰神道碑(或直接参考了姚燧原文)。

70. 三月：“岳州总制孟之绍以城降于大元。”

【史源】来自《宋史》卷四七《瀛国公纪》。

71. 三月：“阎顺复广德军。”

【史源】来自《宋史》卷四七《瀛国公纪》。

72. 三月：“大元伯颜使张羽来，至平江杀之。”夹注：

　　伯颜在建康，朝廷使人从间道往通好，言：“杀信使乃边
将，非上意也。当斩首以谢罪及输岁币矣，愿罢兵，毋东向。”
伯颜曰：“宋人谲诈，来视我虚实耳，当因而用之。”乃遣议事
官张羽同使人还临安，羽至平江被杀。

【史源】来自《平宋录》卷上。

73. 四月：“大元入广德县，知县王汝翼死之。”

【史源】来自《宋史》卷四七《瀛国公纪》。

74. 四月：“大元克沙市，城都统孟玘、监镇司马梦求死之。”夹
注：“梦求，光五世孙。”

【史源】正文来自《宋史》卷四七《瀛国公纪》。夹注史源待
考，《昭忠录》卷一“司马梦求”条，则作“七世孙”。

75. 四月：“大元阿里海牙侵江陵，宣抚使朱禩孙、制置使高达
以城降，禩孙遂招京湖北路郡县，皆下之。”夹注：

　　阿里海牙自岳州攻江陵，朱禩孙、高达力战累败，精锐皆

尽，不可复战。及大元屠沙市而火之，江陵大恐，禩孙遂称疾不视事。高达出降，阿里海牙入城，命禩孙移檄京湖北路。于是归、峡、郢、复、鼎、澧、辰、沅、靖、常德、荆门诸郡，相继降。阿里海牙承制，并命复守其土。禩孙至上都，死。初，江陵捷闻，世祖皇帝大喜，谓近臣曰："伯颜东下，阿里海牙孤军守鄂，朕常忧之，恐荆、蜀连兵，顺流而东，人心未牢，必翻城内应，根本斯蹶，孰谓小北庭人能覆全荆。江浙闻之，肝胆落矣，吾东兵今无虞也。"阿里海牙，卫兀人，故云北庭。

【史源】正文主要来自《宋史》卷四七《瀛国公纪》，同时参考了《元朝名臣事略》卷二《丞相楚国武定公》引姚燧撰神道碑（或直接参考了姚燧原文）。夹注主要来自《元朝名臣事略》卷二《丞相楚国武定公》引姚燧撰神道碑（或直接参考了姚燧原文），唯未记元军攻陷了鼎州，据《瀛国公纪》："是月，常德、鼎、澧皆降。"《通鉴续编》似据此而补。

76. 四月："大元阿朮侵真州，知州苗再成战于（大）〔老〕鹳觜，败绩，阿朮遂趋扬州，姜才战于扬子桥，败绩。"夹注：

大元兵东下，所过迎降。李庭芝率励所部，固守扬州。阿朮遣李虎持招降榜入城，庭芝杀虎而焚其榜。总制张俊出战，持降臣孟之缙书来招降，庭芝复焚其书，枭俊首于市。而日遣苗再成战于南，许文德战于北，姜才战于中。时出金帛牛酒燕犒将士，人人感激自奋。及阿朮攻真州，苗再成与赵孟锦帅兵，大战于（大）〔老〕鹳觜，败绩。阿朮乘胜进趋扬州。姜才为三叠阵，逆之于三里沟，败之。阿朮阳退，才逐之。阿朮反战至扬子桥，扬州拨发官雷大震死之。两军夹水而阵，大元张弘范以十三骑绝渡，以冲才军。才军坚不可动，弘范引却以诱之，才将回回跃马出众，奋大刀直前向弘范，弘范反蟠迎刺之，回回应手而仆，大元立阵者同口叫嚷，震动天地，才军遂溃走。阿术与弘范追之，斩首万余级，自相蹂践，与陷壕水死者又七八千人。流矢中才肩，才拔矢挥刀而前。大元之师辟易不敢逼，遂以身免。元师进薄扬州南门。

【史源】正文阿术事，来自王恽撰《大元光禄大夫平章政事兀良氏先庙碑铭》；姜才事，来自《宋史》卷四五一《姜才传》；苗再成事，来自《宋史》卷四七《瀛国公纪》，唯"大鹳觜"作"老鹳觜"，当是。夹注画单横线处，来自《宋史》卷四二一《李庭芝传》；画波浪线处，见于《瀛国公纪》，"大鹳觜"应为"老鹳觜"之误；画虚线处，来自《宋史》卷四五一《姜才传》；画粗黑线处，来自《元朝名臣事略》卷六《元帅张献武王》引虞集撰庙堂碑。

77. 五月："大元取宁国县，知县赵与穑死之。"

【史源】来自《宋史》卷四七《瀛国公纪》。

78. 五月："刘师勇复常州，钱訾出奔，知州姚訾入居之。"

【史源】来自《宋史》卷四五〇《陈炤传》，但未纪年月。

79. 五月："大元围潭州。"

【史源】《宋史》卷四七《瀛国公纪》德祐二年（1276）正月："大元兵自元年十月围潭州。"殆即此事，然与《通鉴续编》月份不合。

80. 五月："诏张世杰、张彦、阮克己、仇子真四道出兵，以御大元。"

【史源】来自《宋史》卷四七《瀛国公纪》。

81.五月："大元伯颜朝于上都，以阿剌罕权省事于建康。"夹注："伯颜赴召，计事也。"

【史源】《平宋录》卷中是年四月乙丑（二十四日）："丞相与吕文焕及诸将镇守建康，候秋再举。翌日，侍奉御爱仙奉旨召丞相赴阙计事。丞相令蒙古万户阿剌罕权省事……五月辛巳（十一日），丞相趣装发建康。"《通鉴续编》似据此而来。

82.六月："成都安抚使昝万寿，以嘉定及三龟、九顶、紫云城降于大元。"

【史源】主要来自《宋史》卷四七《瀛国公纪》。

83. 七月："张世杰及大元阿术战于焦山，世杰败绩，奔圌山。"夹注：

世杰与刘师勇、孙虎臣等，大出舟师万余艘，次于焦山，令以十舟为方，碇江中流，非有号令，毋得发碇，示以必死。大元阿术至，登石公山，草而望之，曰："可烧而走也。"遂选健卒善毂者千人，载以巨舰，分两翼夹射。阿术居中，合势进战，以火矢攻之，蓬樯俱焚，烟焰蔽江。宋师大乱，无敢发碇，赴江死者万数。大元张弘范、董文炳复以锐卒横冲宋军，于是世杰不复能军，奔圌山。阿术、弘范追之，获白鹞子七百余艘。师勇还常州，虎臣还真州。世杰请济师，不报。自是淮东莫敢复战矣。

【史源】正文来自《宋史》卷四五一《张世杰传》。夹注画单横线处，来自《张世杰传》；画波浪线处，来自王恽撰《大元光禄

大夫平章政事兀良氏先庙碑铭》；画虚线处，来自《元朝名臣事略》
卷六《元帅张献武王》引虞集撰庙堂碑；画粗黑线处，来自《元朝
名臣事略》卷一四《左丞董忠献公》引元明善撰家传。

84. 七月："大元围重庆府。"夹注："昝万寿既降，两川郡县皆
送款，独张珏固守重庆不下。大元行枢密院会师围之。"

【史源】张珏固守重庆事，见于《宋史》卷四五一《张珏传》：
"德祐元年（1275）……六月，昝万寿以嘉定及三龟、九顶降，守将
侯都统战死。已而泸、叙、长宁、富顺、开、达、巴、渠诸郡不一
月皆下，合兵围重庆，作浮梁三江中，断援兵。自秋徂冬，援绝粮
尽，珏屡以死士间入城，许以赴援，且为之画守御计。"大元行院
会师围重庆，见于《元朝名臣事略》卷一一《左丞李忠宣公》引姚
燧撰行状："十二年（1275），诏以王相抚蜀。其年重庆犹城守，东、
西川各开枢府，合兵数万人围之。"《通鉴续编》殆据此整合而来。

85. 八月："大元以廉希宪行中书省于江陵。"夹注：

> 阿里海牙以江陵地图上进，且请曰："荆州西距梁、益，南
> 控交、广，据江淮上流，诚为要地。非朝廷重臣开大府以镇
> 之，未足以绥新附来远人。"世祖皇帝即命希宪行省事，承制
> 拜三品以下官。希宪至江陵，录用旧官，大兴学校，民情大
> 安。由是思、播田、杨二氏，重庆赵氏，宝（应）〔庆〕、武
> 冈、益阳、安化、善化、宁乡州县皆降。

【史源】来自《元朝名臣事略》卷七《平章廉文正王》引高凝
撰家传，唯"宝应"作"宝庆"，当是。

86. 九月："大元取泰州，知州孙虎臣自杀。"

【史源】来自《宋史》卷四七《瀛国公纪》。

87．九月："大元伯颜侵淮安，堕南郭。"夹注："伯颜至淮安，会右丞孛里欢、阿里伯之师于城下，佥院别里迷失亦自新城至，遂进攻南城，拔之。宋师大溃，趋城。大元兵追之，平淮安南堡。"

【史源】此条来自《平宋录》卷中："九月戊寅（十　日），阅兵于淮安城下。淮东招讨使、签枢密院事〔阿〕〔别〕里迷失守新城兵亦会合。……辛巳（十四日），遣〔阿〕〔别〕里迷失领本兵船铁骑拒其北城西门，丞相与博鲁欢、阿里伯等亲临南城堡，指挥诸将，分道进攻其堡……遂拔之。宋兵大溃，趋奔大城之下。我军追杀，直抵门，桥断，遂不得进，亦斩首数百级。癸未（十六日），平其南堡。"《元史》卷九《世祖纪六》至元十三年（1276）七月丙辰条有"佥书枢密院事、淮东行枢密院别乞里迷失为中书右丞"，[1]此"别乞里迷失"即《通鉴续编》所记之"佥院别里迷失"，故知《平宋录》之"阿里迷失"为"别里迷失"之误。又，《通鉴续编》夹注中的"趋城"，《平宋录》作"趋奔大城之下"，语义更为晓畅。

88．十月："大元阿里海牙围潭州。"夹注："李芾至潭，大元游骑已入湘阴、益阳诸县。城中守卒不满三千，芾结峒蛮为援，缮器械，峙刍粮，栅江修壁。及大元兵至，芾悉力守御。"

【史源】正文来自《瀛国公纪》德祐二年（1276）正月追忆去年十月之事，然未提阿里海牙，关于阿里海牙应参考了《元朝名臣事略》卷二《丞相楚国武定公》引姚燧撰神道碑（或直接参考了姚燧原文）；夹注来自《宋史》卷四五〇《李芾传》，但系于七月。

1　《元史》卷九《世祖纪六》，第184页。

89. 十月："大元阿朮围扬州。"夹注："阿朮攻扬日久而无成功，乃筑长围困之。城中食尽，死者枕籍满道，而李庭芝之志益坚。会伯颜至湾头，遂议深入。"

【史源】画单横线处来自《平宋录》卷中，其他部分来自《宋史》卷四二一《李庭芝传》。

90. 十月："大元伯颜济江，次于镇江府，遂分兵东下。"夹注：

伯颜次扬州湾头，参政阿（荅）〔剌〕罕自建康来会。伯颜令还建康起兵，乃留右丞宇鲁欢及阿里伯守湾头，而帅众渡江。壬戌，至镇江府，分军为三道，令会临安。于是阿剌罕帅右军，自建康出四安、广德，趋独松关。董文炳帅左军出江入海，以范文虎为乡导，取道江阴，趋澉浦、华亭。伯颜及左丞阿荅海将中军，以吕文焕为乡导，趋常州。而阿朮专主淮东事，兵锋所至，莫敢御之。

【史源】画单横线处，来自《平宋录》卷中，《通鉴续编》所记"参政阿荅罕"与"阿剌罕"为一人，据《平宋录》改为"阿剌罕"；吕文焕事，史源待考；阿朮主事淮东，亦见于王恽撰《大元光禄大夫平章政事兀良氏先庙碑铭》："时诸军进取临安，公驻兵瓜州，彼绝应援，扬不能为后患，兵不血刃而两浙平定，公控制之力为多。"《通鉴续编》夹注与此大异，显然别有所本。

91. 十月："文天祥使张全、尹玉、麻士龙帅师救常州，玉战五牧，士龙战虞桥，皆死之，全逸。"

【史源】来自《宋史》卷四七《瀛国公纪》。

92. 十一月："大元取广德军，四安镇将陈明死之。"

【史源】《宋史》卷四七《瀛国公纪》是月："戊寅，大元兵破广德军。己卯，破四安镇，正将胡明等死之。"与《通鉴续编》此条所记应为一事，唯四安镇将之姓有异。

93. 十一月："大元阿里海牙取隆兴府，制置使黄万石自抚州奔建昌。大元克常州，屠其民，知州姚訔死之，刘师勇奔还平江。"夹注：

> 壬午，伯颜至常州，会兵围城。姚訔、刘师勇、王安节力战固守。伯颜遣人招之，譬喻百端，终不听。伯颜怒，命降人王士良役城外居民，运土为垒，土至，并人以筑之，且杀民煎膏取油以作炮，焚其牌权，日夜攻不息。城中甚急，而訔、师勇、安节守志益坚。伯颜乃叱帐前诸军，奋勇争先，四面并进。乙酉，宋兵大溃，城遂破。訔死之，通判陈炤犹巷战，兵败亦死。伯颜命屠其民，存者三五人而已。执王安节至军前，不屈亦死。师勇以八骑突围，走平江。訔，希得子也。

【史源】正文主要来自《宋史》卷四七《瀛国公纪》，但未提"阿里海牙"与"奔建昌"。夹注画单横线处，来自《宋季三朝政要》卷五；画虚线处，来自《平宋录》卷中；画波浪线处，来自《宋史》卷四五〇《陈炤传》；关于王安节的事迹，可能也参考了《宋史》卷四五〇《王安节传》："大兵攻常……安节等筑栅以守，相拒两月不下。大元丞相伯颜自将攻之，屡遣使招降，亦不下。丞相怒，麾兵破其南门，安节挥双刀率死士巷战，臂伤被执。……降之不得，乃杀之。"需要说明的是，夹注中伯颜至常州的日期"壬午"，系据《平宋录》而来，《瀛国公纪》则系于"甲申"："大元兵至常州，招降不听，攻二日，破之，屠其城。""壬午"后"二日"即"乙酉"。

94. 十一月：“大元阿剌罕克独松关，守将张濡逃归，冯骥死之。”夹注：

独松既破，邻邑望风皆遁。朝廷大惧，时勤王师尚三四十万人。文天祥与张世杰议，以为：“淮东坚壁，闽、广全城若与敌血战，万一得捷，则令淮师以截其后，国事犹可为也。”世杰大喜。陈宜中白太后，降诏以王师务宜持重，议遂止。秘书监陈著上疏：“乞从天祥之议，与其坐以待困，曷若背城。借一万有一幸，则人心贾勇，且敌师非必真能智力，不过乘胜长驱耳。若少沮之，则主兵之与悬军，其壮弱即异矣。”宜中不听，出著知台州。

【史源】正文主要来自《宋史》卷四七《瀛国公纪》，攻克独松关者为阿剌罕，见于《平宋录》卷中。夹注画单横线处，来自《宋史》卷四一八《章铿传》；画波浪线处，来自《宋季三朝政要》卷五；陈著上疏事未详所自，考虑到他是《通鉴续编》作者陈桱的祖父，故很可能来自其家族内部的材料。

95. 十一月：“平江府通判王矩之以城迎降于常州。”夹注：“伯颜遣游显、唆都、怀都等先趋平江，王矩之与都统制王邦杰，遣拨发官张〔拨、蔡〕汝达奉书降于常州。”

【史源】正文来自《宋史》卷四七《瀛国公纪》，夹注来自《平宋录》卷中，“张汝达”应为“张拨、蔡汝达”二人脱误，据《平宋录》补。

96. 十二月：“柳岳如大元请平，伯颜不许。”夹注：

　　陈宜中遣柳岳奉书如大元军前，称："廉尚书之死，乃盗杀之，非朝廷意，乞班师修好。"岳见伯颜于无锡，泣请。伯颜曰："汝国执戮我行人，故我兴师。钱氏纳土，李氏出降，皆汝国之法也。汝国昔得天下于小儿，亦失于小儿，其道如此，尚何多言。"遂令招讨抄儿赤等，以岳所持书奏于上都。

【史源】正文来自《宋史》卷四七《瀛国公纪》，夹注主要来自《平宋录》卷中。

　　97. 十二月："大元伯颜入平江府。"夹注："伯颜至平江上亭东，令张惠、吕文焕、游显等先入城。甲辰，王邦杰、王矩之帅众迎降于寒山寺南，伯颜遂入城。"

【史源】正文来自《宋史》卷四七《瀛国公纪》，夹注来自《平宋录》卷中。

　　98. 十二月："大元伯颜使囊加歹偕柳岳还。"夹注："谕降也。"
【史源】来自《平宋录》卷中。

　　99. 十二月："大元董文炳入华亭县。"
【史源】来自《平宋录》卷中。

　　100. 十二月："诏陆秀夫、吕师孟如大元请平，伯颜不许。"夹注：

　　柳岳还，诏宗正少卿陆秀夫、刑部尚书夏士林、兵部侍郎吕师孟，同囊加歹使大元军前，求称侄纳币。不从，则称侄孙。及期会于长安镇，以输平。且敕吕文焕，令通好罢兵。秀夫等见伯颜于平江，伯颜不许。

【史源】正文来自《宋史》卷四七《瀛国公纪》。夹注画单横线处来自《瀛国公纪》，画波浪线处来自《平宋录》卷中。

101. 十二月："以柳岳、洪雷震为祈请使，如大元以求封。行至高邮，高邮民杀之。"夹注：

　　陈宜中当国，遭时多难，不能措一策。惟事蒙蔽，以致将士离心，郡邑降破。至是，以求成不许，乃白太后奉表求封为小国。太后从之，直学士院高应松不肯草表，改命京局官刘褒然为之。岳等至高邮秸家庄，为秸耸所杀。

【史源】画单横线处，来自《宋史》卷四七《瀛国公纪》，其他主要来自《宋季三朝政要》卷五。

102. 至元十三年（1276）正月："知嘉兴府刘汉杰以城降于大元。"夹注："伯颜命游显、怀都守平江，窨玉守长桥以防湖，而自帅大军趋临安。刘汉杰迎降之。"
【史源】正文来自《宋史》卷四七《瀛国公纪》；夹注来自《平宋录》卷中，然"湖"原文作"太湖"，句意更为通畅。

103. 正月："大元克潭州，知州李芾死之，湖南诸郡皆降。"夹注：

　　大元围潭，李芾慷慨登陴，与诸将分地而守。……阿里海牙督战益急，与诸将画地分围，决隍水，以树梯冲。城中大窘，力不能支。诸将泣请曰："事急矣，吾属为国死，可也。如民何？"芾骂曰："国家平时所以厚养汝者，为今日也。汝第死守，有复言者，吾先戮汝。"除夕，大元兵登城，蚁附而上。知衡州尹谷时寓居城中，知事不可为，乃为二子行冠礼。……与其家人自焚。……元旦，守将吴继明、刘孝忠以城降。阿里海牙传檄诸郡，由是袁、连、衡、永、郴、全、道、桂阳、武冈，皆降于大元。

【史源】正文来自《宋史》卷四七《瀛国公纪》。夹注画单横线处，来自《元朝名臣事略》卷二《丞相楚国武定公》引姚燧撰神道碑（或直接参考了姚燧原文）；画波浪线处，来自《瀛国公纪》；画粗黑线处，不见于《宋史》卷四五〇《尹谷传》，可能参考了关于尹谷的其他碑传材料；其他部分来自《宋史》卷四五〇《李芾传》。

104. 正月："宝庆府降于大元，通判曾如骥死之。"
【史源】来自《宋史》卷四七《瀛国公纪》。

105. 正月："诏刘岊如大元请平。"夹注：

陆秀夫还，言："伯颜不肯从伯侄之称。"太后命用臣礼，陈宜中难之。太后涕泣曰："苟存社稷，称臣，非所较也。"遂遣监察御史刘岊奉表称臣，上尊号，岁贡银、绢二十五万两、匹，乞存境土，以奉蒸尝。

【史源】画单横线处来自《宋史》卷二四三《理宗谢皇后传》，其他史文来自《宋史》卷四七《瀛国公纪》。

106. 正月："大元阿剌罕取安吉州，知州赵良淳死之。"
【史源】来自《宋史》卷四七《瀛国公纪》，但未提阿剌罕。

107. 正月:"进封吉王昰为益王,判福州;信王昺为广王,判泉州。"夹注:"文天祥乞命二王镇闽、广,以图兴复,太后从之。以驸马都尉杨镇及杨淑妃弟杨亮节,提举益王府事务,俞充容弟俞如珪提举广王府事务。"

【史源】来自《宋史》卷四七《瀛国公纪》附《二王事迹》。

108. 正月:"大元伯颜帅师次于皋亭山,太皇太后遣使奉玺以降。"夹注:

> 壬午,伯颜至长安镇,陈宜中违约,不往议事。甲申,伯颜乃进次皋亭山,阿剌罕、董文炳之师皆会。游骑至临安府北关,文天祥、张世杰请移三宫入海,而己帅众背城一战。陈宜中不许,而白太后,遣监察御史杨应奎上传国玺以降。伯颜受之,遣使召陈宜中出议降事,而使囊加歹奉玺表赴上都以闻。

【史源】正文来自《宋史》卷四七《瀛国公纪》。夹注画单横线处,来自《瀛国公纪》;画波浪线处,来自《元朝名臣事略》卷二《丞相淮安忠武王》引元明善撰勋德碑;画虚线处,来自《宋史》卷四五一《张世杰传》;其他史文来自《平宋录》卷中。

109. 正月:"张世杰、苏刘义、刘师勇各帅所部兵去临安,入于海。"夹注:"世杰等以不战而降,遂去。世杰次于定海,大元石国英使都统卞彪说世杰降。世杰断彪舌,磔之于巾子山,以死自誓。"

【史源】正文来自《宋史》卷四七《瀛国公纪》,夹注来自《宋史》卷四五一《张世杰传》。

110. 正月:"以文天祥为右丞相兼枢密使,及左丞相吴坚如大元。伯颜执天祥于军中,坚还。"夹注:"杨应奎还自皋亭,言:'伯颜欲执政面议太后。'乃拜天祥右相，与吴坚偕往。天祥乞退军嘉兴，以俟讲解。伯颜怒，遣坚还，而拘天祥。"

【史源】正文第一句来自《宋史》卷四七《瀛国公纪》，第二句来自《平宋录》卷中。

111. 正月："大元吕师夔徇江东，知信州谢枋得迎战，败绩。"夹注："枋得遂奔建宁山中。"

【史源】来自《宋史》卷四二五《谢枋得传》。

112. 二月：南宋朝廷"诏谕郡县降于大元"。夹注："伯颜令程鹏飞取太后手诏，谕州郡降附。太后从之。使者又欲三省、枢密院橡执政皆署。家铉翁独不肯，使者命缚之。铉翁曰：'中书无缚执政之理。'乃止。"

【史源】正文来自《宋史》卷四七《瀛国公纪》。夹注画单横线处，来自《平宋录》卷中，其他史文来自《宋史》卷四二一《家铉翁传》。

113. 二月："大元伯颜次于湖州市。遣使入临安府，封府库，收图籍、符印，罢官府及卫卒。"夹注：

　　壬辰，伯颜自临平镇进屯湖州市，入居秀王府，遣诸将分兵守城。己亥（二月初三），令张惠、吕文焕、阿剌罕、董文炳、范文虎等，入城慰谕太皇太后。文焕因入内，上表陈谢而出。辛丑（初五），伯颜令张惠、阿剌罕、董文炳、石天麟、杨晦、张弘范、亦只里、忽剌出、唆都九人入城，封府库，收史馆、礼寺图书及百司符印、告敕，罢官府及侍卫军。

【史源】正文画单横线处，来自《宋史》卷四七《瀛国公纪》。

夹注除了画单横线处外，其他史文主要来自《平宋录》卷中。按，据《平宋录》，伯颜"入居秀王府"在正月壬辰（二十六日），然"自临平镇进屯湖州市"为正月己丑（二十三日）事，《通鉴续编》将两日之事整合在"壬辰"一日内叙述，未免欠安。

114. 二月：南宋"以吴坚、贾余庆为左、右丞相，谢堂知枢密院事，家铉翁金书院事，刘岊同金书院事，并充祈请使，如大元。伯颜命〔亦〕乞里歹偕五使及文天祥赴上都，谢堂逃归"。

【史源】画单横线处，来自《宋史》卷四七《瀛国公纪》。《平宋录》卷中："丁未，遣亦乞里歹、帖木儿起宋臣贾余庆等四人赴北。"即"乞里歹偕五使及文天祥赴上都，谢堂逃归"一事，故知《通鉴续编》于"乞里歹"前脱"亦"字。"亦乞里歹"，亦见于《元史》卷一二七《伯颜传》至元十二年十一月甲申条："遣监战亦乞里歹、招讨使唆都、宣抚使游显，会阇里帖木儿先趋平江。"

115. 二月："钱塘江潮三日不至。"夹注："时大元军分驻江沙上，杭人方幸之，而潮汐三日不至。"

【史源】主要来自《宋史》卷四七《瀛国公纪》。

116. 二月："大元伯颜使范文虎追益王、广王于婺州，二王走温州，文虎执杨镇还临安。"夹注：

　　伯颜闻二王趋婺州，遣范文虎将兵追之。杨镇得报即还，曰："我将就死于彼，以缓追兵。"杨亮节等遂负二王及杨淑妃，徒步匿山中者凡七日。统制张全以兵数十追及，王遂同走温州，居江心寺。

【史源】来自《宋史》卷四七《瀛国公纪》附《二王事迹》，但未提杨淑妃，应同时参考了《宋史》卷二四四《杨淑妃传》。

117. 二月："文天祥自镇江亡入真州，遂浮海如温州。"夹注：

> 天祥至镇江，与其客杜浒等十二人夜亡，入真州。苗再成出迎……天祥大称善，即以书遗李庭芝、夏贵，遣使四出结约。初，天祥未至真时，扬有脱归兵，言："大元密遣一丞相入真州，说降矣。"庭芝信之，以天祥来说降也，使再成亟杀之。再成不忍，绐天祥出相城垒，以制司文示之，闭之门外。久之，复遣二路分觇天祥，果说降者，即杀之。二路……以兵二十人道之如扬。四鼓，抵城下。闻候门者谈制置司下令备文丞相甚急，众相顾吐舌，乃东入海道。遇大元兵，伏环堵中得免……行入板桥，大元兵又至，众走伏丛篠中。兵入索之，执杜浒、金应以去。浒、应以所怀金与卒，得逸。二樵者以筐荷天祥，至高邮稽家庄，<u>稽聳迎天祥至其家，遣子德润卫送至泰州</u>，遂由通州泛海，如温州以求二王。

【史源】主要来自《宋史》卷四一八《文天祥传》，画单横线处来自文天祥本人的诗注，其所作《发高沙》最后注云："自高邮至稽家庄，方有一团人家，以水为寨。统制官稽聳，其子德润诣乡举，其侄昌，其馆客莆田人林希骥字千里、林孔时字愿学，皆锐意于事功者。稽设醴甚至……愿学同德润送予至泰州。"[1]

118. 三月："大元伯颜入临安府，福王与芮自绍兴来会之。"夹注：

1　刘文源：《文天祥诗集校笺》，第 744 页。

伯颜累使召福王，王疑不敢至，最后使史胜往，王乃行。丁卯，伯颜自湖州市入城，馆于万松岭卢原宅，大宴诸将，市不易肆。福王亦自绍兴至，伯颜深慰之。太皇太后及帝欲与相见，伯颜固辞曰："但见天子可也。"乃止。是日，复出城。

【史源】画单横线处，主要来自《平宋录》卷中，唯"绍兴"作"浙东"；画波浪线处四字，见于《平宋录》卷下《丞相伯颜公勋德碑》；其他史文史源待考。

119.三月："大元伯颜自临安北还。"夹注："丙子，伯颜发临安，命阿荅海、张惠、阿剌罕、董文炳等，迁三宫，期会于瓜步。"

【史源】主要来自《平宋录》卷中，"瓜步"作"瓜洲"；"三宫"，《通鉴续编》至正二十二年初刻本作"三官"，至正二十五年校正本已改。

120.三月："帝及皇太后全氏、福王与芮等北去。"夹注：

丁丑，阿荅海等入宫宣诏，免牵羊系袒之礼。太皇太后谓帝曰："荷天子圣慈不杀，宜拜谢。"礼毕，帝与皇太后出宫。太皇太后以疾留内。福王与芮及度宗母隆国夫人黄氏，并宗室、驸马都尉杨镇、知院谢堂、佥院高应松、庶僚、三学生、内侍等，皆行。太学生徐应镳与其二男一女死之。过真州，苗再成谋夺驾；至瓜洲，李庭芝遣姜才出兵邀两宫，欲劫以入城，皆不克。

【史源】画单横线处，来自《平宋录》卷中；画波浪线处，见于《宋季三朝政要》卷五与《钱塘遗事》卷八"京城归附"条，然谢堂、高应松皆署衔"参政"，知《通鉴续编》应另有所本；画虚线处，来自《宋史》卷四五一《徐应镳传》；苗再成夺驾事，亦见于《宋季三朝政要》；姜才夺两宫事，来自《宋史》卷四二一《李庭芝传》。

121. 三月："大元董文炳行省事于临安府，经略闽、浙。"

【史源】来自《元朝名臣事略》卷二《丞相淮安忠武王》引元明善撰勋德碑。

122. 三月："夏贵以淮西州县降于大元。"

【史源】来自《平宋录》卷中，系于"闰三月"，《通鉴续编》置于"三月"，欠安。

123. 闰三月："大元改临安府为杭州。以忙古歹为都督，镇杭州，唆都为元帅，镇婺州。"

【史源】前一句来自《宋季三朝政要》卷五，后一句史源待考。

124. 闰三月："黄万石以大元兵入邵武军。"

【史源】见于《宋季三朝政要》卷六。

125. 五月："孝恭懿圣皇帝至大元上都，元封帝为瀛国公。"
夹注：

闰三月戊午（二十三日），帝及太后等至燕京。吴坚、家铉翁、刘岊迎谒，伏地流涕，称谢奉使无状，不能保存社稷。四月己卯（十五日），赴上都。辛巳（十七日），沂王卒。五月乙未朔，至上都。丙申（初二），见世祖皇帝于大安殿，降授帝为开府仪同三司，封瀛国公，寻为僧，号"合尊大师"。皇太后全氏，亦为尼于正智寺。

【史源】画单横线处，来自《宋史》卷四二一《家铉翁传》；画虚线处，来自《瀛国公纪》；瀛国公赐号"合尊大师"，未详所据，《佛祖历代通载》卷二二至治三年（1323）四月有"赐瀛国公合尊死于河西"之记载，与《通鉴续编》所记相同，也可能此事在当时朝野上下流传甚广，故为陈桱直接记入书中；画波浪线处，来自《宋季三朝政要》卷五。需要指出的是：夹注认为戊午日（二十三日）南宋宗室至燕京，但《平宋录》《宋季三朝政要》《钱塘遗事》"丙子北狩"条皆作己未日（二十四日）。沂王卒日，夹注说是辛巳（十七日），《宋季三朝政要》作丁巳，但四月无丁巳，《钱塘遗事》"丙子北狩"条作"廿九日"。[1]考虑到"丙子北狩"出于宋廷日记官严光大之手，似乎更为可信。

126. 六月："大元入广州。"夹注：

> 广东经略使徐直谅闻宋亡，遣其将梁雄飞请降于隆兴帅府。阿里海涯假雄飞招讨使，使徇广东。既而，直谅闻益王即位，乃命权通判李性道、摧锋军将黄俊等拒雄飞于石门，俊战败，直谅弃城遁。六月，雄飞入广州，诸降将皆授以官，俊独不受，以死。

【史源】来自《宋史》卷四七《瀛国公纪》附《二王事迹》。

127. 六月："吴浚聚兵于广昌，遂复南丰、宜黄、宁都等县。"
【史源】来自《宋史》卷四七《瀛国公纪》附《二王事迹》。

---

1 刘一清撰，王瑞来校笺考原《钱塘遗事校笺考原》卷九，第350页。

128. 六月："翟国秀复秀山县，大元兵至，遂还。傅卓败绩于衢、信，遂降于大元。"

【史源】来自《宋史》卷四七《瀛国公纪》附《二王事迹》。

129. 七月："天祥开府南剑州，经略江西，遂复邵武军，黄万石败走。"夹注："天祥与陈宜中、张世杰议不合，乃求出督。至南剑，募兵得数千，遂复邵武。"

【史源】《宋史》卷四一八《文天祥传》："闻益王未立，乃上表劝进，以观文殿学士、侍读召至福，拜右丞相。寻与宜中等议不合。七月，乃以同都督出江西，遂行，收兵入汀州。"《宋季三朝政要》卷六景炎元年（1276）五月条记载更详："黄万石以北命谕福建归附，邵武降，建、剑守臣拒之。督府遣兵复邵武，万石遁。壬戌，文天祥至自行都，除右丞相。时国方草创，陈宜中专制于张世杰，议论不合，遂不肯拜，议出督。"然复邵武事与《通鉴续编》不合，王瑞来先生认为《通鉴续编》所记更确。[1]

130. 七月："大元阿里海涯入严关，广海州县多降之。"

【史源】主要来自《宋史》卷四七《瀛国公纪》附《二王事迹》。

131. 七月："扬州守将朱焕以城降于大元，右丞相李庭芝、指挥使姜才死之，淮东州县皆降。"夹注：

　　阿术围扬久，庭芝守御益力。及临安既降，阿术以太皇太后手诏谕降。庭芝登城，谓使者曰："奉诏守城，未闻以诏谕降也。"及帝次瓜洲，太皇太后复赐庭芝诏，曰："比诏卿纳

1　王瑞来笺证《宋季三朝政要笺证》卷六，第 457 页。

款，日久未报，岂未悉吾意，尚欲固围耶？今吾与嗣君既已臣伏，卿尚为谁守之？"庭芝不答，命发弩射之。一使毙，余皆奔去。及夏贵以淮西降阿朮，谓诸将曰："今宋已亡，庭芝未下，以外助犹多故也。若绝声援，塞饷道，尚恐东走通、泰，假息江淮。"乃栅扬之西北丁村，拒高邮、宝应粮运，贮粟以备湾头堡，留屯新城，用逼泰州。又遣伯颜察帅甲骑三百，助湾头兵力，且谕之曰："李庭芝水路既阻，必从陆出，宜谨备之。如丁村烽起，当首尾相应，断其归路。"复驱夏贵淮西降卒至城下，以示庭芝。庭芝幕客或劝为计，庭芝曰："吾惟一死而已！"阿朮复遣使者，持世祖皇帝诏招之。庭芝开壁纳使者，斩之，焚其诏于陴上。既而，淮安、盱眙、泗州，皆以粮尽，降于大元。庭芝犹括民间粟以给兵，粟尽，又令官人出粟。粟又尽，令将校出粟，杂牛皮曲糵以给之。兵有自食其子者，然犹力战不屈。六月，姜才闻高邮米运将至，出步骑五千战于丁村。自暮达旦，大元多败。伯颜察救之，所将皆精锐，旗帜作双赤月。大元望见尘起，大呼曰："丞相来矣。"才军识其帜皆溃，才脱身走，死者三千人。七月，阿朮请于世祖皇帝，降诏赦庭芝焚诏杀使之罪，令早归款，庭芝不纳。福州使至，庭芝乃命制置副使朱焕守扬城，而自与姜才将兵七千趋泰州，将东入海。庭芝既行，焕即以城降。阿朮帅兵追庭芝，及之，杀步卒千余。庭芝走入泰州，阿朮围之。且驱庭芝妻子，至陴下招降。会姜才疽发背，不能战，泰州守将孙贵、胡惟孝开北门纳大元。庭芝赴莲池中，水浅不死，遂与姜才俱就执。至扬州，阿朮责其不降，才曰："不降者我也！"愤骂不已，然犹未忍杀之。朱焕请曰："扬自用兵以来，积骸满野，皆庭芝与才所为，不杀之何俟？"阿朮乃皆杀之。于是，扬民闻者，莫不泣下。由是，淮东州县皆降。

【史源】正文主要来自王恽撰《大元光禄大夫平章政事兀良氏先庙碑铭》。夹注画单横线处，来自《宋史》卷四二一《李庭芝传》；画波浪线处，来自王恽撰《大元光禄大夫平章政事兀良氏先庙碑铭》；画虚线处，来自《宋史》卷四五一《姜才传》。

132. 七月："大元克真州，守将苗再成死之。"夹注："大元既破扬，攻真益急，赵孟锦乘雾袭其营。少顷，雾开。大元兵见孟锦众少，逐之。孟锦登舟，失足堕水中死焉。城遂陷，再成不屈死。"

【史源】来自《宋季三朝政要》卷五。

133. 八月："秀王与罨围婺州，大元董文炳援之，王乃还。"

【史源】来自《宋史》卷四七《瀛国公纪》附《二王事迹》，然未提董文炳。

134. 八月："吴浚及大元李恒战于兜零，败绩。"

【史源】来自《宋史》卷四七《瀛国公纪》附《二王事迹》。

135. 八月："寿和圣福至仁太皇太后谢氏赴大元大都。"夹注："太皇以病久，留临安。至是，大元自宫中舁其床以出，侍卫者七十人，遂赴燕，降封寿春郡夫人，留燕七年而终。"

【史源】主要来自《宋史》卷二四三《理宗谢皇后传》，画单横线处来自《宋季三朝政要》卷五。

136. 九月："东莞民熊飞以兵会赵溍，复韶、广州。"夹注：

熊飞为黄世雄守潮、惠，闻赵溍至，即以兵应之，攻梁雄飞于广州。雄飞遁，熊飞遂复韶州。新会令曾逢龙亦帅兵至广州，李性道出迎谒，熊飞与逢龙执而杀之，赵溍遂入广州。

【史源】来自《宋史》卷四七《瀛国公纪》附《二王事迹》。

137．九月："大元也的迷失会师于福州。"
【史源】来自《宋史》卷四七《瀛国公纪》附《二王事迹》。

138．九月："大元吕师夔、张荣实帅师度梅岭。"
【史源】来自《宋史》卷四七《瀛国公纪》附《二王事迹》。

139．十月："文天祥帅师次于汀州。"夹注：

　　天祥遣赵时赏、赵孟溁将一军趋赣，以取宁都，吴浚将一军取雩都，刘洙、萧明哲、陈子敬皆自江西起兵来会。邹洬与大元战于宁都，败死。武冈教授罗开礼起兵，复永丰县，亦死。天祥为制服，哭祭焉。

【史源】来自《宋史》卷四一八《文天祥传》。

140．十月："赵溍使熊飞、曾逢龙及大元战于南雄，败绩，逢龙死之，飞奔韶州。大元围韶州，守将刘自立以城降，飞死之。"
【史源】来自《宋史》卷四七《瀛国公纪》附《二王事迹》。

141．十一月："大元阿剌罕、董文炳徇处州，李珏以城降。秀王与睪迎战于瑞安府，败绩死之，知府方洪以城降。"
【史源】主要来自《宋史》卷四七《瀛国公纪》附《二王事迹》。方洪事则见于《宋史》卷四五〇《赵与檡传》，但方洪并非主动投降，而是兵败被俘后不屈而死。

142. 十一月："大元阿剌罕、董文炳入建宁府，知邵武军赵时赏、知南剑州王积翁弃城走。"

【史源】来自《宋史》卷四七《瀛国公纪》附《二王事迹》。

143. 十一月："大元阿剌罕侵福安，知府王刚中以城降。"

【史源】来自《宋史》卷四七《瀛国公纪》附《二王事迹》。

144. 十二月："蒲寿庚及知泉州田真子以城降于大元。"

【史源】来自《宋史》卷四七《瀛国公纪》附《二王事迹》。

145. 十二月："兴化军通判曹澄孙以城降于大元，知军陈文龙死之。"夹注：

> 王刚中既降，遣使徇兴化，陈文龙斩之，而发民固守。阿剌罕复遣使招之，文龙复斩之，而使部将林华侦伺大元兵于境上。华反导大元至城下，通判曹澄孙开门降，执文龙，欲降之。……卒不屈。乃械送杭州，文龙不食死。

【史源】正文来自《宋史》卷四七《瀛国公纪》附《二王事迹》。夹注主要来自《宋史》卷四五一《陈文龙传》，但未提阿剌罕。

146. 十二月：南宋"张珏入重庆府"。夹注：

> 大元东、西川行枢密院皆遣师围重庆府，肆于剽掠，军政不一，两院相訾，故久无功，而城中益得自守。张珏虽领重庆之命，不能赴官，留合州以抗大元，且遣师复泸、涪二州。及大元兵以不和而溃，其将退守于泸。赵定应乃乘间迎珏入城，

珏至，遣将四出。大元屡败，乃去。

【史源】画单横线处来自《元朝名臣事略》卷一一《左丞李忠宣公》引姚燧撰行状（或直接参考了姚燧原文）；赵定应迎张珏入重庆事，亦见于《宋史》卷四五一《张珏传》，但前后文字与《通鉴续编》不同，知《通鉴续编》别有所本。

147. 十二月："大元阿里海涯克（靖）〔静〕江府，守将马墍死之。"

【史源】见于《元朝名臣事略》卷二《丞相楚国武定公》引姚燧撰神道碑（或直接参考了姚燧原文），但未记马墍。又，"靖江"应为"静江"之误。

148. 至元十四年（1277）正月："大元阿剌罕入汀州，文天祥奔漳州。"

【史源】来自《宋史》卷四七《瀛国公纪》附《二王事迹》，但未提阿剌罕。

149. 二月："大元徇广州，县人赵若冈以城降，广东诸郡皆降之。"

【史源】来自《宋史》卷四七《瀛国公纪》附《二王事迹》。

150. 二月："吴浚降于大元，文天祥诛之。"夹注："大元兵至瑞金，浚降之，因为大元至漳州说天祥降，天祥责以大义，缢杀之。"

【史源】吴浚说降文天祥而被杀事，见于《宋季三朝政要》卷六，但系于六月，亦未明确提及地点为漳州。另据《宋史》卷四七《瀛国公纪》附《二王事迹》，是年正月，吴浚弃瑞金而遁，后降于"汀州"。

151. 三月："文天祥复梅州。"

【史源】来自《宋史》卷四七《瀛国公纪》附《二王事迹》。

152. 四月："文天祥复兴国县。广东制置使张镇孙复广州，梁雄飞出走。"

【史源】来自《宋史》卷四七《瀛国公纪》附《二王事迹》。

153. 五月："张世杰复潮州。文天祥自梅州出江西，遂复会昌县。"夹注："吉、赣兵皆会之。"

【史源】正文来自《宋史》卷四七《瀛国公纪》附《二王事迹》，夹注来自《宋季三朝政要》卷六。

154. 六月："文天祥败大元于雩都，遂次于兴国县。"

【史源】来自《宋史》卷四七《瀛国公纪》附《二王事迹》。

155. 七月：文天祥"使赵时赏等帅师复吉、赣诸县，遂围赣州"。

【史源】主要来自《宋史》卷四七《瀛国公纪》附《二王事迹》，但未提赵时赏；赵以兵围赣，则明载于《宋史》卷四一八《文天祥传》。可知，此处系整合《二王事迹》与《文天祥传》而来。

156. 七月："思州安抚使田景贤、播州安抚使杨邦宪降于大元。"

【史源】与《元文类》卷四一所录《经世大典》"招捕"之"思、播"条基本相同，但系于六月，可能参考了《经世大典》此条的某一抄本。

157. 七月：宋"帝舟迁于潮州之浅湾。张世杰会师讨泉州，围之"。夹注：

> 世杰自将淮兵及陈吊眼、许夫人诸峒畲军，讨蒲寿庚，兵势稍振。寿庚闭城自守，而阴以贿赂畲军。畲军遂有贰心，攻城不力。寿庚得间道，使孙安甫如建宁府求援。

【史源】《宋季三朝政要》卷六景炎二年（1277）："七月壬申，张世杰围泉州，将淮军及吊眼、许夫人诸洞畲军，兵威稍振。蒲寿庚闭城拒。……蒲寿庚阴赂畲军，攻城不力，而求救于唆都元帅。"《宋史》卷四五一《张世杰传》："五月……世杰……自将陈吊眼、许夫人诸畲兵攻蒲寿庚，不下。十月，元帅唆都将兵来援泉，遂解去。既而唆都……遣经历孙安甫说世杰，世杰拘安甫军中不遣。"《通鉴续编》似据此二条材料整合、增补而来。

158. 七月："张世杰使高日新复邵武军。"
【史源】来自《宋史》卷四七《瀛国公纪》附《二王事迹》。

159. 七月："王积翁杀淮兵于福安府。"夹注："淮兵在福州者，谋杀积翁，以应张世杰，事觉被杀。"
【史源】来自《宋史》卷四七《瀛国公纪》附《二王事迹》。

160. 七月："大元李恒袭文天祥于兴国县。"
【史源】来自《宋史》卷四七《瀛国公纪》附《二王事迹》。

161. 八月："天祥出走，师溃于空阬，赵时赏等皆死之，天祥入于循州。"夹注：

大元宣慰李恒遣兵援赣，而自将攻天祥于兴国。天祥不意恒猝至，乃引兵走，即邹凤于永丰，凤兵先溃，恒穷追天祥。天祥至方石岭，恒及之，巩信拒战，箭被体而死。甲申，天祥至空阬，兵尽溃。天祥妻欧阳氏，男佛生、环生及二女皆见执。赵时赏坐肩舆，后大元问为谁。时赏曰："我姓文。"众以为天祥，禽之。天祥由是得挺身与其长子道生，及杜浒、邹凤乘骑逸去，遂奔循州。散兵颇集，乃屯于南岭。幕僚客将皆被执。时赏至隆兴，奋骂不屈，有系累至者，辄麾去，云："小小金厅官耳，执之何为？"得脱者甚众。临刑，刘洙颇自辨，时赏叱曰："死耳！何必然！"于是将佐幕属被执者皆死，而天祥妻子家属送于燕，二子死于道。

【史源】画单横线处，主要来自《宋史》卷四七《瀛国公纪》；画波浪线处，主要来自《宋季三朝政要》卷六，然邹凤事系据《宋史》卷四五四其本传；其他主要来自《宋史》卷四一八《文天祥传》。

162. 九月："大元唆都援泉州，张世杰帅师还浅湾。"
【史源】来自《宋史》卷四七《瀛国公纪》附《二王事迹》。

163. 九月："大元也的迷失复取邵武军，遂入福州。"
【史源】来自《宋史》卷四七《瀛国公纪》附《二王事迹》。

164. 十月："大元唆都入兴化军，屠其民，陈瓒死之。"
【史源】来自《宋史》卷四七《瀛国公纪》附《二王事迹》。

165. 十月："泸州降于大元，知州王世昌死之。"
【史源】此事亦见于《宋史》卷四五一《张珏传》："十一月，泸州食尽，人相食，遂破之，安抚王世昌自经死。"然纪月与《通鉴续编》异，知陈桱另有所本。

166. 十一月："大元嗒出围广州，制置使张镇孙以城降。"

【史源】来自《宋史》卷四七《瀛国公纪》附《二王事迹》，但"嗒出"作"塔出"。

167. 十一月："大元刘深以舟师袭浅湾，帝舟迁于秀山，陈宜中如占城，遂不复。"夹注："刘深攻浅湾，张世杰战不利，奉帝走秀山。陈宜中欲奉帝走占城，乃先往谕意，度事不可为，遂不还，后死于暹。"

【史源】画单横线处，来自《宋史》卷四七《瀛国公纪》附《二王事迹》；画虚线处，来自《宋史》卷四五一《张世杰传》；画波浪线处，来自《宋史》卷四一八《陈宜中传》。

168. 十二月："大元刘深来袭井澳，执俞如珪以去。帝舟迁于谢女峡。"

【史源】前一句来自《宋史》卷四七《瀛国公纪》附《二王事迹》，后一句来自《宋季三朝政要》卷六。

169. 十二月："罗施鬼国降于大元。"

【史源】与《元文类》卷四一"招捕"之"八番顺元诸蛮"条基本相同，但系于至元十五年，可能参考了《经世大典》此条的某一抄本，《元史》卷一〇《世祖纪七》亦系于十五年，可知《通鉴续编》此处纪年有误。

170. 至元十五年（1278）正月："张世杰遣师讨雷州，不克。"

【史源】来自《宋史》卷四七《瀛国公纪》附《二王事迹》。

171. 二月："大元唆都克潮州，屠其民，知州马发死之。"

【史源】来自《宋史》卷四七《瀛国公纪》附《二王事迹》，但未提唆都。

172. 二月："大元克重庆府，制置副使张珏死之。"

【史源】来自《宋史》卷四五一《张珏传》。

173. 三月："大元以张弘范为都元帅，李恒副之，帅师入闽、广。"夹注：

> 赐弘范宝剑，专决军事，以攻宋帝于广南。弘范荐李恒自副，从之。弘范至扬州，选将校，发水陆之师二万，分道而南，以弟弘正为先锋，戒之曰："汝以骁勇见选，非私汝也。军法重，我不敢以私挠公，汝其慎之。"故所向克捷焉。

【史源】来自《元朝名臣事略》卷六《元帅张献武王》引虞集撰庙堂碑，但未系月。

174. 三月："凌震复广州。"

【史源】来自《宋史》卷四七《瀛国公纪》附《二王事迹》。

175. 十一月："大元阿里海涯次于白沙口，海南州县皆降。"

【史源】主要来自《宋史》卷四七《瀛国公纪》附《二王事迹》，然"海南州县皆降"史源待考。

176. 闰十一月："凌震弃广州出走，城降于大元，潮、惠遂降。"

【史源】主要来自《宋史》卷四七《瀛国公纪》附《二王事

迹》，然"潮、惠遂降"史源待考。

177. 闰十一月："合州守将王立以城降于大元。"夹注：

先是，大元立枢密行院于东、西川，以经略蜀地。两院不
协，遂致溃败。及李德辉为西川副使，始克泸、涪、重庆，而
西川州县皆降。东川耻其功不立，乃辞西川，而自以兵围合
州。守将王立闻德辉威明，且惧东川怀怒，必加诛杀，乃使使
间行，至成都请降。德辉帅从兵数百人赴之，东川枢府闻之，
遣使止德辉行。德辉曰："合以重庆在，力可同恶，故不下。今
孤绝来归，乃其势也。吾非欲攘若功，诚恐汝愤其后服，诬以
尝抗踵先朝，利其剽夺，快心于屠城耳。吾为国活此民，岂计
汝嫌怒哉。"即单舸济江，至合城下，呼王立出降，安集其民，
而罢置其吏，合人德之。于是，东川州县皆为大元矣。

【史源】主要据《元朝名臣事略》卷一一《左丞李忠宣公》引
姚燧撰行状整合而来（或直接参考了姚燧原文），但未系月。

178. 闰十一月："大元张弘范袭执文天祥于五坡岭。"夹注：

天祥屯潮阳，邹洬、刘子俊皆集师会之，遂讨盗陈懿、刘兴
于潮。兴死；懿遁，导张弘范兵济潮阳。天祥力不支，帅其麾下
走海丰。张弘正追之，天祥方饭五坡岭。弘正兵突至，众不及战，
皆顿首伏草莽。天祥仓皇出走，千户王惟义执之。天祥吞脑子不
死，邹洬自刭。刘子俊自诡为天祥，冀可免天祥。及执天祥至，
各争真伪。大元遂烹子俊而执天祥。至潮阳，见弘范。左右命之
拜，天祥不屈，弘范释其缚，以客礼见之。天祥固请死，弘范
不许。或谓弘范曰："敌人之相，不可测也，不宜近之。"弘范曰：

"彼忠义也，保无它求。"族属被俘者悉还之，处之舟中以自从。

【史源】正文来自《宋史》卷四七《瀛国公纪》附《二王事迹》。夹注画单横线处，来自《宋史》卷四五四《刘子俊传》；画波浪线处，主要来自《元朝名臣事略》卷六《元帅张献武王》引虞集撰庙堂碑；其他史文主要来自《宋史》卷四一八《文天祥传》，但未提"张弘正"。

179. 闰十一月："大元阿里海涯自海南还师上都。"夹注：

广南悉降，故也。阿里海涯以戍鄂，孤军不能倍万身，至力取利，尽海表，图地籍民，半宋疆理所下荆南之州十四、淮西之州四、湖南江西之州十一、广西之州二十一、广东海南之州八，凡五十八州。其余峒夷山獠受麾听令者，无虑数十所，可谓茂功矣。其僚属裨佐后登宰辅者三十七人，盖能推扬奖拔以成之也。

【史源】画单横线处，来自《元朝名臣事略》卷二《丞相楚国武定王》引姚燧撰神道碑（或直接参考了姚燧原文），然所列"登宰辅者"共三十五人，与《通鉴续编》所记"三十七人"异。

180. 至元十六年（1279）正月："大元张弘范袭厓山，张世杰力战御之。"

【史源】来自《宋史》卷四七《瀛国公纪》附《二王事迹》。

181. 二月：宋"师大溃，帝崩，左丞相陆秀夫死之，宋亡"。夹注：

正月庚戌，张弘范由潮阳港乘舟入海道，至甲子门，获斥候将刘青、顾凯，乃知帝所在。辛酉，弘范至厓山。或谓张世杰曰："北兵以舟师塞海口，则我不能进退。合先据之，幸而胜，国之福也，不胜犹可西走。"世杰恐久在海中，士卒离心，动则必散，乃曰："频年航海，何时已乎？今须与决胜负。"遂悉焚行朝草市，结大舶千余，作一字阵碇海中，中舻外舳，贯以大索，四周起楼棚如城堞，奉帝居其间，为死计，人皆危之。厓山两门如对立，其北浅，舟胶不可进。大元由山东转而南，入大洋，与世杰之师相遇，薄之，且出骑兵断宋师汲路。宋舟坚不能动，大元乃以舟载茅茨，沃以膏脂，乘风纵火焚之。宋舰皆涂泥，缚长木以拒火，舟不能爇，弘范无如之何。时世杰有甥韩在大元师中，弘范三使韩至宋师招世杰。世杰不从，曰："吾知降，生且富贵，但义不可移耳！"因历数古忠臣以答之。弘范乃命文天祥为书招世杰，天祥曰："吾不能扞父母，乃教人叛父母，可乎？"固命之。天祥遂书所过零丁洋诗与之，其末有云："人生自古谁无死，留取丹心照汗青。"弘范笑而置之。弘范复遣人语厓山士民，曰："汝陈丞相已去，文丞相已执，汝复欲何为？"士民亦无叛者。弘范又以舟师据海口，宋师樵汲道绝，兵士茹干粮，十余日而大渴，乃下掬海水饮之，水咸，饮即呕泄，兵士大困。世杰帅苏刘义、方兴等，旦夕大战。甲戌，李恒自广州以师会攻，弘范命恒守厓山北面。

二月戊寅朔，世杰将陈宝降。己卯，都统张达夜袭大元，败还。癸未，大元进薄世杰之舟，或请以炮攻之，弘范曰："火起则舟散，不如战也。"甲申，弘范四分其军，自将一军相去里许，令诸将曰："宋舟西叙厓山，潮至必东遁，急攻之，勿令得去。闻吾乐作乃战，违令者斩。"先麾北面一军，乘早潮而战，世杰败之。李恒等顺潮退师，午潮上，大元师乐作，宋师以为且懈，不设备。弘范以舟犯其前，南师继之。宋师南北受敌，兵士皆疲，不能复战。俄有一舟樯旗仆，诸舟之樯旗皆仆，世杰知事去，乃抽精兵入中军，诸军大溃。翟国秀、刘俊等，皆解甲降。大元师薄宋中军，会日暮风雨，昏雾四塞，咫尺不相辨，世杰乃与苏刘义断维，以十六舟夺港而去。陆秀夫走帝舟，帝舟大且诸舟环结，度不得出走，乃先驱其妻子入海，即负帝同溺，后宫诸臣从死者甚众。余舟尚八百，尽为大元所得。越七日，尸浮海上者十余万人，因得帝尸及诏书之宝。已而，世杰复还厓山收兵，遇杨太后，欲奉以求赵氏后而复立之。杨太后始闻帝崩，抚膺大恸，曰："我忍死，艰关至此者，正为赵氏一块肉耳，今无望矣。"遂赴海死。世杰葬之海滨。世杰将趋安南，至平章山下，遇飓风大作，舟人欲舣岸。世杰曰："无以为也，为我取瓣香来。"至则仰天呼曰："我为赵氏，亦已至矣。一君亡，复立一君。今又亡，我未死者，庶几敌兵退，别立赵氏以存祀耳。今若此，岂天意耶？若天不欲我复存赵祀，则大风覆我舟。"舟遂覆，世杰溺焉。大元既举宋，得户一千一百八十四万八百有六，天下共一千三百一十九万六千二百有六，为口五千八百八十三万四千七百一十一，而山泽溪峒之民不与焉。

厓山既破，张弘范等置酒大会，谓文天祥曰："国亡，丞相忠孝尽矣，能改心以事宋者事今，将不失为宰相也。"天祥泫然出涕曰："国亡不能救，为人臣者，死有余罪，况敢逃其死而贰其心乎！"弘范义之，遣使获送天祥赴燕京，道经吉州，痛恨不食八日，犹生，乃复食。十月至燕，馆人供张甚盛。天祥不寝处，坐达旦，遂移兵马司，设卒守之。既而，丞相孛罗召见于枢密院，欲使拜。天祥长揖求死，辨论百端。孛罗怒，命囚于狱。月余再见之，天祥益不屈，乃赦之自便。留燕三年，坐卧一小楼，足不履地。时世祖皇帝求南人有才者甚急，王积翁荐之。帝即遣积翁谕旨，欲用之。天祥曰："国亡，吾分一死矣。傥缘宽假，得以黄冠归故乡，他日以方外备顾问，可也。若遽官之，非直亡国之大夫不可与图存，举其平生而尽弃之，将焉用我？"积翁欲合宋官谢昌元等十人，请释为道士。留梦炎不可，曰："天祥出，复号召江南，置吾十人于何地！"事遂寝。帝知其不可屈也，议将释之，有以天祥起兵江西事为言者，乃不果释。至元十九年壬午，闽僧言土星犯帝座，疑有变。未几，中山狂人自称宋主，有众千人，欲取文丞相，京师亦有匿名书言："某日烧蓑城苇，率两翼兵为乱，丞相可无忧者。"时盗新杀左丞相阿合马，命撤城苇，迁瀛国公及宋宗室于上都，疑丞相者天祥也，乃召天祥入，帝谕之曰："汝何愿？"天祥曰："天祥受宋恩为宰相，安事二姓，愿赐之一死，足矣！"帝犹未忍，遽麾之使退。左右力赞，帝从其请，乃诏有司杀于燕京之柴市。俄有诏使止之，至则天祥死矣。天祥临刑殊从容，谓吏卒曰："吾事毕矣。"南向拜而死，年四十七，其衣带中有赞曰："孔曰成仁，孟曰取义。惟其义尽，所以仁至。读圣贤书，所学何事。而今而后，庶几无愧。"数日，其妻欧阳氏收其尸，面如生。

【史源】画单横线处，来自《宋史》卷四七《瀛国公纪》附《二王事迹》，但张世杰与苏刘义"以十六舟"而逃，则作"十余舟"；画虚线处，来自《元朝名臣事略》卷六《元帅张献武王》引虞集撰庙堂碑，唯"安南"作"交趾"；画波浪线处，来自《宋史》卷四五一《张世杰传》；画双横线处，来自《宋季三朝政要》卷六；画粗黑线处，来自《文天祥传》，唯"上都"作"开平"；关于"余舟尚八百，尽为大元所得"，以及"因得帝尸及诏书之宝"，《元文类》卷四一所录《经世大典》"平宋"条载："尚得海舰八百余艘。……有卒求物尸间，言见一尸小而皙，衣黄衣，负印，签云'诏书之宝'，取宝献弘范。"陈樫可能对此有所整合，抑或参考了《经世大典》此条的某一抄本。第二段最后一句"大元既平宋"云云，来自《元文类》卷四〇所录《经世大典》"版籍"条（或参考了《经世大典》此条的某一抄本），然"一千一百八十四万八百有六"作"一千一百八十四万八百有余"。第三段天祥见博罗丞相不拜被囚事，与刘岳申《文丞相传》基本相同，后者较《通鉴续编》为详。[1]

　　综上所述，《通鉴续编》所记忽必烈汗时期的蒙宋战争，其史源可以分为照录一书与杂采诸书两种情况。

照录一书者

（1）来自《宋史》：第 4、5、8、11、14、16、17、18、19、23、25、32、33、35、40、43、45、50、51、55、57、58、59、60、63、64、65、66、67、70、71、73、77、78、80、82、86、91、92、104、105、106、107、109、111、115、116、126、127、128、130、133、134、136、137、138、139、140、141、142、143、144、145、148、149、151、152、154、155、158、159、160、162、163、165、166、167、170、171、172、174、180 条。

（2）来自《宋季三朝政要》：第 9、124、132 条。

（3）来自《平宋录》：第 72、81、87、98、99、119、122 条。

（4）来自《元朝名臣事略》：第 28、85、121、147、173、177 条。

（5）来自《大元光禄大夫平章政事兀良氏先庙碑铭》：第 7、10、13、20、34 条。

（6）与《元文类》所录《经世大典》基本相同者：第 24、156、169 条。

（7）与《圣元名贤播芳续集》所录诏书基本相同者：第 21 条。

杂采诸书者

（1）《宋史》等史源：第 3、27、29、47、48、52、53、56、61、

1　刘岳申：《申斋刘先生文集》卷一三，《元代珍本文集汇刊》影印明初抄本。

74、114、175、176 条。

（2）《宋季三朝政要》等史源：第 123、129、131、150 条。第 129、150 条可能是对《宋季三朝政要》的修订。

（3）《平宋录》等史源：第 90、118 条。

（4）《元朝名臣事略》等史源：第 12、15、20、36、146、179 条。

（5）《宋史》与《宋季三朝政要》：第 22、46、101、135、153、161、168 条。

（6）《宋史》与《宋季三朝政要》等史源：第 125、157 条。

（7）《宋史》与《平宋录》：第 89、95、96、97、102、112 条。

（8）《宋史》与《平宋录》等史源：第 100、110、113、120 条。

（9）《宋史》、《宋季三朝政要》与《平宋录》等史源：第 39、93、94 条。

（10）《宋史》与《元朝名臣事略》：第 2、6、26、44、62、69、75、84、88、178 条。

（11）《宋史》《元朝名臣事略》等史源：第 37、76、83、103 条。

（12）《宋史》、《宋季三朝政要》与《元朝名臣事略》等史源：第 30、31、41、42、54、181 条。

（13）《宋史》、《平宋录》与《元朝名臣事略》：第 68、108 条。

（14）《宋季三朝政要》与《元朝名臣事略》等史源：第 49 条。

（15）《宋季三朝政要》《平宋录》《元朝名臣事略》等史源：第 38 条。

（16）《宋史》与文天祥诗注：第 117 条。

综观以上探源，可以得出以下认识。

《通鉴续编》在照录一书中，以征引《宋史》最多，其中还有乍看起来似乎见于《宋史》的史文，但细加甄别不难发现应别有所本，如第 1、79、165 等条。其次，是《元朝名臣事略》与《平宋

录》，需要指出的是，由于《元朝名臣事略》所引姚燧文在元代颇
受推崇，故也不排除陈桱直接参考的可能。再次，是《大元光禄
大夫平章政事兀良氏先庙碑铭》与《宋季三朝政要》。最后，是与
《经世大典》与《圣元名贤播芳续集》基本相同者，但很可能别有
史源。

在《通鉴续编》所杂采诸书的分类中，(1) 类的第 52 条、(12) 类
的第 42 条还参考了《大元光禄大夫平章政事兀良氏先庙碑铭》以及
《经世大典》部分史文的某一抄本等材料。(2) 类的第 131 条、(4) 类
的第 12 条、(6) 类第 29 条、(11) 类的第 76、83 条与 (12) 类的第 31
条，还参考了《大元光禄大夫平章政事兀良氏先庙碑铭》。(4) 类的第
15、36 条与 (11) 类的第 37 条还参考了《开府仪同三司中书左丞相忠
武史公家传》(第 37 条个别文字有出入)。(9) 类的第 93 条、(12) 类
的第 41、54、181 条与 (15) 类的第 38 条可能还参考了《经世大典》
部分史文的某一抄本。(9) 类的第 39 条还参考了《大元光禄大夫平章
政事兀良氏先庙碑铭》、姚燧所撰碑文以及《经世大典》部分史文的某
一抄本等材料。(12) 类的第 54 条还参考了《钱塘遗事》。

可以说，陈桱在编撰《通鉴续编》忽必烈时期的蒙宋战争时，
是以当时最为重要且常见的史料如《宋史》《平宋录》《元朝名臣事
略》《宋季三朝政要》为主要征引文献，有些地方还利用了王恽与
姚燧的碑文、元朝的诏敕、《钱塘遗事》以及文天祥的诗注等材料。

在这一部分具体的编撰中，《通鉴续编》主要以照录一书为主，
在 181 条中约有 110 条都是如此。其中，有些条文会增改史源，如
(1) 类的第 14、106、133、145、148、171 条，以及 (3) 类的第
119 条。有些条文的纪月与个别文字与史源 (或可能性史源) 略有
出入，如 (1) 类的第 16、92、165、166 条，(6) 类的第 24 条，以
及 (7) 类的第 21 条。此外，还有个别条文纪月有误，如 (1) 类的
第 33、35 条与 (5) 类的第 13 条。至于 (2) 类的第 9 条与 (4) 类
的第 85、147 条，则存在抄录史源时个别文字有误或脱字的情况。

　　在杂采诸书时，陈桱会对个别条文加以校改，如（6）类第29条。在宋、元史料纪年抵牾处，会首取宋人的说法，如（10）类的第26条。当然，其中也不乏瑕疵，如（10）类的第26条与（15）类的第38条，对史源个别文字理解有误；再如（3）类的第90条、（7）类的第95条、（10）类的第2条与（12）类的第31条，甚至在照抄史源时就产生了讹误。

　　关于《通鉴续编》这一部分在个别史文上的讹误，笔者略加统计，大约有12条，相对于全部的181条来说，为数并不太多，但对于一部求实求真的史学著作来说，不得不说这是一个很大的缺憾，由此不难窥见陈桱在一定程度上缺乏严谨的治史态度与慎重的辨析精神。

第六章 《通鉴续编》所载蒙元其他征伐与内政之史源

一 蒙古西征、灭夏以及蒙古与高丽、日本、安南、缅甸之关系

今将《通鉴续编》所记蒙古西征、灭夏、蒙古与高丽、蒙古与日本、蒙古与安南、蒙古与缅甸关系等史事，按编年顺序逐一编号辑录并考索史源于下。

（一）蒙古西征与灭夏

1. 成吉思汗十六年（1221）闰十二月："蒙古速不觯败钦察部于玉峪。"

【史源】王恽撰《大元光禄大夫平章政事兀良氏先庙碑铭》记速不觯事："辛巳（1221），追灭里吉酋长霍都，与钦察战于玉峪，败之。"《通鉴续

编》殆据此而来。

2. 成吉思汗十七年（1222）十二月："蒙古太祖皇帝灭回回国，其王走死。"夹注：

> 太祖皇帝征回回国，其王委国而去。太祖皇帝命速不觯逐之，及于灰里河败之，回回王夜遁。速不觯将万骑，由不罕川追袭。回回王逃匿海屿，速不觯分兵守其要害。回回王进退失据，不旬日而庚死。太祖皇帝遂进次于印度国铁门关，侍卫见一兽，鹿形马尾，绿色而独角，能为人言，谓之曰："汝军宜早回。"太祖皇帝怪之，以问耶律楚材。楚材对曰："此兽名角端，日行一万八千里，解四夷语，是恶杀之象。今大军征西已四年，盖上天恶杀，遣之以告陛下。愿承天心，宥此数国人命，寔陛下无疆之福。"太祖皇帝即日班师。

【史源】夹注画单横线处来自王恽撰《大元光禄大夫平章政事兀良氏先庙碑铭》；其后史文来自《元朝名臣事略》卷五《中书耶律文正王》引宋子贞撰耶律楚材神道碑。

3. 成吉思汗十八年（1223）十二月："蒙古速不觯灭钦察、斡罗思、撒里等部，大掠西蕃边部而还。"

【史源】王恽撰《大元光禄大夫平章政事兀良氏先庙碑铭》："癸未（1223），请征钦察……竟收其境。又与斡罗思大、小密赤思老鏖战，降之。……丙戌年（1226），取撒里畏兀儿的斤、寺门等部，又掠西蕃边部。"此殆为《通鉴续编》之史源。

4. 窝阔台汗九年（1237）三月："蒙古伐钦察、斡罗思、麦怯思部，皆降之。"夹注：

钦察去中国三万余里，夏夜极短，日暂没辄出。土产良马，富者以万计。俗衽金革，勇猛刚烈。青目赤发。至是，宪宗皇帝受命，帅师至宽田吉思海。会大风，海水涸，遂进师屠其众，生获其酋长八赤蛮，命之跪。八赤蛮曰："我国王也。且非驼，何可跪人？"终不以是求生，乃舍之。

【史源】夹注画单横线处来自《元朝名臣事略》卷三《枢密句容武毅王》引阎复撰纪绩碑，其他史文可能来自《宪宗实录》，见本书第三章第一节。

5.《通鉴续编》成吉思汗十八年（1223）十二月："蒙古伐夏。夏主遵顼传国于其子德旺，自号上皇。"

【史源】《宋史》卷四八六《夏国传》载，嘉定"十六年（1223），遵顼自号上皇，传位于其子德旺"，与《通鉴续编》第二句基本相同；第一句史源待考。

6. 成吉思汗二十一年（1226）七月："夏国主德旺以忧卒，弟子南平王睍立。"夹注："蒙古太祖皇帝入夏，城邑多降，德旺忧悸而卒，国人立睍。"

【史源】正文见于《宋史》卷四八六《夏国传》，夹注史源待考。

7. 十一月："蒙古太祖皇帝取夏中兴府。"

【史源】来自《金史》卷一七《哀宗纪上》。

8. 成吉思汗二十二年（1227）六月："蒙古太祖皇帝灭夏，以夏主睍归。"夹注：

太祖皇帝尽克夏城邑，其民穿凿土石以避锋镝，免者百无一二，白骨蔽野。闰五月，太祖皇帝避暑于六盘山。夏主睍力屈出降，太祖皇帝执之以归。时诸将争掠子女财币，耶律楚材独取书数部、大黄两驼而已。既而，军士病疫，惟得大黄可愈。楚材用之，所活万人。拓跋自宥顼入居银、夏，兄弟子孙相袭，至继迁立国，元昊始大，乃北渡河，城兴州而居之，尽有夏、绥、银、宥、灵、盐、武威、张掖、酒泉、炖煌等郡之地。南界横山，东距西河。广袤万里，乃分境内为三十二州，河南之州九，曰：灵、洪、宥、银、夏、石、盐、南威、会。河西之州九，曰：兴、定、怀、永、凉、甘、肃、沙〔、瓜〕，熙、秦（、瓜）、河外州四，曰：西宁、乐、廓、积石。其地饶五谷，尤宜稻麦。土坚腴、水清冽，风气广莫，民俗强梗，故能立国久长，视宋辽金三国之强弱为向背焉。

【史源】夹注画单横线处来自《元朝名臣事略》卷五《中书耶律文正王》引宋子贞撰耶律楚材神道碑；画虚线处来自《金史》卷一三四《西夏传》；画波浪线处来自《宋史》卷四八六《夏国传》，唯"河西之州"的"瓜州"在《通鉴续编》中误窜入"熙、秦、河外州"一句内；其他史源待考。

（二）蒙古与高丽、日本、安南、缅甸之关系

9. 成吉思汗十四年（1219）十二月："蒙古伐高丽，高丽王曒降之。"夹注："蒙古兵袭叛人于契丹，径高丽之境，高丽人洪大宣降之，且为乡导，共攻其国，国王曒降。自是交通使命，往来不绝。"

【史源】夹注与《元文类》卷四一所录《经世大典》"高丽"条基本相同，但"高丽条"系于十三年；《元史》卷一《太祖纪》亦系

于十三年，故《通鉴续编》纪年有误。

10. 成吉思汗二十年（1225）十一月："蒙古使著古如高丽，未至，盗杀之。"夹注："自是高丽与蒙古不通。"

【史源】与《元文类》卷四一所录《经世大典》"高丽"条基本相同，但"高丽"条系于十九年。

11. 窝阔台汗四年（1232）八月："高丽尽杀蒙古所署达鲁花赤，帅众入于海岛，蒙古撒里塔伐之，卒于师。"

【史源】与《元文类》卷四一所录《经世大典》"高丽"条基本相同。

12. 蒙哥汗九年（1259）十月："高丽王暾卒，蒙古皇弟封暾子倎为王，遣就国。"夹注：

> 高丽王暾卒，讣于蒙古。江淮宣抚使赵良弼言于皇弟，曰："高丽虽名小国，依阻山海，国家用兵二十余年，尚未臣附。前岁世子倎来朝，适銮舆西征，留滞者二年矣。供张疏薄，无以怀辑其心，一旦得归，将不复来。宜厚其馆谷，待以藩王之礼。今闻其父已死，诚能立倎为王，遣送还国，世子必感恩戴德，愿修臣职。是不劳一卒，得一国也。"皇弟然之，即日改馆世子，顾遇有加，赐以封册，遣使送之。由是一意修贡矣。

【史源】来自《元朝名臣事略》卷一一《枢密赵文正公》引姚燧撰墓碑（或直接参考了姚燧原文），系于己未（1259）。然《元文类》卷四一所录《经世大典》"高丽"条与《元史》卷四《世祖纪一》，皆记忽必烈封王倎遣归国是在中统元年（1260），故《通鉴续编》纪年有误。

13. 至元二年（1265）五月：“蒙古使黑的如日本，至高丽而还。”夹注：

> 世祖皇帝使黑的奉书如日本，示以不臣之礼，道由高丽。高丽王（植）〔禃〕言其道险远，不可辱天使，命其起居舍人潘阜持书往，留六月不得其要领而还，黑的遂不复往。

【史源】与《元文类》卷四一所录《经世大典》“日本”条基本相同，“日本”条系于二年，但未纪月；高丽王之名“植”，误，应作“禃”。又，《元史》卷六《世祖纪三》系于三年八月：“丁卯，以兵部侍郎黑的、礼部侍郎殷弘使日本。”此为蒙古交往日本之始。

14. 至元七年（1270）三月：“蒙古使赵良弼如日本。”夹注：“世祖皇帝以再遣使如日本，而不能致之为念。会良弼经略高丽，因请就往。帝许之，竟致国书而还。”
【史源】此事又见于《元朝名臣事略》卷一一《枢密赵文正公》，然与《通鉴续编》文字差异明显，且系于“七年春”，[1]《通鉴续编》殆别有所本。

15. 至元九年（1272）五月：“日本遣使如大元。”夹注：“始报聘也。”
【史源】《元文类》卷四一所录《经世大典》“日本”条：“九年五月，命高丽王禃致书日本，谕使通好。始遣弥四郎者入朝，上宴劳之。既又逼使者徒归，竟不报聘。”较《通鉴续编》为详。

1　苏天爵:《元朝名臣事略》，姚景安点校，中华书局，1996，第224、226页。

16. 至元十年（1273）十一月："大元使忻都会高丽洪茶〔丘〕，伐日本。"夹注："凡舟九百艘，士卒二万五千人。"

【史源】与《元文类》卷四一所录《经世大典》"日本"条基本相同，但未纪月；又，《通鉴续编》"洪茶"应为"洪茶丘"脱讹。

17. 至元十一年（1274）十二月："大元忻都伐日本，入其疆而还。"

【史源】与《元文类》卷四一所录《经世大典》"日本"条基本相同，但"日本"条系于十月。

18. 中统元年（1260）十二月："蒙古使孟甲如安南。"夹注："谕降也。"

【史源】与《元文类》卷四一所录《经世大典》"安南"条基本相同，但"安南"条未纪月。《元史》卷四《世祖纪一》：中统元年十二月，"丙申，以礼部郎中孟甲、礼部员外郎李文俊使安南、大理"。知《通鉴续编》纪月应别有确本。

19. 至元七年（1270）十一月："蒙古伐金齿、骠国，降之。"

【史源】与《元文类》卷四一所录《经世大典》"招捕"条基本相同。

20. 至元十年（1273）十一月："大元使乞台脱因如缅。"夹注："征其子弟大臣朝贡。"

【史源】与《元文类》卷四一所录《经世大典》"缅"条基本相同。

21. 至元十四年（1277）十二月："大元纳速剌丁伐缅。"夹注："初，大元遣乞台脱因征缅朝贡，不从，而率众数万、象八百、马万匹侵扰永昌。云南行省遣元帅纳速剌丁伐之，降其砦三百余，以天热还师。"

【史源】与《元文类》卷四一所录《经世大典》"缅"条基本相同，但"缅"条系于十月。

综上所述，《通鉴续编》所记蒙古西征、灭夏、蒙古与高丽、蒙古与日本、蒙古与安南、蒙古与缅甸关系等史事，其史源主要有以下诸书。

（1）《元朝名臣事略》：第12条。

（2）《大元光禄大夫平章政事兀良氏先庙碑铭》：第1、3条。

（3）《元朝名臣事略》与《大元光禄大夫平章政事兀良氏先庙碑铭》：第2条。

（4）与《元文类》所录《经世大典》基本相同者：第9、10、11、13、15、16、17、18、19、20、21条。

（5）《金史》：第7条。

（6）《元朝名臣事略》《宪宗实录》：第4条。

（7）《宋史》等史源：第6条。

（8）《元朝名臣事略》《金史》《宋史》等史源：第8条。

其中，来自《元朝名臣事略》者，第12条纪年有误；此外，第5条纪事主要与《宋史》同，同时也参考了其他史料；第14条纪事亦见于《元朝名臣事略》，但文字迥异，应别有所本。与《元文类》所录《经世大典》基本相同者，第9、10条纪年皆有问题，第16条文字有脱误，第17条纪月有出入。

二　蒙元内政：前四汗时期

今将《通鉴续编》所记蒙古前四汗时期的国家内政，按编年顺序逐一编号辑录并考索史源于下。

1. 成吉思汗十八年（1223）三月："蒙古太师、（鲁）国王木华黎卒于解州。"夹注：

> 木华黎自河中帅师还，行至解州闻喜县，疾笃，谓弟带孙曰："我为国家助成大业，干戈垂四十年，无复遗恨，所恨者汴京未下耳。汝等勉之！"言及而卒，年五十四。木华黎雄勇善谋，与博尔术、博儿忽、赤老温俱以忠勇事太祖皇帝。太祖皇帝号为"（拨）〔掇〕里班曲律"，犹中国言四杰也。太祖皇帝军尝失利，会天大雪，失牙帐所在，卧草泽中。木华黎与博尔术张毡蔽之，自暮达晓，竟不移足。博尔术从太祖皇帝征伐，立功甚多，每警夜，则太祖皇帝安枕，极见亲遇，位终右万户，赠太师广平王。博儿忽从太祖皇帝，身更百战，竟死于陈，位终第一千户。赤老温功业与三人者等，然中原之功，木华黎为第一。四人之子孙，皆领宿卫，号"四怯薛"，出官则为辅相焉。

【史源】画单横线处，来自元永贞撰《东平王世家》，唯"拨里班曲律"应作"掇里班曲律"；画波浪线处，来自《元朝名臣事略》卷三《太师广平贞宪王》引阎复撰勋德碑；画虚线处，来自《元朝名臣事略》卷三《太师淇阳忠武王》引元明善撰勋德碑。夹注最后一句史源待考，木华黎等四杰的后代领宿卫号"四怯薛"，即分别世袭四大怯薛长，其中大多出则入相，夹注所记基本符合实情。[1]

2. 成吉思汗二十二年（1227）十二月："蒙古张柔自满城徙治保

---

[1] 按，除了赤老温家族外，四杰的后代都世袭怯薛长之职，终元一代，很少改变；不过《元史·兵志》也说四杰"世领四怯薛"，故《通鉴续编》所记应有元代文献的依据所在。关于他们承袭怯薛长的详细研究，见萧启庆《元代四大蒙古家族》，第 537～539 页。

州。"夹注：

> 柔以满城地隘，不能容众，乃移镇保州。保当南北之冲，乱后荒空者十余年，柔划荆榛、立市井、通商贩、招流亡，不数年官府第舍焕然一新。乃大兴学校，招来儒士。保井泉素咸卤，不可饮食，柔引鸡距、一亩二泉，凿城门而入，疏为长河以流秽浊，楼橹相望，陂池映带，若图画然，遂为燕南一大都会。后升为顺天府，复改保定路。

【史源】主要来自《元朝名臣事略》卷六《万户张忠武王》引王鹗撰墓志，夹注最后一句应另有所本。

3. 窝阔台汗元年（1229）秋八月："蒙古太宗皇帝即位于库铁乌阿剌里之地。"夹注：

> 耶律楚材以太祖遗诏，请立三太子，乃召诸王毕会，择以八月二十四日即位。时四太子监国，诸王意犹豫未决。二十二日，楚材言于监国曰："此社稷之大计，若不早定，恐生他变。"监国与诸王奉三太子即位，是为太宗皇帝。时庶事草创，礼仪简率，楚材始定册立仪礼，俾皇族诸王尊长，皆就班列以拜，尊长之有拜礼自此始。诸国之来朝者，多以冒禁，当诛。楚材言于帝曰："陛下新即位，愿无污白道子。"帝从之，盖国俗尚白，以白为吉故也。又中原新定，未有号令，长吏皆得自专生杀，少有忤意者，刀锯随之，至有全家被祸者。楚材以为言，诏禁绝之。库铁乌阿〔剌〕里，在和林东。

【史源】夹注最后一句中的"库铁乌阿里"，据正文应为"库铁乌阿剌里"，其他部分来自《元朝名臣事略》卷五《中书耶律文正王》引李微撰墓志与宋子贞撰神道碑。

4. 十月："以史天泽、刘黑马、萧扎剌为万户，分守中原。"
夹注：

> 太宗皇帝欲选三大帅分统汉地兵。一日会朝，亲以杖麾
> 三人居右以为万户，其居左者悉为千户，于是真定、河间、大
> 名、东平、济南五路皆隶于史天泽。

【史源】来自王恽撰《开府仪同三司中书左丞相忠武史公
家传》。

5. 窝阔台汗二年（1230）二月："蒙古立十路课税所。"夹注：

> 初，太祖皇帝征西域，仓库无斗粟尺帛之储，于是群臣咸
> 言："虽得汉人，亦无所用，不若尽杀之，使草木畅茂以为牧
> 地。"耶律楚材曰："夫以天下之广，四海之富，何求而不得？
> 但不为耳！何名无用哉！"因奏地税、商税、酒、醋、盐、铁、
> 山泽之利，周岁可得银五十万两，绢八万匹，粟四十万石。太
> 祖皇帝曰："诚如卿言，则国用有余矣。卿试为之。"至是，楚
> 材奏立十路课税所，设使副二员，皆以儒者为之。燕京路陈时
> 可、宣德路刘中，皆在选中。楚材因间进说周孔之教，且谓：
> "天下虽得之马上，不可以马上治。"太宗皇帝深然之，由是文
> 臣渐进用矣。楚材又奏诸路州县长吏专理民事，万户府专总军
> 政，课税使所专掌钱谷，各不相统摄，著为令。权贵不得志，
> 燕京路长官石抹咸得不激怒皇叔斡真，使奏："楚材专用南朝旧
> 人，恐有异志，不宜重用。"因诬构百端，必欲置楚材于死地，
> 事连诸大臣，镇海、粘合重山惧，让楚材曰："何为强更张，必

有今日事。"楚材曰："立朝廷以来，每事皆我自为，诸公何预焉！若果获罪，我自当之。"太宗皇帝察斡真之诬，逐其使者。已而，咸得不为人所诉，帝命楚材鞠治。楚材奏曰："咸得不倨傲无礼，狎近群小，易以招谤。今方有事南方，他日治之，未为晚也。"遂止。

【史源】主要来自《元朝名臣事略》卷五《中书耶律文正王》所引宋子贞撰神道碑，但未提皇叔之名"斡真"。

6. 窝阔台汗六年（1234）五月："<u>蒙古以严实为东平路行军万户。</u>"夹注：

> 蒙古之有山东，实功为多。<u>初实所统，有全魏十分，齐之三，鲁之九，凡五十四城。</u>至是画境，割大名、彰德外属，而益以德、兖、济、单四州。<u>实统地既广，为东方牧伯之长。</u>时所在残毁，实……劝耕稼，丰委积，辟用贤良，汰逐贪墨，所统治安，东平遂为乐土。~~四方之民争赴之，实为之合散亡，业单贫，举丧葬，助婚嫁，莫不感其惠焉。~~招徕名士，置诸幕府，后多为贤公卿。

【史源】画单横线处，来自《元朝名臣事略》卷六《万户严武惠公》引元好问撰神道碑，严实"为东方牧伯之长"，在神道碑则作"以百城长东诸侯"；画波浪线处，来自《元朝名臣事略》卷一一《参议商文定公》引元明善撰墓碑。

7. 窝阔台汗八年（1236）四月："蒙古命忽覩虎括汉民户数。"夹注：

初，蒙古惟事进取，所降之户，因以与将士。自一社一民，各有所主，不相统摄。至是，诏括户口。以大臣忽都虎领之，民户始隶州县。时群臣共欲以丁为户，耶律楚材以为不可。众皆曰："我朝及西域诸国，莫不以丁为户，岂可舍大朝之法而从亡国之政耶？"耶律楚材曰："自古有中原者，未尝以丁为户，若果行之，可输一年之赋，随即逃散矣。"太宗皇帝从楚材之议。时诸王大臣诸将，所得驱口，往往寄留诸郡，几居天下之半。楚材请因括户口，皆籍为民，帝从之。

【史源】主要来自《元朝名臣事略》卷五《中书耶律文正王》引宋子贞撰神道碑。按，忽都虎括户，实为七年（1235）之事，即著名的乙未户籍。《通鉴续编》置于八年，误。《元朝名臣事略》有"丙申（1236）秋七月，忽都虎以户口来上"云云，《通鉴续编》殆据此而误，揆诸文意，"丙申"年忽都虎显然已完成括户。

8. 八月："蒙古以中原民户分隶宗戚。"夹注：

（六）〔七〕月，忽都虎以所括户一百四万，上于太宗皇帝。帝命分赐诸王贵族为汤沐邑。耶律楚材奏曰："尾大不掉，易以生隙，不如多与金帛，足以为恩。"帝曰："业已许之矣。"楚材曰："若设官吏，必自朝命。本投下止设达鲁花赤，岁赋以七分为率，五分入府藏，二分为汤沐之资。非恒赋外，不令擅自征敛，或可耳。"从之。于是皇后、太子、公主、驸马、贵戚，皆有分地矣。

【史源】画单横线处，来自《元朝名臣事略》卷五《中书耶律文正王》引宋子贞撰神道碑，唯"六月"当作"七月"。关于此次忽觇虎籍到的户数，诸书记载颇异，[1]但皆无"一百四万"者，可能《通鉴续编》别有所本。

9.十一月："蒙古始定户口、田亩、盐商、赋税之法。"夹注：

> 蒙古既括户数，乃定赋税。每二户出丝一斤以供官用，五户出丝一斤以与受赐贵戚功臣之家。上田每亩税三升半，中田三升，下田二升半，水田亩五升，商税三十分之一，盐每银一两四十斤，已上以为永额。朝臣皆谓太轻，耶律楚材曰："将来必有以利进者，则已为重矣。"既而，燕京刘忽笃马阴结权贵，以银五十万两扑买天下差发。涉猎发丁以银二十五万两，扑买天下系官廊房、地基、水利、猪、鸡；刘庭玉以银五万两，扑买燕京酒课；又有回回以银一百万两，扑买天下河泊、桥梁、渡口者。楚材曰："此皆奸人，欺下罔上，为害甚大。"咸奏罢之。

【史源】主要来自《元朝名臣事略》卷五《中书耶律文正王》引宋子贞撰神道碑。需要说明的是，"既而"后的史文在神道碑中被置于戊戌年（1238），《通鉴续编》抄录时未明确点出年代。

10.十一月："蒙古命括牝马于中原，未行而罢。"夹注：

> 近臣有请刷汉地牝马者，太宗皇帝从之。耶律楚材谏曰："汉地所有，茧丝、五谷耳，非产马之地，若今日行之，后必为例，是徒扰天下也。"乃止。又侍臣脱欢奏选室女，楚材谏

---

1 高树林：《元代赋役制度研究》，河北大学出版社，1997，第139～144页；亦可参考方龄贵先生的梳理与辨析，见《通制条格校注》，中华书局，2001，第26～28页。

止之。帝怒，楚材曰:"向所刷室女二十八人，尚在燕京，足
备使令。而脱欢传旨，又欲徧行选刷，臣恐重扰百姓耳!"帝
乃止。

【史源】来自《元朝名臣事略》卷五《中书耶律文正王》引宋
子贞撰神道碑。

11. 窝阔台汗九年（1237）二月:"蒙古选试儒者及释道之人。"
夹注:"耶律楚材言:'僧道中避役者多，合行选试。'遂汰三教。僧
道试经通者，给牒受戒，居寺观;儒人中选者，则复其家。"

【史源】来自《元朝名臣事略》卷五《中书耶律文正王》引宋
子贞撰神道碑。

12. 二月:"蒙古始给官府符印。"夹注:"初，诸路官府自为符
印，僭越无度。耶律楚材奏:'并仰中书省，依式铸造。'由是名器
始重。"

【史源】来自《元朝名臣事略》卷五《中书耶律文正王》引宋
子贞撰神道碑。

13. 二月:"蒙古始定驿令。"夹注:

　　时诸王贵戚，皆得自起驿马，而使臣猥多，马悉乏，则豪
夺民马乘之。城郭道路，骚扰所至，须索百端，供馈稍缓，辄
被箠挞，馆人不能堪。耶律楚材请给牌札，定饮食分例，其弊
始革焉。

【史源】来自《元朝名臣事略》卷五《中书耶律文正王》引宋
子贞撰神道碑。

14. 窝阔台汗十年（1238）十月："蒙古领中书行省杨惟中建太极书院于燕京，延赵复为师。"夹注：

时濂溪周子之学，未至于河朔。杨维中用师于蜀湖京汉，得名士数十人，始知其道之粹，乃收集伊洛诸书，载送燕京。及师还，遂建太极书院及周子祠，以二程、张、杨、游、朱六子配食。又刻《太极图》、《通书》、《西铭》于祠壁，请赵复为师儒，王粹佐之，选俊秀有识度者为道学生，由是河朔始知道学。

【史源】主要来自《元朝名臣事略》卷五《中书杨忠肃公》引郝经撰神道碑与《周子祠堂记》。

15. 窝阔台汗十二年（1240）正月："蒙古以奥都剌合蛮提领诸路税课所。"夹注：

初，耶律楚材定课税银额，每岁五十万两。及河南降，户口滋息，增至一百一十万两。至是，回回奥都剌合蛮请以二百二十万两扑买之。楚材持不可，曰："虽取五百万，亦可得。不过严课法禁，阴夺民利耳。民穷为盗，非国之福。"近侍左右皆为奥都剌合蛮所啖。太宗皇帝惑之，楚材言不行，乃太息曰："扑买之利既兴，必有蹑迹而纂其后者，民之穷困，将自此始矣！"

【史源】主要来自《元朝名臣事略》卷五《中书耶律文正王》引宋子贞撰神道碑，唯"五十万两"作"银一万定"，"一百一十万两"作"二万二千定"，"二百二十万两"作"四万四千定"，

"五百万"作"四十四万定"，殆《通鉴续编》在此别有所本?

16.闰十二月："蒙古东平万户严实卒。"夹注："子忠济嗣。"

【史源】《元朝名臣事略》卷六《万户严武惠公》开篇小传："庚子薨，年五十九。"然未提忠济袭职事。元好问撰严实神道碑："子男七人：长忠贞，金紫光禄大夫，前公卒；次忠济，袭公职……"[1]颇疑《通鉴续编》直接参考了《万户严武惠公》所据之严实神道碑。

17.窝阔台汗十三年（1241）十一月："蒙古太宗皇帝崩于铜铁镈胡兰，六皇后秃里吉纳治国事。"夹注：

太宗皇帝性嗜酒，晚年尤甚。耶律楚材数谏，不听，乃持酒槽之金口以献，曰："此铁为酒所蚀，尚致如此，况人之五脏耶?"帝悦，赐以金帛，敕左右曰："进酒三锺即止。"是年二月，疾笃脉绝，诸药不能疗。六皇后素干国政，不知所为，召楚材问之。时权奸满朝，粥狱卖官，而奥都剌合蛮等尤强肆，控治诸国。楚材对曰："今朝廷用人不当，天下罪囚必冤枉，故天变屡见，宜赦天下。"六皇后亟欲行之。楚材曰："非君命不可。"顷之，帝少苏，后以为言。帝首肯之，赦发而脉复生。十一月，疾愈已久。楚材以太一数推之，不宜田猎，奏之数四，左右皆曰："若不骑射，何以为乐?"帝从之，出田五日，还至铜铁镈胡兰，与奥都剌合蛮饮。翌日崩，年五十六。六皇后召楚材，问以储嗣。楚材曰："此非外姓臣所敢知，自有先帝遗诏，幸遵行之。"后不从，遂称制。奥都剌合蛮专政用事，权倾内外。后至以御宝空纸，令其从意书填，且曰："奥都剌合

1　元好问：《东平行台严公神道碑》，狄宝心校注《元好问文编年校注》，第519页。

蛮奏准事理，令史若不书填，则断其手。"楚材力谏，后不听。太宗皇帝仁厚简默，服御俭素，委任大臣，略无疑贰，政归台阁，朝野无事，西北、中原皆入版籍，遂有天下三分之二。特晚年皇后乘急窃柄，回回以贷致宠，为可惜焉。帝七子，其长曰合西歹，二皇后（孛）〔昂〕灰所生也，蚤卒，有子曰海都。次讳贵由，是为定宗皇帝；曰阔端；曰屈出；曰合剌察儿；六皇后所生也。曰合丹，曰灭立，七皇后所生也。是时，太子、诸王各有分地，不相统壹。六皇后既称制于和林，号令不行，国政中微。

【史源】正文可能来自《太宗实录》，见本书第三章第一节。夹注画单横线处，来自《元朝名臣事略》卷五《中书耶律文正王》引宋子贞撰神道碑与李微撰墓志。关于画波浪线处，黄时鉴先生指出与《太宗纪》评语不同，当另有所本。[1]笔者注意到《元朝名臣事略》卷五《中书耶律文正王》引赵衍撰行状与王恽文集："太宗仁厚有余，言词极寡，服御俭素，不尚华饰。委任大臣，略无疑贰。性颇乐饮。及御下听政，不易常度。当时政归台阁，朝野欢娱，前后十年，号称无事。"《通鉴续编》画波浪线处殆据此而来。

关于窝阔台汗的长子，《元史·宗室世系表》、《史集·窝阔台汗纪》与《南村辍耕录》卷一"大元宗室世系"，皆记作贵由，而将合西歹列为第五子，黄时鉴先生已经有所留意。至于合西歹之母"孛灰"，前一个字诸本多模糊不清，隐约似为"孛"字，黄时鉴先生即识读为"孛"字，四库本改译为"昂辉"。有学者据《贵显世系》，认为"孛灰"当为"昂灰"之误。[2]按，《贵显世系》主要来自《五族谱》，查《五族谱》则同于《通鉴续编》，亦作孛灰

1　黄时鉴：《〈通鉴续编〉蒙古史料考索》，《黄时鉴文集》I《大漠孤烟——蒙古史　元史》第147页。
2　邱轶皓：《合失生母小考》，《中国史研究》2012年第3期。

（Būghūy）。[1] 然《元史》卷一〇六《后妃表》明确记载窝阔台有"昂灰二皇后"，卷三《宪宗纪》亦说蒙哥幼时曾"抚育"于窝阔台后"昂灰"处，故"昂灰"在元代官方材料的汉译中并无记写错误，这样就基本可以肯定《通鉴续编》"孛灰"应为"昂灰"之误。至于《五族谱》的写型，应是首字母"ا"（ā）与其后的"و"（ū）连写后在其下误点而成"ﺑﻮ"（bū）所致。

18. 壬寅年（1242）二月："蒙古燕京行省郎中姚枢弃官，隐于苏门。"夹注："牙剌瓦赤在燕，所属惟事货赂，以掊克媚之。枢为幕长，一切拒绝，因辞职，携家往辉州之苏门……"

【史源】来自《元朝名臣事略》卷八《左丞姚文献公》引姚燧撰神道碑（或直接参考了姚燧原文），但系于辛丑（1241），且"牙剌瓦赤"作"牙鲁瓦赤"。

19. 癸卯年（1243）三月："蒙古前中书令耶律楚材以忧卒。"夹注：

> 楚材以奥都剌合蛮专政，己言不见用，力求避位。会六皇后有疾，遂罢楚材中书令。楚材忧愤成疾而卒。或谮之曰："楚材为相二十年，天下贡奉皆入私门。"后使卫士视其库藏，惟名琴数十张、古今书画、金石遗文数千卷而已。……太宗皇帝承大乱之后，天纲、人理几于泯绝，加以南北之政，每每相戾，出入用事之臣又皆诸蕃降附，言语不通，趣向不同，楚材以一书生孤立其间，欲行所学，可谓难矣。幸赖太宗皇帝谏行言听，故能力行不顾。然而见于设施者，犹十无二三。向使无

---

1 《贵显世系》巴黎本与《五族谱》同，其他三个本子，包括伦敦本和印度阿里加尔 I 本（作：اوغری），印度阿里加尔 II 本（作：اوغری），都可能是讹误，应以巴黎本为准。（此承中国社会科学院古代史研究所张晓慧女史见示，特此致谢）

楚材，国不知其何如也。

【史源】主要来自《元朝名臣事略》卷五《中书耶律文正王》引宋子贞撰神道碑。画单横线处史源待考，《元朝名臣事略》卷五《中书耶律文正王》引郝经文集："一二不逞之人，投隙抵巇，相与排摈，百计攻讦，乘宫闱违豫之际，恣为矫诬，致使楚材愤惋以死。""一二不逞之人"即奥都剌合蛮，"宫闱违豫"即六皇后有疾，亦未提楚才罢相之事，所记总体上没有《通鉴续编》直白露骨。按，《通鉴续编》将耶律楚材卒年置于癸卯，亦是据《元朝名臣事略》而来，然《太宗纪》系于次年五月，应更为可靠。[1]

20. 三月："蒙古便宜总帅汪世显卒。"夹注：

> 蒙古入蜀，世显之功为多。至是，召至和林，赐金虎符，授便宜总帅，统秦、巩、定西、金、兰、洮、会、环、陇、庆阳、平凉、德顺、镇戎、原、阶、成、岷、叠、西和等二十州，事无巨细，悉听裁决，还而卒。子惟正嗣。世显善兵能将，重儒爱民，勤俭自持，有古名将之风。

【史源】主要来自《元朝名臣事略》卷六《总帅汪义武王》引杨奂撰神道碑，然未提"子惟正嗣"。需要说明的是，"金虎符"在《元朝名臣事略》作"虎符"，当以《通鉴续编》为是。汪世显至和林被赐金虎符，时在窝阔台汗十二年（1240），而拜便宜总帅则出自乃马真后称制时（1243）阔端之命。[2]《通鉴续编》夹注将这两个

1　详细考辨，参看刘晓《耶律楚材评传》，南京大学出版社，2011，第 167 ～ 171 页。
2　胡小鹏：《元代巩昌汪氏家族事略》，《西北民族文献与历史研究》，甘肃人民出版社，2004，第 169 页。按，《续资治通鉴纲目》卷二〇在参考这处史料时，即明确记载承制拜世显为便宜总帅者为阔端。

不同时期的事件融入一起叙述，颇易引起混淆。

21. 蒙哥汗元年（1251）秋七月："蒙古宪宗皇帝命其皇弟总治蒙古汉地民户事，开府于金莲川，承制封拜。"夹注：

> 宪宗皇帝诏："凡军民在赤老温山南者，听皇弟忽必烈大王总之。"遂开府于金莲川，大为张宴。先是，姚枢隐居苏门，以道自任，皇弟遣赵璧召之。枢至，见皇弟聪明，才不世出，虚己受言，可大有为，乃尽其平日所学，为书数千言上之。……本末兼该，细大不遗。皇弟大奇其才，动必见询。枢言于皇弟，曰："今土地、人民、财赋，皆在汉地。王若尽有之，则天子何为？后必有谮者矣。不若惟掌兵权，凡事付之有司，则势理顺安。"皇弟纳之。

【史源】主要来自《元朝名臣事略》卷八《左丞姚文献公》引姚燧撰神道碑（或直接参考了姚燧原文）。另《元史》卷四《世祖纪一》，岁辛亥（1251），"宪宗尽属以漠南汉地军国庶事"，但系于六月。

22. 十一月："蒙古皇弟置屯田经略司于汴梁。"夹注：

> 自阔端太子取汉上诸郡，因留军戍境上。继而，襄、樊、寿、泗复降，而寿、泗之民尽为军官分有，由是降附路绝。虽岁侵淮蜀，军将唯利剽杀，子女玉帛悉归其家，城无居民，野皆榛莽。至是，姚枢请以秋去春来之兵，分屯要害，敌至则战，退则耕，积谷高廪，边备既实，俟时大举，则宋可平。皇弟善之，始置屯田经略司于汴，西起穰、邓，宿重兵与襄阳掎角，东连陈、亳、清口、桃源，列障守之。又置都运司于卫，

转粟于河，继馈诸州。陕西则移陇右汪世显戍利州，刘黑马于成都，割河东解之盐池归陕西，置从宜所于关西，以中粮兴元，犹惧不继，置行部秦州，顺嘉陵漕（涣）〔渔〕关沔（池）〔州〕，转粟入利州。<u>又置安抚司于邢，由是东西数千里民人安业，翕然归心矣。</u>

【史源】画单横线处来自《元朝名臣事略》卷一一《参政商文定公》引牧庵文集（或直接参考了姚燧原文）。其他部分，来自《元朝名臣事略》卷八《左丞姚文献公》引姚燧撰神道碑（或直接参考了姚燧原文），唯"阔端太子"作"二太子"，又"涣关沔池"应作"渔关沔州"，姚景安先生已校。[1] 按，此事《元史》卷四《世祖纪一》系于壬子岁（1252）。

23. 十一月："蒙古以史天泽、赵璧为河南经略使。"夹注：

> 自太宗之后，中原任非其人。而河南、陕西民受病尤甚。宪宗皇帝即位，倚任于牙剌瓦赤。史天泽自真定入朝，请分河外所属而试治之。且乞不令牙剌瓦赤有所钤制，许之。乃立经略使于汴，命天泽、赵璧代治之。时河南民无依恃，差役迫急，流离者众，军无纪律，暴掠平民，莫敢谁何。故州县往往为宋师所复，天泽选贤才居幕府以清其源，置提领布郡县以察奸弊，均赋税以苏疲困，更钞法以通有无，设行仓以给军饷，立边城以遏敌冲，诛奸恶以肃官吏，立屯田保甲以实边鄙，河南大治。

【史源】主要来自《元朝名臣事略》卷七《丞相史忠武王》引

---

1 苏天爵：《元朝名臣事略》，姚景安点校，第 180 页。

王博文撰《史天泽行状》，唯行状系于"壬子（1252）春"，"牙剌瓦赤"作"牙鲁瓦赤"。按，此事《元史》卷四《世祖纪一》亦系于壬子岁（1252）。

24. 蒙哥汗二年（1252）六月："蒙古以汉地分封宗属。"夹注：

> 宪宗皇帝以中州封同姓，敕皇弟于汴京、关中自择其一。姚枢曰："南京，河徙无常，土薄水浅，潟卤生之，不若关中厥田上上，古名天府陆海。"皇弟遂请关中。宪宗皇帝曰："关中户寡，河南怀孟地狭民伙，可取自益。"由是皇弟有关中、河南之地。

【史源】主要来自《元朝名臣事略》卷八《左丞姚文献公》引姚燧撰神道碑（或直接参考了姚燧原文），但未系年。又，忽必烈获京兆封地，《元史》卷四《世祖纪一》系于癸丑年（1253）。

25. 六月："蒙古皇弟以杨惟中为河南道经略使。"夹注：

> 时河南总管刘福贪鄙残酷，害虐遗民将二十年。惟中至，召福听约束。福称疾不至，惟中命设大（挺）〔梃〕于坐，复召之，使谓福曰："尔不奉诏，吾以军法行事。"福以数千人拥卫而至。惟中即握大梃，击福踣之，福数日死。百姓莫不鼓舞称快焉。

【史源】来自《元朝名臣事略》卷五《中书杨忠肃公》引郝经撰神道碑，唯"大挺"应作"大梃"。

26. 蒙哥汗四年（1254）十一月："蒙古皇弟以廉希宪为京兆宣

抚使。"夹注：

> 皇弟……以京兆分地置宣抚司，命希宪为使。京兆诸郡，臂指陇蜀，诸王贵藩环拥周匝，户杂戎羌，尤号难治。希宪抑强扶弱，摘伏摧奸，境内大安。少暇，则延访耆宿，辟智仲可于幕府，扁所居堂曰"止善"。公退，则坐于中。明经读史，凡义理精粗、事务得失，必研究之。时富民贷钱民间，至本息相当者，责其入本。又以息为券，岁月责偿，号"羊羔利"。希宪知之，命岁月逾久，毋过本息对偿，余皆取券焚之，遂定为令。

【史源】来自《元朝名臣事略》卷七《平章廉文正王》引高凝撰家传。

27. 蒙哥汗五年（1255）正月："蒙古皇弟召许衡为京兆提学，不至。"夹注：

> 衡，怀庆河内人……隐居于大名。窦默深加敬遇，每相见，则危坐，终日出入经传，泛滥老释，下至医卜、诸子百家、兵刑、货殖、水利、算数之类，靡不研究。闻姚枢以道学自任，乃诣苏门见之。……既而，移家苏门，依姚枢以便讲习。及枢被征，衡独处苏门，始有任道之意。皇弟闻其贤，授京兆教授，衡不受。复徙大名，使者访焉，遂偕往。至是，以廉希宪之荐，乃授京兆提学，力辞不受，年四十七矣。

【史源】主要来自《元朝名臣事略》卷八《左丞许文正公》引耶律有尚撰《考岁略》。

28. 蒙哥汗六年（1256）九月："蒙古命僧刘秉忠营桓、滦之间，为开平府。"夹注：

> 秉忠，邢台人。……后游云中，值海云禅师被召北觐，见秉忠，与之俱行。<u>皇弟甚重之，因留侍左右。</u>秉忠遂条具时政所宜数十事，上之。<u>皇弟由是日见亲遇，凡征伐莫不从，谋画良多。</u>……至是，宪宗皇帝欲建城市、修宫室，<u>为都会之所。皇弟言："秉忠精于天文地理之术。"</u>乃命相宅。秉忠以桓州东、滦水北之龙冈为吉。乃诏秉忠营之，命曰"开平府"，三年而毕功。

【史源】除了画单横线处外，其他主要来自《元朝名臣事略》卷七《太保刘文正公》引王磐撰神道碑、李槃撰文集序。按，此事《元史》卷四《世祖纪一》系于春三月。又，"宪宗皇帝欲建城市"之"宪宗皇帝"，《太保刘文正公》引李槃撰文集序原作"上"，指的是忽必烈，《通鉴续编》理解成蒙哥，实误。

29. 蒙哥汗七年（1257）正月："蒙古罢皇弟开府，命阿（兰）〔蓝〕荅儿行省事于京兆，勾较河南、陕西诸路财赋。"夹注：

> <u>皇弟经理河南、关右，或谮于宪宗皇帝，谓：'皇弟得中土心，且王府诸臣擅权为奸利。'</u>帝信之，乃罢皇弟开府，而命左大必阇赤阿（兰）〔蓝〕荅儿以丞相行省事于秦蜀，以刘太平为参知政事以佐之，勾较诸路财赋。阿蓝荅儿性苛刻，锻炼罗织，转功为罪，<u>大开告讦，虐焰可畏。</u>由是得罪者众，独史天泽、廉希宪无秋毫可捃摭云。

【史源】画单横线处，来自《元朝名臣事略》卷七《平章廉文正王》引高凝撰家传，唯"左大必阇赤"作"贵强相"；画虚线处，来自《元朝名臣事略》卷八《左丞姚文献公》引姚燧撰神道碑（或直接参考了姚燧原文）；画波浪线处，来自王恽撰《开府仪同三司中书左丞相忠武史公家传》；夹注最后一句，则据《平章廉文正王》与《开府仪同三司中书左丞相忠武史公家传》整合而来。需要指出的是，"阿兰荅儿"在《通鉴续编》别处又作"阿蓝荅儿"，应以后者为确，故统改。[1]

30. 六月："蒙古焚道士化胡经，复僧舍二百三十七区。"夹注：

> 先是，道士丘处机、李真常、史至经、令狐璋等，毁大同府天城夫子庙为文城〔观〕，毁佛刹四百八十二所，传袭晋王浮《化胡经》，以非释氏。群臣信之。于是，罽宾大师兰麻、总统少林长老福裕，率其徒奏之。宪宗皇帝命道、释同升殿辨析，约曰："道胜则僧为道，僧胜则道为僧。"李真常等为引诸书，以翼化胡之说。帝师八思马折之，真常语塞。尚书姚枢曰："道者负矣。"帝命道士樊志应等十七人为僧于龙光寺。道士犹不已，福裕复以为言，帝令焚《化胡经》尽，复还僧舍。

【史源】张伯淳撰《大元至元辨伪录随函序》："乙卯（1255）间，道士丘处机、李志常等，毁西京天城夫子庙为文城观……谋占梵刹四百八十二所，传袭王浮伪语《老子八十一化图》，惑乱臣佐。时少林裕长老率师德，诣阙陈奏。先朝蒙哥皇帝玉音宣谕，登殿辩对化胡真伪。圣躬临朝亲证，李志常等义堕辞屈，奉旨焚伪经，罢道为僧者十七人，还佛寺三十七所……"又，唐方等撰《圣旨焚毁

---

1 "兰"字元代收 -n 音，"蓝"则收 -m 音，二音不会混淆。亦邻真先生也曾指出，"阿蓝荅儿"不能写作"阿兰荅儿"，见白拉都格其《导师琐忆》，《西域历史语言研究集刊》第 4 辑，科学出版社，2010，第 34 页。

诸路伪道藏经之碑》："昔在宪宗皇帝朝，道家者流出一书，曰《老君化胡成佛经》及八十一化图，镂板传布。其言鄙陋诞妄，意在轻篾释门而自重其教。罽宾大师兰麻、总统少林长老福裕，以其事奏闻。时上居潜邸，宪宗有旨，令僧道二家同诣上所辩析。二家自约：'道胜则僧冠首而为道，僧胜则道削发而为僧。'……帝师板的达发合师八……曰：'《史记》中既无，《道德经》中又无，其为伪妄明矣！'道者辞屈。尚书姚枢曰：'道者负矣！'上命如约行罚，遣近臣脱欢将道者樊志应等十有七人，诣龙光寺削发为僧，焚伪经四十五部，天下佛寺为道流所据者二百三十七区，至是悉命归之。"《通鉴续编》殆据此二文整合而来，唯"帝师八思马"作"帝师板的达发合师八"；又，"文城"后夺"观"字，据张伯淳文补。[1]按，《通鉴续编》将此事系于蒙哥汗七年，误，应为八年（1258）。

31. 十月："蒙古皇弟朝于六盘，遂罢阿（兰）〔蓝〕苔儿勾较财赋。"夹注：

> 皇弟既为宪宗皇帝所疑，又为阿（兰）〔蓝〕苔儿所窘，大惧得罪。用姚枢策，请入觐。皇弟从之，及见宪宗皇帝，为泣下，兄弟如初。即命罢勾较，皇弟所置行户部、安抚、经略、宣抚、都漕诸司皆废。

【史源】夹注主要来自《元朝名臣事略》卷八《左丞姚文献公》引姚燧撰神道碑（或直接参考了姚燧原文），但系于丙辰年（1256），查《元史》卷三《宪宗纪》与卷四《世祖纪一》，忽必烈觐见蒙哥皆系于丁巳年（1257），故《通鉴续编》纪年可从。

1　此二文既载于《佛祖历代通载》卷二一，又见于《至元辨伪录》书前序与卷五。考虑到《佛祖历代通载》与《至元辨伪录》在元代皆有广泛流传，故难以遽断陈樗征引时首选何书。

综上所述,《通鉴续编》所记蒙古前四汗时期的国家内政,其史料来源并不复杂,主要可分以下几种情况。

（1）来自《元朝名臣事略》：第 5、6、7、9、10、11、12、13、14、18、21、22、24、25、26、27、31 条。

（2）杂采《元朝名臣事略》等史源：第 1、2、3、8、15、16、17、19、20、23、28、29 条。

（3）《开府仪同三司中书左丞相忠武史公家传》：第 4 条。

（4）《大元至元辨伪录随函序》与《圣旨焚毁诸路伪道藏经之碑》等：第 30 条。

在（1）类中,第 5 条局部史文有增补,第 6、18 条个别文字有改动,第 7 条纪年有误,第 25、31 条个别文字有误。在（2）类中,第 1 条还参考了《东平王世家》,第 8 条纪月有误,第 16 条可能直接参考了严实的神道碑,第 17 条可能参考了《太宗实录》,第 28 条个别文字理解有误,第 29 条个别文字有改动,第 20 条还参考了《开府仪同三司中书左丞相忠武史公家传》。在（4）类中,第 30 条纪年有误且有脱字。最后,还需指出的是,《通鉴续编》蒙古前四汗时期的国家内政,还有部分史文来自元朝官方所修的实录,本书第三章第一节有专门考辨,在此就不赘述了。

三 蒙元内政：忽必烈汗时期

今将《通鉴续编》所记忽必烈汗时期的蒙元内政,按编年顺序逐一编号辑录并考索史源于下。

1. 蒙哥汗九年（1259）闰十一月：“蒙古皇弟遂师师北还,鄂州围解。”夹注：

　　江淮荆湖宣抚副使郝经曰："今国内空虚，塔察国王与李行省肱髀相依。西域诸胡窥觇关陇，隔绝旭烈大王，病民诸奸各持两端，观望所立，莫不觊觎神器。一有狡焉，或启戎心，先人举事，腹背受敌，大事去矣。且阿里不哥已行赦令，令脱里察为断事官，行尚书省，据燕都，按图籍，号令诸道，行皇帝事矣。虽大王素有人望，且握重兵，独不见世宗、海陵事乎？若彼果称遗诏，便正位号，下诏中原，行赦江上，欲归得乎？愿大王以社稷为念，班师议和，置辎重，率轻骑而归，直造天都，则彼之奸谋冰释瓦解，遣一军逆大行灵异，收皇帝玺，遣使召旭烈、阿里不哥诸王，会丧和林，差官于汴京、京兆、成都、西凉、东平、西京、北京，抚慰安辑，命王长子真金镇守燕都，示以形势，则大宝有归，而社稷安矣。"皇弟然之……

　　廉希宪复进言于皇弟，曰："殿下太祖皇帝嫡孙、先皇母弟，前征云南，克期抚定，暨今南伐，帅先取鄂，天道可知。先皇奄弃万国，神器无主，而殿下位亲望重，功德兼隆，天意人心，灼然可见。"

　　皇弟乃命希宪前行，审察事变。希宪闻刘太平及霍鲁怀复至关右，而宪宗皇帝尝留大将浑都海以骑兵四万屯守六盘，征南诸军尚散处秦蜀。太平自先朝用事，与诸将要结，素习险诈，又畏皇弟英果，因关中形便，扇摇民心，惊动汾晋、河南，诚非细故。及皇弟已渡河，备以为言。皇弟乃遣赵良弼西行，假以他故，侦伺事情，而遣希宪往塔察儿国王所结欢。塔察儿王见希宪，知皇弟功德甚盛，遂请身任推戴之事焉。

　　【史源】第一段主要来自《元朝名臣事略》卷一五《国信使郝文忠公》引郝经《班师议》，唯"王长子真金"作"太子"；第二、三段来自《元朝名臣事略》卷七《平章廉文正王》引高凝撰家传。又，《班师议》之"塔察国王"即高凝所撰《家传》之"塔察儿国王",《通鉴续编》征引时未统一人名。

2.中统元年（1260）四月："蒙古世祖皇帝即位于开平。"夹注：

> 皇弟至开平，合丹、摩哥、塔察儿诸王皆会。旭烈大王自西域遣使劝进，皇弟未许。廉希宪进言，曰："阿里不哥虽殿下母弟，自以前尝居守专制有年，设正位号，以玺书见征，我为后时。今若早承大统，颁告德音，彼若迁延宿留，便名叛逆，安危逆顺，间不容发，宜早定大计。"王文统复力陈天命人事。皇弟良久曰："汝等能协心辅翼，吾意决矣。"促篆宝文，一冶而成，众皆称贺。明日，遂即位，是为薛禅皇帝。诏曰："祖宗肇造区宇，武功迭兴，文治多阙，盖时有先后，事有缓急，天下大业，非一圣一朝所能兼备。先皇帝将大有为，方董夔门之师，遽遗鼎湖之泣。肆予冲人，渡江之后，盖将深入。乃闻国中重以金军之扰，黎庶惊骇，驲骑驰归。不意宗盟，辄先推戴，左右万里，名王巨僚，不召而来，不谋而同。咸谓国家大统不可久旷，神人重寄不可暂虚。求之今日，太祖嫡孙之中，先皇母弟之列，以贤以长，止予一人。虽在征伐之间，每存仁爱之念，博施济众，可以为天下主。天道助顺，人谟与能，祖训传国大典，于是乎在，孰敢不遵。朕固让至再，祈悃益坚，于是俯循舆情，勉登大宝。自惟寡昧，属时多艰，若涉渊冰，罔知攸济。爰当临御之始，宜新弘远之规，务施实德，不尚虚文。"

【史源】"诏曰"云云，与《元文类》卷九、《元典章》卷一、《圣元名贤播芳续集》卷五所录《即位诏》（庚申年四月）同。[1]画

---

[1] "求之今日，太祖嫡孙之中"云云，在《元典章》所录此诏中，缺"求之"二字，故《通鉴续编》此条参考《元典章》的可能性不大。见《元典章》，陈高华、张帆、刘晓、党宝海点校，中华书局、天津古籍出版社，2011，第4页。

波浪线处，来自《元朝名臣事略》卷七《平章廉文正王》引高凝撰家传。画单横线处，来自《元朝名臣事略》卷一五《国信使郝文忠公》引郝经《复与宋论本朝兵乱书》。需要说明的是，关于忽必烈即位的时间，《元史》卷四《世祖纪一》记作三月，《史集》认为在夏季，《通鉴续编》同于《史集》，并明确为四月。

3. 四月："蒙古阿里不哥自立于和林，阿蓝苔儿、浑都海等应之。"

【史源】《元史》卷四《世祖纪一》中统元年（1260）四月："阿里不哥僭号于和林城西按坦河。"纪月与《通鉴续编》同，但史文有出入。此处《通鉴续编》史源待考。

4. 五月："廉希宪讨阿蓝苔儿等，皆平之。"夹注：

阿里不哥自闻宪宗皇帝崩，即欲据有大号。分遣心腹，易置将佐，散金帛以赍士卒，聚兵燕云以自重。而刘太平、霍鲁怀行尚书省，拘收关中诸处钱谷，与六盘浑都海、和林阿蓝苔儿等相表里。及闻薛禅皇帝即位，阿里不哥遂自立，发兵拒命。浑都海、阿蓝苔儿等皆应之秦蜀，大掠京兆。

宣抚使廉希宪与副使商挺驰至京兆，刘太平、霍鲁怀闻希宪将至，以五月一日乘急传入京兆，密谋为变。秦人前被阿蓝苔儿、太平等威虐，闻其来，皆破胆。越二日，希宪亦至，大集官吏，宣示诏旨。遣人驰往六盘，宣谕安抚。不数日，官府粗定。未几，城门候引一急使至，云："我来自六盘，断事官阔阔出遣我，今浑都海已反京兆，使者已被杀，且分遣人乘急传入成都，与密里霍者、青居乞台不花约同举。二人已各起军马应之矣。又多遗蒙古军奥鲁官兀奴忽等金帛，使尽起新军，且约太平、鲁怀同举。"希宪集僚佐……分遣万户刘黑马、京兆治中高鹏霄、华州尹史广，掩捕太平、霍鲁怀等，具得其与六盘要结状。乃遣黑马诛密里霍者于成都，汪惟正诛乞台不花于青居。又命总帅汪（惟良）〔良臣〕帅所部兵及秦、巩、平凉等处诸军进讨浑都海。摘蜀卒四千，命蒙古将八椿帅之，为（惟良）〔良臣〕声援。已而，赦至临潼。希宪闻之……命人逆止赦于近郊，诛太平、霍鲁怀于狱，而后出迎赦，民心帖然。浑都海知京兆有备，且欲据有六盘仓库，遂西渡河，径趋甘州。阿蓝荅儿自和林帅兵，与浑都海合，且遣人约结陇、蜀诸将。又使恓敦为书，招其弟纽邻。于是成都帅百家奴、兴元帅忙古歹、青居帅汪惟正、钦察等，俱遣使至京兆言，人心危疑，仓粮不继。希宪遣使入蜀，申敕将吏……两川帅校由是咸思劢忠矣。薛禅皇帝闻之，拜希宪中书右丞，行秦蜀省事，商挺佥行省事。既而，浑都海、阿蓝荅儿合兵而东，官军大败，河右大震。西土诸王执毕帖木〔儿〕等辎重皆就食秦雍。会亲王合丹及汪（惟良）〔良臣〕、八椿等合军，追阿蓝荅儿，战于西凉，大败之，俘斩西军殆尽，杀浑都海、阿蓝荅儿，关陇遂平。传首枭于京兆市，诸军悉分屯便近，所至足饷而居者不扰。薛禅皇帝叹曰："希宪真男子也。"时年三十矣。

【史源】第一段画单横线处，来自《元朝名臣事略》卷七《平章廉文正王》引高凝撰家传。第二段主要来自《平章廉文正王》引高凝撰家传；"汪惟良"应为"汪良臣"之误，姚景安先生已校；[1]"执毕帖木"，据家传补作"执毕帖木〔儿〕"；"杀浑都海、阿蓝荅儿"，家传作"得三叛首以还"；又，画虚线处，参考了《元朝名臣事略》卷一一《参政商文定公》。

1　苏天爵：《元朝名臣事略》，姚景安点校，第 149 页注释〔九〕。

5. 五月："蒙古以王文统平章政事。"夹注："<u>文统本山东行省李瓒幕属也。刘秉忠、（李）〔张〕易荐其才智，遂得亲幸，委以腹心，</u>言听计从。文统亦竭其情以为政。"

【史源】画单横线处，来自《元朝名臣事略》卷七《平章廉文正王》引高凝撰家传，唯"李易"应改作"张易"。按，《元史》卷四《世祖纪一》将此事系于四月："立中书省，以王文统为平章政事。"

6. 五月："蒙古建元中统。"夹注：

制曰："祖宗以神武定四方，淳德御群下。朝廷草创，未遑润色。朕获缵旧服，载扩丕图。稽列圣之洪规，讲前代之定制。建元表岁，示人君万世之传；纪时书王，见天下一家之义。法《春秋》之正始，体大《易》之乾元。炳煌皇猷，权舆治道。可自庚申五月十九日，建号为中统元年。惟即位体元之始，必立经陈纪为先，故内立都省以总宏纲，外设总司以平庶政，仍以兴利除害之事，补偏救弊之方，随诏以颁，申画于后。"

【史源】夹注与《元文类》卷九、《元典章》卷一、《圣元名贤播芳续集》卷五《中统建元诏》（中统元年五月）同。[1]

7. 五月："蒙古以王鹗为翰林学士承旨。"夹注：

鹗博学正直，以儒道自任。奖与后进，推毂人材，布列台

---

[1] "仍以兴利除害之事"云云，在《元典章》所录此诏中，缺"以"字，故《通鉴续编》此条参考《元典章》的可能性不大。见《元典章》，陈高华、张帆、刘晓、党宝海点校，第 4 页。

阁。由是纪纲法度，文物典章，焕然一新。举李冶、李昶、王磐、徒单公履、高鸣、徐世隆同为学士，杨恕、孟攀麟为待制，王恽、雷膺为修撰，周（祇）〔砥〕、胡祗遹、孟祺、阎复、刘元为应奉，杨奂、元好问修金史。奂、好问未召而卒。鹗又言："学校久废，无以作成人材。宜选博学洽闻之士，提举各路学校，严加训诲，以备他日选用。"从之。

【史源】来自《元朝名臣事略》卷一二《内翰王文康公》引徐世隆撰墓碑、李恺撰言行录，唯"周祇"应改作"周砥"，"孟禥"作"孟祺"（"禥"与"祺"可互通）。《元史》卷四《世祖纪一》将此事系于是年七月，次年七月则有："初立翰林国史院。"说明翰林国史院的人员建制早于衙署的正式设立。

8. 六月："蒙古以河南宣抚使史天泽兼江淮诸翼军马经略使。"夹注：

> 世祖皇帝即位，问天泽以安民治国之术。天泽具疏，请立省部以正纪纲，设宣抚以督诸路，需恩泽以安反侧，退贪残以任贤能，颁俸秩以养廉，禁贿赂以防奸，庶能上下丕应，内外休息。帝嘉纳之。

【史源】正义与纪月皆来自王恽撰《开府仪同三司中书左丞相忠武史公家传》："庚申夏六月……授河南等路宣抚使，兼江淮诸翼军马经略使。"[1]夹注来自《元朝名臣事略》卷七《丞相史忠武王》引王博文撰行状。按，《元史》卷四《世祖纪一》将此事系于七月。

---

1 王恽：《开府仪同三司中书左丞相忠武史公家传》，《王恽全集汇校》，第 2278 页。

9. 七月："蒙古初造通行交钞。"夹注："王文统创造通行交钞，以丝为本，以革诸路行用钞法之弊。其法以银五十两易丝钞一千两。"

【史源】与《元文类》卷四〇所录《经世大典》"钞法"条基本相同，但未提王文统。《佛祖历代通载》卷二一：辛酉（1261），"行中统钞法。平章王以道奏"。王以道即王文统，故知中统元年造钞，次年行用。

10. 八月："蒙古始颁禄于官吏。"

【史源】与《元文类》卷四〇所录《经世大典》"俸秩"条基本相同，但未纪月。

11. 八月："蒙古以僧八思马为国师。"夹注：

　　　八思马，即班弥怛拔思发也，土波国人。初，土波有僧禅怛罗乞苔，具大威神，累叶相传。其国王世师尊之，传十八代而至八思马。八思马敏悟过人，年十五，自其国来见世祖皇帝于潜邸，即被尊宠。至是，以为国师，授以玉印，主统天下教门，年二十二矣。

【史源】与《佛祖历代通载》卷二一所引王磐撰《帝师发思八行状》基本相同，然行状未纪月。《元史》卷四《世祖纪一》将此事系于中统元年（1260）十二月。

12. 十月："蒙古初造中统通行元宝。"夹注："王文统又请印造诸路通行中统元宝，每一贯同交钞一两，两贯同白银一两。又以文绫织为中统银货，每一两同白银一两，未及行而罢。"

【史源】与《元文类》卷四〇所录《经世大典》"钞法"条基本

相同，但未提王文统。

13. 中统二年（1261）三月："蒙古以阿合马领中书左右部。"夹注：

　　蒙古始立左右部，分掌总务，巨细毕举。以阿合马领之，总司财赋。每事得专辄奏闻，不复关白。省府左丞张文谦言于世祖皇帝，曰："分制财用，古有是理。不关预中书，无是理也。且财赋一事耳，中书不敢诘，天子将亲莅之乎？"乃诏阿合马不得隔越奏事焉。

【史源】夹注来自《元朝名臣事略》卷七《左丞张忠宣公》引李谦撰神道碑，第一句系于中统二年春，其后史文系于三年，故阿合马领中书左右部应为中统三年事。《元史》卷二〇五《阿合马传》"世祖中统三年，始命领中书左右部"云云，亦可为证。显然，《通鉴续编》此处系年有误。

14. 五月："蒙古以杨果为中书参知政事，刘肃、宋子贞参议中书省事。"夹注："三人皆严实客也。果有才干，肃、子贞有德望。"

【史源】《元朝名臣事略》卷一〇《尚书刘文献公》：刘肃于中统二年（1261），被"召为右三部尚书，兼议中书省事"。同书同卷《平章宋公》：宋子贞于中统元年（1260）"参议行中书省事"，至元二年（1265）"参议中书省事"。同书同卷《参政杨文献公》：杨果于中统二年，"入拜参知政事"。《通鉴续编》此条殆将《元朝名臣事略》的三处记载整合到一年叙事而来。又，刘肃与宋子贞皆严实幕僚，具载于《元朝名臣事略》，杨果为"严实客"则不见于相关文献，故夹注表述似乎有误。

15. 五月："蒙古以姚枢为太子太师、窦默为太子太傅、许衡为太子太保，皆辞不拜。"夹注：

> 时王文统当国，深忌枢等。枢、默亦力言文统学术之非，必至误国。文统益憾之，乃授枢等为东宫三师，外佯尊之，内实不欲其备顾问也。默欲依东宫以避祸，衡力以为不可，乃相与怀制，言："太子未立，岂宜虚设官称！"乃改授枢大司农，默翰林侍讲学士，衡国子祭酒。衡遂称疾，还怀孟，教授子弟。默力学善医，遭时兵革，隐居教授于广平之肥乡。世祖皇帝在潜邸，闻其贤，召见之。默至，首以三纲五常为言，且曰："帝王之学，贵正心诚意。"自是敬待加礼，留侍左右，命教世子。默荐姚枢明治道，枢由是得任用。世祖皇帝即位，召至开平，问曰："朕尝命卿访求魏征等人，有诸乎？"默曰："许衡即其人也，史天泽可大用。"帝纳之。

【史源】夹注画单横线处，主要来自《元朝名臣事略》卷八《左丞许文正公》引耶律有尚撰《考岁略》，唯"太子未立，岂宜虚设官称"一句与《考岁略》迥异，(《考岁略》作："姑舍其不安于义者，且以一事言之。如中古以来，师傅与太子相见，则就西位东向，太子东位西向，公能为此事否？不然，是师道自我而亡也。")可能参考了《元朝名臣事略》卷八《内翰窦文正公》引李谦撰墓志："诏授公太子太傅，固辞，曰：'今东宫未正位号，且臣不敢当保傅之任。'"(《元朝名臣事略》卷八《左丞姚文献公》引姚燧撰神道碑亦有类似表述："拜太子太傅，公曰：'皇太子未立，安可先有太师？'")其他史文，来自《元朝名臣事略》卷八《内翰窦文正公》引李谦撰墓志。

16. 六月："蒙古以史天泽为中书右丞相。"夹注："天泽既相，细大之务，知无不为。然言必虑其所终，行必稽其所弊，不强时之不能，不禁民之必犯，体时顺势，通变制宜，由是国内大治。"

【史源】来自王恽撰《开府仪同三司中书左丞相忠武史公家传》。

17. 六月："蒙古以张文谦行宣抚司于大名。"夹注：

> 文谦为中书左丞，与王文统建立纪纲，讲明利病，以安国便民为务。文统素忌克，谋议之际，屡相可否，积不能平。文谦乃求出外，从之。文谦至官，轻徭薄赋，宣布德意，境内大治。

【史源】来自《元朝名臣事略》卷七《左丞张忠宣公》引李谦撰神道碑，但未系月。

18. 秋七月："蒙古世祖皇帝以其长子燕王守中书令，领枢密使。"夹注："燕王讳真金，后为裕宗皇帝。"
【史源】《元朝名臣事略》卷九《太史王文肃公》引杨文郁撰行状："明年（1262），太子封燕王，守中书令，领枢密使。"然据《元史》卷四《世祖纪一》，中统二年（1261）十二月，"诏封皇子真金为燕王，领中书省事"，四年五月，"初立枢密院，以皇子燕王守中书令，兼判枢密院事"。《通鉴续编》此处纪年殆误。

19. 七月："蒙古以王恂为太子赞善。"夹注：

> 恂有学行，刘秉忠荐之。及为赞善，敕两府大臣凡有启禀，必令恂与闻。恂于燕王起居出入之际，饮食衣服之节，贵戚近臣之交，政事用人之要，三纲五常之旨，修身平治之道，

历代兴亡之故，靡不尽言。燕王尝从容语恂以守心之道。恂曰：
"尝闻许衡言人心犹印板，然板本不差，虽摹千万纸皆不差。
本既差矣，摹之于纸无不差者。"燕王曰："善！"恂以正道经
术辅相燕王，以师道自任。由是贵戚多慕文学矣。

【史源】主要来自《元朝名臣事略》卷九《太史王文肃公》引
杨文郁撰行状、墓志以及佚名撰家传，画单横线处史源待考。按，
《太史王文肃公》开篇小传："中统元年，授太子赞善。"正文引行状
则置于"中统辛酉（1261）"。显然，《通鉴续编》在纪年上取后者。

20. 中统三年（1262）正月："蒙古初作太庙于燕京。"夹注："蒙
古之祀，简朴无文。世祖皇帝即位之七月，始祀祖宗于中书省。至
是，初作太庙于燕京，凡九室。"

【史源】画单横线处与《元文类》卷四一所录《经世大典》"宗
庙"条基本相同。《元史》卷五《世祖纪二》则系于中统四年三月
癸卯："初建太庙。"

21. 三月："蒙古杀王文统。"夹注：

瑄自世祖皇帝即位，便有南归之志，召其子彦简于开平，
修筑济南、益都等城壁。至是，遂杀蒙古军士，以涟、海三城
来归，献京东郡县，据济南以拒蒙古。诏改涟水为安东州。蒙
古平章事王文统使其子荛通好于瑄，事觉伏诛。初，文统当
国，以回回在先朝专以财利窃政，深抑之。至是，回回伏阙上
言："回回虽盗国钱物，未若秀才敢为反逆。"帝曰："秀才岂尽
皆此人耶？"不听。参政商挺以尝誉文统，被囚，赖姚枢力救
得免。

【史源】画单横线处，来自《宋史》卷四五《理宗纪五》；画波浪线处，来自《元朝名臣事略》卷八《左丞姚文献公》引姚燧撰神道碑（或直接参考了姚燧原文）。《元史》卷二〇六《王文统传》："文统尝遣子荛与璮通音耗。"并对"通音耗"的细节作了详细叙述，似乎与《通鉴续编》画虚线处有着相同的史源，只不过《通鉴续编》夹注高度简化了而已。

22. 八月："李璮复降于蒙古，蒙古诛之。以董文炳为山东东路经略使。"夹注：

璮被围四月，内外不通，屡战屡败，城中食尽，军士溃乱。璮乃出降，哈必赤、史天泽斩璮于军门，诛其子婿及党与数十人，余悉纵之。明日，引军东行。未至益都，城中人已开门迎降，三齐复为蒙古所有。史天泽还，世祖皇帝劳之。天泽因曰："璮所以得为乱者，尽专兵民之权故也。乞罢子弟之在官者，请自臣家始。"于是史氏子弟即日皆解绂，还私第。而张柔、严忠济子弟俱去职焉。山东民心未靖，诏以文炳为经略使。文炳至益都，从数骑便服而入。至府，不设警卫，召璮故将吏抚谕于庭下，山东由是大安。

【史源】画单横线处，主要来自《元朝名臣事略》卷七《丞相史忠武王》引王磐撰神道碑；画波浪线处，来自《元朝名臣事略》卷一四《左丞董忠献公》引元明善撰家传。张柔子弟去职，殆参考了《元朝名臣事略》卷六《元帅张献武王》引虞集撰庙堂碑。严忠济子弟去职，史源待考。按，李璮降蒙古被杀，《元史》卷五《世祖纪二》系于七月。

23. 九月："蒙古以郭守敬提举诸路河渠。"夹注："守敬精于算数，习知水利，巧思过人。既提举河渠，于是燕云、山东、两河、西夏水利，莫不兴复矣。"

【史源】来自《元朝名臣事略》卷九《太史郭公》引齐履谦撰行状。

24. 中统四年（1263）二月："蒙古以廉希宪为中书平章政事。"夹注：

> 初，希宪行省京兆，李璮反，希宪聚兵完城以备之。兴元同知费寅谮于世祖皇帝，以希宪将有他志，疑之，命中书右丞南合代之。且覆视所告事，无实状，乃诏希宪还朝，慰谕良久，拜平章政事。希宪在中书，毅然以振举纲维，胶削冗类，裁抑侥幸，考核名实，中外肃然。

【史源】来自《元朝名臣事略》卷七《平章廉文正王》引高凝撰家传。

25. 六月："蒙古以姚枢为中书左丞。"夹注：

> 枢言于世祖皇帝，曰："陛下于基业为守成，于治道为创始，正宜睦亲族以固本，建储副以重祚，定大臣以当国，开经筵以格心，修边备以防虞，蓄粮饷以待歉，立学校以育才，劝农桑以厚生。"帝纳之。

【史源】来自《元朝名臣事略》卷八《左丞姚文献公》引姚燧撰神道碑（或直接参考了姚燧原文）。

26. 至元元年（1264）五月："蒙古始罢世袭，置州郡长吏迁转法。"夹注：

> 廉希宪言："国家自开创以来，凡纳土及始受命之臣，咸令世守，逮今六十年，故其子若孙，并奴视所部，而郡邑长吏皆其皂僮使。此在古所无，宜从更张，俾考课黜陟。"乃议行迁转法，五品以上宣授，六品以下敕授。

【史源】来自《元朝名臣事略》卷七《平章廉文献公》引高凝撰家传，唯"宣授"作"制授"，二者意同，皆指以皇帝制书的形式委任官职。

27. 五月："蒙古以商挺为中书参知政事。"夹注：

> 挺，东平严实僚属也，有经济才，明允公亮。既事世祖皇帝于潜邸，数进奇计，及副廉希宪，遂平大难，益见亲重矣。时帝欲知经学，挺乃与姚枢、窦默、王鹗、杨果纂《五经要语》，凡二十八类以进。

【史源】主要来自《元朝名臣事略》卷一一《参政商文定公》引元明善撰墓碑，但未纪月。又，据《元史》卷一一二《宰相年表》，商挺为参政始于中统二年（1261），此后直到至元四年一直在任。查《通鉴续编》所引《元朝名臣事略》原文，明确记载商挺于中统二年"进参知政事"，至元元年"入拜参知政事"，故可知《通鉴续编》是以"入拜"为准纪年的。

28. 八月："蒙古以燕京为中都大兴府。"夹注：

> 刘秉忠请定都于燕，世祖皇帝从之。诏修营宫室、城池。

于是，中书省言："开平府以阙廷所在，加号上都。燕京今修营宫室，分立省部，四方会同，乞亦正名。"诏以为中都路大兴府。

【史源】诏文内容与《元典章》卷一《建国都诏》（中统五年八月）同，其他部分史源待考。

29. 八月："蒙古大赦改元。"夹注：

> 制曰："应天者惟以至诚，拯民者莫知实惠。朕以菲德，获承丕基。内难未戡，外兵弗戢。夫岂一日，于今五年。赖天地之畀矜，洎祖宗之垂裕。凡我同气，会于上都。虽此日之小康，敢朕心之少肆。比者星芒示儆，雨泽愆常，皆缺政之所由，顾斯民其何罪。宜布惟新之令，溥施在宥之仁。可大赦天下，改中统五年为至元元年。"

【史源】与《元文类》卷九、《元典章》卷一、《圣元名贤播芳续集》卷六所录《至元改元赦》（中统五年八月）同。

30. 十一月："蒙古以伯颜为中书左丞相"。夹注：

> 伯颜凝重寡言，自西域宗王旭烈府奉使入见，世祖皇帝奇其言貌，曰："此非诸侯王臣也。"留拜左丞相。诸曹白事有难决者，伯颜一二语断之，省中誉服，以为真宰辅。

【史源】主要来自《元朝名臣事略》卷二《丞相淮安忠武王》引元明善撰勋德碑，但未系月，且未记"旭烈府"。

31. 十一月："蒙古以张文谦行省事于中兴路。"夹注：

> 羌俗素鄙野，事无纪统。文谦至，求蜀士，得五六人，自
> 仆隶中举而用之，教以案牍。旬月之间，枢机品式，粗若可观，
> 羌人始遣子弟读书。凡有教令，遵奉不少违，土俗为之一变。

【史源】来自《元朝名臣事略》卷七《左丞张忠宣公》引李谦
撰神道碑，但系于"秋"。

32. 十一月："蒙古以王磐为翰林学士承旨。"
【史源】来自《元朝名臣事略》卷一二《内翰王文忠公》开篇
小传，但未纪月。

33. 至元二年（1265）五月："蒙古以安童为中书右丞相，宋子
贞为中书平章政事。"夹注："安童，木华黎四世孙，年二十一矣。"
【史源】可能整合元永贞撰《东平王世家》与《元朝名臣事略》
卷一〇《平章宋公》引徐世隆撰墓志而来，但前者系于八月（参
《元朝名臣事略》卷一《丞相东平忠宪王》引世家），后者未纪月。
按，查《丞相东平忠宪王》开篇仕履小传，安童卒于至元三十年
（1293），"年四十九"，故夹注有至元二年（1265）"年二十一"为中
书右丞相之谓。其实，此说失于考辨。元明善撰安童碑，明载中统
二年入相，时年十八，故死年应为"四十六"，[1]《通鉴续编》说"年
二十一"为中书右丞相，不确。

34. 五月："蒙古以刘秉忠为太保、参领中书省事。"夹注：

---

1 元明善《丞相东平忠宪王碑》，见苏天爵编《元文类》卷二四，《四部丛刊》缩印元末西湖书院
刊本。参看《元史》卷一二六《安童传》，第3097页，校勘记〔二〕;《中国大百科全书》之《中
国历史》"元史"分册，陈高华所撰"安童"词条，中国大百科全书出版社，1985，第4页。

秉忠自藩邸即见亲任，密谋大计，莫不预焉。世祖皇帝尝
命其拟议治天下之大经、养民之良法。秉忠条上祖宗旧典，参
于古制之宜于今者，帝善之。故诏下之日，纲举目张，一时人
材咸见录用，文物灿然一新。然秉忠犹未有官称，咸以书记呼
之。至是，翰林学士承旨王鹗上言，乞崇以显秩。世祖皇帝即
日命有司备礼册，授秉忠光禄大夫、太保、参领中书省事。秉
忠既大拜，以天下为己任，知无不为矣。

【史源】来自《元朝名臣事略》卷七《太保刘文正公》引张文
谦撰行状、王磐撰神道碑，唯将刘秉忠参领中书省事系于至元元
年，《元史》卷四《世祖纪二》系于至元元年八月癸丑，故知《通鉴
续编》纪年有误。

35. 五月："蒙古命许衡议中书省事。"夹注："世祖皇帝召衡至，
命入省议事。丞相安童素闻衡名，心慕之，乃就见于行馆。既还，
叹服累日，访以政事。"

【史源】来自《元朝名臣事略》卷八《左丞许文正公》引耶律
有尚撰《考岁略》，但系于十二月。

36. 至元三年（1266）七月："蒙古以张德辉参议中书省事。"
夹注：

初，德辉为史天泽真定经历，筹画调度，裨益实多。世
祖皇帝在藩邸闻之，召见。德辉以圣贤道德之奥、修身治国
之方、古今治乱之由，详陈于前。世祖皇帝善之，呼其字而
不名，俾教胄子。由是学官内外焕然一新，遂与元好问启请
世祖皇帝为"儒教大宗师"，帝悦而受之。帝即位，以为河东

南北路宣抚使，考绩为十路最，遂入议政。人称其刚直，有经济之器。

【史源】来自《元朝名臣事略》卷一○《宣慰张公》引王恽撰行状。

37. 至元四年（1267）正月："蒙古议中书省事许衡乞归乡里，许之。"夹注：

> 衡陈时务五事："一曰立国规模。言历代建国北方，奄有中夏，如魏、辽、金能用汉法，故享国久长。今国家当行汉法，然万世国俗，一旦改之，其势甚难，非三十年不能成功。齐一吾民，使之富实，兴学校，练甲兵，不杂小人，不营小利，不贵近功，不惑浮言，庶几可以得天下之心，成至治之效。二曰中书大要。颁俸禄以资仕者之养，立铨法以纾失职之怨。外设监司，以纠察污滥。三曰为君难。以践言、防欺、任贤、去邪、得民心、顺天道六者为目，以修德、任贤、爱民三者为要。四曰农桑学校。五曰慎微。"世祖皇帝深纳之。至是，以疾求还。

【史源】来自《元朝名臣事略》卷八《左丞许文正公》引耶律有尚撰考岁略，但系于四月。

38. 十二月："蒙古世祖皇帝以其子忽哥赤为云南王。"
【史源】与《元文类》卷四一所录《经世大典》"云安"条基本相同，但未系月，《元史》卷六《世祖纪三》系于至元四年八月。

39. 至元六年（1269）正月："蒙古立御史台及诸道提刑按察司。"夹注：

时阿合马宠眷异常,专总财赋。闻立宪台,言于世祖皇帝,曰:"庶务责成,各路钱谷付之转运,必绳治如此,胡能办事?"廉希宪曰:"今立台察,内则弹劾奸邪,外则察视非常。访求民瘼,裨益国政,无大此者。如阿合马所言,必使上下专恣,贪暴公行,然后事可集邪?"阿合马语塞。

【史源】来自《元朝名臣事略》卷七《平章廉文正王》引高凝撰家传,但没有明确纪年。据《元史》卷六《世祖纪三》御史台立于至元五年七月,提刑按察司初立于六年二月,故《通鉴续编》此处纪年有误。

40. 二月:"蒙古行新字,更号僧八思马为帝师。"夹注:

诏曰:"国家肇基朔方,俗尚简古,未遑制作,凡制用文字,因取汉楷及卫兀字,以达本朝之言。考诸辽金以及遐方诸国,例各有字,今文治浸兴,而字书方缺,其于一代制度,寔为未备。故特命国师八思马创为蒙古新字,译写一切文字,期于顺言达事而已。自今以往,凡有玺书颁降,并用蒙古新字,仍各以其国字副之。"更号八思马为帝师,改赐(玉)〔王〕印,总统诸国释教。

【史源】诏文内容与《元典章》卷一、《圣元名贤播芳续集》卷五《行蒙古字诏》(至元六年二月)同;[1]《佛祖历代统载》卷二一所

1　"汉楷",《元典章》作"模楷","仍各以其国字副之",《元典章》缺"各"字,故《通鉴续编》直接参考《元典章》所录《建国字诏》的可能性很小。又,《圣元名贤播芳续集》卷五所收有此诏名为《立国字诏》,且"制用文字"作"施用文字","八思马"作"八师麻",显非《通鉴续编》直接征引之文献。

引王磐《帝师发思八行状》：“至元七年，诏制大元国字……作成称旨……升号帝师大宝法王，更赐王印，统领诸国释教。”与夹注最后一句基本相同。需要指出的是，八思巴受封帝师当为至元七年之事，[1]故《续编》系于六年不确。另据《帝师发思八行状》与《元史》卷四《世祖纪一》，中统元年（1260）十二月，忽必烈尊八思巴为“国师”，授以“玉印”，知《通鉴续编》夹注改赐之“玉印”当为“王印”（大宝法王之印）之讹。

41. 八月：“蒙古始定官制。”夹注：“张文谦、王恂、许衡所议定也。”

【史源】来自《元朝名臣事略》卷八《左丞许文正公》引耶律有尚撰考岁略。据《元史》卷一五八《许衡传》，是年“定官制”者还有刘秉忠。

42. 至元七年（1270）三月：“蒙古平章廉希宪罢。”夹注：

希宪立朝谠正……至是，诏释大都囚，而回回匿赞马丁为怨家所诉系狱，亦被原免。帝自开平还燕，怨家复诉之。帝遂罢左丞相耶律铸及希宪。希宪既罢，帝问群臣：“希宪居家何为？”阿合马曰：“日与妻孥燕乐耳！”帝曰：“希宪清贫，何从燕设？”阿合马愧而退。希宪尝病笃，或言须沙糖作饮。时最艰得，希宪弟求诸阿合马，得二斤以遗希宪。希宪推着在地，曰：“使此物果能活人，吾终不以奸人所遗愈疾也。”帝闻之，特赐三斤焉。

【史源】主要来自《元朝名臣事略》卷七《平章廉文正王》引

1　陈庆英：《雪域圣僧：帝师八思巴传》，中国藏学出版社，2002，第138～139页。

高凝撰家传、元明善撰神道碑。

43. 三月：“蒙古以许衡为中书左丞。”夹注：

　　阿合马专权无上，蠹国害民，尝欲以其子典兵柄。衡曰：“国家事权，兵、民、财三者而已。父位尚书省，典民典财，而子又典兵，太重。”世祖皇帝曰：“卿虑阿合马反耶？”衡对曰：“此反道也，古者奸邪未有不由此者。”帝以衡语语阿合马，由是怨衡。

【史源】来自《元朝名臣事略》卷八《左丞许文正公》引耶律有尚撰《考岁略》。

44. 九月：“蒙古以张文谦为大司农。”夹注：

　　文谦奏立诸道劝农司，巡行劝课，敦本抑末，设庠序，崇孝弟，由是野无旷土。遂奏开籍田，祭先农、先蚕，立国子学以教胄子。世祖皇帝皆从之。时阿合马当国，榷民铸铁为农器，厚其直以配民，创立宣慰司、行户部于大名、东平，不预民事，惟印楮币。诸路转运司怙势作威，害民干政，莫敢谁何，文谦竟奏罢之。阿合马虽甚恶文谦，而不敢加害。

【史源】来自《元朝名臣事略》卷七《左丞张忠宣公》引李谦撰神道碑，但未纪月，《元史》卷七《世祖纪四》系于二月。

45. 十一月：“蒙古以伯颜同知枢密院事。”
【史源】来自《元朝名臣事略》卷二《丞相淮安忠武王》开篇小传，未纪月。《元史》卷八六《百官志二》：“世祖中统四年（1263），置枢密副使二员、金书枢密事一员。至元七年（1270），置同知枢密院事一员、院判一员。"可知，伯颜为首任同知枢密院事。

46. 至元八年（1271）六月："蒙古以史天泽平章军国重事。"

【史源】来自《元朝名臣事略》卷七《丞相史忠武王》引王磐撰神道碑。《开府仪同三司中书左丞相忠武史公家传》系于至元七年。《元史》卷七《世祖纪四》系于至元八年五月，可证家传有误。

47. 六月："蒙古以许衡为集贤大学士、国子祭酒。"夹注：

> 先是，窦默言于世祖皇帝，曰："三代所以历数长久，风俗纯粹者，皆自设学养士所致。方今宜建学立师博，选贵族子弟教之，以示风化之本。"张文谦继以为请，帝乃命衡为祭酒。诏丞相安童传旨，令教蒙古生十一人。且命四方及都下愿受业者，俱得预列，即燕京南城旧枢密院设学。衡自设学，家事悉委其子师可。凡宾客来学中者，皆谢绝之。……每谓蒙古生质朴未散，视听专一，苟置之好，伍曹中涵养三数年，将来必能为国家用。乃奏旧弟子散居四方，如王梓、韩思永、苏郁、耶律有尚、孙安、高凝、姚燧、姚焯、刘季伟、吕端善、刘安中、白栋，皆驿致馆下为伴读，欲其夹辅匡弼，薰陶浸润而自得之也。又欲令蒙古生习学算术，乃自唐尧戊辰距至元壬申，凡三千六百五年，编其世代历年为一书，令诸生诵其年数而加减之。又教诸生习颜鲁公字，复选蒙古生年长者，习拜及受宣拜诏仪、释奠冠礼，小学生书，倦则令习跪拜、揖让、进退、应对之节。或投壶习射，负者罚读书若干遍。每说书不务多，唯恳款周折，若未甚领解，则引证设譬，必使通晓而后已。

【史源】正文来自《元朝名臣事略》卷八《左丞许文正公》引

耶律有尚撰国学事迹。夹注画单横线处来自《元朝名臣事略》卷八
《内翰窦文正公》引李谦撰墓志，其后史文来自《左丞许文正公》
引耶律有尚撰国学事迹。

48. 十一月："蒙古建国号曰大元。" 夹注：

　　诏曰："诞膺景命，奄四海以宅尊；必有美名，绍百王而纪统。肇从隆古，匪独我家。且唐之为言荡也，尧以之而著称；虞之为言乐也，舜因之而作号。驯致禹兴而汤造，互名夏大以殷中。世降以还，事殊非古。虽乘时而有国，不以义而制称，为秦为汉者，盖从初起之地名。曰隋曰唐者，又即始封之爵邑。是皆徇百姓见闻之狃习，要一时经制之权宜，概以至公，得无少贬。我太祖圣武皇帝，握乾符而起朔土，以神武而膺帝图，四振天声，大恢土宇，舆图之广，历古所无。顷者耆宿诣庭，奏章伸请，谓既成于大业，宜早定于鸿名。在古制以当然，于朕心乎何有。可建国号曰'大元'，盖取《易》经'乾元'之义。兹大冶流形于庶品，孰名资始之功；予一人底宁于万邦，尤切体仁之要。事从因革，道协天人。於乎！称义而名，固非为之溢美；孚休惟永，尚不负于投艰。嘉与敷天，共隆大号。咨尔有众，体予至怀。"从太保刘秉忠之议也。

【史源】夹注与《元文类》卷九、《元典章》卷一、《天下同文集》卷一、《圣元名贤播芳续集》卷五所录《建国号诏》基本相同；[1]《元朝名臣事略》卷七《太保刘文正公》引徒单公履撰墓志："建国

1　按，此诏为徒单公履所撰，《圣元名贤播芳续集》失载"咨尔有众，体予至怀"八字，故显非《通鉴续编》之直接史源。又，"四振天声"四字，《通鉴续编》仅与《天下同文集》同，然"兹大冶流形于庶品"之"大冶"，《元文类》、《圣元名贤播芳续集》、《天下同文集》以及《元史》卷七《世祖纪四》，皆作"大冶"。

号，定都邑，颁章服，立朝仪，事无巨细，有关于国家大体者，枚举而缕陈之，无有遗者。"即夹注最后一句所说建国号是"从太保刘秉忠之议也"。

49. 至元十年（1273）三月："大元册弘吉剌氏为皇后，立燕王为皇太子。"

【史源】《元朝名臣事略》卷一《丞相东平忠宪王》引元明善撰勋德碑："十年，奏以玉册玉宝上皇后弘吉烈氏，以玉册金宝立燕王为皇太子，兼中书令，判枢密院。"与《通鉴续编》基本相同，但未系月。查《元史》卷八《世祖纪五》，此正是三月之事，故知《通鉴续编》之纪月应有确本。

50. 七月："大元国子祭酒许衡乞罢，许之。"夹注："国子诸生廪饩不继，稍稍引去。阿合马等又屡短毁汉法。四月，世祖皇帝召衡至上都议事，衡面请还乡里，帝许之。……"

【史源】来自《元朝名臣事略》卷八《左丞许文正公》引耶律有尚撰考岁略。

51. 八月："大元以姚枢为昭文馆大学士，详定礼仪。"

【史源】来自《元朝名臣事略》卷八《左丞姚文献公》引姚燧撰神道碑（或直接参考了姚燧原文）。

52. 十一月："大元世祖皇帝以子忙哥剌为安西王，开府京兆，镇秦陇蜀凉之地。"夹注："以商挺为王相。"

【史源】来自《元朝名臣事略》卷一一《参政商文定公》引元明善撰墓碑。

53. 至元十一年（1274）正月："大元以廉希宪行省事于辽阳。"

夹注:

> 时嗣国王条辇〔哥〕行省镇辽霫,多言其不便者。世祖皇
> 帝以辽霫乃诸王国壻分地所在,命希宪代条辇〔哥〕。希宪至
> 北京,大正名分,扶植贫弱,诸王国壻莫不敬惮之。

【史源】来自《元朝名臣事略》卷七《平章廉文正王》引元明
善撰神道碑,唯"条辇"应该作"条辇哥"。

54.八月:"大元太保刘秉忠卒。"夹注:

> 秉忠扈从至上都,居南屏山精舍,俨然端坐,无疾而终,
> 年五十九。讣闻,世祖皇帝嗟悼不已,谓左右曰:"秉忠事朕
> 二十年,小心慎密,不避险艰,事无可否,言无隐情。又其阴
> 阳术数之精,占事知来,若合符契。惟朕知之,他人不得与闻
> 也。"秉忠通晓音律,精算数,善推步,仰观占候,六壬遁甲,
> 易经象数,邵氏皇极之书,靡不周知。故能辅文明之治,立太
> 平之基,为弼佐称首。其立朝仪、颁章服、建国号、定都邑,
> 皆秉忠发之。又能推引贤士大夫焉。

【史源】来自《元朝名臣事略》卷七《太保刘文正公》引王磐
撰神道碑,但未纪月,"八月"可能直接参考了王磐撰神道碑:"秋
八月壬戌之夜,俨然端坐,无疾而薨。"[1] 又,画单横线处,《太保刘
文正公》作"三十余年"。

55.十二月:"大元世祖皇帝以子那木罕为北平王,安童行中书

1　王磐:《刘太保碑铭并序》,见《全元文》第2册,第301页。

省、枢密院事于北鄙。"

【史源】来自元永贞撰《东平王世家》。

56. 十二月："大元中书平章军国重事史天泽卒于真定。"夹注：

> 天泽还至真定，世祖皇帝遣医驰视。天泽附奏，曰："臣大限有终，死不足惜，第愿天兵渡江，以杀掠为戒。"言讫而卒。天泽忠亮有大节，出入将相近五十年，柱石四朝，师表百辟，可谓社稷之臣。而气貌循循然，若无为者，及临大事，论大政，夷大难，毅然以天下之重自任，一以至诚将之。其视富贵权势，敛迹退避，若将浼之者，故能善始令终，为开国元臣。

【史源】来自王恽撰《开府仪同三司中书左丞相忠武史公家传》。

57. 至元十二年（1275）七月："大元以伯颜为中书右丞相，阿术为左丞相。"夹注：

> 伯颜驰驲朝于上都，面陈形势，乞即进师。世祖皇帝许之，拜右丞相。伯颜辞曰："阿术功多，臣宜居后。"乃进阿术左丞相，大赍将校。伯颜遂复南征。

【史源】来自《元朝名臣事略》卷二《丞相淮安忠武王》引元明善撰勋德碑，唯"朝于上都"作"入朝"。

58. 至元十三年（1276）五月："大元以伯颜同知枢密院事。"夹注：

伯颜用兵，纪律外严，而中以不杀为主，故所至降附。或请其入视降城府藏簿帐，以知金谷户口多寡者。伯颜……下令诸将士，敢有暴掠及入城者，以军法论，故所过不至大扰，而珍奇未尝一有所私。及朝上都，世祖皇帝劳赐有加。伯颜谢曰："奉陛下成算，阿术效力，臣何功之有？"诏以陵州、藤州户六千为食邑，复拜同知。

【史源】来自《元朝名臣事略》卷二《丞相淮安忠武王》引元明善勋德碑与刘敏中撰庙碑。按，"纪律外严，而中以不杀为主"，刘敏中庙碑原文作："纪律外严而中宽，以圣训不杀为主。"《元朝名臣事略》引文亦有"圣训"，但脱去"宽"字，故可确知此条为陈桱径直参考《元朝名臣事略》而来。

59. 十二月："大元以姚枢为翰林学士承旨。"夹注：

　　时宋侍从之臣及士子至上都，皆令先见枢，询其学行而官之。枢仁恕恭敏，未尝疑人之欺，凡有与谋者，必忠告，惟恐其言之不尽，由是人莫不敬之。

【史源】来自《元朝名臣事略》卷八《左丞姚文献公》引姚燧撰神道碑（或直接参考了姚燧原文）。

60. 至元十四年（1277）五月："大元立门下省。"
【史源】来自《元朝名臣事略》卷七《平章廉文正王》引元明善撰神道碑。据神道碑，门下省之立因"阿合马不利而止"，《通鉴续编》的叙述极易使读者产生已立门下省的错觉。

61. 五月："大元中书平章政事廉希宪卒。"夹注：

希宪在江陵，远近向化，及有疾召还，民皆垂涕，拥送建祠，绘像以祠之。卒，世祖皇帝叹曰："无复有决大事如廉希宪者矣。"伯颜亦曰："廉公，宰相中真宰相，男子中真男子。"世以为名言。

【史源】来自《元朝名臣事略》卷七《平章廉文正王》引元明善撰神道碑，唯将廉希宪去世的时间系于至元十七年（1280）十一月。故此处《通鉴续编》年月有误。

62. 至元十五年（1278）闰十一月："大元以许衡为集贤大学士，兼领太史院事。"夹注：

初，刘秉忠以《大明历》岁久，浸以后天，欲修正，未及而卒。世祖皇帝思其言，诏许衡及赞善王恂、工部郎中郭守敬，测验改正，命昭文馆大学士张文谦领太史院事董之。守敬言："历之本，在于测验，而测验之器，莫先仪表。"乃作简仪、候极仪、浑天象、玲珑仪、仰仪，立运仪、证理仪、景符、窥几、日月食仪、星晷定时仪等器。至是，复令衡领太史。

【史源】正文来自《元朝名臣事略》卷八《左丞许文正公》开篇小传，但系于三月。夹注画单横线处，来自《元朝名臣事略》卷九《太史郭公》引齐履谦撰行状；画波浪线处，来自《元朝名臣事略》卷七《左丞张忠宣公》引李谦撰神道碑，但系于十四年。

综上所述，《通鉴续编》所记忽必烈汗时期的蒙元内政，其史源主要为以下几种情况。

（1）《元朝名臣事略》：第 1、7、13、14、15、17、18、23、24、

25、26、27、31、32、33、34、35、36、37、39、41、42、43、44、45、46、47、50、51、52、53、54、56、57、58、59、60、61 条。

（2）《开府仪同三司中书左丞相忠武史公家传》：第 16、56 条。

（3）《元朝名臣事略》与《开府仪同三司中书左丞相忠武史公家传》：第 8 条。

（4）《东平王世家》：第 55 条。

（5）《元朝名臣事略》与《宋史》等史源：第 21 条。

（6）元代的诏、赦文书等史源：第 2、6、28、29、40、48 条。

（7）《元朝名臣事略》等史源：第 4、5、19、22、30、49、62 条。

（8）与《元文类》所录《经世大典》基本相同者：第 9、10、12、20、38 条。

（9）与王磐撰《帝师发思八行状》基本相同者：第 11 条。

其中，（1）类的第 1 条有人名未统一且局部有改动，第 7、53 条个别文字有误，第 14 条表述可能有问题，第 15 条局部史文略有歧异，第 18 条纪事与《元朝名臣事略》基本相同，但纪时有误，第 26、57 条个别文字有改动，第 33 条因袭了《元朝名臣事略》之误，第 13、34、39 与 61 条纪时有误。（6）类第 2 条征引了忽必烈《即位诏》，同时还参考了《元朝名臣事略》，第 6 条征引了《中统建元诏》，第 28 条征引了《建国都诏》，第 29 条征引了《至元改元赦》，第 40 条征引了《行蒙古字诏》，第 48 条征引了《建国号诏》等。（7）类的第 4 条因袭了《元朝名臣事略》之误，个别文字亦有缺失和出入。（8）类的第 9、12 条局部史文有增补，此类可能参考了《经世大典》部分内容的某一抄本。（9）类的第 11 条无纪月，应另有所本，（6）类的第 40 条亦参考了王磐撰《帝师发思八行状》。最后，还需指出的是，第 3 条纪时与《元史》同，应有确本，史源待考。

参考文献

基本古籍

贝琼:《清江贝先生文集》，李鸣校点，吉林文史出版社，2010。

陈桱:《通鉴续编》,《景印文渊阁四库全书》第 332 册，台北，台湾商务印书馆，1983。

陈桱:《通鉴续编》,《永乐大典》，摘钞本。

陈桱:《通鉴续编》，元至正二十二年刻本。

陈桱:《通鉴续编》，元至正二十五年校正本。

陈世隆:《宋诗拾遗》，清抄本。

陈耀文:《学林就正》,《四库全书存目丛书》子部第 96 册，齐鲁书社，1997。

程敏政:《篁墩文集》,《景印文渊阁四库全书》第 1252～1253 册，台北，台湾商务印书馆，1983。

都穆：《都公谭纂》，《丛书集成初编》排印砚云甲乙编本。

方龄贵：《通制条格校注》，中华书局，2001。

冯梦龙：《古今谭概》，张万钧主编，天津古籍出版社，1995。

傅维麟：《明书》，《畿辅丛书》本。

高儒：《百川书志》，古典文学出版社，1957。

龚世俊等《西夏书事校证》，甘肃文化出版社，1995。

顾起元：《客座赘语》，谭棣华、陈稼禾点校，中华书局，1987。

顾祖禹：《读史方舆纪要》，贺次君、施和金点校，中华书局，2005。

郝经：《郝文忠公陵川文集》，秦雪清整理，山西人民出版社，2006。

洪钧：《元史译文证补》，田虎校注本，河北人民出版社，1990。

胡广：《胡文穆公文集》，乾隆十五年刻本。

胡聘之：《山右石刻丛编》，《石刻史料新编》第 1 辑第 21 册。

胡祗遹：《胡祗遹集》，魏崇武、周思成点校，吉林文史出版社，2008。

黄瑜：《双槐岁钞》，魏连科点校，中华书局，1999。

黄宗羲著，全祖望补修《宋元学案》，陈金生、梁运华点校，中华
　　书局，1986。

黄佐：《翰林记》，《景印文渊阁四库全书》第 596 册，台北，台湾商
　　务印书馆，1983。

贾敬颜校注《圣武亲征录（新校本）》，陈晓伟整理，中华书局，
　　2020。

柯劭忞：《新元史》，上海古籍出版社，2012。

孔克齐：《至正直记》，庄葳、郭群一校点，上海古籍出版社，2012。

郎瑛：《七修类稿》，上海书店出版社，2009。

黎靖德编《朱子语类》，王星贤点校，中华书局，1986。

李绍文：《皇明世说新语》，明万历刻本。

李文田：《元秘史注》，《续修四库全书》第 312 册，上海古籍出版社，
　　2002。

李献民：《云斋广录》，中华书局，1997。

李心传：《建炎以来朝野杂记》，徐规点校，中华书局，2000。

李修生主编《全元文》，第2册，江苏古籍出版社，1998。

刘敏中：《平宋录》，《原国立北平图书馆甲库善本丛书》第195册，影旧抄本，题为《新刊大元混一江南实录》。

刘祁：《归潜志》，崔文印点校，中华书局，1983。

刘时举：《续宋中兴编年资治通鉴》，王瑞来点校，中华书局，2014。

刘一清撰，王瑞来校笺考原《钱塘遗事校笺考原》，中华书局，2016。

刘岳申：《申斋刘先生文集》，《元代珍本文集汇刊》影印明初抄本。

《蒙古秘史》，余大钧译注，河北人民出版社，2007。

彭大雅撰，徐霆疏《黑鞑事略》，许全胜校注，兰州大学出版社，2014。

钱大昕：《廿二史考异》，方诗铭、周殿杰校点，上海古籍出版社，2004。

钱大昕：《潜研堂文集》，陈文和点校，《嘉定钱大昕全集》（玖），江苏古籍出版社，1997。

钱大昕：《十驾斋养新录》，杨勇军整理，上海书店出版社，2011。

商辂：《续资治通鉴纲目》，明万历刻本。

邵远平：《元史类编》，文海出版社影印扫叶山房刊本。

《圣元名贤播芳续集》，洪武六年高丽刻本。

释念常：《佛祖历代通载》，《北京图书馆古籍珍本丛刊》第77册，书目文献出版社，1997，影印元至正七年刻本。

宋濂等：《元史》，中华书局，1976。

《宋史全文》，汪盛铎点校，中华书局，2016。

苏天爵：《元朝名臣事略》，姚景安点校，中华书局，1996。

苏天爵编《国朝文类》，《四部丛刊初编》，缩印元至正二年杭州路西湖书院刊大字本。

谈迁：《国榷》，中华书局，1958。

陶宗仪:《南村辍耕录》, 中华书局, 1959。

屠寄:《蒙兀儿史记》, 上海古籍出版社, 2012。

脱脱等:《金史》, 中华书局, 1975。

脱脱等:《宋史》, 中华书局, 1977。

汪辉祖:《元史本证》, 中华书局, 1984。

王鏊等纂修《(正德)姑苏志》,《天一阁藏明代方志选刊续编》, 据
　　正德刻本影印。

王鹗:《汝南遗事》,《丛书集成初编》, 据指海本排印。

王逢:《梧溪集》, 李军点校, 北京师范大学出版社, 2016。

王国维校注《圣武亲征录校注》,《王国维全集》第 11 册, 浙江教育
　　出版社, 2010。

王鸣盛:《蛾术编》, 商务印书馆, 1958。

王瑞来笺证《宋季三朝政要笺证》, 中华书局, 2010。

王太岳等纂修《钦定四库全书考证》,《景印文渊阁四库全书》第
　　1498 册, 台北, 台湾商务印书馆, 1983。

王恽:《王恽全集汇校》, 杨亮、钟彦飞点校, 中华书局, 2013。

吴广成:《西夏书事》, 道光五年小岘山房刻本。

熊梦祥:《析津志辑佚》, 北京古籍出版社, 2000。

续编两朝纲目备要》, 汝企和点校, 中华书局, 1995。

杨慎:《升庵集》,《景印文渊阁四库全书》第 1270 册, 台北, 台湾
　　商务印书馆, 1983。

姚燧:《姚燧集》, 查洪德编校, 人民文学出版社, 2011。

耶律铸:《双溪醉隐集》,《知服斋丛书》本。

叶昌炽:《缘督庐日记钞》, 王季烈辑, 北京图书馆出版社, 2007。

尹直:《謇斋琐缀录》,《历代小史》本。

永瑢等:《四库全书总目》, 中华书局, 1965。

虞集:《虞集全集》, 王颋点校, 天津古籍出版社, 2007。

宇文懋昭:《大金国志》, 崔文印校证, 中华书局, 1986。

《元朝秘史》，乌兰校勘，中华书局，2012。

《元典章》，陈高华、张帆、刘晓、党宝海点校，中华书局、天津古籍出版社，2011。

《元高丽纪事》，广文书局，1972。

元好问：《遗山先生文集》，见狄宝心《元好问文编年校注》，中华书局，2012。

元好问：《中州集》，张静校注，中华书局，2018。

张维编《陇右金石录》，甘肃文献征集委员会校印，1933。

赵珙撰，王国维笺证《蒙鞑备录笺证》，《王国维全集》第11卷，浙江教育出版社，2010。

郑麟趾：《高丽史》，人民出版社、西南师范大学出版社，2014。

郑真：《荥阳外史集》，《景印文渊阁四库全书》第1234册，台北，台湾商务印书馆，1983。

周密：《齐东野语》，张茂鹏点校，中华书局，1983。

周南瑞：《天下同文集》，《雪堂丛刻》本。

周中孚：《郑堂读书记》，《吴兴丛书》本。

〔波斯〕拉施特主编《史集》，第1卷第1分册，余大钧、周建奇译，商务印书馆，1983。

〔波斯〕拉施特主编《史集》，第1卷第2分册，余大钧、周建奇译，商务印书馆，1983。

〔波斯〕拉施特主编《史集》，第2卷，余大钧、周建奇译，商务印书馆，1985。

〔波斯〕拉施特主编《史集》，第3卷，余大钧译，商务印书馆，1986。

〔波斯〕剌失德丁：《成吉思汗的继承者》，波义耳英译，周良霄译注，天津古籍出版社，1992。

〔法〕贝凯、韩百诗译注《柏朗嘉宾蒙古行纪》，耿昇译，中华书局，1985。

〔伊朗〕志费尼:《世界征服者史》，波伊勒英译，何高济汉译，商务
　　印书馆，2004。

〔意〕普兰·迦儿宾:《普兰·迦儿宾行记》，马列英俄译本，沙斯季
　　娜补注，余大钧汉译，内蒙古大学出版社，2009。

〔英〕道森编《出使蒙古记》，吕浦译，周良霄注，中国社会科学出
　　版社，1983。

Rashīd al-Dīn Fażl Allāh, *Jāmiʻal-Tavārīkh*, ed. by M. Rawshan and M.
　　Mūsavī, Tehran: Nashr-i Alburz, 1994.

研究著作

白寿彝总主编、陈得芝主编《中国通史》第八、九卷《元时期》，
　　上海人民出版社，2013。

白玉冬:《九姓达靼游牧王国史研究（8—11世纪）》，中国社会科学
　　出版社，2017。

蔡美彪:《辽金元史考索》，中华书局，2012。

陈庆英:《雪域圣僧：帝师八思巴传》，中国藏学出版社，2002。

陈世松、匡裕彻、朱清泽、李鹏贵:《宋元战争史》，内蒙古人民出
　　版社，2010。

方龄贵:《元明戏曲中的蒙古语》，汉语大词典出版社，1991。

冯承钧:《成吉思汗传》，王红军校注，漓江出版社，2014。

高树林:《元代赋役制度研究》，河北大学出版社，1997。

韩儒林:《穹庐集——元史及西北民族史研究》，上海人民出版社，1982。

韩儒林主编《元朝史》，人民出版社，1986。

韩儒林主编《中国大百科全书·中国历史》"元史"分册，中国大
　　百科全书出版社，1985。

金毓黻:《中国史学史》，商务印书馆，1999。

李天鸣:《宋元战史》，台北，食货出版社，1988。

梁启超：《中国历史研究法》，汤志钧导读本，上海古籍出版社，
　　1998。

刘晓：《耶律楚材评传》，南京大学出版社，2011。

刘迎胜：《察合台汗国史研究》，上海古籍出版社，2006。

刘迎胜：《蒙元史考论》，兰州大学出版社，2012。

钱茂伟：《浙东史学研究述评》，海洋出版社，2009。

钱穆：《中国史学名著》，三联书店，2000。

邵循正：《邵循正历史论文集》，北京大学出版社，1985。

舒健、张建松：《韩国现存元史相关文献资料的整理与研究》，上海
　　大学出版社，2015。

王慎荣主编《元史探源》，吉林文史出版社，1991。

王树民：《中国史学史纲要》，中华书局，1997。

乌云高娃：《元朝与高丽关系研究》，兰州大学出版社，2011。

萧启庆：《内北国而外中国：蒙元史研究》，中华书局，2010。

谢咏梅：《蒙元时期札剌亦儿部研究》，辽宁民族出版社，2012。

修晓波：《文天祥评传》，南京大学出版社，2002。

余大钧：《一代天骄成吉思汗——传记与研究》，内蒙古人民出版社，
　　2002。

张帆：《元代宰相制度研究》，北京大学出版社，1997。

张星烺：《中西交通史料汇编》，中华书局，2003。

周良霄：《元史》，上海人民出版社，2019。

周清澍：《元蒙史札》，内蒙古大学出版社，2001。

〔瑞典〕多桑：《多桑蒙古史》，冯承钧译，商务印书馆，2013。

研究论文

艾骛德：《蒙古帝国成吉思汗先世的六世系》，罗玮译，《元史及民族
　　与边疆研究集刊》第 31 辑，上海古籍出版社，2016。

巴哈提·依加汉：《蒙古兴起前的乃蛮王国》,《内蒙古社会科学》
　　1991 年第 5 期。

白玉冬：《成吉思汗称号的释音释义》,《历史研究》2019 年第 6 期。

宝音德力根、傲日格勒：《从〈黄金史纲〉的传说看忽必烈与阿里不
　　哥的汗位之争》, 见李治安主编《庆祝蔡美彪教授九十华诞元史
　　论文集》, 中国社会科学出版社, 2019。

宝音德力根：《成吉思汗建国前的金与蒙古诸部》,《内蒙古社会科
　　学》1990 年第 4 期。

宝音德力根：《关于王罕与札木合》,《蒙古史研究》第 3 辑, 内蒙古
　　大学出版社, 1989。

伯希和：《荨麻林》,《西域南海史地考证译丛三编》, 冯承钧译, 商
　　务印书馆, 1962。

曹金成：《札木合十三部考》,《欧亚学刊》新 5 辑, 商务印书馆,
　　2016。

曹金成：《政治体视角下的元代蒙古认同》, 博士学位论文, 北京大
　　学历史学系, 2018。

陈得芝：《〈元史·太祖本纪〉（部分）订补》,《元史及民族与边疆研
　　究集刊》第 22 辑, 上海古籍出版社, 2010。

陈得芝：《蒙古哈答斤部撒勒只兀惕部史地札记》, 原刊《蒙古史研
　　究》第 6 辑, 内蒙古大学出版社, 2000, 后收入《蒙元史研究丛
　　稿》, 人民出版社, 2005。

陈得芝：《元和林城及其周围》, 原刊《元史及西北民族史研究集刊》
　　1978 年第 3 期, 后收入《蒙元史研究丛稿》, 人民出版社, 2005。

陈高华：《说蒙古灭金的三峰山战役》,《文史哲》1981 年第 3 期, 后
　　收入《元史研究论稿》, 中华书局, 1991。

党宝海：《蒙古帝国的猎豹与豹猎》,《民族研究》2004 年第 4 期。

邓广铭：《试破宋太祖即位大赦诏书之谜》,《历史研究》1992 年第 1
　　期, 后收入《邓广铭治史丛稿》, 北京大学出版社, 2010。

邓进荣:《全蒙之际的漠南山后地区》,博士学位论文,内蒙古大学蒙古历史学系,2018。

冯承钧:《辽金北边部族考》,初刊于《辅仁学志》1939年第8卷第1期,后收入《西域南海史地考证论著汇集》,中华书局,1957。

胡多佳:《早期蒙宋关系(一二一一——一二四一)》,《元史论丛》第4辑,中华书局,1992。

胡小鹏:《元代巩昌汪氏家族事略》,《西北师大学报》1990年第3期,后收入《西北民族文献与历史研究》,甘肃人民出版社,2004。

黄时鉴:《〈通鉴续编〉蒙古史料考索》,《文史》第33辑,中华书局,1990,后收入《黄时鉴文集》Ⅰ《大漠孤烟——蒙元史 元史》,中西书局,2011。

黄兆强:《〈元史续编〉及〈元史弼违〉探析》,《苏州大学学报》2000年第2期。

李善强:《关于王庭珪生卒年、别号及其子是否授官的几点考证》,《开封教育学院学报》2014年第3期。

李治安:《成吉思汗生年问题补正》,《历史研究》1996年第1期。

刘浦江:《再论阻卜与鞑靼》,《松漠之间——辽金契丹女真史研究》,中华书局,2008。

刘晓:《成吉思汗公主皇后杂考》,《民族史研究》第5辑,民族出版社,2004。

刘晓:《也谈合失》,《中国史研究》2006年第2期。

刘迎胜:《〈元史〉卷三〈宪宗纪〉笺证之一》,《欧亚学刊》新4辑,商务印书馆,2016。

刘迎胜:《〈元史〉卷三〈宪宗纪〉笺证之二》,《欧亚学刊》新5辑,商务印书馆,2016。

刘迎胜:《〈元史·定宗纪〉笺证》,《新疆师范大学学报》2016年第1期。

刘迎胜:《陈桱〈通鉴续编〉引文与早期蒙古史料系谱》,《清华元史》第 4 辑，商务印书馆，2018。

刘迎胜：《元太宗收继元太祖后妃考——以乞里吉忽帖尼皇后与阔里桀担皇后为中心》，《民族研究》2019 年第 1 期。

孟繁清：《韦轩李公考》，《中华文史论丛》2012 年第 4 期。

钱茂伟：《元末浙东学人陈樭史学述略》，《宁波大学学报》1992 年第 2 期。

邱轶皓：《合失生母小考》，《中国史研究》2012 年第 3 期。

瞿大风：《"火失勒"军与探马赤军异同刍议》，《元史论丛》第 8 辑，江西教育出版社，2001。

沈卫荣：《蒙元史研究与蒙元历史叙事的建构》，《中国社会科学评价》2018 年第 3 期，后收入《大元史与新清史——以元代和清代西藏和藏传佛教研究为中心》，上海古籍出版社，2019。

石坚军、张晓非：《蒙古经略西夏诸役新考》，《西北民族论丛》第 10 辑，中国社会科学出版社，2014。

石坚军：《1227—1231 年蒙金关河争夺战初探》，《内蒙古社会科学》2010 年第 1 期。

王德庆：《江苏吴县元墓清理简报》，《文物》1959 年第 11 期。

王国维：《鞑靼考》，贾敬颜订补，史卫民编《辽金时期蒙古考》，内蒙古自治区文史研究馆，1984。

王颋：《行台福人——蒙古国东平行台严实史事考辨》，《内陆亚洲史地求索（续）》，兰州大学出版社，2012。

王颋：《雁足系帛——元国信使郝经被羁事件考论》，《内陆亚洲史地求索（续）》，兰州大学出版社，2012。

王晓欣：《合失身份及相关问题再考》，《元史论丛》第 10 辑，中国广播电视出版社，2005。

王秀丽：《〈续资治通鉴纲目〉纂修二题》，《史学史研究》2004 年第 2 期。

吴泽：《成吉思汗生年与史事纪年考辨——读王国维〈鞑靼年表〉》，

《上海师范大学学报》1980 年第 2 期。

向珊：《方回撰〈吕师孟墓志铭〉考释》，《中国国家博物馆馆刊》2015 年第 6 期，后收入李治安主编《元明江南政治生态与社会发展》，中国社会科学出版社，2019。

杨志玖：《蒙古初期饮浑水功臣十九人考》，原刊《内陆亚洲历史文化研究——韩儒林先生纪念文集》，南京大学出版社，1996，后收入《陋室存稿》，中华书局，2015。

姚大力：《草原蒙古国的千户百户制度》，《蒙元制度与政治文化》，北京大学出版社，2011。

姚大力：《传统中国的族群和国家观念》，原刊《文汇报》2015 年 10 月 9 日"文汇学人"，后收入《追寻"我们"的根源：中国历史上的民族与国家意识》，三联书店，2018。

叶新民：《斡赤斤家族与蒙元朝廷的关系》，《内蒙古大学学报》1988 年第 2 期。

亦邻真：《至正二十二年蒙古文追封西宁王忻都碑》，《亦邻真蒙古学文集》，内蒙古人民出版社，2001。

余大钧：《〈元史·太祖纪〉所记蒙、金战事笺证稿》，原刊《辽金史论集》第 2 辑，书目文献出版社，1987，后收入吴凤霞主编《〈辽史〉、〈金史〉、〈元史〉研究》，中国大百科全书出版社，2009。

张伟：《陈樱史学再探》，《史学史研究》2000 年第 3 期。

张晓慧：《〈通鉴续编〉蒙元纪事史源新探——兼论〈圣武亲征录〉的成书》，待刊。

张晓慧：《元代蒙古人族群记忆的建构与书写》，博士学位论文，北京大学历史学系，2018。

赵阮：《蒙元时期达鲁花赤制度研究》，博士学位论文，北京大学历史学系，2012。

赵一兵：《试论巩昌汪氏家族在蒙元时期进攻四川战争中的作用》，《内蒙古社会科学》2008 年第 6 期。

周良霄：《元史北方部族表》,《中华文史论丛》2010 年第 1 期。

周清澍：《〈元朝名臣事略〉史源探讨》,《元史及民族与边疆研究集刊》第 29 辑，上海古籍出版社，2015。

周清澍：《元史》，中国大百科全书辞条，与翁独健合撰，后收入《学史与史学：杂谈和回忆》，上海古籍出版社，2011。

周思成：《大蒙古国汗位之争中的皇孙失烈门——〈史集〉中关于失烈门的波斯文史料的若干考订》,《元代文献与文化研究》第 1 辑，中华书局，2012。

Cleaves, "The Historicity of the Baljuna Covenant", *Harvard Journal of Asiatic Studies*, Vol.18, 1955.

古松崇志「脩端『辯遼宋金正統』をめぐって——元代における『遼史』『金史』『宋史』三史編纂の過程」『東方學報』（75）、2003。

海老沢哲雄「モンゴルの対金朝外交」『駒澤史学』（52）、1998。

致　谢

　　从没想过会这么早就出版自己的学术著作!

　　这部书稿是我在中国社会科学院古代史研究所的博士后出站报告,能够出版,首先得力于导师李锦绣先生的大力资助,以及余太山先生和孙昊兄的热情帮助。李先生为人治学,言传身教,皆成楷模,能够忝列门下,实在荣幸之至!

　　陈高华先生、刘迎胜先生、张帆先生、刘晓先生、党宝海先生、青格力先生与李花子先生,曾对书稿指正良多,提出了诸多宝贵的修改建议,尤其是陈高华先生与周清澍先生还撰写了推荐出版意见,博导张帆先生亦作序推荐,实在感激莫名!

　　书稿修订过程中,得到了北京大学苗润博博士与中国社会科学院张晓慧博士的诸多惠正,北京大学展可鑫博士在查阅资料上亦提供了热情帮助。社会科学文献出版社的郑庆寰先生，也提出了中肯建议并付出了艰辛努力。在此一并致谢！

当然，这部书稿的出版，并不代表相关问题研究的终结，尤其是我能力有限，其中不足之处亦在所难免，衷心地希望学界同仁不吝批评赐教！

我生性愚钝，很多事理与学理都是后知后觉，有些甚至迄今仍浑然不觉，与人讨论问题"过后辄翻异"也是常有的事。求学经历则像自己研究的北方草原民族那样，不断处于"迁徙游牧"中，能够坚持到现在还在读书，除了个人的"顽固"外，还与导师们举止言谈中潜移默化的熏染有关。硕士时期额尔敦巴特尔老师主动将所借之书送至宿舍，博士期间张帆老师对汉文史料的脱口而出，博士后阶段李锦绣先生雍容温雅的言谈教示，这些情景至今仍历历在目，其中的感动、震撼与温情，仍不断激励着我对纯粹治学的坚持与坚守。匆匆回首，不觉已过而立之年，生活不易，读书尤难，唯愿以后能够"不忘初心"，不但以学术研究为职业，更将之视为志业，老老实实做人，踏踏实实治学，在自己有限的能力范围内，做出应有的贡献。

图书在版编目（CIP）数据

史事与史源：《通鉴续编》中的蒙元王朝 / 曹金成
著. -- 北京：社会科学文献出版社，2020.9（2022.1重印）
ISBN 978-7-5201-6921-9

Ⅰ.①史… Ⅱ.①曹… Ⅲ.①蒙古族－民族历史－中
国－元代 Ⅳ.①K281.2

中国版本图书馆CIP数据核字（2020）第128073号

史事与史源：《通鉴续编》中的蒙元王朝

著　　者 / 曹金成

出 版 人 / 王利民
责任编辑 / 宋　超
责任印制 / 王京美

出　　版 / 社会科学文献出版社·历史学分社（010）59367256
　　　　　地址：北京市北三环中路甲29号院华龙大厦　邮编：100029
　　　　　网址：www.ssap.com.cn
发　　行 / 社会科学文献出版社（010）59367028
印　　装 / 三河市东方印刷有限公司

规　　格 / 开　本：787mm×1092mm 1/16
　　　　　印　张：23.5　字　数：305千字
版　　次 / 2020年9月第1版　2022年1月第2次印刷
书　　号 / ISBN 978-7-5201-6921-9
定　　价 / 88.80元

读者服务电话：4008918866